Hans-Martin Tillack

# Die Lobby-Republik

Wer in Deutschland die Strippen zieht

Hanser Berlin

1 2 3 4 5   19 18 17 16 15

ISBN 978-3-446-24777-2
© 2015 Hans-Martin Tillack
Alle Rechte der deutschen Ausgabe
© Hanser Berlin im Carl Hanser Verlag München 2015
Satz: Greiner & Reichel, Köln
Druck und Bindung: CPI – Ebner & Spiegel, Ulm
Printed in Germany

MIX
Papier aus verantwortungsvollen Quellen
FSC® C006701

## Inhalt

1 Postleitzahl 10117 – das Berlin der Lobbyisten  7
2 Gestatten, Lobbyist  51
3 Was ein Lobbyist braucht  95
4 Wie bei einem Flirt  124
5 Vom Suchen und Finden der Freundschaft  147
6 Das große Schmidteinander  162
7 »Auffällig parteienfreundlich«  178
8 Schlacht um den Strom  216
9 Lobbyisten zu den Waffen!  249
10 Die Wird-schon-klappen-Währung  284
11 Was sich ändern muss  320

Nachwort: Skandal, Skandal  333

Danksagung  346

Verwendete Literatur  348

# 1 Postleitzahl 10117 – das Berlin der Lobbyisten

*»Diejenigen, die entscheiden, sind nicht gewählt, und diejenigen, die gewählt werden, haben nichts zu entscheiden.«*
Horst Seehofer, CSU, heutiger bayerischer Ministerpräsident

**Warum die Macht der Lobby in Berlin zunehmend auffällt. Warum zu viel Lobbyeinfluss ein Problem ist – und wer die Zeche zahlt.**

Es ist ein Mittwoch im Januar 2014, als sich um die Mittagszeit in der Berliner Repräsentation der Daimler AG einige der mächtigsten Männer des Landes versammeln. Auf der vierten Etage des kaiserzeitlichen Hauses Huth sind Hunderte Gäste zum Neujahrsempfang gekommen, bei Wasser und Sekt, zu Brezeln und Süppchen. An den Wänden hängt moderne Kunst. Daimler-Vorstandschef Dieter Zetsche hält Hof. Natürlich ist Matthias Wissmann da, der frühere Verkehrsminister und heutige Präsident des Verbands der Automobilindustrie (VDA), außerdem weitere wichtige Leute wie der Bundestagsvizepräsident Peter Hintze (CDU), der stellvertretende Regierungssprecher Georg Streiter und TV-Journalist Cherno Jobatey. »Sogar Angela Merkel ist hier«, witzelt Zetsche, wenn auch nur, wie er einräumt, als Installation des Schweizer Künstlers Nic Hess.

Einige dieser Gäste werden uns in diesem Buch noch öfter begegnen, weil sie zur Stammbesetzung der Berliner Lobby-Republik gehören. Sie treffen sich hier, sie sprechen sich da, mal helfen sie sich und mal bekämpfen sie sich. Netzwerken, das ist in der Sprache der Lobbyisten ein Tätigkeitswort. Wer kennt wen, darauf kommt es in der Branche an. Und wer wirklich gut ist, hat das Ohr der Kanzlerin.

Sie ist auf diesem Neujahrsempfang der Daimler AG nicht

nur als Kunstinstallation vertreten. Denn Zetsche führt an diesem Tag den neuen Cheflobbyisten des Autokonzerns vor – ein bisschen so, als handelte es sich um ein weiteres Sammlerstück. Es ist niemand anders als Eckart von Klaeden. Der niedersächsische Christdemokrat, den sie in der CDU meist »Ecki« nennen, war noch einige Wochen zuvor als Staatsminister im Kanzleramt einer der engsten Mitarbeiter von Merkel. Jetzt arbeitet er in der Zentrale des Stuttgarter Autobauers und hat nun in dieser Funktion seinen ersten größeren Auftritt in Berlin.

Erst redet Zetsche. Er verlangt, dass der Strom bezahlbar bleiben müsse, sonst gingen die »Lichter aus«. Er plädiert für ein »einwanderungsfreundliches Land« und lästert über die Idee einer Pkw-Maut. Dann klettert von Klaeden auf das Rednerpodium, und der Pfarrerssohn wirkt dabei so ungelenk, dass später ein anderer Lobbyist über dieses merkwürdige Duo lästern wird. Über Zetsche, die »Rampensau«, und den netten Ecki, der hier irgendwie nicht reinpasst.

Er wolle sich für »Empathie« zwischen Politik und Wirtschaft einsetzen, sagt von Klaeden an diesem Mittag, die rechte Hand in der Hosentasche. Unternehmen müssten ihre Interessen formulieren und durchsetzen, aber sie müssten auch die Sicht der anderen Seite verstehen. »Wir brauchen den wechselseitigen Austausch, wir brauchen den Dialog«, verkündet er. Es gehe um Transparenz, aber auch um Diskretion. Nein, die beiden Prinzipien seien keine Gegensätze, sie ergänzten sich.

Es liegt ein leichter Schatten auf dieser Veranstaltung, auch wenn hier alle versuchen – Diskretion! –, sich das nicht anmerken zu lassen. Gegen von Klaeden ermittelt seit Monaten die Berliner Staatsanwaltschaft, und zwar wegen seines Umstiegs zu Daimler und des Verdachts der Vorteilsannahme – ein Vorwurf, den der Christdemokrat bestreitet. Es ist ein seltener Vorgang, dass sich die Justiz für einen solchen Seitenwechsel interessiert. Aber von Klaedens Problem ist, dass er auf Bitten der Kanzlerin noch monatelang in seinem Amt in der Regierungszentrale blieb, nachdem er die Jobzusage aus Stuttgart bereits in der Tasche hatte.

Der SPD-Abgeordnete Marco Bülow hat wegen der Sache sogar öffentlich angekündigt, den Neujahrsempfang der Daimler AG zu boykottieren. Zwischen einem Abgeordneten, einem Lobbyisten und einem Journalisten kommt dort das Gespräch auf Bülows Vorstoß, doch die Reaktion des Lobbyisten ist bezeichnend: »Süß ...«, murmelt er. Muss man nicht wirklich ernst nehmen. Das Leben geht weiter.

Als von Klaedens geplanter Wechsel im Sommer 2013 publik wird, stößt das dennoch eine neue Debatte über den Einfluss der Lobby auf die Berliner Politik an. Noch mehr Empörung brandet auf, als im Januar 2014 bekannt wird, dass Bahn-Vorstandschef Rüdiger Grube den bisherigen Kanzleramtsminister Ronald Pofalla als Cheflobbyisten in sein Unternehmen holen will – und bei Pofalla ist es erwiesen, dass er sich als Kanzleramtschef immer wieder für die Interessen von Bahn-Chef Grube einsetzte. Dann Anfang Juli 2014 der nächste Paukenschlag: Der ehemalige Entwicklungshilfeminister Dirk Niebel (FDP) geht als Cheflobbyist zur Waffenschmiede Rheinmetall – dies, obwohl er bis zum Regierungswechsel im mächtigen Bundessicherheitsrat auch über Exportanträge für Rüstungsgüter von Rheinmetall zu befinden hatte. Gut bezahlte Jobs in der Einflussindustrie gibt es, so scheint es in diesen Monaten nach dem Regierungswechsel von Schwarz-Gelb zu Schwarz-Rot, im Überfluss.

### Eine »explosionsartige« Entwicklung

Geschätzt 5000 bis 6000 Lobbyisten arbeiten in Berlin. Doch diese Schätzung kursiert schon seit Jahren. Vielleicht ist sie übertrieben, vielleicht aber auch längst überholt und die Zahl der Interessenvertreter viel größer.

»Die Arbeit der Lobbyisten« habe sich durch den Regierungsumzug nach Berlin »erheblich geändert«, klagt jedenfalls bereits im Jahr 2004 ein gewisser Lothar Kastner in der internen Runde eines Interessenverbands. Er zitiert Schätzungen, wonach »heute annähernd 12 000 Lobbyisten in Deutschland ihre Tätigkeit verrichteten«. Auf einen Abgeordneten, so Kastner, kämen demnach etwa zwanzig Lobbyisten, »was die Schwierigkeit der heutigen Lobbyarbeit verdeutliche«. Kastner ist damals wie heute Vorstandsmitglied des Bundesverbands Deutscher Omnibusunternehmer (BDO) – eine kleine, aber unter Verkehrspolitikern einflussreiche Organisation, von der noch ausführlicher die Rede sein wird.

Der Buslobbyist zitierte die Zahlen auf einer Mitgliederversammlung, um die »steigenden Kosten« der eigenen Verbandsarbeit zu rechtfertigen. In den Jahren seit dem Umzug der Regierung von Bonn nach Berlin ist in der Branche in der Tat eine Art Wettrüsten in Gang gekommen. Weil die Konkurrenz hart ist, muss jeder versuchen, den anderen zu übertreffen, um die Aufmerksamkeit der Zielpersonen in Parlament und Verwaltung zu erlangen. »Wer heute die Polit-Größen der Hauptstadt auf seiner Veranstaltung haben möchte, muss auffallen. Entweder durch eine besonders beeindruckende Speisenfolge, einen ausgefallenen Veranstaltungsort, hochrangige Referenten oder am besten alles zusammen«, schreibt bereits im Jahr 2003 Axel Wallrabenstein, Chef der Lobbyagentur MSL Germany in einem Aufsatz über die »Public Affairs Boomtown Berlin«.

»Rasant« sei diese Entwicklung seit dem Regierungsumzug verlaufen, bekennt der Repräsentant des Handelskonzerns Metro, Michael Wedell. Als »explosionsartig« hat sie Bundestagspräsident Norbert Lammert (CDU) beschrieben. Der SPD-Abgeordnete Marco Bülow ließ in zwei der letzten Sitzungswochen des Parlaments vor der Bundestagswahl 2009 sein Büro mitzählen: »In dieser kurzen Zeit erreichten uns über 400 Briefe, Mails, Faxe und Telefonanrufe, die sich Lobbyisten zurechnen lassen«, resümierte er. Rundmails, Einladungen zu Parlamentarischen Abenden und Diskussionsrunden, Gesprächswünsche,

Nachfragen zu Gesetzen und Positionspapiere – die Lobbypost nahm kein Ende.

Im direkten Umkreis von Kanzleramt und Reichstag, also grob gesagt im Postzustellbezirk 10117, findet man kaum noch ein Bürogebäude ohne das Klingelschild einer Firmenrepräsentanz, eines Verbandssitzes oder einer Berateragentur. Oft sind es gleich mehrere unter einem Dach. 10117 Berlin – das ist ein nur etwa drei Quadratkilometer messendes Stück Erde, ungefähr so groß wie die Freifläche des ehemaligen Flughafens Tempelhof. Hier zwischen Brandenburger Tor im Westen und Deutschem Historischem Museum im Osten, zwischen Charité und Auswärtigem Amt unterhalten die Lobbyisten bevorzugt ihre Büros – weil sie von hier aus rasch zu Fuß in die Zentren der Macht gelangen und die Abgeordneten und Beamten umgekehrt zu ihnen.

Auf der Verbändeliste des Bundestags steigt von Jahr zu Jahr die Zahl der Einträge. Waren es 1999, kurz vor dem Umzug von Bonn nach Berlin, noch 1675, sind mit Stand Dezember 2014 insgesamt 2221 Namen verzeichnet: von der Bundesvereinigung Deutscher Apothekerverbände (ABDA) und dem Afrika-Verein der deutschen Wirtschaft bis zum Zentralverband Naturdarm e. V. und dem Zweckverbund Ostdeutscher Bauverbände (ZVO), der Stimme »des Baugewerbes in Ostdeutschland«.

Nicht alle, aber viele dieser Organisationen unterhalten ein Büro in Berlin. Deren Zahl wird auf 500 bis 1000 geschätzt. Im Jahr 2013 hatten nach einer Aufstellung des Bundestags jedenfalls 526 registrierte Verbände Hausausweise für das Parlament beantragt und erhalten. Zugleich ist die Verbändeliste des Bundestags grob unvollständig, denn auf ihr müssen sich all diejenigen Lobbyisten nicht anmelden, die für Agenturen, Anwaltskanzleien und Unternehmen unterwegs sind. Und gerade deren Zahl scheint in Berlin konstant zu steigen. Fast schon im Monatsrhythmus eröffnet hier eine neue Firmenrepräsentanz. Meist arbeiten dort drei bis vier Personen unter der Leitung eines Konzernbevollmächtigten. Pro Jahr verschlingt solch ein Lobbybüro locker eine Million Euro oder mehr. Die Liste der Neuankömmlinge reichte im Jahr 2014 bis hin zu Unternehmen wie dem Einzelhandelskonzern Rewe, der – von einer niederländischen Mutter kontrollierten – Direktbank ING-Diba und dem Deutschen Lotto- und Totoblock (DLTB), um nur einige zu nennen. Längst sind es nicht mehr nur Dax-Konzerne, die einen Stützpunkt in der Hauptstadt unterhalten, sondern auch mittelgroße Firmen wie der Baustoffhersteller Knauf, der Automobilzulieferer Schaeffler oder das Unternehmen Juwi, das Solar- und Windkraftanlagen projektiert und baut.

Als der Regierungssitz noch in Bonn war, gab es dort höchstens ein Dutzend solcher Konzernbüros; so jedenfalls die Schätzung der *Süddeutschen Zeitung* im Februar 2008. Heute in Berlin dürften es zwischen 150 und 200 sein, auch wenn sich gelegentlich Unternehmen wieder aus Berlin zurückziehen, weil ihnen die Repräsentanz zu teuer wurde.

Immer häufiger lassen sich zudem nichtdeutsche Konzerne durch eigene Büros in Berlin vertreten: Die Digitalriesen Microsoft und Google unterhalten Büros Unter den Linden; Facebook sitzt am Pariser Platz vor dem Brandenburger Tor. Seit 2014 ist auch der Exxon-Konzern in Berlin präsent, bekannt durch die Tankstellenmarke Esso. Exxon ist am Fracking interessiert, also dem – umstrittenen – Auspressen von Gas aus tieferliegenden Gesteinsschichten. Der französische PSA-Konzern (Peugeot, Citroën) hat seine aufwendige Vertretung am Boulevard Unter den Linden im Jahr 2013 dagegen wieder geschlossen. Der kriselnde Autohersteller musste sparen. Dafür gründete bereits zwei Jahre zuvor der Telekommunikationskonzern Huawei als erstes chinesisches Unternehmen ein eigenes Hauptstadtbüro in Berlin.

Ebenfalls ein vergleichbar neues Phänomen für die deutsche Politik ist die wachsende Zahl von Lobbyagenturen, deren Dienste sich Firmen oder auch ausländische Staaten mieten können. Viele von ihnen sind Ableger internationaler Konzerne wie Burson Marsteller, Hill & Knowlton, Fleishman Hillard oder Publicis.

Die größeren unter ihnen haben zumindest um die zwanzig Mitarbeiter in Berlin, und oft bieten sie ihren zahlenden Kunden außer dem meist schamhaft »Public Affairs« genannten Lobbying auch PR-Arbeit an.

## Washington, die Mutterstadt des Lobbying

Aber, wie gesagt, genaue Zahlen über die Entwicklung der Lobbyindustrie in Berlin gibt es nicht, und daher sind auch nur grobe Schätzungen über ihren jährlichen Umsatz möglich: Mindestens 500 Millionen, vielleicht sogar eine Milliarde Euro dürften es durchaus sein, gemessen an der Zahl von wohl mehr als 500 Verbands- und Unternehmensbüros und in Anbetracht des Millionenbudgets, das selbst kleinere Berlin-Vertretungen jährlich ohne weiteres verschlingen können. Einige Verbände haben sogar Jahresetats von bis zu 80 Millionen Euro, auch wenn diese Gelder vielleicht nicht immer komplett in Lobbyaktivitäten fließen. Hinzu kommen die mitunter zweistelligen Millionensummen, die Unternehmen jedes Jahr für Spenden und Sponsoring in Richtung Politik aufwenden – und natürlich die Millionenumsätze der diversen Lobbyagenturen.

In dem Heimatland vieler dieser Agenturen, den USA, weiß man anders als bei uns relativ gut Bescheid, wie sich die Ausgaben für das Lobbying entwickelt haben. Denn dort gibt es ein verbindliches Lobbyregister. Regelmäßig müssen Unternehmen und Verbände in aller Öffentlichkeit Rechenschaft ablegen: über die Zahl der Interessenvertreter, die sie im eigenen Haus oder extern beschäftigen, über deren eventuelle frühere Funktionen in Regierung oder Kongress und über ihre Lobbybudgets.

Nach einer Auswertung des Center for Responsive Politics in Washington lagen die Ausgaben für das Lobbying auf der US-Bundesebene im Jahr 2013 demnach insgesamt bei 3,2 Milliarden Dollar. Noch im Jahr 2003 betrug diese Summe nur gut zwei Milliarden, wohingegen der bisherige Höhepunkt mit 3,3 Milliarden im Jahr 2007 erreicht wurde, also kurz vor dem Ausbruch der Finanzkrise. Die Zahl der registrierten Lobbyisten in der US-Hauptstadt lag 2013 bei 12 278.

Auch die EU-Institutionen in Brüssel unterhalten ein Lobbyregister, bei dem allerdings anders als in Washington die Teilnahme freiwillig ist. Die Angaben, die große deutsche Verbände und Konzerne dort über die geschätzten Kosten ihrer direkten Lobbyarbeit machen, sind – Stand Dezember 2014 – aufschlussreich: Für die Siemens AG lag dieser Betrag zuletzt bei 4,4 Millionen Euro, das Pharmaunternehmen Bayer nannte knapp 2,7 Millionen, die Daimler AG 2,6 Millionen, der Chemiekonzern BASF 2,3 Millionen, der Stromkonzern Eon 2,2 Millionen und die Deutsche Post 2,1 Millionen. Es darf als wahrscheinlich gelten, dass diese Firmen in Berlin mindestens vergleichbare Beträge in ihre Lobbyarbeit stecken – für Büros, Mitarbeiter, Empfänge und Publikationen.

In der hiesigen Politik ist der Widerstand gegen ein Lobbyregister nach Washingtoner oder Brüsseler Vorbild bis heute groß. Dabei scheint eines sicher: Wenn Verbände und Firmen große Summen für das Einwirken auf die Politik investieren, liegt es nahe, dass sie sich entsprechende wirtschaftliche Vorteile erhoffen – oder dass sie meinen, nur so vergleichbare Einbußen verhindern zu können. Darum wäre es hilfreich zu wissen, wie groß diese Budgets sind und wie sie sich entwickeln.

Basierend auf den Zahlen des Washingtoner Lobbyregisters hat die amerikanische Beratungsfirma Strategas Research Partners einen Aktienindex der Firmen aufgestellt, die, gemessen an ihrem Umsatz, besonders viel für die Politikbeeinflussung ausgeben. Und tatsächlich entwickelten sich ihre Börsenkurse über die Jahre hinweg deutlich besser als der Durchschnitt. »Wir erleben das Zeitalter der Repolitisierung«, zitierte die *Welt* Daniel Clifton von Strategas: »Gerade in diesen Zeiten ist es empfehlenswert, auf Unternehmen zu setzen, die sich politischen Einfluss in Washington kaufen.«

**Wie man das Vertrauen der Bürger verliert**

Wer kauft sich politischen Einfluss in Berlin? Lange ist man in der deutschen Politik einer ernsthaften Debatte über die Risiken und Nebenwirkungen des Lobbyismus ausgewichen. Doch mit der Zahl der Lobbyisten hat auch die Besorgnis vieler Bürger zugenommen. Dass die wechselnden Regierungen sich eher an Partikularinteressen als am Allgemeinwohl ausrichten – dieser Glaube ist sehr weit verbreitet. Selbst bei zwei internen Umfragen im Auftrag des Bundespresseamtes im April sowie im Juli 2014 waren 67,7 beziehungsweise 66,4 Prozent der vom Mannheimer Ipos-Institut befragten Bürger der Auffassung, dass auch unter der Großen Koalition eher »die Interessen einzelner Gruppen« im Mittelpunkt stünden als »das Gemeinwohl«. Selbst unter den Wählern von CDU/CSU und der SPD waren diejenigen in der Minderzahl, die der Bundesregierung eine Orientierung am Allgemeininteresse bescheinigten.

Doch spätestens seit dem parlamentarischen Aus der FDP müsste eigentlich jedem im Regierungsviertel klargeworden sein, dass Politiker für den Ruf einer zu großen Lobbynähe einen Preis zu zahlen haben. Ein Blick auf die Chronologie ist jedenfalls lehrreich. Im Wahlkampf 2009 versprachen die Freidemokraten Steuersenkungen für alle und ein Steuersystem mit weniger Ausnahmen. Doch was die schwarz-gelbe Koalition gleich nach der Wahl dann umsetzte, erschien wie das glatte Gegenteil: eine neue Steuerausnahme in Form einer reduzierten Mehrwertsteuer für Hotelübernachtungen, ganz nach einer Blaupause des Gastronomieverbands Dehoga. Die meisten Experten verwarfen das Steuergeschenk bei einer Anhörung im Bundestag als volkswirtschaftlich nutzlos; selbst Finanzpolitiker von CDU und FDP waren unzufrieden. Doch zuvor hatte ein kleines Düsseldorfer Unternehmen namens Substantia AG 1,1 Millionen an die FDP gespendet – und erst Recherchen des *stern* machten publik, dass dahinter auf Umwegen eine Firma des Milliardärs August von

Finck steckte, dessen Familie die Mövenpick-Hotels kontrollierte. Insgesamt 810 000 Euro hatten zwei Firmen, die Finck und seiner Familie gehörten, im September 2008 zudem an die CSU überweisen lassen, die sich dann ebenfalls für die Senkung der Hotelsteuer starkmachte. »Ohne das Zusammenspiel von FDP und CSU wäre es nicht zur Steuersenkung gekommen«, bekannte hinterher der CSU-Tourismuspolitiker Ernst Hinsken.

Die Empörung war groß, als im Januar 2010 erstmals der Verdacht eines möglichen Zusammenhangs zwischen den Finck-Spenden und der Steuersenkung auf den Tisch kam. Gewiss, FDP wie CSU beharrten darauf, dass die Spenden und ihre Steuerpolitik zwei völlig getrennte Dinge seien. Die Kritik der Opposition sei »ein hysterischer, unverschämter Zirkus«, wütete Guido Westerwelle, damals noch FDP-Chef. Doch solche schrillen Reaktionen machten die Sache nicht besser.

Aus Sicht des Staatsrechtlers Hans Herbert von Arnim war zumindest »der Ruch der Korruption« entstanden. Bei solchen Vorgängen schöpfe jeder normale Bürger Verdacht, assistierte sein Kollege Ulrich Battis. Und ziemlich exakt mit dem Beginn der Mövenpick-Debatte Mitte Januar 2010 begann der Niedergang der FDP in den Umfragen, der sich dann über das ganze Jahr hinweg fortsetzte. Von den 11 Prozent, die das Institut Forsa Ende 2009 der Partei noch gab, blieben Anfang Februar noch 8 Prozent und im Dezember desselben Jahres magere 4 Prozent. Unter 514 enttäuschten vormaligen FDP-Wählern, die Anfang Februar 2010 von Forsa befragt wurden, kritisierten 40 Prozent deren »Klientelpolitik«.

Die Debatte um die Hotelsteuer und kurz darauf Meldungen über FDP-Spender, die Außenminister Guido Westerwelle auf Dienstreisen begleiten durften, läuteten für den FDP-Chef das Ende seines Parteiamts ein. Sie führten zu einem irreparablen Rufschaden und zu Diadochenkämpfen, von denen sich die Freidemokraten nicht mehr erholten. Zwei Tage nach dem Rauswurf der FDP aus dem Bundestag im September 2013 räumte dann

Christian Lindner als designierter neuer Parteivorsitzender ein: Ja, seine Partei habe »Anlass gegeben für Klientelverdacht« und »Lobbyvorwürfe«. Selbst wenn man das, so Lindners neue Erkenntnis, »im Kern nicht für begründet halten mag, muss man zur Kenntnis nehmen, dass es sie gab«.

Der Fall der FDP zeigt: Es braucht aus Sicht der Bürger keinen finalen Beweis, dass sich das große Geld große Vorteile kaufen kann. Für das Vertrauen in die Politik ist es bereits brandgefährlich, wenn nur dieser Eindruck entsteht. Außerhalb der Hauptstadt und jenseits des Zustellbezirks 10 117 fürchten viele Menschen schon länger einen zu großen Einfluss von Wirtschaft und Verbänden. Natürlich haben auch die häufig als ungerecht empfundenen Hartz-Reformen unter dem SPD-Kanzler Gerhard Schröder dazu beigetragen. Die Finanzkrise ab 2008 schien zu bestätigen, dass die Gewichte in der Gesellschaft zunehmend ungleich verteilt seien. Mussten nun nicht sogar die kleinen Leute mit ihren Steuern die großen Banken retten?

Bereits im Dezember 2009 warnte die Bertelsmann-Stiftung in einer Studie, die weitgehend unbeachtet blieb, vor dem wachsenden Misstrauen der Bürger. »Eine große Mehrheit hat nach dem Krisenjahr 2008/2009 ihr Vertrauen in zahlreiche Institutionen, Entscheider und Verantwortungsträger verloren«, hieß es darin. Die Krise habe einen Trend verstärkt, der in den achtziger und neunziger Jahren begonnen habe. Seitdem schwinde das Vertrauen in die Eliten von Politik und Wirtschaft – und übrigens auch in die Massenmedien.

Das Problem liegt auf der Hand: In Zeiten der Globalisierung richten sich Wirtschaft und Politik an den Bedingungen des weltweiten Standortwettbewerbs aus. Doch aus Sicht vieler Bürger geht das auf ihre Kosten. Der Parteienkritiker von Arnim hat es vor einigen Jahren in einem Buchbeitrag so formuliert: Solange die deutsche Wirtschaft »mit stolzen Raten« wuchs, blieb »trotz der Erfüllung partikularer Wünsche« immer »noch genug für die Befriedigung allgemeiner Interessen«. Das ist heute öfter mal anders. Da reicht es dann zwar für eine Senkung der Hotelsteuer – aber die von der FDP damals zugleich versprochene Steuererleichterung für alle blieb aus.

Nicht weniger als 96 der 100 im Auftrag der Bertelsmann-Stiftung in Tiefeninterviews befragten Bürger waren im Jahr 2009 der Meinung, dass die Menschen in Deutschland »betrogen und fehlinformiert« würden. Sie sähen »den Lobbyismus auf dem Vormarsch«. Obwohl die Bürger zunehmend resigniert schienen, gebe es aber auch ein »enormes Bereitschaftspotenzial für Partizipation« und auch für Protest, entdeckten die Autoren der Studie. Der Protest bahne sich heute immer öfter über die sozialen Medien im Internet seinen Weg – gerade dann, wenn die klassischen Medien an den Bürgern vorbei zu schreiben und zu senden scheinen.

Zu Beginn des Jahres 2015 scheint das der rassistisch grundierten Pegida-Bewegung zugutezukommen. Aber schon länger gelingt es im Netz gerade Organisationen wie Lobbycontrol, Abgeordnetenwatch oder Transparency International, Debatten auszulösen und zu beeinflussen. Dafür nutzen sie geschickt die Möglichkeiten des Internets und der sozialen Medien. Wenn Lobbycontrol alle paar Wochen zur lobbykritischen Stadtführung durch das Regierungsviertel lädt, kommen stets 25 bis 30 Teilnehmer, die bereit sind, zehn Euro zu zahlen, um dann Stationen vom Verband der Chemischen Industrie (VCI) bis zum China Club am Pariser Platz abzulaufen und sich über die Methoden der Berliner Strippenzieher erzählen zu lassen. Die Berliner Lobbyszene – sie ist zu einer verrucht-gruseligen Touristenattraktion avanciert.

### »Textbausteine für Volksvertreter«

Klagen über den wachsenden Druck der Lobby gibt es inzwischen sogar in den Reihen von CDU und CSU. Der heutige Generalsekretär der Kanzlerinnenpartei, Peter Tauber, erlebte es als Teilnehmer der Koalitionsverhandlungen mit der SPD im

Herbst 2013 beim Thema Kultur, Medien und Digitales. »Zahlreiche Lobbyisten« hätten sich an ihn gewandt, was »oft genug genervt« habe, klagte Tauber Ende November 2013 in seinem Blog. Es sei ja »in Ordnung« und »sogar notwendig«, dass Verbände ihre Sorgen und Interessen artikulierten. Aber, so der hessische Christdemokrat, »ob dazugehört, dass man gewählten Volksvertretern Textbausteine schickt, damit diese dann in den Koalitionsvertrag eingefügt werden, mag jeder für sich selbst beurteilen«.

Bundestagspräsident Norbert Lammert hat das Problem ebenfalls erkannt. »Der Einfluss der Lobbyisten auf die Gesetzgebung ist beachtlich, und er ist in zunehmendem Umfang glänzend organisiert«, sagte der Christdemokrat im August 2013 in einem Interview mit der *Frankfurter Allgemeinen Sonntagszeitung*. »Oft stehen die für ein bestimmtes Thema zuständigen Abgeordneten mit einem relativ kleinen Stab von Mitarbeitern einer beeindruckenden Zahl von Lobbyisten gegenüber.« Noch schärfer formulierte es Hans-Jürgen Papier. Aus dem der CSU angehörenden ehemaligen Bundesverfassungsrichter ist einer der wichtigsten Kritiker des, wie er es nennt, »real existierenden Lobbyismus« geworden. Es sei das Parlament, so Papier, das in unserer Demokratie »der wichtigste Hort des Gemeinwohls« zu sein habe. Doch die Abgeordneten könnten »mit dem Fachwissen und dem geballten Sachverstand einer starken Interessenvertretung nicht immer mithalten«. Man müsse aufpassen, warnte Papier in einem Interview mit der Zeitschrift *Politik & Kommunikation*, dass »die ›Lobby‹ nicht wichtiger wird als der ›Plenarsaal‹«.

Die bisher wohl aggressivste Anklage gegen den Einfluss der Lobby in Deutschland hat jedoch kein Politiker, sondern der Schriftsteller und Nobelpreisträger Günter Grass formuliert. Er hat diese Kritik am 11. Januar 2008 geäußert, in einer nichtöffentlichen Rede vor der SPD-Fraktion im Bundestag. »Sie sind der Staat im Staate«, sagte Grass über Lobbyisten. »Und was faul stinkt im Staate, sind sie. Sie, ungewählt, doch mit der Macht des

Kapitals ausgestattet, verkörpern den ärgsten Feind der Demokratie.« Wen wundere es, wenn immer weniger Bürger bereit seien, von ihrem Wahlrecht Gebrauch zu machen, fragte Grass. Und er verlangte von den Parlamentariern, der Lobby im Bundestag »Hausverbot« zu erteilen.

### Ein Mittel mit Risiken und Nebenwirkungen

Dieser Forderung ist keiner gefolgt, und das durchaus zu Recht. Dennoch hat der Schriftsteller das Problem in aller Schärfe benannt. Wer über Lobbyismus redet, spricht über den Gegensatz zwischen dem Allgemeinwohl einerseits und Partikularinteressen andererseits. Einige Interessen sind nun mal besser organisiert und finanzstärker als andere. Weil Lobbyisten meist das Licht der Öffentlichkeit scheuen und auf informellen Wegen Einfluss nehmen, erschwert das die Kontrolle und es nährt den Verdacht, dass hier Interessen durchgesetzt werden sollen, die sich mit Argumenten schwer begründen lassen. Und dann steht immer wieder auch der Verdacht der Korruption im Raum – also die Möglichkeit, dass Lobbyisten auch mit unlauteren, wenn nicht gar illegalen Methoden arbeiten.

Lobbying birgt zweifellos viele Risiken und Nebenwirkungen, aber in der richtigen Dosierung und unter vernünftiger Aufsicht hat es durchaus seine Berechtigung. Natürlich müssen Verbände und große wie kleine Unternehmen das Recht haben, ihre Interessen zu vertreten. Auch die Beschäftigten dieser Unternehmen wollen ja ihre Arbeitsplätze nicht verlieren. Wobei das Problem hier schon anfängt: Soll die Politik wirklich um jeden Preis Arbeitsplätze in Unternehmen erhalten, die ohnehin langfristig nicht überleben werden? Studien aus den USA legen nahe, dass der Staat kriselnden Unternehmen dann eher hilft, wenn deren Lenker gute Beziehungen zur Politik unterhalten. Das kann den Wettbewerb verzerren – zu Ungunsten anderer Firmen, die eigentlich effizienter gewirtschaftet haben.

Und muss man wirklich Jobs in Branchen verteidigen, die der Umwelt schaden oder der Gesundheit der Verbraucher – zum Beispiel in der Zigarettenindustrie? Ist es sinnvoll wegen einiger hundert oder tausend Arbeitsplätze Waffenexporte in Länder wie Saudi-Arabien oder Katar zu genehmigen? Wie ist dem Allgemeinwohl am besten gedient und welche Partikularinteressen sind unterstützungswürdig?

Manche meinen, die Lobbydebatte verdecke die viel wichtigere Diskussion, wer in der Gesellschaft eigentlich die Macht hat. »Wirkungsmächtiger Lobbyismus hat reale wirtschaftliche Macht und gesellschaftlichen Einfluss zur Voraussetzung«, behaupten die drei Autoren einer Studie der Otto-Brenner-Stiftung, die der Gewerkschaft IG Metall nahesteht. »Einfluss entsteht nicht durch Lobbyismus, Einfluss wird durch Lobbyismus transportiert.«

Aber ganz so simpel ist es nicht. Warum konnte die Stromerzeugerlobby mit all ihrem Einfluss zwar die Laufzeitverlängerung für Atomkraftwerke durchsetzen, aber dann den Ausstieg nach Fukushima nicht verhindern? Warum haben Interessengruppen manchmal weniger und ein andermal deutlich mehr Einfluss, als das nach ihrer wirtschaftlichen Bedeutung zu erwarten gewesen wäre? Siehe das Beispiel der Hotelsteuer. Auch in den großen Wirtschaftsverbänden stieß es nur auf begrenztes Verständnis, dass hier FDP und CSU und in deren Gefolge die CDU bereit waren, eine Milliardensubvention zu gewähren, obwohl es um einen überschaubaren und für die Gesamtwirtschaft wenig bedeutsamen Kreis von Begünstigten ging.

### Schwarz-gelbe Lobbyfreunde?

War also die schwarz-gelbe Koalition in besonders eklatanter Weise in der Hand der Lobbyisten? »Noch nie in der Nachkriegsgeschichte, nach meiner Erinnerung jedenfalls, hat eine Bundesregierung sich so offensichtlich in den Dienst von Lobbyinteressen gestellt, wie das jetzt der Fall ist«, klagte der damalige

SPD-Fraktionschef Frank-Walter Steinmeier in der Debatte um die Hotelsteuer im Januar 2010. Und wie ein Echo wiederholte SPD-Chef Sigmar Gabriel den Vorwurf im Zusammenhang mit der Laufzeitverlängerung am Ende des Jahres 2010: »So dreist ist noch nie der Eindruck erweckt worden, Politik sei käuflich.«

An der FDP blieb der Lobbygeruch bekanntlich dauerhaft kleben. Zugleich sperren sich wie die nun außerparlamentarischen Freidemokraten nach wie vor CDU und CSU besonders vehement gegen eine stärkere Regulierung des Lobbyismus. Als die PR-Agentur MSL Germany im Herbst 2014 ihre jährliche – nichtrepräsentative – Umfrage »unter Public-Affairs-Veantwortlichen in Deutschland« veröffentlichte, war das Ergebnis jedenfalls ziemlich eindeutig. Auf die Frage, mit welchen Parteien die Zusammenarbeit am konstruktivsten möglich sei (Mehrfachnennungen waren möglich), lag die CDU mit 89 Prozent weit vorn, interessanterweise gefolgt von der SPD (61), dann der CSU (28), der FDP (26), den Grünen (15) und als Schlusslicht den Linken mit 0 Prozent.

Im Jahr zuvor lag die FDP in der MSL-Umfrage übrigens mit 61 Prozent noch auf Platz zwei, gefolgt von der SPD mit damals nur 49 Prozent. Lobbyisten sind Realisten und wissen: Parteien, die an der Macht sind, können ihnen besser helfen als die Opposition. Denn natürlich nahm und nimmt die Lobby auch dort Einfluss, wo SPD und Grüne regieren.

Die beiden Journalisten Cerstin Gammelin und Götz Hamann resümierten im Jahr 2006 in ihrem Buch *Die Strippenzieher* sogar, dass »zur Bilanz« der ein Jahr zuvor abgewählten rot-grünen Koalition »ein zunehmend distanzloses Verhältnis zur Wirtschaft« gehöre. Und sie erinnerten daran, dass zur Einweihung des Berliner Lobbybüros des Energieversorgers EnBW sogar der damalige Kanzler Gerhard Schröder persönlich erschien. Bei der Erinnerung an ihn überkommt in Berlin noch heute einige Lobbyisten die Nostalgie. »Sagenhaft« und »blitzgescheit« sei der SPD-Kanzler gewesen, schwärmt der Berliner Repräsentant eines Dax-Unternehmens. Merkel dagegen habe so »ein Grundmisstrauen«, auch gegenüber der Wirtschaft.

Aber auch Schröders Nachfolgerin empfängt – wie die Bundesregierung auf parlamentarische Anfragen inzwischen regelmäßig im Detail preisgibt – das ganze Jahr hindurch Wirtschaftsgrößen zu Einzelterminen und Gesprächsrunden im Kanzleramt, von Airbus-Chef Thomas Enders über BMW-Großaktionärin Susanne Klatten bis zu VW-Lenker Martin Winterkorn oder Daimler-Chef Dieter Zetsche. »Merkel hat immer ein offenes Ohr für die Industrie, vor allem die Autoindustrie«, schreibt der Journalist Dirk Kurbjuweit in einem Buch über die Kanzlerin. Insbesondere VW-Chef Winterkorn habe »Zugang, sobald er das wünscht, und Merkel ist bereit, seine Forderungen zu erfüllen«. Auch VDA-Präsident Matthias Wissman hat in interner Runde die Kanzlerin bereits für ihre »Aufgeschlossenheit für die Belange der Automobilindustrie« gelobt. Das belegen als »vertraulich« gekennzeichnete Vorstandsprotokolle des VDA, also des Verbands der Automobilindustrie – mehr dazu in Kapitel 10.

Wie ihr Vorgänger glaubt auch Merkel, dass die deutsche Regierung die Interessen der deutschen Exportindustrie vertreten muss – allen voran die Belange der Autohersteller. Merkel achtet freilich gut darauf, sich anders als Schröder mit den Bossen nicht allzu offen zu verbrüdern. Für den damaligen Deutsche-Bank-Chef Josef Ackermann richtete sie im Jahr 2008 bekanntlich ein später berühmt gewordenes Abendessen aus – was nur herauskam, weil Ackermann selbst das ausplauderte. Der Kanzlerin soll das nicht gefallen haben. »Merkel ist es gelungen, sich als unabhängig darzustellen, obwohl sie erstaunlich nah bei den Großkonzernen ist«, sagt der Grünen-Fraktionschef Anton Hofreiter. »Sie macht das viel geschickter als Schröder.«

Die Wirtschaftskapitäne müssen also auch heute nicht am Zaun vor dem Kanzleramt rütteln. Sie werden durch die Pforte eingelassen. Nur so etwas wie Schröders legendäre abendliche »Bordeaux-Runden« mit Wirtschaftsführern scheint es nicht mehr zu geben. Das mag daran liegen, dass die Kanzlerin aus der Uckermark mit allzu testosteronstarken, dröhnenden Mannsbildern fremdelt. Es mag aber auch etwas damit zu tun haben, dass sich das gesellschaftspolitische Klima gewandelt hat und die Politik darauf reagiert – wenn auch sehr langsam.

### Die Lobby ist immer bei den anderen

»Man redet über die Lobby nur dann, wenn man die anderen angreift«, hat der SPD-Abgeordnete Marco Bülow beobachtet. Jeder Politiker wird von sich behaupten, er vertrete das Allgemeininteresse. In der Hand der Lobbyisten befindet sich stets nur der politische Gegner. Bülow selbst hat häufig die Nähe auch vieler Sozialdemokraten zu den großen Energieversorgern beklagt. Der damalige Sozialdemokrat und Wirtschaftsminister Wolfgang Clement etwa verschleppte unter Rot-Grün eine bessere Strompreisaufsicht und verschaffte den Stromerzeugern Vorteile beim Emissionshandel (siehe Kapitel 7). Man kann durchaus die Frage stellen, ob die damalige Regierung auf diese Weise Eon, RWE und Co. eine Art Kompensation für den Atomausstieg verschaffen wollte – bezahlt von den Stromkunden.

Der SPD-Kanzler Schröder wiederum ließ sich nicht nur als »Autokanzler« feiern und – wie später Merkel nach ihm – vor den Karren von VW, BMW und Daimler spannen. Er stoppte auch Pläne für eine Begrenzung der Arzneimittelpreise. Eine solche Preisreform kam dann – wie auch immer verwässert – unter dem FDP-Gesundheitsminister Philipp Rösler (FDP). Erst da war der öffentliche Druck auf die Pharmaindustrie groß genug. Allerdings hatten sich außerdem hinter verschlossenen Türen die Lobbyisten der Versicherungsbranche für die Arzneimittelrabatte stark gemacht (siehe Kapitel 3). Umgekehrt schaffte Röslers freidemokratischer Nachfolger Daniel Bahr die von der SPD-Ministerin Ulla Schmidt eingeführte Praxisgebühr wieder ab und erfüllte damit einen Wunsch der Ärztelobby.

Keine im Bundestag vertretene Partei ist im Zustand der lobbyistischen Unschuld. Dennoch ist der Vorwurf der Lobbyistenhörigkeit in Berlin zum Kampfbegriff avanciert. Vielleicht stimmt ja die Beobachtung, dass der Lobbyvorwurf auch deshalb so beliebt geworden ist, weil er die alte Links-Rechts-Polarisierung in Gesellschaft wie Politik teilweise ersetzt. Was den Marxisten früher der Klassenfeind war, ist den Linken heute der (wirtschaftsnahe) Lobbyist. Konservative Kreise sehen nun die (Schwulen-)»Lobby« am Werk, wenn im grün-roten Baden-Württemberg die Lehrpläne beim Thema sexuelle Vielfalt überprüft werden. Und so weiter.

Aber so sehr der Vorwurf des Lobbyismus stigmatisieren soll, so sehr ist das Lobbying ein real existierendes Phänomen. Egal, welche Partei regiert – die Lobbyisten werden stets versuchen, mitzuregieren. Selbst wenn es der heutige bayerische Ministerpräsident Horst Seehofer (CSU) etwas zu sehr zuspitzte, als er vor einigen Jahren konstatierte: »Diejenigen, die entscheiden, sind nicht gewählt, und diejenigen, die gewählt werden, haben nichts zu entscheiden.«

### Wer definiert das Allgemeinwohl?

Seehofer hat übertrieben, denn natürlich lassen sich in einer Demokratie die Wünsche der Wähler nicht einfach rundweg ignorieren – jedenfalls nicht immer und nicht so leicht bei Fragen, die die Menschen als wichtig empfinden. Als die schwarz-gelbe Koalition im Herbst 2010 die Laufzeit der Atomkraftwerke verlängerte, tat sie das – so damals die meisten Umfragen – gegen den Willen der Mehrheit der Bürger. Weil aber das Thema bei den Bundestagswahlen 2009 aus Sicht der Wähler keine große Rolle spielte und die nächsten nationalen Wahlen drei Jahre entfernt waren, schien Angela Merkel und den Spitzen von Union und FDP das elektorale Restrisiko offenbar ebenso vertretbar wie das nukleare.

Doch als dann kurz vor Landtagswahlen in Baden-Württemberg und Rheinland-Pfalz die Katastrophe von Fukushima die Bildschirme beherrschte, musste die CDU massive Verluste an den Urnen befürchten und zog nun die Konsequenzen. Die Lobbyisten der mächtigen Energiekonzerne hatten zwar zunächst eine Schlacht gewonnen, am Ende aber den Krieg verloren – auch wenn die Kraftwerksbetreiber Vattenfall, Eon und RWE nun versuchen, Milliarden an Schadenersatz einzuklagen, die am Ende womöglich die Steuerzahler tragen müssen.

Selbst das Gegensatzpaar zwischen Allgemeinwohl und Partikularinteresse hilft nur auf den ersten Blick bei der Analyse des Lobbyeinflusses weiter. Es steht ja nirgendwo in Marmor gemeißelt, was das Interesse der Allgemeinheit in der, sagen wir, Energiepolitik ist. Wir können die Definition auch nicht irgendwelchen noch so verdienstvollen Nobelpreisträgern überlassen – nein, nicht einmal Günter Grass. Was das Allgemeininteresse ist, wird im demokratischen Prozess und im politischen Streit definiert und dann von der Mehrheit entschieden. Dieser Satz gilt selbst dann, wenn man in Rechnung stellt, dass die die Mehrheit im Bundestag bildenden Abgeordneten manchmal gar nicht genau wissen, über was sie gerade entscheiden. Oder dass sie nicht frei in ihrer Entscheidung sind, weil der Koalitionsfrieden es so will. Oder dass die Parlamentarier sich über Bedenken hinwegsetzen, weil sie andere, eigene Interessen im Blick haben.

Genauer gesagt: Diese Beschreibung trifft die Situation in einer repräsentativen Demokratie wie der unseren, in der Bundestag und Bundesrat gewöhnlich das letzte Wort haben. Natürlich wäre es denkbar, dass man die demokratische Definition des Allgemeininteresses nicht allein den Parlamenten überließe, sondern häufiger das Volk entscheiden ließe. Verfechter von mehr partizipativer Demokratie nach dem Vorbild der Schweiz führen ausdrücklich das Argument ins Feld, dass Lobbyisten es dort schwerer hätten.

Auch die Lobbyisten selbst behaupten übrigens in der Regel,

dass ihr Anliegen der Allgemeinheit diene. Gelegentlich mögen sie damit aus der Sicht vieler Menschen sogar recht haben. Wenn die arbeitgebernahe Initiative Neue Soziale Marktwirtschaft (INSM) gegen die Frauenquote in Aufsichtsräten ficht, werden nicht wenige darin den Versuch einiger älterer Herren sehen, ihre angestammten Posten zu verteidigen. Aber was ist, wenn die INSM – was sie ebenfalls tut – für mehr Kinderbetreuung eintritt, um Müttern und Vätern kleiner Kinder die Berufstätigkeit zu erleichtern? Da wären die Mehrheiten wohl größer, die diese Forderung als dem Allgemeinwohl dienend betrachten würden – außer vielleicht in einigen ländlichen Regionen in Westdeutschland.

Oder nehmen wir die Frage nach dem richtigen Umgang mit Wladimir Putins Russland nach der Besetzung der Krim und der russischen Hilfe für gewalttätige Separatisten in der Ostukraine: Was war hier das Allgemeininteresse? Musste es darum gehen, Moskau mit harten Wirtschaftssanktionen dafür zu bestrafen, dass es das Völkerrecht brach? Oder hatten die Wirtschaftslobbyisten recht, die auf die Arbeitsplätze hinwiesen, die in der deutschen Exportindustrie auf dem Spiel stünden?

Jemand wie Eckhard Cordes, der Vorsitzende des Ostausschusses der deutschen Wirtschaft, argumentierte geschickt, als er sich im März 2014 gegen Sanktionen aussprach. Cordes führte nicht etwa plump Arbeitsplätze gegen das Völkerrecht ins Feld, sondern er relativierte Putins Rechtsverstöße, um so die eigene Orientierung am Allgemeinwohl zu unterstreichen: »Die Fehler sind nicht nur auf russischer Seite gemacht worden.« Erst nach dem Abschuss der malaysischen Passagiermaschine MH17 über der Ostukraine lenkten auch Lobbyisten wie Cordes ein und stimmten Wirtschaftssanktionen zu.

Um beim Stichwort Arbeitsplätze zu bleiben: Als es im Jahr 2009 um die Frage ging, ob der Staat den angeschlagenen Autobauer Opel retten solle, waren auch die Bürger skeptisch. Obwohl Tausende Jobs auf dem Spiel standen, waren laut Umfragen viele der Meinung, dass es nicht die Aufgabe der Allgemeinheit sei, einem unrentablen Hersteller mit Steuergeld über die Runden zu helfen. Arbeitsplätze sind also nicht automatisch ein überzeugendes Argument.

Große Mehrheiten unter den Bürgern – wie unter ihren Vertretern im Bundestag oder Bundesrat – finden dagegen die Förderung der erneuerbaren Energien richtig. Der Strom, den Windräder und Solarzellen erzeugen, ist umweltfreundlich und er macht Deutschland unabhängiger von Energieimporten. Darum ist er populär – und das, obwohl sich die Einspeisevergütung für die Erneuerbaren im Jahr 2013 auf über 20 Milliarden Euro belief, zu bezahlen von den Stromkunden.

Wahr ist aber auch, dass gerade die Photovoltaik – also Solarstrom – über die Jahre einen überproportional großen Anteil an dieser Summe verschlang, gemessen an ihrem Beitrag zur Stromversorgung. Einige Jahre lang kassierten die Solarstromerzeuger überdies eine besonders auskömmliche Rendite, weil die Anschaffungskosten der Anlagen gesunken waren und die Förderung trotzdem hoch blieb. Daran hatten auch Lobbyisten der Solarindustrie ihren Anteil – und sogar nicht wenige ökologisch orientierte Experten waren der Meinung, dass hier die Partikularinteressen einer Wirtschaftsbranche zumindest zeitweilig zu viel Gewicht besaßen.

Ein viertes Beispiel: Eine Mehrheit der Bürger hatte den Eindruck, dass die Laufzeitverlängerung für Atomkraftwerke vor allem den vier großen deutschen Energieunternehmen zugutekam. Die Befürworter des Atomkompromisses von Ende 2010 argumentierten hingegen, dass die Laufzeitverlängerung die Strompreise im Zaum halten sollte und darum dem Gemeinwohl diente. Ein halbes Jahr später sah die schwarz-gelbe Koalition diese Frage bekanntlich dann doch ganz anders. Das Argument mit den Strompreisen verblasste, die Definition des Allgemeinwohls veränderte sich unter dem Eindruck der öffentlichen Debatte – und angesichts der Angst der regierenden Politiker von Union und FDP, bei den kommenden Landtagswahlen abgestraft zu werden.

Natürlich kommt es überdies vor, dass die Regierungsmehrheit im Bundestag nur vorgibt, im Sinne des Allgemeinwohls zu handeln. Ende August 2014 räumte CDU/CSU-Fraktionschef Volker Kauder in einem Zeitungsinterview überraschend ein, dass die von ihm fünf Jahre zuvor selbst mitbeschlossene Senkung der Hotelsteuer »klassische Klientelpolitik« gewesen sei. Kauder hatte also nicht im Sinn der Allgemeinheit entschieden. Er hatte sich der Lobby ausgeliefert und das sehenden Auges – weil es die Koalitionspartner so wollten.

### »If you are not at the table, you are on the menu«

Aber, noch einmal: Interessengruppen haben nicht notwendigerweise und immer unrecht. Sie müssen das Recht haben, ihre Positionen zu artikulieren, gerade gegenüber der Politik in Brüssel und Berlin, die mit immer neuen Gesetzen Gesellschaft und Wirtschaft reguliert. Politiker und Beamte sind nicht allwissend. Sie sind nicht in der Lage, alle denkbaren Auswirkungen eines neuen Gesetzes oder einer neuen Maßnahme sofort vorauszusehen. Darum ist ja auch die Anhörung von Verbänden im deutschen Gesetzgebungsprozess fest verankert.

Ist also Lobbying gar kein Problem für die Demokratie? Das hört man in Berlin bis heute öfter. Die widerstreitenden Interessen heben sich angeblich gegenseitig auf, sagen die Verteidiger des real existierenden Lobbyismus. Aber diese Sicht ist wiederum eine unzulässige Beschönigung – allein deshalb, weil es Interessen gibt, die sich nur schlecht organisieren lassen. Aus den USA stammt ein einprägsamer Lehrsatz für Lobbyisten: »If you are not at the table, you are on the menu« – wer nicht mit am Tisch sitzt, wird als Teil der Speisenfolge verzehrt. Wer seine Stimme gar nicht erst einbringen kann, der hat folglich schon verloren.

Nicht nur manche Unternehmensbranchen, sondern auch die Angehörigen einiger gutverdienender Berufsgruppen profitieren davon, dass sich bestimmte Interessen leichter bündeln lassen als andere. Fluggesellschaften – aber auch Piloten – verschaffen sich eher Gehör als Flugpassagiere. Für die Angehörigen relativ kleiner Gruppen – etwa Ärzte oder Apotheker – zahlt es sich unmittelbar aus, wenn ihre Lobbyorganisationen bei der Politik höhere Vergütungen oder eine Abschottung ihres Marktes durchsetzen können. Die Versicherten haben es in der deutschen Gesundheitspolitik dagegen schwer, ihre Interessen zu artikulieren – sie zahlen die Zeche für Ärzte, Apotheker, Krankenhäuser und die Pharmaindustrie. So kommt es, dass die Deutschen für ein nach westlichen Maßstäben eher mittelmäßiges Gesundheitssystem überdurchschnittlich viel aufwenden müssen.

Gerade die Apotheker sind in Berlin für ihre aggressive Interessenvertretung berüchtigt. Jahrelang kämpfte ihr Branchenverband ABDA gegen die Zulassung von Internetapotheken; bis heute stemmen sich die Pharmazeutiker erfolgreich gegen die Zulassung ganzer Apothekenketten, obwohl diese den Versicherten bares Geld ersparen könnten. Und die Branchenvertreter handeln immer wieder lukrative Vergütungen aus, zur Not auch mittels Interventionen im Kanzleramt.

Der Apothekerverband flankiert das, indem er regelmäßig als zahlender Sponsor auf Parteitagen von der CSU bis zu den Grünen präsent ist. Über 20 000 Apotheken gibt es in Deutschland. Sie sind eine Macht in den Wahlkreisen, gerade unter der zunehmenden Zahl von Wählern im Rentenalter. Nur wenige Abgeordnete wagen es, sich mit ihnen anzulegen. Tun sie es doch, müssen sie einen Shitstorm befürchten. Der damalige Grünen-Vorsitzende Jürgen Trittin hatte im Bundestagswahlkampf 2013 das Mehrbesitzverbot – wonach jeder Apotheker nicht mehr als eine Niederlassung betreiben darf – in Frage gestellt. Die Gesundheitspolitikerin Kordula Schulz-Asche hatte ihn verhalten unterstützt – und wurde prompt in der *Deutschen Apotheker Zeitung* im August 2013 attackiert. Nur weil sie das Kettenverbot für »nicht zwingend erforderlich« hielt, aber Änderungen »mit Sicherheit nur in Abstimmung« mit der Apothekerschaft angehen wollte, geriet sie in den Kommentarspalten unter heftigen Beschuss für diesen vermeintlichen »Tritt ans Schienbein«. Schulze-Asches Parteifreundin Birgitt Bender hatte ähnliche Erfahrungen mit den Pharmazeuten gemacht: »Sobald erkennbar wird, dass einer ausscheren könnte, kommt er unter Spezialbeobachtung«, sagte sie vor einigen Jahren. »Es gibt in Berlin keine härtere Lobby.«

### Der Trittbrettfahrereffekt

Sobald ein Anliegen sehr viele Menschen betrifft – etwa beim Umweltschutz oder auch dem Einsatz gegen die Vergeudung von Versicherten- und Steuergeldern –, lohnt es sich für den Einzelnen kaum noch, sich zu engagieren. Denn den Nutzen dieses Engagements streicht der Angehörige einer sehr großen Bevölkerungsgruppe auch dann ein, wenn andere für die gemeinsame Sache kämpfen. Hier wirkt der sogenannte Trittbrettfahrereffekt, den der amerikanische Ökonom Mancur Olson in seiner berühmten »Theorie des kollektiven Handelns« geschildert hat.

Das Trittbrettfahrerproblem versuchen viele Lobbyverbände mit einem Trick zu umgehen. Beim ADAC ist es die berühmte Pannenhilfe. Die Mitglieder treten dem Verein aus Angst vor dem Liegenbleiben bei. Der ADAC verweist dann auf die Mitgliederzahlen, um selbstbewusst Forderungen gegenüber der Politik zu erheben, etwa im Kampf gegen ein Tempolimit auf Autobahnen.

Und der Automobilclub ist nicht der Einzige, der diese Taktik nutzt. So verzeichnet der als »Opa-Apo« geschmähte Sozialverband VdK vielleicht nicht nur deshalb eine stetig steigende Mitgliederzahl, weil er nach eigenen Angaben »eine starke Lobby« für Rentner oder Arbeitslose darstellt. Wahrscheinlich spielt es auch eine Rolle, dass zahlende Mitglieder von der kostenlosen Sozialrechtsberatung des Verbands profitieren. Der Mittelstandsverband BVMW wiederum bietet seinen Mitgliedsunternehmen Rabatte für Strom und Gas – über Rahmenverträge mit Anbietern »in allen wichtigen Regionen«. Und auch beim Deutschen

Bauernverband kennt man diese Methode. Einige von dessen 300 000 Mitgliedern haben wenig mit der eher großagrarischen Politik der Verbandsspitze im Sinn, wollen aber die Hilfe bei Förderanträgen und die Beratung beim Abschluss von Pachtverträgen nicht missen.

Mancur Olson hat seine Theorie vom Trittbrettfahrereffekt erstmals im Jahr 1968 veröffentlicht; er räumte selbst ein, dass sie für »philanthropische Lobbies«, wie er sie nannte, »völlig unzureichend« sei. Menschen engagieren sich ja nicht nur aus Eigennutz, sondern auch aus Idealismus. Seit vielen Jahren gibt es Organisationen wie Amnesty International, Greenpeace oder Transparency International, die sich für Menschenrechte, für Umweltschutz und gegen Korruption engagieren. Dank der Spenden und des Einsatzes ihrer Mitglieder sind diese Organisationen inzwischen oft so gut ausgestattet, dass sie auch größere Personalstäbe bezahlen können.

Für die Mitarbeit dort muss man nun also nicht mehr allein guten Willen mitbringen. Einerseits. Andererseits bleiben Greenpeace und Co. auf den guten Willen ihrer Spender und Finanziers angewiesen. Wirtschaftslobbyismus dagegen schafft im besten Fall ein »return on investment«. Er finanziert sich aus den Erlösen, die Firmen deshalb erzielen, weil ein Gesetz so gestrickt wurde, dass das eigene Geschäftsmodell profitiert oder zumindest nicht Schaden nimmt.

### Die Macht des Status quo

Politische Prozesse lassen sich nicht im Labor durchspielen. Deshalb kann man den Lobbyeinfluss – oder sein Fehlen – nur schwer abschließend beweisen. Es waren US-amerikanische Forscher um den Politikwissenschaftler Frank R. Baumgartner, die vor einigen Jahren mit einer ungewöhnlich aufwendigen Studie versuchten, auf die Frage nach der Macht der Lobby wenigstens eine näherungsweise Antwort zu geben. Mit Hilfe einer »Armee von Studenten«, so Baumgartner, hatte sein Team über einen Zeitraum von vier Jahren für 98 ausgewählte Themen der amerikanischen Politik untersucht, welche Lobbys sich in politischen Konfliktthemen durchsetzten. Die Forscher glichen das mit den Daten aus dem Washingtoner Lobbyregister ab, in dem ja offengelegt werden muss, wie viel Geld und Manpower Interessenvertreter investieren.

Im Jahr 2009 kamen Baumgartner und seine Kollegen zu einem scheinbar beruhigend klingenden Ergebnis: Interessengruppen seien häufig »erstaunlich ineffektiv«. Es gebe keinen automatischen Zusammenhang zwischen den Ressourcen an Geld und Personal, die eine Interessenkoalition mobilisieren könne, und ihrem Erfolg. »Das Verhältnis zwischen Geld und Macht ist nicht simpel, und die Seite der Reichen gewinnt nicht immer«, heißt es in ihrer Studie. Die US-Forscher bestreiten nicht, dass zu den »Grundlagen eines erfolgreichen Lobbyings« die erwartbaren Faktoren gehören: Eine »große Mitgliedschaft, viele Mitarbeiter, ein ausreichendes Budget, um große Events organisieren zu können, sowie etablierte Verbindungen mit politischen Entscheidungsträgern«. Doch noch wichtiger als die eingesetzten Geldsummen sei etwas anderes: Gehe es der betreffenden Lobbygruppe um den Erhalt des Status quo oder um eine Änderung? Ergebnis: Die Verfechter des Status quo – oder anders gesagt die Verteidiger von Besitzständen – gewinnen sehr viel häufiger.

Diese Einsicht ist unter Polit- und Lobbyprofis kein Geheimnis. Der damalige Präsident des Bundesverbands der Deutschen Industrie (BDI), Michael Rogowski, drückte es während der ersten Jahre der SPD-Grünen-Regierung in einer internen Versammlung laut Protokoll einmal so aus: »Falsche Entscheidungen zu verhindern« sei die erste Priorität des Verbands. »Dort, wo Rot-Grün die Wirtschaft vor die Wahl zwischen ›Pest‹ und ›Cholera‹ gestellt habe, habe man versucht, mit einer ›Grippe‹ davonzukommen.«

Auch der damalige Hauptgeschäftsführer des BDI, Ludolf von Wartenberg, schärfte den Vertretern der Mitgliedsverbände in interner Runde ein, »dass Lobbyarbeit zu einem großen Teil im Verhindern von Gesetzesvorhaben bestehe, die der Wirtschaft zusätzliche Belastungen aufbürden würden«. Nur, so Wartenbergs Warnung laut einem Sitzungsprotokoll aus dem Jahr 2001, seien diese Erfolge »oftmals öffentlich nicht darstellbar, weil ansonsten zukünftige Erfolge gefährdet würden«.

Das Lobbying für den Status quo fällt also häufig gar nicht auf – und es soll auch nicht auffallen. Der ehemalige US-Verteidigungsminister Donald Rumsfeld hat einmal in einem ganz anderen – nämlich militärischen – Kontext einen Beitrag zur Erkenntnistheorie formuliert, den viele ihm gar nicht zugetraut hätten: Es gebe die »known unknowns« und die »unknown unknowns«. Da sind also einerseits die Dinge, von denen wir wissen, dass wir sie nicht wissen – auf unser Thema übertragen wären das zum Beispiel die geheimen Spendenmillionen von Helmut Kohl. Wir wissen, dass es sie gab; doch woher die Gelder auf den CDU-Konten stammten, wissen wir bis heute nicht. Das ist beunruhigend genug. Aber dann ist da auch noch all das, von dem wir gar nicht wissen, dass wir es nicht wissen. Das gilt ganz sicher für viele stille Lobbyerfolge im Dienste der Erhaltung des Status quo.

Der Status quo, das sagen auch die US-Forscher um Baumgartner, spiegelt häufig die Interessen starker Wirtschaftsgruppen wider. Die waren bereits in früheren Runden als Sieger vom Spielfeld gegangen. Den Status quo zu bewahren heißt, wie es der frühere Umweltminister Klaus Töpfer (CDU) im September 2013 bemerkte, dass die Lobbyisten der Vergangenheit stärker sind als die Lobbyisten der Zukunft: »Es ist immer schwerer, die Zukunft durchzusetzen, als die Vergangenheit zu verteidigen.«

Wie wahr die These von der Macht des Status quo ist, lässt sich auch mit Beispielen aus Deutschland zeigen. Eine Reform der Steuervorteile für Dienstwagen zum Beispiel scheiterte seit rot-grünen Tagen immer wieder am Widerstand der Autolobby –

dabei ist die steuerliche Förderung von Dienstwagen ungerecht, weil hier die Mehrheit der Steuerzahler indirekt die Karossen einer Minderheit bezuschusst. Aber natürlich stärkt diese Subvention den Absatz der Autoindustrie.

Einmal von Schwarz-Gelb eingeführt, tastete auch Schwarz-Rot die ermäßigte Hotelsteuer nicht wieder an. Kaum einer sprach öffentlich davon – aber das war Teil der Strategie. Als sich im November 2013 in Berlin die Koalitionsverhandlungen zwischen Union und SPD anbahnten, traf sich gerade der Gastronomieverband Dehoga zur Delegiertenversammlung in Göttingen. Verbandspräsident Ernst Fischer riet den Teilnehmern, sich in Sachen Hotelsteuer möglichst ruhig zu verhalten. CDU und CSU seien ja gegen jede Art der Steuererhöhung – also auch für Hoteliers. Die Unionspolitiker Wolfgang Schäuble, Horst Seehofer, Markus Söder, Ronald Pofalla, Hermann Gröhe und Alexander Dobrindt habe man bereits angeschrieben. Und in den »Gesprächen mit maßgeblichen Politikern« sei klargeworden, dass man »bezüglich der Beibehaltung des reduzierten Mehrwertsteuersatzes für die Hotellerie keine aktive Öffentlichkeitsarbeit betreiben« müsse. Im Gegenteil: »Kampagnen wären absolut kontraproduktiv.« Warum schlafende Hunde wecken, wenn die eigenen Interessen bereits gewahrt sind?

### Wie sich Politiker durchwursteln

Wer sich mit dem Einfluss der Lobby beschäftigt, muss grundsätzliche Fragen stellen. Wie funktioniert Politik? Was treibt Politiker zu einer bestimmten Entscheidung? Der Charme der Demokratie besteht darin, dass die Regierenden alle paar Jahre ihre Abwahl fürchten müssen. Aber in den vier Jahren zwischen den Bundestagswahlen müssen die, die uns regieren, jeden Tag eine Vielzahl von Entscheidungen treffen. Sie müssen sogar Fragen beantworten, von denen bei der jüngsten Wahl keiner wusste, dass sie sich stellen würden.

Entscheidet dann die politische Überzeugung? Zählt das Programm, mit dem jemand angetreten ist? Das mag vorkommen. Aber Parteiprogramme umfassen viele Dutzende, ja Hunderte von Forderungen. Die meisten bleiben auf dem Papier. Jeder im Land konnte mitverfolgen, wie die CDU unter Angela Merkel in den vergangenen Jahren selbst zentrale Programmpunkte – Wehrpflicht, Atomkraft – mal eben kassierte. Und auch Gerhard Schröder wurde bei der Bundestagswahl im Jahr 2002 nicht mit der Ankündigung gewählt, die Hartz-Reformen durchzusetzen.

Viele Entscheidungen fallen also in einer Art politischem Niemandsland zwischen zwei Wahlen und dann häufig aus einem ganz einfachen Grund: Weil die Politik unter Druck geraten ist. Mal wegen eines drängenden Problems – die Wehrpflicht war einfach nicht mehr finanzierbar. Mal aufgrund des Drucks der Öffentlichkeit – siehe Fukushima. Mal weil die CSU (wahlweise eine andere Koalitionspartei) eine Idee hatte (Betreuungsgeld, Pkw-Maut) und ihre Stimmen für die Regierungsbildung unverzichtbar waren. Mal weil die EU-Institutionen Vorgaben machten. Oder eben wegen Pressionen aus der Wirtschaft.

Politiker erzählen uns gerne, dass sie gründlich alle denkbaren Alternativen prüfen, bevor sie sich im Licht der bekannten Fakten für die beste Lösung entscheiden. Dass das ein Märchen ist, sagt uns die Politikwissenschaft spätestens, seit 1959 der US-Politologe Charles Lindblom mit der Theorie des »Muddling Through« Furore machte. Ihr zufolge wursteln sich Politiker nicht viel anders durch die Politik, als wir Bürger uns im Alltag von Problem zu Problem hangeln. Politik startet nicht mit einer Tabula rasa, sondern auf der Basis dessen, was ist. Genauer gesagt: Politiker werden zunächst versuchen, Entscheidungen zu vermeiden. Den Status quo kennt man. Die Konsequenzen von Änderungen lassen sich nur schwer überschauen. Weiß der Politiker das nicht selbst, werden sich rasch Lobbyisten finden, die ihn darauf hinweisen.

Wegen der Macht des Status quo scheint Politik manchmal wie ein langer ruhiger Fluss – bis sie sich dann doch zu einer reißenden Strömung wandelt. Frank R. Baumgartner gilt als Erfinder der politikwissenschaftlichen Theorie des »punctuated equilibrium«, also des »punktuierten Gleichgewichts« oder Punktualismus. Nach dieser Theorie gilt für jedes beliebige Themenfeld: Lange passiert nichts, selbst wenn das eigentlich angezeigt wäre. Doch dann wird das Gleichgewicht durch irgendein Ereignis gestört, und es gibt die Chance auf eine weitreichende – wenn nicht sogar zu weitreichende – Änderung. Baumgartner zitiert den Lobbyisten Tom Korologos mit einem spöttischen Kommentar über das US-Parlament: »Was der Kongress am besten kann, ist Nichtstun und Überreagieren.« Einige in Berlin meinen, diese Beschreibung passe auch ganz gut auf den Regierungsstil von Angela Merkel.

Die größte Leistung eines Politikers seien nicht seine Taten, sondern das, was er alles verhindert habe – Merkel selbst bekannte sich an ihrem 60. Geburtstag im Juli 2014 zu diesem urkonservativen Grundsatz. Sie tat das sicher auch, um Vorwürfe aus der eigenen Partei abzuwehren, es sei allein die SPD, die in der Großen Koalition die Agenda bestimme. Aber zur Politik der ruhigen Hand hatte sich ja schon ihr Vorgänger Gerhard Schröder bekannt.

Gelegentlich muss sich dann aber auch ein Kanzler dazu durchringen, nicht nur zu verhindern, sondern etwas zu tun. Und dann heißt es, in kurzer Zeit unter einer kleinen Zahl realistischer Optionen eine auszuwählen – in einem Aushandlungsprozess mit all denen, die es irgendwie an den Verhandlungstisch geschafft haben oder die sich öffentlich einbringen können. So waren die Hartz-Reformen unter Kanzler Schröder natürlich eine Reaktion auf die wachsende Arbeitslosigkeit im Land und das anämische Wachstum der Wirtschaft. Sie waren aber auch ein Nachgeben gegenüber Forderungen der Wirtschaftslobby. Im November 2004 freute sich Michael Rogowski, der damals scheidende BDI-Präsident, in interner Runde: Die Forderungen des BDI seien »inzwischen in großen Teilen offizielle Regierungspolitik«. Das »persönliche Verhältnis« zum Bundeskanzler sei nun, so Rogowski laut einem internen Protokoll, anders als wenige Jahre zuvor »außerordentlich gut«.

### Hinter den Kulissen

Und was ist mit den Themen, die gar nicht erst auf der großen Bühne abgehandelt werden? Bei den Themen, die für die Öffentlichkeit zu den »unbekannten Unbekannten« zählen? Lobbyisten arbeiten ja – so wie das der BDI-Mann von Wartenberg einräumte – bewusst möglichst unterhalb der Schwelle der öffentlichen Wahrnehmung. Aus ihrer Sicht ist das nötig, um gegenüber der Konkurrenz oder auch politischen Gegnern nicht ins Hintertreffen zu geraten. Aber es erschwert die öffentliche Kontrolle. Für eine Demokratie ist das fatal. »Wenn die Öffentlichkeit nicht nachvollziehen kann, wer eigentlich mit welchen Mitteln in wessen Auftrag auf welche politischen Entscheidungen einwirkt, ist das ein Problem für die Demokratie«, sagt Timo Lange von der Organisation Lobbycontrol.

Inzwischen erklären sich einige etablierte Berliner Lobbyisten zu Verfechtern der »Transparenz«, auch wenn nicht immer klar ist, was daraus folgt. Einer der bekanntesten Branchenvertreter, der Metro-Repräsentant Michael Wedell, brachte es im September 2011 einmal auf diese Formel: »Je intransparenter, kurzfristiger und partikularer Interessen vertreten werden, desto riskanter wird es für das Gemeinwohl.« Wedells zeitweiliger Metro-Kollege Michael Inacker versprach, man werde im Auftrag des Handelskonzerns nun »das Gegenteil von Hinterzimmer-Lobbyismus« praktizieren. Transparenz hieß für das Berliner Metro-Büro einstweilen allerdings vor allem, dass man Videos der vierteljährlichen »Mittwochsgesellschaften« des Konzerns mit prominenten Gästen aus der Politik ins Netz stellte.

Einer der engagiertesten Verfechter der Transparenz beim Lobbying in Berlin ist Heiko Kretschmer. Der ehemalige Juso-Bundesvorständler lässt seine PR- und Lobby-Agentur Johansen + Kretschmer auf ihrer Website verbreiten, man verstehe Lobbyarbeit »nicht als eine Aufgabe, die nur in verschlossenen Hinterzimmern gelöst wird«. Kretschmer will also »nicht nur« im Hinterzimmer arbeiten – ab und zu aber eben doch. Bloß keine Journalisten – unter diesem Motto plante der Agenturchef vor einigen Jahren zusammen mit dem Eventmanager Manfred Schmidt ein neues Veranstaltungsformat. Für jährlich 45 000 Euro Mitgliedsbeitrag sollten Firmenvertreter in einem neu zu gründenden Europa-Club Berlin (ECB) einmal im Monat bei einem Mittags- oder Abendtermin EU-Politiker treffen können. Im Januar 2011 schilderte Kretschmer sein Vorhaben in einem Schreiben an den Leiter der EU-Vertretung in Berlin, Matthias Petschke: Man wolle einen Ort schaffen, »an dem Entscheider sich treffen, Themen frühzeitig bewerten und erörtern, bevor sie in den Medien sind«. Unverhüllt beschrieb er, was der ECB erreichen soll: »Er gibt den Unternehmen die Chance, Einfluss auf die deutsche Politik in Brüssel zu nehmen. Und er ermöglicht es den Unternehmen, sich frühzeitig auf mögliche Konsequenzen vorzubereiten.« Und natürlich, so bekräftigte es Kretschmer in einem anderen Papier, gehe es um »Gespräche unter Ausschluss der Medienöffentlichkeit«. Immerhin: Das Vorhaben wurde dann doch nicht umgesetzt.

### Öffentlichkeit nur, wenn es nicht anders geht

Von sich aus wählen Lobbyisten bis heute vor allem dann den Weg in die Öffentlichkeit, wenn sie Sorge haben müssen, in einem Konflikt zu unterliegen. Das unterstreichen auch die US-Lobbyforscher um Frank R. Baumgartner. Genauso empfehlen es immer wieder Ratgeberbücher für Lobbyisten. Wer seine Positionen in aller Öffentlichkeit vertreten will, muss auch in der

Lage sein, Gegenargumenten zu begegnen. Darauf ist nicht jeder vorbereitet. Lobbyisten würden sagen: Dafür sei nicht jedes Thema geeignet. Dann sprechen sie in der Branche zum Beispiel von »einer politisch und kommunikativ heiklen Lage« – so jedenfalls im November 2013 Alexander Erdland, der Präsident des Versicherungsverbands GDV. Da ging es um die von der Assekuranzbranche geforderte Neuregelung der Bewertungsreserven der notleidenden Lebensversicherungen. Verbraucherschützer warfen den Versicherungen vor, sich auf Kosten von ausstiegswilligen langjährig Versicherten zu bedienen – die Versicherer verwiesen hingegen auf die Interessen derjenigen Kunden, die dabeiblieben. Die schwarz-rote Koalition zögerte – und setzte die Reform im Sinne des GDV dann doch durch, übrigens während der Fußballweltmeisterschaft 2014. Ein Klassiker bei politisch und kommunikativ heiklen Themen.

Es hat sich schon des Öfteren gerächt, wenn wichtige politische Fragen nur in irgendwelchen angeblichen Fachkreisen diskutiert wurden. Die komplizierten Details der Finanzmarktregulierung – oder eher ihrer Deregulierung – hatte zum Beispiel in der großen Öffentlichkeit lange kaum einer verfolgt. In den Medien – wie in der Politik – findet eben stets nur eine relativ kleine Anzahl von Themen Aufmerksamkeit. Und, wie gesagt, Lobbyisten operieren nach Möglichkeit unterhalb des Radars der Medien. Neben dem, was in den Zeitungen stehe, gebe es »im Hintergrund Hunderte Verfahren, die es nicht in die Medien schaffen, über die kein Minister redet, weil er davon selbst nicht viel mitbekommt, und die doch ihren Weg ins Bundesgesetzblatt finden«, schrieb der frühere Lobbyist des Telekom-Branchenverbands Bitkom, Volker Kitz, vor zwei Jahren in einem Buch. Das geschehe meist »ganz still und unspektakulär«.

## Symbiose zwischen Lobby und Politik

Der ahnungslose Politiker, der sich vom gerissenen Lobbyisten hinter verschlossenen Türen über den Tisch ziehen lässt – dieses Bild ist längst zum Klischee geronnen. Politiker sind jedoch nicht einfach willenlose Marionetten in der Hand skrupelloser Strippenzieher. Damit täte man beiden Seiten unrecht. Tatsächlich, so argumentieren Interessenvertreter wie Parlamentarier gerne, hätten Lobbyisten vor allem dann Erfolg, wenn sie auch den Standpunkt und die Interessen ihrer Gegenüber berücksichtigten. Das Argument ist nicht von der Hand zu weisen, es hat aber einen Haken. Die Interessen eines Politikers sind nicht notwendigerweise identisch mit den Wünschen der von ihm vertretenen Bürger. Politiker verfolgen wie andere Menschen auch ihren eigenen Vorteil. Sie wollen Macht, Einkommen und Prestige erringen und verteidigen – und der Lobbyist kann dabei helfen, ohne einen einzigen Geldschein zu überreichen.

Weil der politische Wettbewerb hart ist, zählt in der Politik oft das kurzfristige Überleben – oder zumindest der ebenso kurzfristige Geländegewinn gegenüber dem politischen Rivalen, gerade dem in der eigenen Partei. Also ist für Politiker oft die Schlagzeile des Tages das wichtigste Problem. Was nach dem nächsten Wahltag passiert, ist das Problem des Amtsnachfolgers. Das ist kein Phänomen der Berliner Politik, sondern dem demokratischen Wahlzyklus geschuldet. Der britische Lobbyist Lionel Zetter beschrieb einmal, wie er mit einem Kunden einen Minister getroffen habe, um ihm ein wichtiges Infrastrukturprojekt ans Herz zu legen. Der habe sich das kurz angehört und dann schroff geantwortet, mit einer Abkürzung: »NIMTO«. Zetter konnte dem ratlosen Kunden die Bedeutung des Akronyms erklären. NIMTO steht für »not in my term of office«. Zu Deutsch: Das Projekt bringe erst Vorteile für den Amtsnachfolger. Also abgelehnt.

Aus Sicht der Kombattanten im Berliner Politdschungel lassen die dort geltenden Überlebensregeln oft gar keine andere Wahl, als kurzfristig zu denken. Wer also als Lobbyist einen Vorschlag macht, der einem Politiker rasch positive Schlagzeilen beschert, der hat leicht schon gewonnen – selbst dann, wenn in der Gesamtbilanz damit langfristig höhere Kosten für die Steuerzahler verbunden sind.

Das vielleicht beste Beispiel für diesen vertrackten Mechanismus ist das Modell der sogenannten Öffentlich-Privaten Partnerschaften (ÖPP). Bei diesen Konzessionsmodellen – etwa beim Bau oder dem Ausbau von Autobahnen – gibt der Staat die Rolle des Bauherrn an private Konsortien ab. Diese finanzieren die Arbeiten vor und erhalten im Gegenzug dann über Jahre hinweg Gebühren – zum Beispiel einen Anteil an den Einnahmen aus der Lkw-Maut. Seit Jahren setzen sich Lobbyorganisationen wie der BDI, große Baukonzerne wie Bilfinger, aber auch der ADAC für solche »privatwirtschaftlichen« Modelle ein.

Das Interesse von Bauindustrie und Autofahrern liegt auf der Hand. Aber auch der jeweils amtierende Verkehrsminister zieht seinen Vorteil daraus: Er kann Projekte finanzieren, für die im Staatshaushalt im Moment kein Geld da ist. Und er kann sich selbst bei der Eröffnung der Baustelle als Wohltäter präsentieren. Demgegenüber hat der Bundesrechnungshof solche ÖPP-Vorhaben immer wieder kritisiert – weil sie langfristig »deutlich teurer« würden. Einer der Gründe dafür ist, dass die Privatbetreiber am Kapitalmarkt für Kredite höhere Zinsen zahlen müssen als der Staat. Überdies sind ÖPP-Verträge wegen angeblicher Geschäftsgeheimnisse der Betreiber meist intransparent und daher für Parlament und Öffentlichkeit schwer zu kontrollieren. Zuletzt nahm der Rechnungshof die ÖPP-Projekte der Bundesregierung in einem 41 Seiten umfassenden Bericht im Juni 2014 unter die Lupe. Allein bei fünf von der Prüfbehörde untersuchten Projekten ergaben sich Mehrkosten von 1,9 Milliarden für die Allgemeinheit.

Seit 2007 bis Mitte 2014 vergab das Verkehrsministerium dennoch sechs ÖPP-Projekte in Höhe von insgesamt 5,1 Milliarden

Euro. Sieben weitere mit einem Gesamtvolumen von 6,3 Milliarden waren im Frühjahr 2014 in Vorbereitung. Nur »Bedenkenträger und Nörgler« würden sich darüber beklagen, fand der bis 2013 amtierende Verkehrsminister Peter Ramsauer (CSU). Auch dessen Parteifreund und Nachfolger Alexander Dobrindt hielt daran fest – trotz seines Versprechens, »dass ÖPP nur dann stattfindet, wenn es Kosten spart und qualitätssichernd ist«. Tatsächlich rechne das Verkehrsministerium die Projekte schön, monierte der Rechnungshof. Das Ministerium kalkuliere mit angeblichen Kostenvorteilen durch den privaten Autobahnbau, die schlicht »nicht plausibel« seien.

Politiker schaffen so zwar Schattenhaushalte, resümiert der Grünen-Abgeordnete Gerhard Schick in seinem Buch *Machtwirtschaft – Nein Danke!* Aber für die Regierenden selbst sei »es natürlich gut, wenn sie während ihrer Amtszeit schöne Projekte anstoßen können, deren langfristige Lasten dann von anderen verantwortet werden müssen«. Sie seien die »Profiteure« bei diesem System. Das Gleiche gilt für die beteiligten Tiefbaukonzerne wie auch für die Banken, die die Bauprojekte zu vergleichsweise hohen Zinsen finanzieren. Für sie und für die amtierenden Politiker ist das eine Win-win-Situation – für die Bürger hingegen nicht. Lobbying sieht Schick darum nicht so sehr als eine Ein-Weg-Beeinflussung an. Stattdessen gebe es »eine Symbiose zwischen staatlichen und wirtschaftlichen Entscheidungsträgern, bei denen beide Seiten profitieren«.

Auch im Fall der Laufzeitverlängerung für Atomkraftwerke Ende 2010 spielte sicher politisches Kalkül eine Rolle. Auf der Pro-Atom-Seite standen nicht nur das Lobbyinteresse der Energieversorger oder auch der Versuch der Stabilisierung der Strompreise, sondern zugleich Angela Merkels Wille, der eigenen Parteibasis zu zeigen, dass sie das Programm der CDU sehr wohl auch gegen Widerstände der Opposition durchsetzen könne. Manche spekulierten sogar, dass die Kanzlerin ein Faustpfand für künftige Koalitionsverhandlungen mit den Grünen schaffen wolle – sie die Laufzeitverlängerung also auch deshalb verfechte, um sie hinterher gegen etwas anderes einzutauschen. Und natürlich kann sich ein Politiker eine Entscheidung eher erlauben, wenn sie parteipolitisch Gewinn verspricht und wenn zugleich mächtige Unternehmen und Wirtschaftsverbände sich ebenfalls dafür aussprechen.

Als Helmut Kohl in den neunziger Jahren die Einführung des Euro durchsetzte, hatte er zwar die Mehrheit der Bürger in Deutschland und die Stimmen vieler Experten gegen sich – aber die deutsche Exportwirtschaft unterstützte seinen Kurs entschieden (siehe Kapitel 10). Hätte Kohl die Bürger *und* die Wirtschaft gegen sich gehabt, wäre das Ergebnis womöglich anders ausgefallen. Der damalige Kanzler hätte sich auf das Abenteuer Währungsunion vermutlich gar nicht erst eingelassen.

Lobbying heißt also nicht, dass Interessenvertreter willenlosen Politikern diktieren, was diese zu tun haben. Politiker selbst versprechen sich etwas davon, wenn sie sich vor den Karren von Interessengruppen oder Unternehmen spannen lassen. Im besten Fall geschieht das, weil ihnen die Argumente überzeugend erscheinen – und im schlechtesten Fall aus kurzfristigen machtpolitischen Erwägungen. Oder weil sie sich im Gegenzug persönliche materielle Vorteile erhoffen, beispielsweise einen gut bezahlten Job in der Wirtschaft nach dem Ausscheiden aus dem öffentlichen Amt.

**Lobby contra Lobby**

Umgekehrt kommt es sehr wohl vor, dass die Politik Entscheidungen auch gegen die Wirtschaft oder starke Branchen- und Firmeninteressen trifft. Das setzt allerdings einen starken Druck aus einer anderen Richtung voraus. Der SPD-Abgeordnete Marco Bülow hat das einmal sehr anschaulich am Beispiel eines Vorhabens beschrieben, das die etwas sperrige englische Abkürzung CCS trägt. Sie steht für »Carbon Capture and Storage«, also das

Abscheiden und späteres Einlagern des klimaschädlichen Gases Kohlendioxid, das bei der Stromerzeugung aus Kohle entsteht. Die Kraftwerksbetreiber trommelten vor einigen Jahren heftig für die Erprobung und Einführung dieser Technologie und gründeten dafür sogar einen eigenen Lobbyverband – oder, in ihren Worten, eine »Kommunikationsplattform«: das Informationszentrum Klima, dessen Geschäfte der langjährige SPD-Funktionär Michael Donnermeyer führte.

Weil sauberere Kohlekraftwerke beim Kampf gegen den Treibhauseffekt durchaus eine Hilfe zu sein schienen, war CCS auch in Bülows Augen zunächst kein vollkommen unsinniges Vorhaben. Als die damalige Große Koalition im Jahr 2009 erstmals eine gesetzliche Grundlage für die neue Technologie schaffen wollte, war der Abgeordnete als umweltpolitischer Sprecher der SPD-Fraktion jedenfalls nicht prinzipiell dagegen. Aber er wollte den Stromversorgern nicht zu weit entgegenkommen und sie nicht aus der Haftung für Risiken entlassen. Damit stand er lange nicht nur gegen weite Teile von CDU und CSU, sondern machte sich auch Feinde in der eigenen Fraktion. Selbst mit »Beschuldigungen und Drohungen«, schreibt Bülow in seinem Buch *Wir Abnicker*, sei er in den eigenen Reihen angegangen worden.

Die SPD habe hier der »Union zu schnell nachgegeben«, bedauert Bülow. Doch dann war es ausgerechnet Kanzlerin Angela Merkel, die einen bereits abgestimmten Gesetzentwurf fallen ließ. In der Zwischenzeit hatten nicht nur Umweltgruppen und Bürger gegen vom Energiekonzern RWE in Schleswig-Holstein geplante unterirdische Kohlendioxidspeicher mobil gemacht, sondern auch die mächtigen Bauernverbände, die Risiken für ihre Ländereien fürchteten. Die CSU in Bayern und der damalige niedersächsische Ministerpräsident Christian Wulff (CDU) schlossen sich der Kritik an, sowie allen voran der in Kiel regierende Christdemokrat Peter Harry Carstensen. Er stand kurz vor einer wichtigen Landtagswahl – und überzeugte die Kanzlerin, das Gesetz zurückzunehmen.

Lange hätten keine Argumente gegen die Kraftwerkslobby gefruchtet, resümiert Bülow – bis »eine andere starke Lobby auf dem Spielfeld« erschien, die es in »kurzer Zeit« schaffte, »ohne sachliche Debatte das Gesetz komplett zu kippen«. Erst drei Jahre später trat ein nun deutlich entschärftes CCS-Gesetz in Kraft. RWE und Vattenfall hatten geplante CCS-Pilotprojekte längst abgesagt. »Man kann eine Lobby nur durch die andere Lobby ausstechen«, hat Bülow aus dieser Episode gelernt – die natürlich auch als Beleg dafür taugt, wie sehr der Einfluss der Lobbyisten schwinden kann, wenn ein Thema die große Öffentlichkeit erreicht.

### Wenn die Wirtschaftslobby verliert

Auch große Konzerne sind also keineswegs auf Sieg abonniert. Und das gilt nicht nur dann, wenn wie im Fall der CCS-Diskussion, andere ökonomische Interessen betroffen sind. Das Rentenpaket, das die Bundesregierung im Mai 2014 beschloss, war ebenfalls eine Niederlage der Wirtschaftslobby – aber zugleich doch ein Beispiel für die symbiotische Verknüpfung kurzfristiger Interessen von Politikern mit den Anliegen bestimmter Interessengruppen. Das Paket aus der Rente mit 63 für langjährige Beitragszahler plus einer höheren Mütterrente für Frauen, die ihre Kinder vor 1992 geboren haben, kommt zwar einer größeren Zahl von Menschen zugute als etwa die verringerte Hotelsteuer. Doch auch hier gehe es um »reine Klientelpolitik«, kritisierte die *Süddeutsche Zeitung* nicht zu Unrecht.

Denn in der Tat profitieren von dem – je nach Rechnung – bis 2030 zwischen 160 und 233 Milliarden Euro teuren Paket nicht etwa die Bedürftigsten unter den alten Menschen, sondern diejenigen, die mit am schlagkräftigsten organisiert sind. Die Rente mit 63 war eine Kernforderung der Gewerkschaften, vor allem der IG Metall, deren oft männliche Mitglieder mit zu den Hauptnutznießern zählen dürften. Für die Mütterrente hatten sich neben den großen Sozialverbänden wie dem VdK mit seinen 1,7 Millionen Mitgliedern besonders die katholischen Frauenorganisationen starkgemacht. Die Katholische Frauengemeinschaft Deutschlands – nach eigenen Angaben der größte Frauenverband der Republik – ließ ihre Mitglieder nach der Bundestagswahl im September 2013 rund 400 000 Postkarten an die neu gewählten Abgeordneten schicken, um vor allem CDU und CSU an ihr Wahlversprechen zu erinnern.

Bemerkenswert an dem Rentenpaket war, dass es diametral all dem widersprach, was Kanzlerin Merkel immer wieder in ihren Reden über die demographischen Herausforderungen betont hatte. Sie kennt ja nach eigenen Worten das Problem, dass in Deutschland eine wachsende Zahl von Rentenempfängern einer immer kleiner werdenden Zahl von Beitragszahlern gegenübersteht. Für Letztere hat man die Lasten mit dem Rentenpaket nun noch vergrößert. Und auch die Rentner, die nicht von den neuen Leistungen profitieren, müssen sie indirekt mitfinanzieren, weil das Rentenniveau insgesamt durch die Reform sinkt. Wie wenig überzeugt Merkel selbst von der Richtigkeit ihres Tuns war, ließ sich heraushören, nachdem sie das Paket gegen heftige Kritik der OECD verteidigen musste, einer Organisation westlicher Staaten mit Sitz in Paris, in der die Bundesrepublik Mitglied ist. »Manchmal ist es so, dass Politik verpflichtet ist, auf bestimmte Befindlichkeiten Rücksicht zu nehmen«, rechtfertigte sich die Kanzlerin im Februar 2014 vor OECD-Vertretern in Paris. »Ich halte das im Augenblick für vertretbar.« Überzeugung klingt anders.

Auch die Kanzlerin selbst hatte anfangs nicht viel übrig für die Ausweitung der Mütterrente – eben weil sie die Kosten fürchtete. Als aber die Frauenunion im Jahr 2011 gegen das – vielleicht noch unsinnigere – Betreuungsgeld rebellierte, musste die Parteiführung der CDU-Unterorganisation irgendetwas bieten. Und das war die Mütterrente, bei der Merkel im Bundestagswahlkampf 2013 überdies irgendwann aufgefallen sein muss, dass diese Forderung beim Publikum gut ankam – wie sie auch schon aus Umfragen ihres Presseamts wusste, dass die Deutschen mehrheitlich größere Sozialleistungen befürworteten.

Irgendwann werde dieses voluminöse Rentenpaket womöglich an finanzielle Grenzen stoßen, orakelte kurz vor dessen Verabschiedung im Mai 2014 sogar Peer Steinbrück, inzwischen nicht mehr als SPD-Kanzlerkandidat. Aber, fügte er hinzu, diese Stunde der Wahrheit komme bestimmt erst »nach 2017« – also nach der nächsten Bundestagswahl. Kurz: Das Rentenpaket half Angela Merkel und ihrem Koalitionspartner Sigmar Gabriel bei der Wahl 2013. Und es werden ihre Nachfolger sein, die sich mit den Folgelasten befassen müssen.

### Von den USA lernen

Bei allen Siegen, die Lobbyisten bis heute immer wieder erringen, ist dennoch eines wahr: Das Klima im Land hat sich für die Branche verändert. Auch wir Deutschen beginnen jetzt eine Debatte zu führen, die in den USA bereits seit Jahren, ja Jahrzehnten tobt. Der heutige US-Präsident Barack Obama hielt im Jahr 2006 noch als Senator eine berühmt gewordene Rede; es ging um die Verschärfung der Ethikregeln für Abgeordnete und den Kampf gegen den Einfluss von Lobbyisten. Die US-Politik erlebe eine regelrechte »Korruptionskrise«, wetterte Obama damals. Die Amerikaner seien ein Washington leid, das »nur für die offen sei, die das meiste Geld und die besten Kontakte haben«. Jetzt brauche man ein Gesetz, das »alle Geschenke und Essenseinladungen« unterbinde, »nicht nur die teuren«. Die Rede war Teil einer Debatte, die dann 2007 in der Tat zu einer erneuten Verschärfung der US-Regulierung des Lobbying führte, mit unterstützt von Obamas späterem republikanischen Gegenkandidaten John McCain.

In den USA war es bereits ein Skandalon, als McCain im Wahlkampf 2008 Lobbyisten in sein Team holte. Der Demokrat Obama wiederum dekretierte nach seinem Wahlsieg ein prinzipielles

Verbot, Ex-Lobbyisten in Regierungsjobs zu holen. Ausnahmen mussten extra genehmigt werden.

In Deutschland hat man die jenseits des Atlantiks geführten Debatten lange einfach ignoriert. Noch im Jahr 2007 behauptete die Lobbyforscherin Iris Wehrmann in einem deutschen Standardwerk über das Thema, in den USA sei »der Begriff des Lobbyismus positiv besetzt«. Tatsächlich holen wir nun nach, was in den USA längst passiert ist. Ähnlich wie dort schon länger beklagen nun auch hier manche in der Szene, die Bezeichnung Lobbyist werde zum Schimpfwort. Man nennt sich lieber Kommunikationsberater oder bezeichnet das Berufsfeld auf Englisch als »Government Relations« oder »Public Affairs«. Die vielleicht wichtigste Berufsvereinigung der Lobbybranche – sie setzt sich für mehr Transparenz ein und hat durchaus ihre Verdienste – nennt sich euphemistisch Deutsche Gesellschaft für Politikberatung (DeGePol). Der Unterschied in der Betonung ist offensichtlich. Der Lobbyist hat Wünsche und Forderungen an die Politik. Im schlimmsten Fall ist er eine Nervensäge. Ein Berater bietet dagegen Hilfe an. Er wird gebraucht.

Die Lobbybranche steht unter Rechtfertigungsdruck. Politiker, Lobbyisten und Journalisten sind im Zustellbezirk 10117 weniger denn je nur unter sich – auch wenn das Berliner Büro von Lobbycontrol seit dem Jahr 2013 nur noch unter »10963 Berlin« firmiert. Die bisherigen Büros der Organisation in dem schäbigen Plattenbau des ehemaligen DDR-Umweltministeriums am Schiffbauerdamm nahe dem Reichstag fielen nämlich der Abrissbirne zum Opfer – und mit einem Jahresetat von etwa 400 000 Euro kann Lobbycontrol nicht so viel für Büromieten ausgeben wie die Konkurrenz aus der Wirtschaft.

Dass sich das Meinungsklima gewandelt hat, ist inzwischen auch in den Chefetagen angekommen. Auf einem Seminar für Lobbyisten im Mai 2014 sorgte sich Torsten Oltmanns, ein Partner der Beratungsfirma Roland Berger, über eine »Entfremdung zwischen Politik und Wirtschaft«. Gebe es in Deutschland zwischen Politik und Wirtschaft »statt einem Klüngel eine Kluft?«, fragte Oltmanns. Es klang fast ein bisschen, als vermisse er den Klüngel. Als bräuchte es in der Tat einfach nur mehr und bessere PR – und mehr und besseres Lobbying.

## 2 Gestatten, Lobbyist

*»Da verdient man so wenig.«*
(Der Lobbyist Michael Inacker auf die Frage,
warum er nicht Staatssekretär werden möchte)

Wer sind die Lobbyisten, die uns (mit-)regieren? Aus der Politik in die Politikbeeinflussung – wie der Drehtür-Effekt funktioniert. Wie man auch mit einem schlechten Ruf gute Geschäfte machen kann. Und was das oberste Prinzip ist: Dabei sein ist alles!

Dass Diplomatie für Dirk Niebel eher ein Fremdwort ist, lässt sich bereits auf seiner Facebook-Seite beobachten, wo er die englische Übersetzung des Begriffs schon mal als »depolomacy« buchstabiert. Von »Gutmenschen«, wie er sie nennt, hat der Freidemokrat noch nie viel gehalten. Auch die Kritik an seinem Seitenwechsel zum Rüstungskonzern Rheinmetall zum Januar 2015 konterte er mit einem lakonischen Argument: Er gehe dort als Lobbyist einer »legalen Tätigkeit« nach.

Damit hatte Dirk Niebel recht. Zugleich sorgte sein Fall dafür, dass der sogenannte Drehtür-Effekt wieder in aller Munde war – und damit auch die Frage, ob es nicht doch einer gesetzlichen Regelung bedarf, um ehemaligen Ministern das allzu hurtige Unterschlüpfen bei Unternehmen zu erschweren, mit denen sie eben noch im Amt zu tun hatten. Wenige Monate später stellte die Große Koalition eine solche – zahme – Regelung vor. Der Fall Niebel hat die Aufmerksamkeit zugleich auf eine wichtige Frage gelenkt: Wer sind eigentlich die Lobbyisten, die uns (mit-)regieren?

Die erste Antwort: Wer heute als Lobbyist sein Geld verdient, hat uns in vielen Fällen eben noch als Politiker oder Spitzenbeamter regiert. Sie mögen ihr Amt unter mehr oder unter weniger würdevollen Umständen aufgegeben oder verloren haben – doch nun locken die Anschlussverwendungen in der Wirtschaft.

Wie so oft gibt es harte Zahlen nur für die USA. Der amerikanische Politikwissenschaftler Thomas T. Holyoke zitiert in seinem 2014 erschienenen Buch *Interest Groups and Lobbying* eine Aufstellung, wonach etwa 80 Prozent der Lobbyisten in Washington zuvor für den Kongress – also Senat und Repräsentantenhaus – oder die US-Regierung gearbeitet hätten. Nur jeder fünfte käme demnach nicht aus der politischen Klasse. Dafür scheint es gute Gründe zu geben. Die bereits mehrfach zitierten Lobbyforscher um den amerikanischen Politikwissenschaftler Frank R. Baumgartner kommen zu dem Ergebnis, dass Lobbykoalitionen mit einer größeren Zahl ehemaliger Offizieller aus Kongress oder Exekutive in ihren Diensten einfach erfolgreicher seien. Sie hätten in 63 Prozent aller untersuchten Fälle obsiegt. Das sei »beunruhigend«, fanden die Forscher, weil sich die Dienste ehemaliger Amtsträger und Politiker in der Tat »mit Geld kaufen« ließen. Und weil sich nicht jeder solche Ex-Politiker leisten kann.

Dass sich die Investition in solche Politaussteiger zu lohnen scheint, haben auch drei Ökonomen von der renommierten London School of Economics im Jahr 2010 in einer aufwendigen empirischen Studie nachgewiesen: Lobbyisten, die mit der Politik verknüpft sind, verdienen deutlich mehr als ihre Konkurrenten. Auf der Basis von Daten aus dem US-Lobbyregister nahmen sich die Forscher 1100 Interessenvertreter vor, die in Washington für kleinere Lobbyfirmen arbeiteten. Jeder zweite unter ihnen hatte zuvor für Abgeordnete im Kongress gearbeitet. Es zeigte sich, dass diejenigen aus den Parlamentarierbüros mit im Schnitt 320 000 Dollar im Jahr doppelt so viel verdienten wie die anderen. Verließ aber der Abgeordnete, für den sie früher tätig waren, den Kongress, sank ihr Einkommen deutlich. Kurz: Zugang zu Politikern ist ein knappes Gut, und entsprechend teuer lässt sich diese Ware vermarkten.

Wie hoch genau der Anteil ehemaliger Angehöriger der politischen Klasse unter den Lobbyisten in Berlin ist, lässt sich nicht sagen, weil sich die Branchenvertreter hier anders als in den USA nicht registrieren lassen müssen. Dennoch zeigt schon der Augenschein, dass der Weg durch die Drehtür auch in Berlin gerne genommen wird.

Schon nach dem Ende der rot-grünen Regierung wechselte eine ungewöhnlich große Zahl ehemaliger Minister, Staatssekretäre und Mitarbeiter in die Wirtschaft und dort häufig in Lobbytätigkeiten. Allen voran natürlich Ex-Kanzler Gerhard Schröder, der nicht nur in den Aktionärsausschuss der Gazprom-Tochter Nord Stream berufen wurde, sondern auch für den Schweizer Verlag Ringier Türen im Ausland öffnete und den Bankier David de Rothschild auf Geschäftsreisen etwa nach Dubai begleitete.

Schröders damaliger Vizekanzler Fischer ließ nach seinem Ausscheiden immerhin vier Jahre Abkühlzeit verstreichen, ehe er 2009 zusammen mit seinem ehemaligen Sprecher Dietmar Huber die Firma Joschka Fischer & Company gründete. Unternehmenszweck: »Die Erbringung von Beratungsleistungen mit den Schwerpunkten strategische Beratung zur Flankierung unternehmerischer und politischer Entscheidungsprozesse, politische Risikoanalysen, PR- und Imageberatung.« Mit Geschäftssitz am vornehmen Berliner Gendarmenmarkt (Postleitzahl 10117, versteht sich) wirbt das Unternehmen seither mit seiner »strategischen Partnerschaft« mit der Albright Stonebridge Group der ehemaligen US-Außenministerin Madeleine Albright in Washington. »Dezidierte Lobbyarbeit für Unternehmen« will die Firma zwar nicht übernehmen. Aber natürlich wirbt man mit dem eigenen »Netzwerk«. Und Fischer selbst ließ sich als Berater nicht nur von Firmen wie BMW, RWE oder Rewe anheuern. Als sich die von einem Finanzinvestor kontrollierte umstrittene Wohnungsgesellschaft Deutsche Annington vor ihrem Börsengang im Juli 2013 um ihr Image in der Politik sorgte, wandten sich die Vorstände der Bochumer Firma auch an den ehemaligen Außenminister. Fischer ließ sich von den Konzernlenkern zu einem anständigen Abendessen in Berlin einladen, gab Tipps bezüglich der Folgen der Finanzkrise für die Wohnungswirtschaft und diskutierte mit den Managern über »das Thema Klimawandel und die Rolle der deutschen Wohnungswirtschaft bei der kontinuierlichen energetischen Modernisierung ihrer Bestände« – so deren Angabe auf eine Anfrage des *stern*.

### Karriereturbo Kanzleramt

Seit Angela Merkel im Kanzleramt regiert, sind es freilich zuallererst ehemalige christdemokratische Amtsträger, denen gutbezahlte Jobs in der Public-Affairs-Branche winken. Besonders umschwärmt werden von der Wirtschaft aus naheliegenden Gründen Leute aus Merkels engerem Umfeld – so wie zu Zeiten ihres Vorgängers Gerhard Schröder dessen Vertraute als Lobbyisten besonders gefragt waren. Als der SPD-Mann noch regierte, stand an der Spitze der Berliner Daimler-Repräsentanz der Sozialdemokrat Dieter Spöri – heute amtiert der Merkel-Vertraute Eckart von Klaeden als Cheflobbyist des Autobauers. Da ist ein Konzern wie Daimler flexibel. Und egal, wer regiert: Das Kanzleramt scheint so etwas wie die führende Qualifizierungsagentur für künftige Lobbyisten.

Bereits im Oktober 2008 wechselte Merkels damalige Staatsministerin Hildegard Müller zum mächtigen Bundesverband der Energie- und Wasserwirtschaft (BDEW), hinter dem die großen Energiekonzerne stehen. Man habe eine Person gesucht, die »in Politik und Medien« bekannt sei, ein »politisches Netzwerk« sowie Managementkompetenz vorweisen könne, argumentiert der damalige BDEW-Präsident Rolf-Peter Schmitz in einer internen Vorstandssitzung am 25. Juli 2008 laut Protokoll; diese Kriterien erfülle Müller »in hohem Maße«.

Bereits ein Jahr davor hatte sich der Energieversorger Eon den ehemaligen Kanzleramtsbeamten Joachim Lang für den Posten des Berliner Repräsentanten geholt, auf dem zuvor wiederum ein

SPD-Mann gesessen hatte. Den Beispielen von Müller und Lang folgte dann nicht nur von Klaeden. Kaum war die Bundestagswahl 2013 für die CDU gewonnen, wechselte Eva Wüllner, die bisherige Sprecherin der Merkel-Partei, die Seiten – als Chefin der neueröffneten Berliner Repräsentanz der Bank ING-Diba. Und übrigens hat es auch dem SPD-Mann Thomas Steg sicher nicht geschadet, dass er in der Großen Koalition von 2005 bis 2009 als von den Sozialdemokraten nominierter Vize-Regierungssprecher gute Kontakte zu Angela Merkel knüpfen konnte. Ihn berief Ende 2011 der VW-Konzern zum Cheflobbyisten, obwohl die SPD im Bund inzwischen in der Opposition saß.

Die heftigste Debatte löste jedoch der Jobwechsel eines anderen langjährigen Merkel-Helfers aus. Als Anfang 2014 durchsickerte, dass Bahn-Chef Rüdiger Grube den ausgeschiedenen Kanzleramtsminister Ronald Pofalla (CDU) als Cheflobbyisten anheuern wollte, schien die öffentliche Empörung deutlich größer als in vorhergehenden ähnlichen Fällen. Pofalla war unter den Ministern der schwarz-gelben Koalition stets einer der unpopulärsten gewesen; dass ausgerechnet ihm nun bei der gleichfalls nicht allseits beliebten Bahn AG ein hoch bezahlter Posten winkte, geriet sicher auch deshalb zum Aufreger.

Nur: Die Bahn AG hatte es immer schon so gemacht. Vergleichsweise unbemerkt hatte das Unternehmen bereits in früheren Jahren unter dem damaligen Bahn-Chef Hartmut Mehdorn wiederholt ausgediente Politiker als Lobbyisten und Berater angeworben. Mehrfach waren das ehemalige Landesverkehrsminister, unter deren Ägide die Bahn zuvor ohne Ausschreibung mehrjährige Verträge für den Betrieb des Nahverkehrs bekommen hatte. Und es sah auch nicht wie ein Zufall aus, als Mehdorn den Ex-Verkehrsminister Reinhard Klimmt (SPD) als Berater engagierte, der sich stets für eine Bahnprivatisierung nach Mehdorns Geschmack starkgemacht hatte. Keinen Bahn-Job gab es dagegen für den Klimmt-Nachfolger Kurt Bodewig (SPD), der oft mit Mehdorn aneinandergeraten war.

Auch Pofalla hatte sich im Kanzleramt immer wieder massiv für die Forderungen des Bahnvorstands eingesetzt – die nicht identisch sein müssen mit denen der Steuerzahler und Bahnkunden. Auf Basis interner Unterlagen aus dem Kanzleramt berichtete der *stern* im August 2014 über ein Beispiel aus dem Oktober 2012. Damals wollte Grube die Kanzlerin zu einem PR-Termin des Konzerns laden. Es ging um eine verstärkte Nutzung von Ökostrom für die Fernzüge des Unternehmens. Die Fachbeamten im Kanzleramt rieten Merkel von einer Teilnahme ab, weil die Veranstaltung »eher einen unternehmensbezogenen Werbecharakter« trage. Außerdem beziehe die Bahn ihren Strom nach wie vor »überwiegend in fossilen Kraftwerken«.

Einen Tag darauf schrieb Grube an Pofalla (»Lieber Ronald«): »Es wäre schön, wenn Du Dich nochmals bei der Kanzlerin für Ihre Teilnahme (…) einsetzen könntest.« Tatsächlich hatte Grube zuvor mit Pofalla offenkundig einen Brieftext diskutiert, mit dem der Bahn-Chef sein Anliegen betreffend Merkel einem weiteren Spitzenbeamten im Kanzleramt vorgetragen hatte. Das Schreiben an Abteilungsleiter Lars-Hendrik Röller habe er ja, so Grube an Pofalla, »mit Dir abgestimmt«. Und er fügte hinzu: »Wenn Du darauf achtest, dass Herr Prof. Röller sich nicht hintergangen fühlt, bin ich Dir sehr dankbar.« Unterschrift: »Dein Rüdiger«.

Die Bahn AG wollte auf Anfrage nicht verraten, warum der Abteilungsleiter das Gefühl hätte haben können, er würde hintergangen. Es sei auch »ein keineswegs unüblicher Vorgang«, so ein Bahn-Sprecher, Einladungen an die Bundeskanzlerin »bisweilen auch mit dem Kanzleramtsminister« abzustimmen – obwohl es ja tatsächlich um ein Schreiben an einen Untergebenen von Pofalla ging.

So oder so – die gemeinsamen Bemühungen scheiterten. Merkel kam nicht zu dem Werbetermin, das überließ sie dem damaligen Verkehrsminister Peter Ramsauer (CSU). Doch Pofalla setzte sich auch in anderen Fällen für Grubes Interessen ein. Ebenfalls im Oktober 2012 mailte der Bahn-Chef ihm einen

Redetext des EU-Verkehrskommissars Siim Kallas. Der hatte sich dafür ausgesprochen, im Interesse des Wettbewerbs nationale Bahnunternehmen und Schienennetze voneinander zu trennen – etwas, das auch unabhängige Verkehrsexperten empfehlen, wogegen die Bahn AG aber seit Mehdorns Zeiten mit allen Kräften kämpft. »Es wäre schön, wenn Du uns aus Deiner Verantwortung heraus hier weiterhin helfen könntest, damit Schlimmes verhindert werden kann«, ließ Grube Pofalla wissen. Der leitete die Mail sogleich hausintern weiter.

Im Mai 2013 ließ sich Pofalla erneut mobilisieren, sogar gegen die offizielle Regierungslinie. Einige Monate zuvor hatte das Kabinett ein Eisenbahnregulierungsgesetz beschlossen. Es sollte nach dem Willen der damaligen Regierungsparteien CDU/CSU und FDP helfen, die Gebühren zu senken, die Mitbewerber an die Bahn zahlen müssen, sobald sie das Schienennetz nutzen. Die Bahn hatte den Obolus in den Jahren zuvor immer wieder »deutlich« erhöht – so vermerkten es Beamte des Kanzleramts unter Berufung auf die Bundesnetzagentur. Wenig überraschend, dass man im Bahn-Tower am Potsdamer Platz in Berlin zentrale Bestimmungen des geplanten Regulierungsgesetzes als »kritisch« ansah und sie »insgesamt für nicht erforderlich« hielt, wie ein Beamter des Kanzleramts festhielt. Auch hier teilte Ronald Pofalla offenbar die Ansichten der Bahn-Manager. Ihm und CDU/CSU-Fraktionschef Volker Kauder gelang es im Mai 2013 jedenfalls, das Eisenbahnregulierungsgesetz kurz vor der endgültigen Verabschiedung von der Tagesordnung des Bundestags zu nehmen. Später wurde es dann doch verabschiedet, trat aber nie in Kraft. Am Ende blockierte es der SPD-dominierte Bundesrat. Es sei eine »Unverschämtheit«, wie die Bahn immer wieder über das Kanzleramt versuche, ihre Interessen durchzusetzen, beschwerte sich damals sogar der CDU-Verkehrspolitiker Dirk Fischer. Das werde sich »noch rächen«.

Doch Pofalla hatte einige Monate später Grubes Job-Angebot in der Tasche. Das eine habe mit dem anderen allerdings nichts zu tun, versicherte ein Bahn-Sprecher. Für seine künftige Aufgabe als Generalbevollmächtigter für politische und internationale Beziehungen sei Pofalla schlicht »ein exzellenter Fachmann«. Pofallas Verteidiger argumentierten, dass der Wechsel aus einem Staatsamt zu dem Staatskonzern Bahn nicht kritikwürdig sei – als gebe es da ohnehin einen Gleichklang der Interessen. Doch die Anliegen des Bahn-Vorstands sind eben nicht automatisch identisch mit den Wünschen der Bürger, denen das Unternehmen indirekt gehört. Ein Bahn-Vorstand will kurzfristige Erfolge – das bringt ihm Bonuszahlungen. Langfristige Investitionen in das zunehmend marode Netz können da leicht ins Hintertreffen geraten. Zumindest werfen Kritiker bis hin zum Bundesrechnungshof der Bahn immer wieder vor, dass sie Schienen und Bahnhöfe vernachlässige und sogar Gelder aus der Netzsparte abziehe. Im Bahn-Vorstand hat man überdies aus nachvollziehbaren Gründen kein Interesse an starken Mitbewerbern – auch wenn mehr Wettbewerb auf der Schiene der Servicequalität durchaus auf die Sprünge helfen könnte.

Dennoch konnten Bahn-Chefs wie Mehdorn und Grube ihre Unternehmensinteressen immer wieder erfolgreich durchboxen. Regelmäßig betreibe die Bahn »Lobbyarbeit gegen ihren Eigentümer«, resümiert der Grünen-Fraktionsvorsitzende und Verkehrsexperte Anton Hofreiter. »Die Bahn-Politik wird de facto nicht im Verkehrsministerium gemacht, sondern im Bahn-Tower.« Jemand wie Pofalla hat dabei geholfen.

Der mehr oder weniger direkte Wechsel aus der Politik in die Wirtschaft findet inzwischen in einer solch hohen Frequenz statt, dass er all die Warner vor einer angeblich tiefen Kluft zwischen Politik und Wirtschaft Lügen straft. Für Politaussteiger scheint es heute fast nur noch zwei Optionen zu geben: Entweder man wechselt auf die Payroll eines etablierten Großkonzerns – so wie nicht zuletzt der frühere Ministerpräsident von Rheinland-Pfalz, Kurt Beck (SPD), der als Berater bei der Pharmafirma Boehringer Ingelheim anheuerte. Oder man macht gleich eine eigene

Lobbybude auf, gerne mit dem Wort Consult oder Consulting hinter dem eigenen Namen – so wie der ehemalige Hamburger Bürgermeister Ole von Beust (»Ole von Beust Consulting«), der bereits die türkische Investitionsförderungsagentur beriet. Oder wie der frühere FDP-Vorsitzende mit seiner Rainer Brüderle Consult, von deren Kunden bisher allerdings wenig bekannt ist.

### Chef: CDU. Mitarbeiter: Grün

Wer einen guten Draht zur SPD sucht, kann sich zum Beispiel vertrauensvoll an die Agentur Elephantlogic des ehemaligen SPD-Politikers Kajo Wasserhövel wenden. Das tat Ende 2010 jedenfalls das Wohnungsunternehmen Deutsche Annington. Ihre Mieter sind meist Menschen mit eher niedrigem Einkommen, daher sind für das Unternehmen Kontakte zu SPD-Politikern wichtig. Wasserhövel, viele Jahre Mitarbeiter des damaligen SPD-Chefs Franz Müntefering, hat keine Scheu, für Unternehmen mit nicht ganz lupenreinem Image zu arbeiten. Er hat auch schon die Spielautomatenindustrie beraten oder den Zigarettenhersteller Philip Morris. Nun nutzte er seine politischen Kontakte für den umstrittenen Vermieter aus Bochum. Im Statusbericht für eine Telefonkonferenz im Dezember 2010 führte Elephantlogic für die Annington-Leute Namen von Politikern auf, zu denen es belastbare Kontakte gebe: »Guter Zugang« bestehe zu Torsten Albig, dem Sozialdemokraten und damaligen Kieler OB (der dort heute als Ministerpräsident von Schleswig-Holstein amtiert).

Wer es sich als Unternehmen oder Verband leisten kann, engagiert gleich Ex-Politinsider aus verschiedenen Parteien für die eigene Lobbyabteilung. Beim BDEW leitet unter der CDU-Frau Müller seit 2010 ein Sozialdemokrat den Geschäftsbereich Strategie und Politik. Er heißt Andreas Kuhlmann und hat wie Wasserhövel lange für Franz Müntefering gearbeitet. Im Jahr 2014 komplettierten Müller und Kuhlmann ihr Team mit der Grünen-Funktionärin Katharina Klein, die bis dahin als Referentin für Parteichef Cem Özdemir gearbeitet hatte.

Die Lobby- und PR-Firma MSL Germany hält es so ähnlich. Sie wird geleitet von Axel Wallrabenstein, einem ehemaligen Bundesgeschäftsführer der Jungen Union. Auf die Frage, für wen er »nie« arbeiten würde, antwortete er einmal: »Greenpeace.« Aber Wallrabenstein hat auch eine Schwäche für schwarz-grüne Koalitionen, und zu seiner Mannschaft gehört ein Mitarbeiter mit Grünen-Parteibuch.

»Früher war man als Verband breit aufgestellt, wenn man einen CDUler, einen FDPler und einen Gewerkschafter in den eigenen Reihen hatte. Heute gehört ein Grüner selbstverständlich dazu«, zitiert der *Tagesspiegel* im Herbst 2014 einen gewissen Norbert Schellberg. Der muss es wissen. Er war Büroleiter der Grünen-Politikerin Katrin Göring-Eckardt und arbeitet heute für den Verband forschender Arzneimittelhersteller (VfA).

Warum also sind Aussteiger aus der Politik für die Lobbybranche so interessant? Ganz einfach: Sie bringen Kontakte mit – aus ihrer Partei, ihrem Ministerium, aus dem Berliner Politikmilieu ganz allgemein. Und natürlich kennen Ex-Politiker die Usancen dieses Politikbetriebs; sie wissen zum Beispiel, ohne nachzudenken, dass man Abgeordnete nicht zu einer Veranstaltung am Dienstagnachmittag einladen darf – einfach deshalb, weil dann die Fraktionen im Bundestag ihre Sitzungen abhalten.

### Erst Journalist, dann Lobbyist

Neben Ex-Politikern wechseln erstaunlich viele ehemalige Journalisten im Lauf ihrer Karriere ins Lobbyfach – oder gerade dann, wenn die journalistische Karriere nicht mehr recht vorangeht. »Ein Wirtschaftsredakteur, der mit 50 immer noch Börsennachrichten ins Blatt hebt und nicht bei Bahn, Telekom, einem Verband oder einem Energieversorger das Doppelte vom Tarif verdient, der ist ein armer Wicht«, spottete der freie Journalist Hajo Schumacher schon im Jahr 2006.

Journalisten bringen jedenfalls oft das Gleiche mit wie ehemalige Politiker: Gute persönliche Kontakte in die Politik. Rolf Kleine, ein langjähriger Berliner Korrespondent der *Bild*-Zeitung, wechselte so im Februar 2012 als Berliner Chefrepräsentant zu der schon erwähnten Deutschen Annington. Er hatte zuvor viele Jahre über die SPD berichtet und dort gute Kontakte – so gute Kontakte, dass ihn der damalige SPD-Kanzlerkandidat Peer Steinbrück im Sommer 2013 zu seinem Sprecher machte, nachdem Kleine die Annington wieder verlassen hatte.

Auch die Berliner Repräsentanz des BMW-Konzerns wird seit 2008 von einer Journalistin geleitet – der *Focus*-Korrespondentin Nicola Brüning. Zuvor hatte sie fünfzehn Jahre lang für das Münchner Magazin gearbeitet und über SPD und Grüne geschrieben. Sie zehrt offenkundig heute noch von ihren Beziehungen in dieses Lager. Sie helfen ihr zum Beispiel, regelmäßige Diskussionsrunden mit Spitzenpolitikern wie Frank-Walter Steinmeier zu organisieren, zu denen sie andere Lobbyisten in das BMW-Büro einlädt. Es liegt übrigens im Haus Pietzsch Unter den Linden, einige Stockwerke über dem berühmten Café Einstein.

Der ehemalige langjährige Chef der Parlamentsredaktion der *Wirtschaftswoche*, Friedrich von Thelen, versilbert seine in langen Korrespondentenjahren gewonnenen Kontakte über eine eigene Firma, die »Politikberatung auf höchstem Niveau« verspricht. »Thelen-Consult verschafft Ihnen auf höchster Ebene Gehör, wenn auf der unteren Ebene die Bürokratie versagt«, verheißt die Firmenwebsite. Für die Kontaktpflege bietet von Thelen Interessenten auch seine Räume in der Berliner Marienstraße an, die mit schweren Vorhängen, Stuckdecke, Kristalllüstern, Ölgemälden an den Wänden und gemütlichen Sofas Wohnzimmeratmosphäre verbreiten. Hier laden Firmen und Verbände gerne zu diskreten Empfängen ein – so im Frühjahr 2014 die Initiative Neue Soziale Marktwirtschaft (INSM). Der Ex-Kanzlerkandidat Peer Steinbrück von der SPD lässt sich da von *Wiwo*-Chefredakteur Roland Tichy auf einer kleinen Bühne interviewen und übt vorsichtige Kritik an der Arbeit der Großen Koalition. Ausgewählten Journalisten und Lobbyisten werden zuvor Häppchen gereicht – kleine Schnitzelchen, Garnelen und Tafelspitz umhüllt von Frischkäse und mit Cornflakes gespickt. So gestärkt, diskutiert man in kleinen Grüppchen Themen wie das Fehlen der FDP im Bundestag und die »Pressekampagne«, unter der die Freidemokraten nach der »Mövenpick«-Spende zu leiden gehabt hätten.

Ein besonders flexibler Wanderer zwischen den Welten der Politik, der Wirtschaft und des Journalismus ist Michael Inacker. Er fing in jungen Jahren als Redenschreiber für den CDU-Politiker Gerhard Stoltenberg an, ging dann zur *Welt am Sonntag*, von dort zum Autokonzern Daimler, dann wieder als Journalist zur *Frankfurter Allgemeinen Sonntagszeitung*, weiter zur *Wirtschaftswoche*, darauf als Cheflobbyist zum Handelskonzern Metro und anschließend zum *Handelsblatt*. Im Jahr 2013 endete die Laufbahn vorläufig als Partner und Vorstandsmitglied bei der Beratungsagentur WMP Eurocom, über die noch zu sprechen sein wird. Auf einer Fortbildungskonferenz für Lobbyisten verriet Inacker einmal, warum er kein Interesse an einem Posten als Staatssekretär habe. »Da verdient man so wenig«, spöttelte der Berater. Nur (Stand Juni 2014) gut 12 500 Euro Grundgehalt im Monat – wer würde dafür schon morgens aufstehen!

### Die Firma, die Lobbyverbände gründet

Es fließt sehr viel Geld in den Berliner Lobbysektor. Kaum irgendwo weiß man das so gut wie bei der Helios-Gruppe, die – über eine Tochterfirma – im Mai 2014 die Tagung mit Inacker organisierte. Ihr Aufstieg ist einer der besten Beweise dafür, wie dynamisch die Beeinflussungsindustrie in Berlin gewachsen ist.

Der Helios-Gründer Rudolf Hetzel, Jahrgang 1974, war in jungen Jahren Clubanimateur auf Gran Canaria und Praktikant in der SPD-Zentrale. Als Unternehmer startete er in der Kreuzberger Oranienstraße, ganz nahe am verrufenen Kottbusser Tor. Heute residiert die Gruppe in zwei Neubauten im Herzen von Berlin, gleich neben dem Auswärtigen Amt. Hetzels Unternehmensgruppe organisiert zu hohen Teilnahmegebühren Konferenzen für Lobbyisten und solche, die es werden wollen; sie betreibt zwei Fortbildungsakademien für Lobbyisten und PR-Leute und verlegt außerdem eine ganze Reihe von Magazinen – angefangen mit dem 2002 kurz vor der damaligen Bundestagswahl lancierten Flaggschiff *Politik & Kommunikation*.

»Wir finden, dass Lobby ein positiver Begriff ist«, wurde Hetzel einmal vom *Tagesspiegel* zitiert. Und genauso präsentiert *Politik & Kommunikation* in vier Ausgaben pro Jahr auch den PR- und Public-Affairs-Betrieb in der Hauptstadt: Im Einzelfall durchaus mal kritisch, aber immer voller bunter Bilder der Akteure und der Events der Lobbyszene. »Rudolf Hetzel hat mit *P&K* so etwas wie die *Bunte* für Politiker, Journalisten, PR-Leute und Lobbyisten erfunden«, zitierte die *Zeit*-Journalistin Tina Groll einmal Daniel Goffart, den heutigen Leiter des Hauptstadtbüros des *Focus* und früheren Lobbyisten bei der Deutschen Telekom.

Die auch von den *P&K*-Redakteuren in der Alltagsarbeit gesammelten« Kontaktdaten aus einer intern »Combit« genannten Personendatenbank mit über 13 000 Einträgen verkauft die Helios-Gruppe gleich paketweise: Im Angebot sind Ansprechpartner wahlweise aus Bundestag, Landesparlamenten, Ministerien auf Bundes- und Landesebene, Parteien, Verbänden, Unternehmensrepräsentanzen, Botschaften und der Europäischen Kommission. Zitat: »Landräte und Oberbürgermeister runden unser Angebot ab.«

Der umtriebige Hetzel hat das Dienstleistungsgeschäft für die Einflüsterungsindustrie so weit professionalisiert wie vor ihm wahrscheinlich kein anderer in Deutschland. Nach dem Vorbild von *P&K* ließ er eine ganze Reihe weiterer Zeitschriften für bestimmte Berufsgruppen gründen, bei denen dann jeweils der passende Lobbyverband gleich mitentstand: für Pressesprecher, Personalmanager, Vertriebsmanager sowie Compliance Manager.

Wer an Hetzels privater Hochschule namens Quadriga einen Master of Business Administration (MBA) in »Public Affairs & Leadership« machen will, muss im Jahr 2015 für 18 Monate 19 000 Euro hinlegen. Wer sich das nicht leisten kann, dem winkt Unterstützung von den sogenannten Stipendienpartnern der Quadriga: Dem BDI, BMW, E-Plus und Metro. Zugleich wird den Studierenden der Zugang zu wichtigen Akteuren des Berliner Lobbyklüngels versprochen, die allesamt als Mentoren oder Kuratoriumsmitglieder mit der Hochschule verbunden sind – von der BMW-Repräsentantin Brüning über Eon-Mann Lang, die frühere Merkel-Helferin Hildegard Müller vom Energieverband BDEW, den SPD-Wahlkampfmanager Matthias Machnig bis hin zu Journalisten wie Steffen Klusmann (*Manager-Magazin*) und Thomas Schmid (*Die Welt*).

»Wie kommt man an politische Akteure heran?« Wer das wissen will, dem offerierte die Quadriga Akademie im Februar 2013 für 840 Euro einen »E-Learning-Kurs« über »das politische Berlin«. Dort, so das Versprechen an die Teilnehmer, würden sie dank Referenten wie Kajo Wasserhövel lernen, »welche Hebel Sie in Gesetzgebungsprozessen bewegen müssen, um die politischen Akteure zu erreichen und effektiv handeln zu können«.

### Die Verbänderepublik ist nicht tot

Das beschauliche Bonn galt als die Hauptstadt der deutschen Verbänderepublik. Die Zahl dieser Organisationen ist seitdem nicht gesunken, sondern gewachsen, wie die Verbändeliste des Bundestags beweist. Immer wieder kommt es zu Neugründungen – etwa Ende 2009, als sieben Rüstungsindustrielle von EADS, Thyssen-Krupp, Krauss-Maffei Wegmann, Rheinmetall und drei weiteren Unternehmen den Bundesverband der Sicherheits- und

Verteidigungsindustrie (BDSV) ins Leben riefen (siehe Kapitel 9). Der traf dann gleich auf das Problem, dass die Bundesvereinigung Deutscher Stahlrecycling- und Entsorgungsunternehmen (ebenfalls BDSV) die gleiche Abkürzung nutzte. Für die deutschen Lobbyisten werden folglich bereits die Buchstabenkombinationen knapp.

Organisationen wie der Bundesverband der Deutschen Industrie (BDI) oder der Arbeitgeberverband BDA seien freilich »längst nicht mehr so wirkungsmächtig« wie »in der Bonner Zeit«, sagt Johannes Neukirchen, einer der bekanntesten und erfahrensten deutschen Lobbyisten, der heute das Berliner Büro des Chemiekonzerns Lanxess leitet. Seit es zum Beispiel die alte Deutschland-AG der vielfach miteinander verflochtenen Top-Unternehmen nicht mehr gibt und die Globalisierung immer weiter voranschreitet, lassen sich die Interessen nicht mehr so einfach bündeln wie früher.

Das beste Beispiel ist die Energiepolitik: Der traditionsreiche Industrieverband BDI muss sowohl die Interessen der Konzerne an einer Dämpfung der Strompreise vertreten wie die derjenigen Unternehmen, die an der Energiewende verdienen – etwa die Maschinenbauer, die vom Windradbau profitieren. Immer mehr Unternehmen setzen deshalb darauf, ihre Interessen im Alleingang durchzuboxen – was wiederum die Arbeit der Verbände erschwert. Markus Kerber, der Hauptgeschäftsführer des BDI, führte darüber auf der Mitgliederversammlung seiner Organisation Ende November 2012 selbst beredte Klage. Es stelle sich die Frage, so Kerber laut Protokoll, »wie eine möglichst einheitliche Aufstellung gewährleistet werden könne, wenn neben dem BDI aktuell 24 seiner Mitgliedsverbände ihren Hauptsitz und sechs Mitgliedsverbände eine Repräsentanz in Berlin haben und diese noch von 120 Unternehmensrepräsentanzen flankiert würden«.

Doch das heißt nicht, dass die großen alten Verbände verschwinden, im Gegenteil. Der BDI hat bis heute einen Jahresetat von etwa 20 Millionen Euro, auch wenn der Betrag seit über zehn

Jahren praktisch stagniert. Der Bundesverband der Deutschen Banken kassierte von seinen Mitgliedsinstituten im Jahr 2012 stolze 29 Millionen Euro für die Verbandsarbeit. Und der Gesamtverband der Deutschen Versicherungswirtschaft (GDV) – getragen von Unternehmen wie der Allianz, Axa und Ergo – budgetierte in den vergangenen Jahren sogar jeweils zwischen 60 und fast 80 Millionen Euro.

Die Beitragsordnungen der großen Verbände erlauben Rückschlüsse auf die internen Machtverhältnisse. Üblicherweise leisten nämlich die größten Mitgliedsunternehmen auch die höchsten Beitragszahlungen. Beim Bankenverband sind es zurzeit 207 Euro im Jahr für jeden Beschäftigten bei den Mitgliedsbanken. Der Bundesverband der Energie- und Wasserwirtschaft (BDEW) mit seinem Jahresetat von – im Jahr 2014 – über 34 Millionen wiederum bemisst die Beiträge an den Umsatzerlösen; auch auf diese Weise ist klar, dass Großkonzerne wie RWE oder Eon als die wichtigsten Zahlmeister einen kräftigen Einfluss haben. Ebenso unterliegt es keinem Zweifel, dass im Autoverband VDA zwar auch allerlei Zulieferer Mitglied sind, aber dennoch die Chefs von BMW, Daimler und VW die erste Geige spielen. Sie – Norbert Reithofer, Dieter Zetsche und Martin Winterkorn – trugen gemeinsam dem ehemaligen Verkehrsminister Matthias Wissmann die Verbandspräsidentschaft an, nachdem im März 2007 der damalige Verbandsoberste Bernd Gottschalk zurückgetreten war.

Die Großunternehmen spielen ihr eigenes Spiel, aber zugleich benötigen sie bis heute die Verbände, weil dort Positionen gebündelt werden können, bevor die Politik mit ihnen konfrontiert wird. Große Konzerne zahlen für ihre Präsenz in Berlin folglich doppelt oder dreifach – erstens für die eigene Repräsentanz, zweitens für die Mitgliedschaft in einem oder häufig sogar mehreren Verbänden und drittens nicht selten auch noch für Lobbyagenturen, deren Expertise oder Kontakte man sich dazukaufen möchte.

**Lobbyisten, die man mieten kann**

Lobbyisten, die man mieten kann – das ist das Geschäftsmodell dieser Agenturen, die meistens außerdem PR-Arbeit anbieten. Zu den wichtigsten hierzulande gehört die deutsche Tochter der US-Firma Burson Marsteller. Sie berät Weltkonzerne wie McDonald's. Zeitweise machte die Firma auch PR-Arbeit für den lange inhaftierten russischen Oligarchen und Kreml-Kritiker Michail Chodorkowski.

Am 25. September 2009, drei Tage nach der Bundestagswahl, haben die Leute von Burson Marsteller etwas zu feiern. Weil man seit vierzig Jahren in Deutschland präsent ist, hat das Unternehmen zu einem Abendempfang in das angesagte Soho House in Berlin-Mitte geladen. Im zweiten Stock des exklusiven Clubs reichen die Bedienungen Lachshäppchen und Lammkoteletts. Die CDU-Politikerin Ursula Heinen-Esser ist gekommen, der Gastronomieunternehmer Hans-Peter Wodarz (»Pomp Duck and Circumstance«) und der gerade noch amtierende Entwicklungshilfeminister Dirk Niebel, der hier mit Parteifreunden wie dem langjährigen Generalbevollmächtigten des FDP-Schatzmeisters, Walter Eschweiler, gegen den Wahlfrust antrinkt. Nein, keinesfalls sind die Männer an diesem Abend bereit, Journalistenfragen zum Zustand der FDP-Finanzen zu beantworten. Könne man sie nicht einfach in Ruhe lassen? Der inzwischen ausgeschiedene Deutschland-Chef von Burson Marsteller, Karl-Heinz Heuser, pflegte gute Beziehungen zu den Freidemokraten. Er beriet führende Liberale auch in dem Wahljahr 2013, das dann für die FDP so bitter endete.

Burson Marsteller ist nur einer der Player auf diesem Markt, auf dem sich vor allem die Töchter amerikanischer oder britischer PR-Multis tummeln. Mit etwa zwanzig Mitarbeitern ist die Firma Hill & Knowlton in Berlin vertreten, wie Burson Marsteller eine Tochter des britischen WPP-Konzerns. Zu ihren Kunden zählte zumindest bis in das Jahr 2014 die Gazprom-Tochter

Nord Stream – also das Pipeline-Unternehmen, bei dem Gerhard Schröder Vorsitzender des Aktionärsausschusses ist.

Der US-Ölkonzern Exxon und der französische Lebensmittelriese Danone wiederum gehörten zu den Kunden der deutschen Dependance der US-Agentur Fleishman-Hillard. Geleitet wird sie von dem früheren CDU-Sprecher Hanning Kempe. Wie Hill & Knowlton hat sie etwa zwanzig Mitarbeiter in ihrem Berliner Büro. Über das Wirken von Leuten wie Kempe wird meist wenig bis nichts bekannt – und erst recht nichts über ihre Kunden. Die Szene sei teilweise ziemlich »undurchsichtig«, beklagte einmal sogar der Fleishman-Hillard-Chef selbst. Er würde ja gerne seine Klienten nennen – doch die Firmen erlaubten ihm das oft nicht. Manche Agenturvertreter nennen die Namen ihrer Klienten nicht einmal, wenn sie zum Beispiel mit Abgeordneten reden. So schreibt etwa die Agentur PRGS, die heute unter dem Namen Advice Partners firmiert, in einem an den Energiekonzern Eon adressierten Bericht im November 2008: Man habe zum Thema Laufzeitverlängerung für Atomkraftwerke Abgeordnete und Journalisten getroffen, aber »selbstverständlich seien diese Gespräche ohne Nennung« des Auftraggebers »oder des Auftrags geführt worden«.

Jemand, der zumindest öffentlich nicht die Namen seiner Auftraggeber nennt, aber ansonsten gerne und viel über seine Arbeit spricht, ist der in Berlin als Lobbyist aktive Österreicher Karl Jurka. Er tritt ab und zu sogar in Talkshows oder bei Podiumsdiskussionen auf und gibt dort schon mal preis, dass er für Kunden aus der Finanzbranche auf die deutsche »Regelung für die Hedge Fonds« Einfluss genommen habe. »Ich schreibe gerne Gesetze«, bekannte Jurka bei einer Diskussionsveranstaltung im Reichstag. »Das ist keine Schande.« Jurka klingt manchmal wie ein Aufschneider, aber dann ist da auch die Tatsache, dass er immer wieder erstaunlich gut über Interna etwa aus dem Kanzleramt informiert ist. Dem ZDF erzählte er im Jahr 2011, man müsse in der Politik entscheiden, ob man lieber Schauspieler oder lieber

Regisseur sein wolle: »Ich war immer für Regisseur.« Im selben Interview verriet er, dass er pro Tag bis zu 6500 Euro in Rechnung stelle, plus Mehrwertsteuer und plus Spesen.

Stundensätze um die 600 Euro – vergleichbar den Tarifen teurer Rechtsanwälte – sind in der Branche in der Tat durchaus üblich. Wie die schon zitierte abfällige Äußerung von Michael Inacker über die Gehälter von Staatssekretären belegt, wird bei einigen in der Agenturszene gutes Geld verdient. Das gilt sicher auch für die Firma WMP Eurocom, bei der Inacker Anfang 2014 als Partner einstieg. Die von dem ehemaligen *Bild*-Chefredakteur Hans-Hermann Tiedje gegründete Firma gilt jedenfalls nicht als billig. Allein die türkische Regierung zahlte der Firma für ihre Dienste im Jahr 2001 insgesamt 1,8 Millionen Mark. Auch die Regierung von Serbien, die Firmen Eon und Vattenfall zählten schon zu den Kunden, ebenso der französische Ölkonzern Total – obwohl WMP das bestreitet. Auch der deutsche Automobilriese BMW unterhielt noch im Jahr 2014 einen Vertrag mit WMP. Nach Aussagen von Insidern überwies er an Tiedjes Firma jährlich um die 300 000 Euro. Weder BMW noch WMP wollen sich dazu äußern.

### Auf der bösen Seite der Macht

Gerade WMP – das Kürzel steht für den Dreiklang Wirtschaft, Medien, Politik – trägt einiges zu dem eher schillernden Ruf der Berliner Lobbybranche bei und dies zum Ärger einiger Mitbewerber. WMP verkörpere das »böse Lobbying« in Berlin, schimpft ein konkurrierender Agenturmann. Das liegt nicht zuletzt an Tiedje mit seinen gelegentlichen kraftmeiernden öffentlichen Äußerungen. Mal beschimpft er US-Präsident Obama als »die größte amtierende Flasche in der Weltpolitik«, mal hält er dem Grünen-Fraktionschef Anton Hofreiter vor, er habe »eine makabre Ähnlichkeit mit Norwegens Attentäter Anders Breivik, der 72 Menschen umbrachte«. Auf die Frage nach seiner Haltung zum Begriff Moral gab Tiedje im September 2014 in einem Interview mit dem Branchendienst *Meedia* eine hinreichend zweideutige Antwort: »Wir arbeiten weder mit Mädchenhändlern oder Waffenhändlern noch mit Drogenhändlern zusammen. Und mit Schrotthändlern auch nicht. Das ist meine Moral.« Zugleich gibt WMP an, man sei höchsten ethischen Maßstäben verpflichtet. »Informationsbeschaffung und angemessene Problemlösung für den Kunden erfolgen nur nach gesellschaftlich akzeptierten Regeln«, heißt es im Ehrenkodex der Firma. »Aufträge, die nicht rechts- und normenkonform sind, werden von WMP abgelehnt.«

So wenig wie er für Mädchenhändler arbeitet, so wenig ist Tiedje nach eigenen Worten Lobbyist. »Lobbyisten – genau das sind wir nicht!«, sagte er einmal. Das sehen aber sogar seine eigenen Vorstandskollegen bei WMP anders. Der eine, Klaus-Peter Schmidt-Deguelle, erklärte es im Branchenmagazin *Politik & Kommunikation* im Juni 2014 für »längst überholt«, zwischen Agenturen für PR und solchen für »Public Affairs« zu trennen. Lobbying funktioniere dann am besten, »wenn man selbst die Agenda mitbestimmen kann«. Dabei könnten »Kommunikationsagenturen« helfen, »die parallel Politik und Medien bespielen« – Schmidt-Deguelle meinte offenkundig Agenturen wie seine Firma WMP Eurocom. Und der Partner Inacker sieht bei WMP seine Aufgabe darin, »zwischen Wirtschaft und Politik kommunikative Brücken zu schlagen«.

Nun ist Lobbying, anders als Mädchenhandel, in Deutschland nicht verboten. Dass der Ruf von Tiedje verbesserungsfähig scheint, liegt weniger daran, dass er Lobbyist ist oder »Medienmanager« (wie er lieber genannt werden möchte), sondern wie sich bei ihm die Sphären gelegentlich vermischen. »Wir versuchen nicht, Politiker zu beeinflussen«, versichert er. Aber loben kann er sie im Einzelfall schon mal. Zum Beispiel den SPD-Politiker Peer Steinbrück. Ihn vermittelte WMP im März 2012 als Redner für eine Veranstaltung der Krankenkasse KKH-Allianz. 15 000 Euro sprangen für Steinbrück dabei heraus. Im Oktober

2012 – der Sozialdemokrat war inzwischen Kanzlerkandidat seiner Partei und wegen seiner vielen bezahlten Reden in die Kritik geraten – verteidigte ihn Tiedje in einem Kommentar in der *Bild*-Zeitung. Steinbrück habe »bei seinen Vortragshonoraren offenkundig nichts falsch gemacht«. Er habe »nicht gelogen«, er habe »nichts verschwiegen« und »niemanden betrogen.« Nein, so Tiedje, Steinbrück sei einfach das Opfer einer »Gesellschaft des Neides geworden«.

»H. H. Tiedje – Mann in undurchsichtiger Mission«, kommentierte das Portal *Meedia* den Vorgang damals, zu dem sich Tiedje selbst nicht äußern will. Er darf öfter auf Seite 2 des Boulevardblattes mit einem »Bild-Kommentar« auftreten. Die Zeitung erwähnt dabei nie, dass der 65-Jährige im Hauptberuf als Berater für zahlende Kunden unterwegs ist. Auch unter seinem Pro-Steinbrück-Kommentar fehlte jeder Hinweis auf eine Doppelrolle des gelernten Journalisten. Das stieß in diesem Fall sogar dem Axel-Springer-Verlag auf, in dem *Bild* erscheint. Zwischen Tiedje und Springer bestehe »die klare Absprache, dass bei seinen Gast-Kommentaren für *Bild* kein Interessenkonflikt mit seiner Beratungstätigkeit bestehen darf«, sagte ein Sprecher später dem *stern*. Weil bei dem Steinbrück-Kommentar »im Nachhinein Zweifel an der Einhaltung dieser Absprache« aufgetreten seien, habe man »die Zusammenarbeit daraufhin über ein Jahr lang beendet«.

Ganz »beendet« war die Beziehung dann eben doch nicht, sondern nur auf Eis gelegt, denn im Januar 2014 war Tiedje wieder Gastkommentator. Zufall oder nicht: *Bild*-Herausgeber Kai Diekmann war inzwischen von einem einjährigen Auslandsaufenthalt im Silicon Valley zurückgekehrt. Zu dem »Kai«, das sagt Tiedje selbst, habe er ein »sehr gutes Verhältnis«. Er sei »hellwach und ein Glück für das Haus Springer«. Für den WMP-Chef dürfte es geschäftlich jedenfalls nicht von Schaden sein, wenn ihm ein guter Draht zur *Bild*-Zeitung nachgesagt wird. Sein Partner Inacker betont schon mal öffentlich, wie wichtig es für Unternehmen sei, nicht nur in den Politikteilen der großen Tages- und Wirtschaftsmedien die Diskussion mitzubestimmen, sondern auch auf »der tonangebenden Seite 2 der *Bild*-Zeitung. Zu den Wirtschaftsmedien wie *Handelsblatt* oder *Wirtschaftswoche* hat wiederum Inacker seine Drähte, und Kollege Tiedje erwähnt im Gespräch gern seine guten Beziehungen zu Führungsgestalten auch in anderen großen Medienhäusern.

Seit Ende 2010 ist der ehemalige Porsche-Chef Wendelin Wiedeking Mitaktionär bei WMP, neben Tiedje selbst und dem Unternehmensberater und WMP-Aufsichtsratschef Roland Berger. Im Aufsichtsrat sitzt außer Berger und Ex-Finanzminister Hans Eichel (SPD) auch der Vorsitzende des Ostausschusses der deutschen Wirtschaft, Eckhard Cordes. Früher waren dort zudem die damaligen SPD-Abgeordneten Peter Danckert und Rainer Wend vertreten – und sogar Ex-Außenminister Hans-Dietrich Genscher (FDP) firmierte unter den Anteilseignern. Zu den Aufsichtsratsmitgliedern gehört aber auch Ulrich Marseille. Der Klinik-Unternehmer war zeitweise bei der rechtspopulistischen Schill-Partei aktiv und wurde schon einmal rechtskräftig wegen Bestechung verurteilt. Doch ein schlechter Ruf war und ist in diesen Kreisen bisher eigentlich nur in begrenzter Weise ein Karriererisiko.

Für die große WMP-Weihnachtsfeier im Dezember 2010 hatten jedenfalls laut einer internen Aufstellung viele Berliner Prominente zugesagt: so etwa der heutige Deutsche-Welle-Intendant Peter Limbourg, Ex-Bundeswehrgeneral Harald Kujat, Entertainer Thomas Koschwitz, PR-Berater Klaus Kocks, TV-Moderator Cherno Jobatey, Journalist Henryk M. Broder, BMW-Repräsentantin Nicola Brüning sowie der der SPD angehörende Staatssekretär Jörg Asmussen samt seiner Partnerin, einer Lobbyistin. Auf der Zusagenliste fand sich aber auch der Name des ehemaligen Stasi-Obersten Axel Hilpert. Dass das Image von Tiedje schillert, liegt auch daran, dass er mitunter die Brücke schlägt zwischen großen Namen der deutschen Industrie und einer merkwürdigen Halbwelt aus ehemaligen Stasi-Leuten. Hilpert, der frühere Antiquitäten-Chefeinkäufer der DDR-Staatssicherheit, zählte jahrelang zu Tiedjes Kompagnons. Im Mai 2014 bestätigte der Bundesgerichtshof, dass Hilpert des Betrugs mit öffentlichen Fördergeldern für sein Ressort Schwielowsee bei Potsdam schuldig sei, verwies den Fall aber zu einer erneuten Verhandlung an das Landgericht Frankfurt (Oder). Hilpert selbst bestreitet den Betrugsvorwurf.

## Im Dickicht der Interessen

Dem Namen des WMP-Aufsichtsratsmitglieds Roland Berger begegnet man ständig, wenn man sich mit der Berliner Lobbyszene beschäftigt, auch wenn Berger eigentlich gar kein Lobbyist ist, sondern eben Unternehmensberater. Gelegentlich trat er als Sponsor bei dem Eventmanager Manfred Schmidt auf, außerdem wirkt er im Kuratorium der Initiative Neue Soziale Marktwirtschaft (INSM) und natürlich ist er Ehrenvorsitzender seiner eigenen Beratungsfirma Roland Berger Strategy Consultants, die immer wieder diverse Bundesministerien berät. Viele in Berlin beneiden ihn um sein Netzwerk. Weil alle nach dem gleichen Prinzip arbeiten: Möglichst viele Leute kennen, in möglichst vielen Gruppen mitbestimmen und immer das Gras wachsen hören. Einer wie Berger war natürlich auch bei Merkels Abendessen zu Ehren von Josef Ackermann im Kanzleramt dabei – laut Sitzordnung saß er genau gegenüber von *Bild*-Chefredakteur Kai Diekmann.

In der Übernahmeschlacht um den angeschlagenen Autobauer Opel im Jahr 2009 fand sich Berger sogar auf zwei Seiten des Tisches wieder. Die von ihm mitkontrollierte Firma WMP beriet einerseits Fiat, und er selbst saß bei dem italienischen Autobauer im Aufsichtsrat. Zugleich beriet er das deutsche Wirtschaftsministerium in der Causa Opel – unentgeltlich, wie er betonte. Einen Interessenkonflikt sah er daher nicht.

Im Sommer 2014 dagegen ließ sich ein anderer Interessenkonflikt nicht mehr leugnen. Die Firma WMP (Teilhaber und Aufsichtsratschef: Roland Berger), die bis dahin den Manager Thomas Middelhoff beraten hatte, musste dieses Mandat abgeben. Denn Middelhoff und Berger stritten vor Gericht um 7,5 Millionen Euro. Wie sollte da Bergers Firma für Bergers Kontrahenten arbeiten?

Viele Kontakte helfen viel, aber allzu vielen Herren gleichzeitig zu dienen – dieses Prinzip stößt irgendwann an seine Grenzen. Das ließ sich auch am Beispiel des schon erwähnten Heiko Kretschmer beobachten, seines Zeichens Ethikbeauftragter des Beraterverbands DeGePol. Er ist Mitgründer der PR- und Lobbyagentur Johansen + Kretschmer (J+K) – und er kennt die SPD-Politikerin Andrea Nahles noch aus der gemeinsamen Zeit im Bundesvorstand der Jungsozialisten gut. Nachdem sie 2012 zur Generalsekretärin ihrer Partei avanciert war, ergatterte J+K in einem Joint Venture mit einer Partnerfirma das Budget für die SPD-Bundestagswahlkampagne 2013.

Ende 2012 lud Kretschmer dann im Namen von J+K Dutzende Verbände und Unternehmen zu zwei Frühstückstreffen ein. »Die Weichen für das Regierungshandeln nach der anstehenden Bundestagswahl werden bereits heute gestellt«, warnte er die Lobbyisten. Die »Parteizentralen« bereiteten nämlich bereits »erste Entscheidungen über die thematische Aufstellung für das Wahlkampfjahr vor«. Firmen und Verbände stelle das vor besondere Schwierigkeiten, schrieb Kretschmer: »Im Wahlkampfjahr nehmen Anlässe und Einflussmöglichkeiten tagesaktueller Lobbytätigkeit kontinuierlich ab, weil der Fokus ›der Politik‹ zunehmend in Richtung Machterhalt/-erwerb und seiner inhaltlichen Begründung wandert. Fachliche Entscheidungen werden teilweise in neuen Arenen vorbereitet und unterliegen in größerem Maße einer innerparteilichen Meinungsfindung. Um erfolgreich zu sein, muss sich das Management der politischen Interessenvertretung dieser Logik anpassen.«

Die Agentur, die für die SPD den Wahlkampf mitorganisierte, informierte folglich Berliner Lobbyisten über die Probleme, die dieser Wahlkampf für sie mit sich brachte. Aber der clevere PR-Mann Kretschmer hatte zugleich die Lösung parat: den Ansatz »Agenda Setting Regierungsprogramm 2013«, den er gerne den Interessenvertretern nahebringen wollte. »Die eigenen Interessen sollten nach Möglichkeit so in den Wahlprogrammen und ›mind sets‹ jeder möglichen Koalitionspartei verankert werden, dass die Regierung der kommenden Wahlperiode zu konkreten Schritten veranlasst wird«, schrieb Kretschmer.

Bot da J+K nicht zumindest unausgesprochen Lobbyisten Hilfe bei dem Versuch an, das Programm der SPD zu beeinflussen? Und wäre das nicht ein Interessenkonflikt? Nein, »ein Einfluss unserer Kommunikationsagentur auf die inhaltliche Arbeit der SPD besteht in keiner Weise«, beteuerte eine SPD-Sprecherin, als der *stern* deshalb im Januar 2013 nachfragte. Und auch Kretschmer sah kein Problem – weil »es unsere beratende Einschätzung ist, dass Agenturen oder Berater die innerparteilichen Meinungsbildungsprozesse politischer Parteien gar nicht beeinflussen können«.

Was aber konnte er dann den Lobbyisten bieten, die er im November 2012 einlud? Kretschmer sagt, er habe ihnen klarmachen wollen, dass sie sich »sehr viel stärker« mit der »öffentlichen und medialen Agenda« beschäftigen müssten. Aber half nicht zugleich das von J+K mitbetriebene Joint Venture der SPD beim Agenda Setting?

Die Werbeschreiben hatten allerdings offenbar ohnehin keinen durchschlagenden Erfolg. Dafür kam Kretschmer nach der Bundestagswahl wieder mit Andrea Nahles ins Geschäft. Das Haus der inzwischen zur Arbeitsministerin aufgestiegenen Politikerin vergab einen Teil des eigenen PR-Etats an J+K – nach einer öffentlichen Ausschreibung.

**Geschäftsfeld Krisenkommunikation**

Auf der Grenzlinie zwischen PR und Lobbyarbeit agiert in Deutschland seit 2001 auch die 1987 in London gegründete PR-Firma Brunswick Group. Deren Berater haben sich nach eigenen Angaben auf Krisenkommunikation spezialisiert. Zu diesem Zweck reden sie im Auftrag ihrer Kunden aber nicht nur mit Journalisten, sondern auch mit Politikern – oder sie helfen, solche Gespräche zu arrangieren.

Das Berliner Büro von Brunswick ist passenderweise mit drei Ex-Journalisten von *FAZ* und *Spiegel* besetzt, von denen zwei – Dominik Cziesche und Ulrich Deupmann – auch schon für den SPD-Politiker Frank-Walter Steinmeier tätig waren. Man kennt also Leute in den Medien – und in der Politik. Zu den Kunden der Berliner Dependance gehörten Rolls-Royce und das Rüstungsunternehmen EADS, das heute unter dem Namen Airbus firmiert. Als der Immobilienkonzern Deutsche Annington im Jahr 2012 mit sich häufenden Beschwerden unter seinen 300 000 Mietern kämpfte, heuerte er für Lobbyarbeiten Brunswick an. Das Unternehmen erstellte eine Deutschland-Karte mit den »Communication Hot Spots«, an denen sich die Mieterbeschwerden häuften (Status »critical« oder »very critical«) – inklusive Namen und Telefonnummern lokaler Journalisten. Darüber hinaus half die Agentur den Annington-Vorständen bei der Terminakquise mit Politikern und bereitete die Manager für die »Dialoge« mit genauen Sprechvorlagen vor. Deren Kernbotschaft lautete: Man sei »ein langfristig orientierter Investor, keine Heuschrecke«.

Im Mai 2013 ergatterten zwei Vorstandsmitglieder der Annington mit Hilfe von Brunswick sogar einen Termin mit dem damaligen SPD-Fraktionschef Steinmeier. Man habe über Themen wie »bezahlbares Wohnen für breite Bevölkerungsschichten«, den Mieterschutz und die energetische Gebäudesanierung gesprochen, wird der heutige Außenminister später ausrichten, der früher mal zwei der heutigen Berliner Brunswick-Leute beschäftigt hat.

Berater wie die von Brunswick leben wie alle Lobbyisten von ihren Netzwerken. Der Consultingfirma wird es darum nicht geschadet haben, dass sie zwischendurch auch von der Bundesregierung angeheuert wurde. Von März 2009 bis Juni 2009 zahlte der dem Bundesfinanzministerium unterstellte Bankenrettungsfonds Soffin laut einer internen Liste insgesamt 309 000 Euro für »Kommunikationsberatung« und »Pressearbeit« an die Agentur. Unter Leitung des ehemaligen *Handelsblatt*-Chefredakteurs Thomas Knipp sollte Brunswick britische und amerikanische Medien, aber auch deutsche Journalisten davon überzeugen, dass die Verstaatlichung der Pleitebank Hypo Real Estate (HRE) notwendig und richtig sei. Die Brunswick-Leute entwarfen dafür Pressemitteilungen, werteten Zeitungsberichte aus und führten Hintergrundgespräche mit Journalisten. All dies, obwohl der Soffin bereits eine aus Steuermitteln finanzierte Pressestelle unterhielt. Dort hätten jedoch die notwendigen »Strukturen und Kapazitäten« gefehlt, behauptete eine Fondssprecherin.

### Berater kassieren bei Bankenrettung

Welche Summen bei der Beratung der Bundesregierung umgesetzt werden können und wie sehr sich dabei politische und wirtschaftliche Interessen zu vermischen drohen, zeigte sich in der Finanzkrise in staunenswerter Weise. Im April 2011 kam eine interne Aufstellung aus dem Bankenrettungsfonds Soffin ans Licht, die zeigte, wie stark Anwaltskanzleien und Beratungsfirmen von der Krise profitierten.

Insgesamt stellten bei der Bankenrettung »externe Dienstleister« von Ende 2008 bis Februar 2010 über 70 Millionen Euro in Rechnung. Teils kam das Geld aus den Kassen des Soffin, teils von den mit Steuergeld geretteten Instituten selbst. Die zweitgrößte Einzelsumme ging der Soffin-Liste zufolge an die internationale Wirtschaftskanzlei Mayer Brown. Für »Rechtsberatungsleistungen« bei der teils landeseigenen nordrhein-westfälischen WestLB berechnete Mayer Brown bis Ende Februar 2011 knapp 11 Millionen Euro.

Ebenfalls bei Mayer Brown war seit 2005 der ehemalige CDU-Politiker Friedrich Merz tätig. In dieser Funktion versuchte er ab dem Sommer 2010, im Auftrag von Soffin und WestLB den Verkauf des Instituts voranzutreiben – am Ende ohne Erfolg. In der Funktion als Veräußerungsbeauftragter verdiente er aber dennoch 5000 Euro pro Tag. Der Soffin und die Alteigentümer der WestLB hatten ihn bestellt. Darunter waren das damals CDU-regierte Land Nordrhein-Westfalen und die dortigen Sparkassenverbände. Die Eigentümer, die auch die Honorarsumme bezahlen mussten, hätten den Tagessatz von 5000 Euro »als marktüblich akzeptiert«, hieß es in einem Soffin-Vermerk, den der *stern* im April 2011 zitierte.

Merz' Kanzlei heuerte im Rahmen des WestLB-Auftrags übrigens ihrerseits weitere Berater an, darunter – die Welt ist klein – die schon erwähnte PR-Agentur Brunswick. Aber auch deren Berater konnten die Tatsache nicht schönreden, dass der Verkauf der WestLB am Ende scheiterte und die Bundesregierung sowie das Land NRW auf Milliardenkosten sitzen blieben.

### Eine Milliarde für Berater

Von 2009 bis Sommer 2013 gab die Bundesregierung insgesamt sogar die schwindelerregende Summe von 978 Millionen Euro für entsprechende externe Beratungen aus – so jedenfalls die Zahlen, die die Linken-Abgeordnete Barbara Höll als Antwort auf eine Kleine Anfrage im August 2013 erhielt. Auf fast 300 Seiten listete das Innenministerium die einzelnen Aufträge auf, viele davon an die Firma von Roland Berger sowie Anwaltskanzleien wie Freshfields, Redeker Sellner Dahs und White & Case.

Die Praxis, sich teuren Rat von außen einzukaufen, ist nicht neu – und sie ist schon lange umstritten. Der damalige Staatssekretär im Bundeswirtschaftsministerium Alfred Tacke sagte schon 2004: »Wenn wir schnell ein Politikkonzept brauchen, fragen wir Unternehmensberater wie McKinsey oder Berger.« Ebenfalls im Jahr 2004 ging der damals gerade relativ frisch gewählte niedersächsische Ministerpräsident Christian Wulff (CDU) mit Beratern wie Roland Berger hart ins Gericht. Er sprach von Gefälligkeitsgutachten, »Seilschaften« und »Millionen oder Milliarden«, die in den Sand gesetzt worden seien.

Und in der Tat scheint eben nicht immer klar, welche Interessen die angeblich für ihre Expertise ausgewählten externen Helfer eigentlich vertreten. Jemand wie Roland Berger, Wirtschaftsprüfer wie Price Waterhouse Coopers (PwC) oder auch große Anwaltskanzleien wie Freshfields haben viele Klienten. Natürlich beteuern sie stets, es werde intern dafür gesorgt, dass es zu keinen Interessenkonflikten komme. Das mag im Einzelfall sogar stimmen. Doch im März 2011 kamen Warnungen vom Bundesrechnungshof. Die Behörde hatte Fälle untersucht, in denen Anwaltskanzleien den Bundesministerien sogar beim Schreiben von Gesetzen assistiert hatten. Im Gefolge der Finanzkrise durfte die Firma Linklaters im Sommer 2009 beispielsweise einen kompletten Gesetzentwurf zur Bankenrettung für den damaligen Wirtschaftsminister Karl-Theodor zu Guttenberg (CSU) verfassen. Das Ressort wollte auf diese Weise den federführend zuständigen, aber SPD-geführten Ministerien für Justiz und Finanzen etwas entgegensetzen.

Der Rechnungshof fand heraus, dass der Einsatz externer Berater »bei Normsetzungsverfahren« wie diesem keine Seltenheit war. 2005 bis 2009 hatten sieben Bundesministerien externe Berater bei 33 von insgesamt 537 solchen Normsetzungsverfahren beteiligt – also in Fällen, in denen Gesetze und Verordnungen entworfen wurden. Nach Aussage der Prüfer war erstens »nicht sichergestellt, dass die Bundesministerien die Notwendigkeit von Beratungsleistungen ausreichend prüften«. Zudem hätten die Ressorts »nicht immer hinlängliche Vorkehrungen getroffen, um den Verdacht der Beeinflussung von Kernaufgaben der Verwaltung« durch »sachfremde Erwägungen Dritter auszuschließen«. So gab es in den Häusern laut Rechnungshof »kaum Überlegungen zu möglichen Interessenkonflikten oder der Gefahr der Beeinflussung durch sachfremde Erwägungen«.

Dem Prüfbericht zufolge verzichteten die Ministerien »überwiegend auf Regelungen zum Ausschluss möglicher Interessenkollisionen der Auftragnehmer mit anderen Aufträgen oder Mandaten«. Einige Bundesministerien, so notierten die erstaunten Rechnungsprüfer, »bestätigten ihren Auftragnehmern« ausdrücklich, »dass der Auftrag sie nicht hindere, andere Auftraggeber zu demselben Thema zu beraten«. Die Anwälte und Berater wiederum, die Stundensätze zwischen 260 und 500 Euro kassierten, erhielten immer wieder Zugang zu vertraulichen Interna. Sie wurden sogar eingesetzt, um die Positionen anderer Ministerien und »Stellungnahmen von Interessenverbänden oder sonstigen Gruppen« zu überprüfen. Die Berater sollten also helfen, die Lobbyisten zu kontrollieren.

Ein Ministerium zahlte einer Firma rund 17 200 Euro dafür, dass deren Mitarbeiter an einer Sitzung des Verkehrsausschusses des Bundestags teilnahmen und dazu ein Protokoll verfassten. In einem anderen Fall, so der Prüfbericht, »verhandelten die von unterschiedlichen Bundesministerien beauftragten Rechtsanwaltskanzleien eigenständig miteinander« – und das »ohne Beteiligung der Auftraggeber an den Gesprächen«. Die Anwälte des einen Hauses bezichtigten hinterher die Anwälte des anderen Ministeriums der Inkompetenz. »Es bestärkt sich der Eindruck, dass lediglich nebulös Bedenken vorgebracht werden, ohne dass konkrete Vorschläge gemacht werden, wie diese Bedenken beseitigt werden können«, zitierte der Rechnungshof aus dem Schreiben der Juristen. Überdies, so die Meinung der Anwälte über ihre Anwaltskollegen, »hatten wir den Eindruck, dass es in erheblicher Weise an konkreter Sachkenntnis mangelt«.

Der Rechnungshof rügte solche Praktiken: Berater sollten nicht eigenständig Entwürfe formulieren, an Ressortverhandlungen teilnehmen und Vorlagen für die Leitung schreiben – zumal es um einen relativ kleinen Kreis von Großkanzleien gehe, die regelmäßig zum Zuge kämen. Kurz: Es herrsche zu viel Sorglosigkeit.

### Anwälte als Lobbyisten

Diese Sorglosigkeit ist umso bemerkenswerter, als sich auch in Berlin die Grenzen zwischen Anwalts- und Lobbybranche zu verwischen beginnen. Wie schon länger in Washington und inzwischen auch in Brüssel, bauen manche Anwaltsfirmen eigene Abteilungen auf, die sich nicht nur der Rechtsberatung, sondern auch explizit dem Lobbying widmen.

Im Jahr 2005 heuerte etwa Freshfields einen Mann namens Lutz Reulecke dafür an, der zuvor für den FDP-Medienpolitiker Hans-Joachim Otto gearbeitet und ein *Handbuch des deutschen Lobbyisten* verfasst hatte. Reulecke ist inzwischen zum Bezahlsender Sky weitergezogen, aber die von ihm aufgebaute Abteilung für »Public Affairs« gibt es im Berliner Büro von Freshfields am Potsdamer Platz heute noch. Die Kanzlei – deren Anwälte, wie beschrieben, als Berater in den Ministerien ein und aus gehen – rühmt auf der eigenen Website die guten Kontakte der Mitarbeiter. »Wir stehen in ständigem Austausch mit den verantwortlichen Akteuren im politischen Meinungsbildungsprozess und werden als kompetente Gesprächspartner in der Hauptstadt ebenso geschätzt, wie in den Ländern oder vor Ort in Städten und Gemeinden«, heißt es dort. »So können wir jederzeit die richtigen Ansprechpartner auf allen politischen Ebenen vermitteln, Gespräche organisieren und – wenn nötig – professionell begleiten.«

Die Kanzlei hilft nach eigenen Angaben sogar beim Anbahnen von Beziehungen zu Ministerien und Abgeordneten, eigentlich eine Kernkompetenz von Lobbyisten. So organisiere man parlamentarische Abende mit Abgeordneten, biete auch »PR-relevantes Wissen« und helfe »bei politisch sensiblen Transaktionen« – was immer das bedeutet.

Einen Katzensprung weiter, am Pariser Platz nahe dem Brandenburger Tor, residiert die Zentrale der auch in Brüssel stark vertretenen Kanzlei Alber & Geiger. Mitgründer Siegbert Alber war früher CDU-Bundestagsabgeordneter und Generalanwalt am Europäischen Gerichtshof. Seine Firma vertritt heute unter anderem den Spielhallenbetreiber Gauselmann und erhielt dafür laut Brüsseler Lobbyregister im Jahr 2012 insgesamt mindestens 200 000 Euro. Zu den Kunden zählten außerdem der Deutsche Lottoverband, der Pharmahändler Celesio, Coca-Cola, der Verband der Cigarettenindustrie und Lufthansa.

Immerhin macht die Kanzlei die Namen dieser Kunden publik, die sie vor allem gegenüber EU-Kommission und Europaparlament vertritt. Sie übermittelt diese Angaben auch an das – freiwillige – EU-Lobbyregister. Andere Anwaltskanzleien berufen sich auf ihren Mandantenschutz und nennen die Namen ihrer Kunden nicht. Die internationale Kanzlei Linklaters machte zwar Angaben für das Brüsseler Lobbyregister, versicherte aber zugleich, »nicht in Lobbyaktivitäten« involviert zu sein, sondern lediglich Kunden rechtlich zu beraten. Diese Tätigkeiten unterlägen »Regeln der Vertraulichkeit«.

Freshfields wiederum räumt offen ein, dass man »Mandanten bei der Formulierung und Durchsetzung ihrer strategischen Ziele« nicht nur in Deutschland, sondern auch »auf Ebene der EU-Institutionen« helfe. Auch in Brüssel seien dafür »spezialisierte Teams« mit »ihren Kontakten zu Politik und Gesetzgebung« im Einsatz. Im Brüsseler Lobbyregister erfährt man von diesen Aktivitäten der Firma jedoch nichts. Die Kanzlei zieht es – Stand Dezember 2014 – vor, dort keine Informationen über Kunden und Themen zu veröffentlichen.

Ebenso wenig tut das – ebenfalls nach Stand Dezember 2014 – die Großkanzlei WilmerHale. Die internationale Anwaltsfirma verweist in ihrer Selbstdarstellung einerseits nicht nur auf die rund fünfzig Anwälte und Notare, die für sie in Berlin tätig sind, sondern andererseits auch auf die »Tradition unserer Sozietät, Beratung an der Schnittstelle von Recht, Wirtschaft und Politik anzubieten«. Dafür stehe eine »Legal-Strategy-und-Public-Policy-Gruppe« zur Verfügung. Zu der »Reihe« ihrer Anwälte, die laut WilmerHale auf »nachhaltige Erfahrungen in der deutschen und europäischen Politik und öffentlichen Verwaltung zurückgreifen« kann, gehört nach wie vor auch der ehemalige Verkehrsminister Matthias Wissmann (CDU), der heute im Hauptberuf VDA-Präsident ist und damit Cheflobbyist der Autoindustrie. Aber wie gesagt: Im Brüsseler Lobbyregister hinterließ die Kanzlei bisher keine Angaben.

### Lobbyisten für die gute Sache

Nicht nur hinter dem Tun vermeintlich unparteiischer Berater oder vornehmer Anwälte verbergen sich in Berlin manchmal ganz eigennützige Interessen, sondern auch hinter Organisationen, die sich angeblich einer guten Sache verschrieben haben. Egal, ob es vorgeblich um die deutsch-russische, die transatlantische oder die europäische Verständigung geht – immer wieder trifft man auf Organisationen, die zugleich als Plattformen für Lobbykontakte funktionieren.

Da gibt es das Deutsch-Russische Forum (DRF), das zurzeit von dem ehemaligen brandenburgischen Ministerpräsidenten Matthias Platzeck (SPD) geführt wird. Es wendet sich sogar explizit an Wirtschaftsvertreter und preist seine »besten Verbindungen« zur russischen Elite als »Mehrwert« an«: »Unseren Mitgliedern stehen in beiden Ländern alle Türen offen.«

Russische Kritiker von Präsident Wladimir Putin finden sich konsequenterweise nicht im Vorstand des DRF – die würden beim Kontakteanbahnen ja auch eher stören. Etwa die Hälfte der rund 400 Mitglieder kommt, wie die *Tagesspiegel*-Redakteurin Claudia von Salzen im Frühjahr 2014 recherchierte, aus der Wirtschaft, darunter Vertreter von jedem zweiten Dax-Unternehmen. Im Vorstand und im Kuratorium repräsentiert sind so der zu BASF gehörende Erdgaskonzern Wintershall, der Energieversorger Eon, die Commerzbank (sie finanziert den Außenhandel vieler deutscher Firmen), der stark in Russland engagierte Handelskonzern Metro, der Baustoffhersteller Knauf – sowie der unvermeidliche Unternehmensberater Roland Berger. Sowohl Wintershall wie Gazprom finanzierten bereits Projekte des Forums, das pro Jahr bis zu 670 000 Euro an Spenden und eine knappe halbe Million Euro an Mitgliedsbeiträgen einwirbt.

Beim offenbar starren Blick auf den Rubel scheint dort kaum jemanden zu stören, in welche Gesellschaft man sich in der DRF gelegentlich begibt. Im März 2013 tummelte sich der frühere ARD-Journalist Christoph Hörstel, den manche als Verschwörungstheoretiker ansehen, auf einer Mitgliederversammlung des Vereins im Berliner Hotel Adlon und trat dabei sogar als Sprecher einer »AG Visa« auf; zu dem Zeitpunkt waren von ihm bereits Äußerungen publik geworden, wonach er es für »Hochverrat« halte, Israels Sicherheit zur deutschen Staatsräson zu erklären – wie das Kanzlerin Merkel getan hatte.

Hörstels Äußerungen seien ihnen damals »weder bekannt« gewesen, noch habe er sich beim Deutsch-Russischen Forum jemals über Israel »in dieser Weise geäußert«, verteidigt man sich bei der Organisation. Sie sieht ihre Arbeit und das Spektrum ihrer Mitglieder im »Pluralismus verwurzelt«. Dazu gehört als eines der Kuratoriumsmitglieder – Seite an Seite mit Roland Berger und Bahn-Chef Rüdiger Grube – noch im Januar 2015 ausgerechnet Wladimir Jakunin, Chef der russischen Staatsbahnen und enger Vertrauter von Putin. Gegen Jakunin hatten die USA Ende März 2014, nach der russischen Besetzung der Krim, Sanktionen verhängt. Bei dem Deutsch-Russischen Forum wirkte er weiter ungestört – nach Angaben des DRF als Präsident der internationalen NGO »World Public Forum – Dialogue of Civilizations«. Das ist eine Organisation, deren Website an prominenter Stelle schon einmal den als rechtsextrem geltenden französischen Theoretiker Alain de Benoist zitierte, der in Deutschland öfter in der *Jungen Freiheit* veröffentlichte. Doch beim Deutsch-Russischen Forum meint man offenbar, so etwas gehöre zum Pluralismus dazu. Jakunins NGO engagiere sich ja »für den Dialog der Kulturen der ganzen Welt«.

Die Zusammenarbeit mit Jakunin gestalte sich »ergebnisreich und gut«, frohlockte im März 2013 der damalige DRF-Chef Ernst-Jörg von Studnitz. Das Forum habe in der Wahrnehmung »der russischen Politik deutlich an positivem Gewicht gewonnen«, freute er sich außerdem ausweislich eines Sitzungsprotokolls – wie das auch an der Präsenz eines Sondervertreters von Präsident Putin bei einer Pressekonferenz der Organisation zu sehen gewesen sei. Unter Studnitz' Nachfolger Platzeck hielt das DRF im Mai 2014 in Berlin eine gemeinsame Veranstaltung mit Jakunins dubioser NGO ab, die dieser prompt nutzte, um einen angeblichen »vulgären Ethno-Faschismus« des Westens zu beklagen und gegen die österreichische Eurovisions-Siegerin Conchita Wurst zu hetzen. »Männer rasiert euch! Seid keine Weiber!« – das sei jetzt der Schlachtruf russischer Landsleute, höhnte der Putin-Vertraute. Da widersprach dann sogar Platzeck. Attacken auf Homosexuelle? »Mich macht das wuschig«, antwortete der SPD-Politiker dem Russen.

Doch auch nach diesem Vorfall blieb Jakunin Kuratoriumsmitglied des Forums. Kein Wunder – ohne die guten Beziehungen zur russischen Machtelite verlöre die Organisation ja rasch ihre Attraktivität für die zahlenden Mitglieder aus der deutschen Wirtschaft.

### »Kleiner elitärer Verein«

Und dann gibt es da die Atlantik-Brücke, die die Beziehungen zu den USA stärken will. Sie ist älter und angesehener als das Deutsch-Russische Forum. Ihr Vorsitzender ist Friedrich Merz, also der Christdemokrat, der vergebens versuchte, Käufer für die WestLB zu finden. Nach seinen Worten engagiert sich die Atlantik-Brücke gegenwärtig unter anderem dafür, das – umstrittene – transatlantische Freihandelsabkommen TTIP »zum Gelingen« zu bringen. In TTIP, so Merz im Juni 2013 laut einem internen Protokoll, sehe er für den Verein den »wichtigsten inhaltlichen Schwerpunkt für die nächste Zeit«.

Die Zahl der Lobbyisten, die der Verein in seinen Reihen zählte und zählt, ist beachtlich – von dem heutigen WMP-Partner Michael Inacker über Allianz-Cheflobbyist Wolfgang Ischinger, den Brunswick-Chef Thomas Knipp und die BDEW-Frau Hildegard Müller bis zu den VDA-Vertretern Kay Lindemann und Matthias Wissmann. Offenkundig an Lobbyinteressen ausgerichtet war allem Anschein nach eine frühere Regel des Vereins, wonach Abgeordneten und Beamten auf Antrag erlaubt wurde, einen niedrigeren Jahresbeitrag als die übrigen Mitglieder zu leisten. »Es besteht ein großes Interesse, dass Bundestagsabgeordnete – aber auch Beamte – Mitglieder in der Atlantik-Brücke sind«, begründete der Vorsitzende Merz im Januar 2010 diese Usance, die es »auch in der Vergangenheit« schon gegeben habe.

Die Mitglieder aus der Wirtschaft subventionierten also die Teilnahme von Parlamentariern und Beamten, um in deren Nähe zu kommen. Dem Verein geht es darum, heißt es in einem Protokoll, »Politik und Wirtschaft zusammenzubringen und nicht zu trennen«. Im engeren Vorstand tummeln sich unter dem Vorsitzenden Merz und drei Vize-Chefs (einer davon ist – natürlich – Roland Berger) Deutsche-Bank-Chef Jürgen Fitschen, Daimler-Lobbyist Eckart von Klaeden und *Bild*-Herausgeber Kai Diekmann. Im Januar 2010 waren nach Angaben des Vereins überdies sage und schreibe 13 Mitglieder der damaligen schwarz-gelben Bundesregierung zugleich Mitglieder der Atlantik-Brücke, »davon drei Minister und die Bundeskanzlerin«. Etwa ein Drittel der Mitglieder sind Firmen, darunter der Versicherer Axa, der Flugzeugbauer Boeing, die Bank ING-Diba und der US-Finanzinvestor Apollo Global Management.

Diekmann ist zugleich nicht der einzige Journalist, der in den Verein kooptiert wurde. In den Mitgliederlisten fand oder findet man auch die Namen von Josef Joffe (*Zeit*) und die der TV-Journalisten Tina Hassel, Cherno Jobatey und Jörg Schönenborn. Ebenfalls in dem Verein ist Ex-*Spiegel*-Chef Georg Mascolo, der heute den Rechercheverbund von NDR, WDR und *Süddeutscher Zeitung* leitet. Mascolo sagt, er sei »Mitglied, weil mir an den deutsch-amerikanischen Beziehungen liegt«. Sollte es »ein gutes, faires TTIP-Abkommen« geben, würde er sich freuen. Seine »journalistischen Positionen«, versichert Mascolo, beeinflussten solche Mitgliedschaften nicht.

Stefan Kornelius, Außenpolitikchef der *Süddeutschen* und langjähriges Mitglied, moderierte wiederum im Jahr 2013 das jährliche Treffen des Vereins mit dem US European Command (in dem Fall General Philip M. Breedlove), zu dem »traditionell«, so ein Vereinspapier, »auch die Leitungsebenen der Sicherheits- und Verteidigungspolitik« aus Kanzleramt, Präsidialamt sowie den Ministerien für Auswärtiges und Verteidigung geladen seien.

In den Vereinssitz am Berliner Kupfergraben gegenüber dem Pergamon-Museum wird nicht jeder vorgelassen. »Nur auf Einladung«, so der Verein, könne man Mitglied werden und dann dabei sein, wenn der Club »einen Rahmen für vertrauliche Gespräche« anbiete für »deutsche und amerikanische Entscheidungsträger aus Wirtschaft, Politik, den Streitkräften, der Wissenschaft, den Medien und der Kultur«. »Im Vorstand und Kuratorium gibt es einen großen Konsens, dass die Atlantik-Brücke ein kleiner elitärer Verein bleiben soll und die Mitgliedschaft weiterhin durch Kooptation erlangt wird«, heißt es in einem Protokoll vom 31. Mai 2006.

Ebenfalls der Völkerverständigung verschrieben hat sich der Verein Europäische Bewegung Deutschland (EBD) – und zugleich spielen auch hier Interessenvertreter eine herausragende Rolle. Wie schon die Formulierung »Bewegung« suggerieren soll, sieht sich der Verein selbst als Stimme der »Zivilgesellschaft«. Doch als Präsidenten fungieren seit dem Jahr 2001 ausschließlich hauptberufliche Lobbyisten. Heute füllt der ehemalige SPD-Abgeordnete und heutige »Leiter Zentralbereich Politik und Regulierungsmanagement« bei der Deutschen Post AG, Rainer Wend, diesen Posten aus. Er kennt das Geschäft; früher als Parlamentarier saß er auch kurzzeitig im Aufsichtsrat von Hans-Hermann Tiedjes WMP Eurocom. Seine Vorgänger bei der EBD waren der damalige Daimler-Repräsentant Dieter Spöri sowie die frühere EU-Kommissarin Monika Wulf-Mathies, die wiederum bis 2009 den Lobbyposten bei der Post besetzte, den heute Nachnachfolger Wend innehat.

Für den ehemaligen Monopolbetrieb der Post ist von zentraler Bedeutung, wie viel Wettbewerb Brüssel in der Briefbranche erzwingt. Der europäische Gedanke vermählt sich da unter Umständen zwanglos mit konkreten Geschäftsinteressen. Inwiefern wird dafür gesorgt, dass hier die Unternehmensziele eines Konzerns nicht die angeblich zivilgesellschaftliche Orientierung zumindest in der Wahrnehmung nach außen in Frage stellen können? Darauf gibt die EBD keine klare Antwort.

Auch der gegenwärtige Schatzmeister der EBD kommt aus der Beeinflussungsbranche. Er war lange Hauptgeschäftsführer des Deutschen Brauer-Bundes, also der Bierlobby. Einer der zwei Rechnungsprüfer des Vereins ist überdies der Chef des Berliner Büros des Verbands der Chemischen Industrie (VCI), Norbert Theihs. Die Mitgliedsorganisationen kämen »aus allen Teilen der Gesellschaft«, argumentiert die EBD. Unter den über 200 teils illustren Namen auf der Mitgliederliste stehen in der Tat auch

Parteien von CSU bis Grünen, daneben Gewerkschaften und Organisationen wie die Caritas, aber eben auch große Firmen von BASF über den Zigarettenproduzenten Reemtsma bis zur VW-Hauptstadtrepräsentanz und Interessengruppen vom Backzutatenverband e. V. über den BDI, den Bundesverband Deutscher Banken, den Bundesverband Deutscher Inkasso-Unternehmen, dem Forum für Automatenunternehmer in Europa e. V. bis zum WWF Deutschland, sowie Lobbyfirmen wie die Brunswick Group und Burson Marsteller. Und – dabei sein ist alles – natürlich auch die Roland Berger Strategy Consultants GmbH.

Was den Verein für sie alle so interessant macht, erschließt sich vielleicht, wenn man weiß, das auch hier die von Interessenvertretern so geschätzte »Vernetzung« groß geschrieben wird. Wie bei der Atlantik-Brücke profitieren Teilnehmer bei der EBD von exklusiven Runden, in denen – in diesem Fall – EU-Abgeordnete oder hohe Brüsseler Beamte Rede und Antwort stehen. Für seine Aktivitäten bekommt die EBD seit den fünfziger Jahren sogar Steuergelder. Im Jahr 2014 zahlte das Auswärtige Amt insgesamt über 450 000 Euro an den Verein, der aus Sicht des Ministeriums schlicht »das größte zivilgesellschaftliche Netzwerk für Europa in Deutschland« darstellt und die Arbeit der Behörde »in der europapolitischen Kommunikation« flankiere.

Eine ebenso traditionsreiche wie öffentlichkeitsscheue Lobbyorganisation verbirgt sich schließlich hinter einem Verein mit kryptischem Namen: Die Gesellschaft zum Studium strukturpolitischer Fragen. Bereits seit 1959 wird sie von großen Firmen und Verbänden der deutschen Industrie getragen – und dient den Lobbyisten ähnlich wie die Atlantik-Brücke als eine Art Kontakthof Richtung Bundestag und Bundesregierung. Bundestagsabgeordnete agieren hier sogar als Vorstandsmitglieder, und zugleich scheinen sie neben Ministerialbeamten die eigentlichen Zielpersonen zu sein. Die »Strukturgesellschaft« will nämlich die Politik aus Sicht der Wirtschaft beraten. Ihr Vorsitzender war über viele Jahre Ludolf von Wartenberg, der langjährige Hauptgeschäftsführer des Bundesverbands der Deutschen Industrie (BDI). Heute ist es der CDU-Wirtschaftspolitiker Michael Meister.

In dreizehn sogenannten Beiräten zu Themenfeldern von Energie bis Welthandel lädt der Verein regelmäßig zu Veranstaltungen, auf denen Beamte und Abgeordnete sowie Wirtschaftsvertreter aktuelle Themen diskutieren – und zwar laut Meister ausweislich eines Vereinsprotokolls so, »dass die behandelten Themen in den Beiräten sich streng an der wirtschaftspolitischen Agenda des Deutschen Bundestages ausrichten«. Wartenberg sprach einmal von einer »engen Verzahnung von Parlamentsarbeit und der Arbeit der Strukturgesellschaft«. »Der regelmäßige Besuch unserer Sitzungen« durch Abgeordnete sei »sehr erfreulich«, hieß es laut Protokoll.

Zu den Mitgliedern zählen neben Verbänden wie Atomforum, BDI, BDA, BDEW, GDV und VDA auch Einzelunternehmen von BASF über RWE bis Siemens – und daneben Abgeordnete, die als Einzelpersonen einen deutlich geringeren Beitrag zahlen müssen als die Förderer aus der Wirtschaft. Vor einigen Jahren waren um die sechzig Abgeordnete unter den Mitgliedern; inzwischen scheint die Zahl deutlich gesunken. Doch noch im Jahr 2008 riet die Agentur PRGS dem Energieversorger Eon in einer internen Studie, die Strukturgesellschaft als Lobbyplattform zu nutzen: »Da zahlreiche MdBs Mitglied sind, ist dieses Forum sehr beliebt.«

Wie sehr es dem Verein dabei darum geht, gezielt die Regierungspolitik zu beeinflussen, wurde spätestens nach dem Wechsel zu der rot-grünen Koalition im Jahr 1998 deutlich. Seinerzeit fiel Wartenberg auf, dass man »neben der bewährten engen Zusammenarbeit mit Abgeordneten von CDU/CSU und FDP« nun auch das Gespräch mit Vertretern »der neuen Bundesregierung« suchen sollte. Immer noch seien unter den Parlamentariern im Verein »in erster Linie« bürgerliche Politiker, hieß es in einem Protokoll im Jahr 2000 selbstkritisch – und ein Jahr darauf entschied man, »in Zukunft ganz besonders« um Abgeordnete von

SPD und Grünen zu werben. Das Werben hatte Erfolg. Bald darauf saßen in der Tat auch Politiker von SPD und Grünen im Vorstand. Eine gewisse Nähe zum bürgerlichen Lager hat die Strukturgesellschaft aber bis heute behalten. Im Dezember 2009 rief der damalige Chef der CSU-Landesgruppe, Hans-Peter Friedrich, seine Parteifreunde in einem internen Schreiben sogar explizit dazu auf, sich in dem wirtschaftsnahen Verein »noch stärker zu engagieren«. Der Grünen-Abgeordnete Gerhard Schick legte sein Mandat als Vorstandsmitglied nach einigen Jahren Anfang 2013 hingegen wieder nieder. Das Umfeld war ihm zu konservativ.

### Wie die INSM Information und PR kombiniert

»Der Ansatz, im Stillen zu arbeiten, habe sich bewährt«, soll Wartenberg einmal laut Protokoll über die Arbeit der Strukturgesellschaft gesagt haben. Das entspricht klassischen Lobbyprinzipien, gilt aber ganz und gar nicht für eine sehr viel jüngere Organisation – eine Einrichtung, die die Journalisten Cerstin Gammelin und Götz Hamann im Jahr 2006 als »eine der modernsten Lobbyorganisationen des Landes« einstuften. Die Rede ist von der »Initiative Neue Soziale Marktwirtschaft« (INSM). Damals – also vor knapp zehn Jahren – schien sie auf dem Höhepunkt ihres Einflusses angelangt. Jahrelang hatte sie für wirtschaftsliberale Reformen getrommelt, so wie sie dann unter Kanzler Gerhard Schröder auch durchgesetzt wurden.

Die INSM stellt sich bis heute als »ein überparteiliches Bündnis aus Politik, Wirtschaft und Wissenschaft« vor. Vielleicht nicht zufällig klinge der Begriff Initiative »ein bisschen wie Bürgerinitiative«, kritisieren die Aktivisten bei Lobbycontrol. Tatsächlich ist die vermeintliche Bürgerbewegung aber nicht einmal ein Verein, sondern eine GmbH und zugleich eine Tochterfirma der Institut der deutschen Wirtschaft Köln Medien GmbH, einer arbeitgebernahen Denkfabrik. Sie wird so gut wie ausschließlich von Gesamtmetall finanziert, also von den Arbeitgeberverbänden der Metall- und Elektroindustrie, in denen von Daimler bis Siemens und Thyssen-Krupp einige der wichtigsten deutschen Unternehmen vertreten sind. Sieben Millionen Euro pro Jahr kann die INSM dank Gesamtmetall einplanen – eine beträchtliche Summe, die die Initiative zu nutzen weiß.

Seit jeher suchen die Vertreter der INSM nicht in erster Linie das vertrauliche Gespräch mit der Politik. Im Gegenteil, sie drängen in die Öffentlichkeit, schalten Anzeigen in Zeitungen und lassen große Plakate im Berliner Regierungsviertel aufhängen. Die INSM-Mitarbeiter ersinnen öffentlichkeitswirksame Aktionen und kopieren insofern Methoden, wie man sie früher eher von NGOs wie Greenpeace kannte. So ließ die INSM im Frühjahr 2014 zeitweilig einen neun Kubikmeter großen Würfel in Paketform vor dem Bahnhof Friedrichstraße und kurzzeitig auch vor dem Arbeitsministerium aufstellen. Der Quader sollte die Meinung der Initiative zum Rentenpaket der Großen Koalition transportieren: Die Annahme dieses Pakets werde »verweigert«, weil es »unzureichend geprüft«, »zu teuer« und »ungerecht« sei.

Die einst so gefürchtete Organisation hat allerdings ein Problem: Sie dringt mit solchen Positionen nicht mehr so gut durch wie früher. Der heutige INSM-Geschäftsführer Hubertus Pellengahr weiß das selbst am besten. An einem Donnerstag Ende April 2014 sitzt er im vornehmen Berliner Restaurant »Ganymed« vor einem Teller mit Spargel und redet über die Schwierigkeiten, mit denen seine Initiative zu kämpfen hat. Die rühren nicht zuletzt aus der politischen Großwetterlage. Zu Beginn der 2000er Jahre steckte Deutschland wirtschaftlich in einer Sackgasse und galt als kranker Mann Europas. Der damalige Kanzler Schröder sah keine Alternative zu einer wirtschaftsliberalen Reformpolitik. Doch Ende 2013, Anfang 2014 scheint es dem Land wieder gut zu gehen. Über Risiken wie die fortschreitende Alterung der Gesellschaft redet kaum einer. »Politisch ist die INSM viel ungefährlicher als vor acht oder neun Jahren, weil die gesamte Stimmung eine andere ist«, sagt ein Politikberater, der der SPD nahesteht.

Pellengahr dagegen ist FDP-Mitglied; er hat bis 1998 für den damaligen FDP-Fraktionschef Hermann Otto Solms gearbeitet. Noch am Abend der Bundestagswahl im September 2009 hatte die FDP-Spitze hier im Restaurant »Ganymed« ihr damaliges historisches Rekordergebnis von 14,6 Prozent begossen. Jetzt, nach der Wahl 2013, ist die FDP überhaupt nicht mehr im Bundestag vertreten, und die Regierung steht im April 2014 kurz davor, das Rentenpaket zu verabschieden, gegen das die INSM auf verschiedensten Kanälen Front gemacht hat. Für Pellengahr ist dieses Vorhaben ein Beispiel für »eine sehr einseitige Klientelpolitik für die Generation 60 plus und für die Generation der Babyboomer«. Aber die INSM habe das Problem zumindest thematisiert, redet sich Pellengahr Mut zu: »Wir sind zur Stelle, wenn marktwirtschaftliche Prinzipien unter die Räder kommen.« Und er beharrt: »Wir vertreten nicht irgendwelche Partikularinteressen.«

Zu den Problemen der Initiative gehört, dass es nicht mehr sehr viele gibt, die ihr das glauben. Zuletzt machte Pellengahrs Organisation im Januar 2013 negative Schlagzeilen. Sie hatte den Bundestagsabgeordneten und anderen Politikern als Neujahrsgruß kleine Voodoo-Puppen zugeschickt, die viele als geschmacklos empfanden. Die Puppen sollten zeigen, wie die Parteien die Bürger mit »verfluchten Wahlversprechen« quälten: Vom Mindestlohn über Ökostromsubventionen, Zuschussrente und Vermögenssteuer bis hin zur Frauenquote, die die INSM ebenfalls als folterähnliches Instrument ablehnt. Bei der Gratwanderung zwischen »auffallen wollen« und »seriös bleiben« waren Pellengahrs Leute damit nach verbreiteter Meinung abgestürzt.

Während das ein überschaubares PR-Unglück blieb, war unter Pellengahrs Vorgängern einiges sehr ernsthaft schiefgelaufen. Mehrfach fiel die INSM damit auf, dass sie nicht offen für ihre Positionen eintrat, sondern diese mit Tricks ins öffentliche Bewusstsein zu schmuggeln suchte. So deckte der damalige epd-

Journalist Volker Lilienthal 2005 einen Schleichwerbungsskandal auf, der auch die INSM betraf. Sie hatte 58 670 Euro bezahlt, um in mehreren Folgen der ARD-Seifenoper *Marienhof* Dialoge unterzubringen, die die Leiharbeit in positivem Licht zeigten. Da erzählte Jenny in Folge 1938: »Ich habe einen Job!« Matthias antwortete ihr: »Bei dieser Zeitarbeitsfirma?« Worauf Jenny erwiderte: »Nicht nur einen Job! Eine richtig feste Anstellung, Schwerpunkt Verkauf und Akquise!«

Es sind solch unseriöse Methoden, mit denen Lobbyisten den Ruf der eigenen Branche beschädigen.

## 3 Was ein Lobbyist braucht

*»Build relationships before you need them.«*
(Britische Lobbyistenweisheit)

Verschwiegene Clubs, geheime Allianzen, detaillierte Dossiers und gute Manieren: Mit welchen Methoden Berliner Lobbyisten arbeiten – Teil 1

Angenommen, Sie haben gerade Ihren neuen Job als Lobbyist angetreten. Wie sollen Sie vorgehen? Welche Methoden funktionieren? Wenn Sie dem vielleicht bekanntesten deutschen Lobbyisten glauben, dann ist eigentlich alles ganz simpel. Er arbeite einfach mit »sinnvollen Argumenten«, sagte einmal Matthias Wissmann, der ehemalige Verkehrsminister unter Helmut Kohl und heutige Präsident des Verbands der Automobilindustrie (VDA), in einem Interview mit der *Süddeutschen Zeitung*.

Wissmann weiß selbst, dass die Realität sehr viel weniger schlicht ist, als er sie darstellt. Wer die deutsche Autoindustrie vertritt, dem hört ein Politiker allein deshalb zu, weil in dieser Branche an die 800 000 Menschen ihren Arbeitsplatz haben und weil dieser Industriezweig das Rückgrat der deutschen Exportmaschine darstellt. Allein deshalb hat es Gewicht, wenn Wissmann – wie noch im September 2014 in einem Interview mit der *Süddeutschen Zeitung* – auf die Frage nach der Jobentwicklung in den deutschen Autofabriken verhalten antwortet: »Das hängt von zwei Faktoren ab. Erstens: Wie entwickelt sich der europäische Markt? Zweitens: Halten wir die Kosten am Standort Deutschland im Griff?«

Einer wie Wissmann müsste es nicht aussprechen, denn es schwingt bei ihm ohnehin immer mit: Wer unserer Automobilbranche schadet, gefährdet viele Arbeitsplätze. Manchmal sagt er es dennoch ganz offen, zum Beispiel im Oktober 2013, als BMW gegen schärfere $CO_2$-Grenzwerte der EU-Kommission anrennt.

Setze sich Brüssel damit durch, »dann stünde Dingolfing zur Disposition«, wird Wissmann vom *Tagesspiegel* zitiert. Dingolfing ist mit 18 500 Mitarbeitern das größte BMW-Werk im Land.

Der höfliche Herr Wissmann, er kann also auch anders. Und er nutzt seine Beziehungen. Im September 2007 ruft er laut einem als »vertraulich« eingestuften Protokoll in einer internen Runde im Kreis der Chefs von BMW, VW und Co. die Anwesenden auf, »die besten Kontakte zu nutzen«, um unter Politikern im Bund und den Ländern für eine Kfz-Steuer im Sinne der Autoindustrie zu werben. Er spricht von Kontakten, nicht von Argumenten. Von Matthias Wissmann haben Sie also bereits den ersten Lobbyistentrick gelernt: Buhlen Sie bei den Politikern um Einfluss, drohen Sie ruhig auch mal – aber bitte tun Sie in der Öffentlichkeit nach Möglichkeit harmlos! Ja, das glaubt Ihnen kaum einer. Aber nur weil Sie als Lobbyist einen schlechten Ruf haben, müssen Sie die Sache selbst ja nicht schlimmer machen, indem Sie offen über Ihre Methoden reden.

Dass diese nicht immer fein seien, gehört ohnehin zur Überzeugung vieler Bürger. In den USA sagt man den Lobbyisten seit jeher nach, dass es die drei B seien, mit denen sie operierten: »Booze, blondes and bribes« – Alkohol, Blondinen und Bestechungsgelder. Etwas milder formulierten es vor einigen Jahren der Journalist Thomas Leif und der Politologe Rudolf Speth in ihrem Buch über *Die fünfte Gewalt*, also die Macht der Interessenvertreter. Lobbyisten, so Leif und Speth, bieten begehrte »Tauschgüter«. Sie können neben Informationen und Expertise eben auch Posten in der Wirtschaft offerieren und mit Geld, Geschenken und Einladungen winken.

Der Austausch zivilisierter Argumente einerseits, sinistre Manipulation und Bestechung andererseits – irgendwo zwischen diesen beiden Extremen liegen die Methoden, mit denen Sie arbeiten können, wenn Sie als Lobbyist unterwegs sind. Je nachdem, wie gesetzestreu Sie bleiben oder wie skrupellos Sie auftreten wollen.

Zuallererst allerdings brauchen Sie etwas ganz Fundamentales: ein Büro im Regierungsviertel. Wichtig ist die Adresse. Nicht jeder kann sich – so wie Bertelsmann, BMW, Deutsche Bank, Eon oder Microsoft – ein Büro Unter den Linden leisten oder am noch vornehmeren Pariser Platz (wie die Allianz, die Commerzbank, der von siebzehn großen Banken getragene Deutsche Derivate Verband oder der Rüstungskonzern Diehl) oder in der ebenfalls sehr beliebten Reinhardtstraße, die von der FDP-Zentrale direkt aufs Kanzleramt zuführt. Aber ganz wichtig ist: Zu Ihrer Adresse sollte die Postleitzahl 10117 gehören. Dann sind Sie rasch zu Fuß im Reichstag und nahe an den meisten Ministerien. Und – genauso wichtig – Ihre Gäste aus der Politik sind rasch bei Ihnen. Selbst die Umweltorganisation Greenpeace unterhält ihr Berliner Lobbybüro im Zustellbezirk 10117 – wenn auch wenig glamourös im Hinterhaus eines Altbaus in der parallel zur Reinhardtstraße verlaufenden Marienstraße, in dessen Fluren es immer noch ein bisschen nach DDR-Desinfektionsmitteln riecht.

Falls Sie über kein Büro in Berlin verfügen oder falls Sie neben Ihrem Berliner Büro noch eine exklusive weitere Location nutzen wollen, empfiehlt sich vielleicht eine Mitgliedschaft in einem der teuren Business-Clubs der Hauptstadt. Gegen eine sehr hohe Aufnahmegebühr und nicht ganz so hohe Jahresgebühren können Sie dort diskret Gäste empfangen, sich bewirten lassen und Empfänge organisieren. Keine Sorge, Journalisten sind normalerweise als Mitglieder nicht zugelassen – zumindest nicht, wenn sie allzu viel ausplaudern.

Als besonders prestigeträchtig gilt der China Club neben dem Hotel Adlon am Pariser Platz. Zu den etwa 800 Mitgliedern, die schon mal die Aufnahmegebühr (heute zwischen 10 000 und 15 000 Euro) bezahlten, gehören Vertreter der Firmen Bertelsmann und Roland Berger ebenso wie Lobbyisten wie Karl Jurka.

Entweder man macht es sich in Räumen wie »Concubine I« zwischen Seidentapeten, Tropenhölzern und gemütlichen Ledersesseln bequem oder man genießt die Aussicht bis zum Potsdamer Platz. Aus der Küche des Clubs kommen jeden Monat 350 Peking-Enten. Firmen wie der Berliner Projektentwickler Luthardt oder der Tabakkonzern Philip Morris organisieren hier Abendempfänge, die sich auch an Abgeordnete richten. Der Filmproduzent David Groenewold lud mehrfach seinen Freund Christian Wulff zu Events in den China Club. Selbst bei denjenigen, die sich die Mitgliedschaft leisten können, gilt sie als etwas Besonderes. Nach einem Gespräch, zu dem der damalige Bertelsmann-Lobbyist Thorsten Strauss Anfang 2010 den Eventmanager Manfred Schmidt in den Club geladen hatte, mailte ein Bertelsmann-Mitarbeiter an einen Assistenten von Schmidt: »Es war wirklich ein besonderer Abend für uns – schließlich leisten wir es uns in der aktuellen Budgetlage nicht oft, besondere Gäste in den China Club einzuladen;-)).«

Als »Treffpunkt der armen Reichen« (Lobbycontrol) gilt im Vergleich dazu der Capital Club im Hotel Hilton am Gendarmenmarkt. Hier beträgt die Aufnahmegebühr nur 4300 Euro und der Jahresbeitrag 1375 Euro. Für die aufstrebenden Kinder der circa 1500 Mitglieder, die »einen Ort zum Netzwerken und Genießen« suchen, ist zum Sparpreis von 690 Euro im Jahr sogar eine »Young Executive Membership« im Angebot.

Im Vorstand des Capital Club sitzen unter anderem die Energielobbyistin Hildegard Müller, Vattenfall-Chef Tuomo Hatakka oder Ex-BDI-Hauptgeschäftsführer Ludolf von Wartenberg. Falls Sie an einer Mitgliedschaft interessiert und für eine Besichtigungstour eingeladen sind, lässt Sie eine Mitarbeiterin durch einen diskreten Eingang neben der Hilton-Lobby ein. Von den Räumen haben Sie einen schönen Blick auf die Kuppeln der beiden Dome des Gendarmenmarktes. Ein Kamin, eine mit einer beeindruckenden Zahl von Whiskeyflaschen ausgestattete Bar, schwere Teppichböden und chinesische Vasen sollen Atmosphäre schaffen; in der Zigarrenlounge hängt der Geruch von kaltem Rauch. »Besprechungen können in einem absolut vertraulichen Rahmen durchgeführt werden«, verspricht der Club.

## Vom Positionspapier bis zur Kampagne

Bevor Sie sich jedoch mit Ihrem Gesprächspartner ins Separée zurückziehen, bedarf es einer Warnung: Natürlich hat auch Matthias Wissmann nicht völlig unrecht, natürlich sollten Sie als Lobbyist Ihre Themen beherrschen. Vertreten Sie einen Autokonzern, müssen Sie sich womöglich auch in die Gesundheitspolitik einarbeiten, weil irgendeine Reform auch die hauseigene Betriebskrankenkasse betrifft. Arbeiten Sie für einen Handelskonzern, dürfte Sie nicht nur das Lebensmittelrecht interessieren, sondern auch die Lkw-Maut – je höher die ausfällt, desto geringer nämlich die Marge bei Ihren Verkaufspreisen.

Und natürlich müssen Sie ihr Anliegen mit Argumenten und Informationen untermauern. Das fängt mit Positionspapieren an, reicht über fertige Textbausteine für Gesetzentwürfe bis hin zu Workshops zu speziellen Themen, zu denen Lobbyisten von Unternehmen und Verbänden in Berlin Abgeordnete, Ministerialreferenten oder auch Journalisten einladen. Und es mündet manchmal in regelrechte PR-Kampagnen.

Doch da fängt das Problem schon an: Wie groß ist die Bereitschaft, den Informationen eines Lobbyisten zu glauben? Die Lobbyagentur PKS des ehemaligen Regierungssprechers Friedhelm Ost versichert in ihrer Selbstdarstellung dies: »PKS arbeitet ausschließlich mit Informationen, die nach bestem Wissen und Gewissen der Wahrheit entsprechen. Das Unternehmen achtet auf Transparenz und vermeidet Irreführung durch Verwendung falscher Angaben.« Das muss man also erst mal betonen. Der Grat zwischen Information und Propaganda ist schmal. Lobbyisten nutzen bei der vermeintlich unschuldigen Informationsvermittlung durchaus die Schwäche des Gegenübers aus. Zum Beispiel der angeblich auf Argumente setzende VDA-Chef Matthias Wissmann. Laut einem von ihm gezeichneten Protokoll aus dem September 2007 einigt sich der Vorstand seines Verbands in der Frage der damals diskutierten Einführung umweltfreundlicher

Klimaanlagen auf diese Linie: »Übereinstimmung, dass es sich hier noch um Worthülsen handelt, die mit populären Inhalten zu füllen sind und das verbreitete Nichtwissen auch den Vorteil hat, dass die Inhalte seitens der AI bestimmt werden können.« AI steht für die Autoindustrie.

Als Lobbyist vertrete man jedenfalls nicht »das Schöne, Wahre und Gute«, bekennt der Berliner Vertreter eines großen deutschen Unternehmens. Die Informationen sind nur das Mittel zum Zweck. Der Zweck – das sind die Interessen des eigenen Auftrag- oder Arbeitgebers. Also werden Sie als Lobbyist Ihre Botschaften so formulieren, dass Ihr Anliegen überzeugend transportiert wird. Es geht um das »Framing« von Debatten, wie es auf Neudeutsch heißt, also die gezielte Einbettung eines Themas in einen bestimmten Kontext: Plant die EU-Kommission Schritte gegen den $CO_2$-Ausstoß von Autos, werden Sie als Autolobbyist auf die Arbeitsplätze hinweisen, die nach Asien abwandern könnten, was dem Klimaschutz nichts nütze. Sie werden sich eine Botschaft überlegen, die sich idealerweise in einem Satz zusammenfassen lässt. Ein einfaches Narrativ schlägt ein kompliziertes. Das gilt erst recht, wenn Sie den Weg in die Öffentlichkeit suchen wollen. Lobbyisten vermeiden das im Prinzip nach Kräften. Doch manchmal wird Ihnen keine Wahl bleiben – etwa dann, wenn Sie vergeblich versucht haben, eine Reform hinter verschlossenen Türen zu torpedieren. Oder wenn Ihr Thema bereits öffentlich debattiert wird. Und vor allem dann, wenn Sie zu verlieren drohen oder Ihre Widersacher bereits in der letzten Runde obsiegt haben.

Die INSM hält es sich beispielsweise zugute, mit einer teuren Öffentlichkeitskampagne ab Sommer 2012 das Thema der steigenden Strompreise ins allgemeine Bewusstsein gehoben zu haben (siehe Kapitel 8). Die Förderung der erneuerbaren Energien findet bei den Deutschen große Unterstützung – also verlegte sich die Organisation darauf, für ein neues »Framing« zu sorgen: Solar- und Windenergie seien unterstützungswürdig – aber die Art der Subventionierung müsse geändert werden.

## Bestechende Argumente, bestellte Studien

Instruktiv sind auch die Schilderungen aus einem Berliner Lobbyistenleben, die der Jurist und Psychologe Volker Kitz vor zwei Jahren in seinem Buch *Du machst, was ich will* veröffentlicht hat. Kitz war – was er nur andeutet – Bereichsleiter für den Branchenverband Bitkom. Dort sind Telekommunikationsfirmen wie Vodafone und die Deutsche Telekom Mitglied, auf die ab 2005 die von der EU verlangte Vorratsdatenspeicherung zukam. Das auch aus Datenschutzgründen umstrittene Vorhaben sollte ihnen die Pflicht auferlegen, über mindestens sechs Monate flächendeckend zu speichern, wer wann mit wem telefoniert, SMS-Nachrichten und E-Mails austauscht. Deutschland hatte einen gewissen Spielraum bei der Umsetzung der Richtlinie. Also setzte sich die Bitkom dafür ein, die Speicherpflichten zu begrenzen. Der Verband ließ die Kosten der Vorratsdatenspeicherung schätzen, und zwar durchaus mit dem Bemühen um Seriosität. »Wir schätzten also so realistisch wie möglich – gingen in Zweifelsfällen aber eher von höheren als von niedrigeren Werten aus«, schreibt Kitz.

Allein im ersten Jahr erwartete Bitkom so Kosten von 200 Millionen Euro – eine Zahl, die viele erschreckte. Vor allem aber waren Kitz und Co. die Ersten, die überhaupt eine Prognose in Umlauf brachten. Allein damit hatten sie einen Erfolg erzielt. »Wann immer es um eine Kostenschätzung ging, wurde unsere Zahl zitiert, und andere Schätzungen orientierten sich an unserer Zahl«, erinnert sich Kitz. Später verringerte sich das Ausmaß der geplanten Speicherpflichten. Ihre eigene Kostenschätzung sei daraufhin »dramatisch nach unten« gegangen, man habe das auch öffentlich korrigiert, so der Ex-Lobbyist: »Aber das wollte niemand mehr hören.«

Als Regel hat der ehemalige Telekom-Vertreter gelernt: »Möchte sich ein Wirtschaftszweig (…) gegen eine gesetzliche Regulierung wenden, dann listet er zuerst die horrenden Kosten auf, die für die Unternehmen mit dieser Regulierung verbunden wären. Möchte er eine Gesetzesinitiative anregen, rechnet er vor, was es kostet, wenn die Politik *nicht* handelt.«

Daraus lässt sich für Sie als angehenden Lobbyisten folgern: Eine Studie zu bestellen, die zu den für Sie passenden Ergebnissen kommt, hat noch keinem geschadet. Das war im November 2008 in der Atomdebatte auch der Ratschlag der Lobbyagentur PRGS an den Energieversorger Eon: »Zahlen, Daten, Fakten müssen belegt sein – und zwar nicht mit firmeneigenen Untersuchungen. Studien renommierter Institute gehen zwar ins Geld, rentieren sich jedoch, da die Glaubwürdigkeit des beauftragten Instituts nicht grundsätzlich in Zweifel gezogen werden kann.«

Gut für den Industrieverband BDI, dass er zusammen mit dem Arbeitgeberverband BDA sogar ein eigenes Forschungsinstitut unterhält, das regelmäßig mit Studien in die öffentliche Debatte eingreift. Das Institut der deutschen Wirtschaft (IW) habe ja einen »Kommunikationsauftrag« und sei »in hohem Maße in der Öffentlichkeit präsent«, erklärte Ende 2005 auf einer BDI-Versammlung Institutsdirektor Michael Hüther. Solch einen eigenen Think Tank – der Hinweis sei erlaubt – kann sich natürlich nicht jeder leisten. Und nicht jeder Chef eines Think Tanks hat so wie Hüther sogar eine eigene Kolumne in der *Bild*-Zeitung, in der er gegen das Rentenpaket der Großen Koalition oder den Mindestlohn zu Felde ziehen kann.

Bei Hüthers Institut weiß immerhin jeder im Berliner Politikbetrieb, wer dahintersteckt. In anderen Fällen ist das nicht immer ganz klar; auch der Etikettenschwindel ist eine gelegentliche lobbyistische Kulturtechnik. Auf Englisch spricht man auch von der »third-party technique«, bei der die eigene Botschaft von einem vermeintlich unabhängigen Dritten verbreitet wird.

Dank Recherchen von Lobbycontrol flog im Jahr 2009 eine fragwürdige Undercover-Operation der Deutschen Bahn auf. Sie hatte insgesamt 1,65 Millionen Euro in verdeckte PR-Aktionen gesteckt. Ein Teil des Geldes floss über Umwege an den scheinbar unabhängigen Think Tank BerlinPolis. Der Auftrag: Werbung für die Privatisierung des Schienenkonzerns. BerlinPolis erstellte Newsletter für Journalisten, schaltete eine Website, und BerlinPolis-Chef Daniel Dettling veröffentlichte Meinungsartikel in verschiedenen Zeitungen, aus denen nicht hervorging, in wessen Diensten er da unterwegs war. Dettling kassierte dafür im August 2009 eine Rüge des Deutschen Rats für Public Relations. Aber unter neuer – angeblich ehrlicherer – Flagge war er schon 2010 wieder beim Bundesministerium für Bildung und Forschung im Geschäft. Sein neuer Think Tank »re:publik – Institut für Zukunftspolitik« bekam nach eigenen Angaben außerdem bereits Aufträge von der Deutschen Post und der Deutschen BP. Immerhin: Dettling will künftig alle Branchenregeln einhalten.

### Lerne klagen, ohne zu leiden

Bei dem einflussreichen Versicherungsverband GDV kennt man noch eine andere Technik bei der Ansprache der Öffentlichkeit, die Sie als Lobbyist beherrschen sollten: Lerne klagen, ohne zu leiden! Als sich am 17. November 2010 die Vertreter von 328 Mitgliedsfirmen in Berlin versammelten, trug ihnen der damalige Verbandspräsident Rolf-Peter Hoenen eine beeindruckende Erfolgsbilanz vor: Die Versicherer seien anders als die Kreditinstitute der Pflicht entkommen, eine neue Bankenabgabe zu bezahlen – und das, obwohl sich der rivalisierende Bundesverband der Banken »massiv für eine Einbeziehung der Versicherungswirtschaft« eingesetzt habe.

»Sehr zufrieden« war Hoenen überdies, dass »Vorschläge wie ein Finanzprodukte-TÜV« von niemandem in der Politik »mehr ernsthaft vertreten« würden. Und es sei eine »gute Nachricht«, dass die Branche vom Sparpaket der Bundesregierung »nicht betroffen« sei. »Insbesondere gebe es keine Einschnitte bei der

Förderung der privaten Altersvorsorge, was angesichts der angestrebten hohen Einsparvolumina der Bundesregierung nicht selbstverständlich sei«, zitierte ihn das Protokoll.

Alles gut also – oder doch eher nicht? Hoenen, der vom Autoversicherer HUK-Coburg kommt, stimmte die Mitglieder laut der Niederschrift nämlich zugleich darauf ein, dass er am Tag darauf in einer »Rede vor der Öffentlichkeit und der Kanzlerin einen anderen, einen kritischeren Tenor« anschlagen werde »als seine bisherigen Ausführungen«. In der Tat fiel seine öffentliche Rede am Tag darauf deutlich weniger optimistisch aus: Da wandte sich Hoenen gegen zu viel »Euphorie« und warnte die Politik vor drohenden Regulierungen, »die uns erhebliche Bauchschmerzen bereiten«. Zu Deutsch: Für die Öffentlichkeit und die Politik war das Glas beinahe leer, für die eigene Klientel aber fast bis zum Rand gefüllt.

Wahrscheinlich lag die Wahrheit irgendwo in der Mitte. Lobbyisten – seien sie Verbandsfunktionäre, Unternehmensrepräsentanten oder Agenturprofis – stehen ja vor einem echten Problem. Nach außen dürfen sie keinesfalls triumphierend ihre Erfolge verkünden. Das würde nur das Publikum aufschrecken. Intern hingegen – gegenüber Mitgliedsfirmen oder Unternehmenschefs – müssen sie die eigenen Leistungen betonen. Dort soll keiner denken, dass das Geld für die Spesen – und womöglich für mehr als das – umsonst ausgegeben worden sei.

### Ist der Ruf erst ruiniert ...

Beim GDV jedenfalls hatte man zwei Jahre zuvor richtig Geld in die Hand genommen. Ende 2008 bewilligten die Verbandsmitglieder bis zu 20 Millionen Euro für eine Imagekampagne. Der damalige Verbandspräsident Bernhard Schareck lieferte den Mitgliedern dafür auch eine triftige Begründung. »Der schlechte Ruf der Branche beeinträchtige die Akquise des Neugeschäfts, die Schadenregulierung, die Arbeit der Pressestellen sowie die Arbeit der Interessenvertreter im politischen Prozess gleichermaßen«, zitierte ihn das Protokoll.

Beim GDV wussten sie zugleich, so Scharecks Nachfolger Rolf-Peter Hoenen Ende 2010, »dass eine Imagekampagne wenig bewirken könne, wenn Exzesse in der Branche den Kritikern vermeintlich Recht gäben«. Clever bemühten sich die Leute des Versicherungsverbands also, die Mitgliedsfirmen zur Unterstützung eines Verhaltenskodexes und zu mehr Transparenz zu bewegen. Motto: Zeige dich proaktiv und reguliere dich selbst, bevor Politiker oder Gerichte viel weiter gehende Schritte erzwingen. Kluge Lobbyisten sind auch immer Berater ihrer Chefs und überzeugen sie, dass PR-Erfolge schwieriger zu erzielen sind, wenn das Produkt nicht zum Image passt.

Lobbying und PR-Arbeit allein sind also nicht alles. Und dennoch überbieten sich die einschlägigen Berliner Agenturen mit Versprechen, wie die »Multi-Channel-Kommunikation als Voraussetzung für effektives Agenda Setting und Campaigning« genutzt werden könne – so zumindest einmal die Formulierung des WMP-Vorstandsmitglieds Klaus-Peter Schmidt-Deguelle im schönsten Denglisch. Andere sprechen gerne von der »360-Grad-Kommunikation«, über die die »Stakeholder« (auch dies ein fast unverzichtbares Modewort in der Branche) erreicht werden sollen: Politik, Öffentlichkeit, alle.

Das Image Ihrer Firma ist für Sie als Lobbyist also wichtig. Arbeiten Sie für einen großen Autokonzern, haben Sie es leichter – die Autoindustrie ist beliebt in Deutschland. Andererseits gilt: Ein schlechtes Image alleine ist in der Berliner Lobbyszene noch lange kein Todesurteil. Manche behaupten, Schmuddelbranchen hätten es schwerer in der hiesigen Politik. Aber in Wahrheit finden sie bis heute zuverlässig ihre Ansprechpartner.

Zum Beispiel der Spielautomatenhersteller und Spielhallenbetreiber Paul Gauselmann. Der heute 80-Jährige betreibt rund 200 Spielhallen im ganzen Land (»Merkur-Spielotheken«) und produziert am Unternehmenssitz in Espelkamp die dazugehörigen Automaten. Bereits seit dem Jahr 2003 trägt er das Bundesverdienstkreuz 1. Klasse. Im Mai 2005 – in Berlin regierte noch die rot-grüne Koalition – schilderte er bei einer Mitgliederversammlung seines Verbands im Berliner Hotel Hilton eine geplante Gesetzesnovellierung in einem Tonfall, als führe er selbst auch die Regierungsgeschäfte in Sachen Spielhallen. Ein Bund-Länder-Ausschuss habe »die Aufstellung einer erhöhten Zahl von Geld-Gewinn-Spiel-Geräten in Spielstätten (15 Geräte) sowie in Gaststätten (3 Geräte)« akzeptiert, trug Gauselmann vor. Nun spreche er sich »nachdrücklich dafür« aus, dass die Verordnung noch unter der »bisherigen Bundesregierung dem Bundesrat zugeleitet werde«, damit sie am 1. Januar 2006 in Kraft treten könne. Fast hätte das übrigens geklappt – doch am Ende kippte der Bundesrat die erhoffte Liberalisierung.

Im November 2010 ließ sich sogar der SPD-Grande Peer Steinbrück für 15 000 Euro als Redner von der Spielautomatenbranche anheuern. Und ausgerechnet ein Sozialdemokrat, der frühere SPD-Bundesgeschäftsführer Kajo Wasserhövel, beriet in den vergangenen Jahren mit seiner Agentur Elephantlogic sowohl Gauselmann wie den Deutschen Automaten-Verband.

### »Wer Sie mag, der hilft Ihnen«

Der frühere Bitkom-Lobbyist und Psychologe Volker Kitz ist sich sicher, dass die Wirkung von Argumenten »dramatisch überschätzt« wird, im menschlichen Alltag allgemein und in der Politik sowieso. Treffen Sie als Lobbyist mit Ihren Ansprechpartnern aus der Politik zusammen, sollten Sie an eine Grundregel der Motivationslehre denken, die Kitz in seinem schon erwähnten Buch zitiert: »Wer Sie mag, der hilft Ihnen.« Kluge Lobbyisten suchten deshalb »möglichst viele Gemeinsamkeiten mit Ihrer Zielperson«. Ist man Fan des gleichen Fußballclubs? Kommt man aus der gleichen Region? Herkunft, Alter, Ausbildung, Beruf, Hobbys, politische Ansichten, Charakter, Kommunikationsstil – derlei Gemeinsamkeiten, so Kitz, »lassen sich kultivieren, indem man sie regelmäßig anspricht«.

Einige Unternehmen legen darum regelrechte Dossiers über Abgeordnete an. Der SPD-Abgeordnete Marco Bülow wunderte sich einmal, wie »gut informiert« die Lobbyvertreter über ihn oft waren. Sie betonten in der Tat »gerne Gemeinsamkeiten wie dieselbe Heimat oder denselben Lieblingsfußballclub« – oder die gemeinsame Parteizugehörigkeit, falls der Lobbyist selbst ursprünglich aus der Politik kommt und Mitglied derselben Partei ist.

Der Ex-Lobbyist Kitz empfiehlt – Ego-Streicheln! – das offensive Loben eines Ansprechpartners. Heutzutage brauchen Sie nicht einmal mehr Zugang zu den Zeitungsseiten, wenn Sie vor aller Augen mit Politikern kuscheln wollen. Es gibt ja die sozialen Netzwerke. Dietrich von Klaeden, Lobbyist beim Axel-Springer-Verlag und Bruder des heutigen Daimler-Repräsentanten Eckart, war im Mai 2013 nicht nur mit dem damaligen Wirtschaftsminister Philipp Rösler unterwegs durch die USA, er twitterte aus San Francisco auch gleich ein Foto, auf dem er Arm in Arm mit dem FDP-Politiker zu sehen war: »@philipproesler war heute morgen schon Laufen an der Golden Gate Bridge«, lautete von Klaedens Text. Und der Subtext ging ungefähr so: Schaut her, so eng bin ich mit den Mächtigen.

Wenige Monate zuvor hatte die schwarz-gelbe Koalition dem Springer-Vorstand einen Herzenswunsch erfüllt und das umstrittene Leistungsschutzrecht für die Presse beschlossen, wenngleich in einer stark abgemilderten Version. Mit dem glaubten sich die Zeitungsverlage gegen Google und die Verwertung von redaktionellen Inhalten im Netz wehren zu müssen. Zugleich warben natürlich auch die Lobbyisten des Internetkonzerns auf Twitter um die Gunst der Politiker. Kaum war im Dezember 2013 die Meldung in der Welt, dass es einen Bundestagsausschuss für Internetfragen geben werde, zwitscherte Axel Wallrabenstein alias @walli5 an den SPD-Abgeordneten Lars Klingbeil: »cool lars! machste vorsitz?!«

@walli5, das weiß in Berlin jeder, arbeitet als Chef der Agentur MSL Germany als Lobbyist für Google und ist ein entschiedener Gegner des Leistungsschutzrechts. Klingbeil wurde kurz darauf immerhin Obmann seiner Fraktion im neuen Internetausschuss.

Natürlich – Stichwort »Blondinen« – spielt zumindest auf einer subtilen Ebene auch beim Lobbying der Faktor Sex eine Rolle. Oder nennen wir es die Wirkung der menschlichen Attraktivität. Bei seiner Arbeit erlebte es Kitz nach eigener Schilderung, dass ein wichtiger Abgeordneter gleich zweimal bereits vereinbarte Termine wieder absagte. Angeblich hatte der Mann keine Zeit. Kurz darauf traf der Bitkom-Mann eine Kollegin, die eben aus dem Büro dieses Parlamentariers kam: »Wir haben gerade fast eineinhalb Stunden richtig nett geplaudert«, soll sie lachend erzählt haben. Den Termin habe sie übrigens erst zwei Tage zuvor vereinbart, »das war total locker!«. Der Lobbyist konnte sich darauf einen Reim machen: Die Kollegin sei nicht nur »sehr intelligent«, wortgewandt und kenntnisreich, sondern auch »äußerst attraktiv – und wusste das«.

Es versteht sich von selbst, dass Sie auch als männlicher Lobbyist stets gut gekleidet und gepflegt auftreten. Sie werden ihre Gespräche rhetorisch geschickt und immer freundlich und zuvorkommend führen, denn professionelle Lobbyisten träten selbstverständlich keinesfalls »plump und direkt« auf, wie das der SPD-Abgeordnete Marco Bülow den Vertretern dieses Gewerbes in kritischer Anerkennung einmal attestierte.

Im Juni 2011 fragte etwa der Büroleiter des CDU-Abgeordneten Philipp Mißfelder bei dem Berliner Eventmanager Manfred Schmidt an, ob er demnächst auch einmal den persönlichen Referenten der CDU-Vorsitzenden Angela Merkel zu einem Lobbyempfang mitbringen dürfe. Es sei »ein junger Mann mit guten Umgangsformen«! Natürlich durfte er. Im Oktober 2012 wurde der wohlerzogene Nachwuchsmann dann Berliner Lobbyist beim Unternehmen Bombardier Transportation.

**Auf der Suche nach Freund und Feind**

Als Lobbyist müssen Sie nicht nur wissen, was Ihre Botschaft ist. Auch gutes Aussehen allein genügt nicht. Sie müssen außerdem Ihre Freunde und Feinde kennen. Ein langjähriger Berliner Branchenexperte empfiehlt ganz zu Beginn jeder Lobbyaktion eine »Spielfeldanalyse«: Wer sind meine Gegner, wer meine potentiellen Verbündeten, wer ist neutral? »Das ist ein Navigieren in einem Feld«, sagt der Mann. Sie als Lobbyist müssen also die Gegner ausschalten, die Neutralen zu sich herüberholen und sich mit Gleichgesinnten verbünden.

»Kenne deinen Feind« – dieser dem chinesischen Philosophen und Militärstrategen Sun Tsu zugeschriebene Lehrsatz ist auch für Lobbyisten gültig. Zwischen ihnen geht es gelegentlich durchaus ruppig zu. Für den bereits erwähnten Versicherungspräsidenten Rolf-Peter Hoenen zählte nach der Finanzkrise Ende 2010 vor allem, möglichst viel Abstand zwischen seine Branche und die Kreditinstitute zu bringen. »Versicherer sind keine Banken«, das sei die »Kernbotschaft« gewesen und so sei man auch der Pflicht zur Teilnahme an der Bankenabgabe entkommen, verkündete der Assekuranzmanager im November 2010 auf einer Mitgliederversammlung seines Verbands GDV.

In derselben – nichtöffentlichen – Verbandssitzung verkündete ein für die private Krankenversicherung zuständiger GDV-Funktionär den Sieg über die Pharmabranche: Die vom damaligen Gesundheitsminister Philipp Rösler (FDP) durchgesetzten Rabatte auf die immer wieder gestiegenen Arzneimittelpreise seien »ein großer politischer Erfolg der Lobbyarbeit in Berlin«. Jährlich 160 bis 280 Millionen Euro könnten die privaten Versicherer und ihre Versicherten damit sparen!

Öffentlich reden Lobbyisten weniger über solche Schlachten und ihre Erfolge im Hinterzimmer. Da sprechen sie höchstens über ihre Allianzen: Bündnispartner finden und mobilisieren – das gilt als eine der wichtigsten Methoden des Lobbying. Dass die Große Koalition auf dem Höhepunkt der Finanzkrise die Autoindustrie unterstützte, indem sie eine Abwrackprämie für Altautos einführte – es war der Erfolg einer Allianz aus der Gewerkschaft IG Metall und von Autokonzernen wie VW, flankiert von Matthias Wissmanns Verband VDA.

Als im Herbst 2008 die damalige Drogenbeauftragte der Bundesregierung, Sabine Bätzing, ein ehrgeiziges Aktionsprogramm zur Alkoholprävention erarbeiten ließ, stieß sie nicht nur auf Proteste der Bierbrauer und Gaststättenbetreiber. Nein, weil sie die Werbung für Alkohol reduzieren und Bierwerbung bei Sportvereinen ganz verbieten wollte, regte sich auch Widerstand beim Deutschen Fußball-Bund (DFB) und bei den Verlegern. Bätzings Aktionsplan scheiterte.

Öko-Lobbyisten beherrschen die Taktik der Koalitionsbildung natürlich ebenfalls. Der Bundesverband Windenergie (BWE) tritt regelmäßig zusammen mit dem Maschinenbauer-Verband VDMA auf – unter deren Mitgliedsfirmen sind auch viele Profiteure der Energiewende. Und die Deutsche Umwelthilfe (DUH) kooperiert mit kleinen Brauereien und Fruchtsaftherstellern, wenn es um den Einsatz für die Mehrwegflasche geht und gegen die großen Getränkeabfüller.

### Adler-Kreis und Collegium: Wo sich Lobbyisten treffen

Bei der Suche nach Bündnispartnern hilft es Ihnen, wenn Sie Mitglied eines der exklusiven Lobbyistenzirkel der Hauptstadt sind. Die beiden wichtigsten sind der Adler-Kreis und das Collegium; beide versammeln sich meist einmal im Monat, um prominente Gäste aus der Politik zum Mittagessen zu empfangen, aber auch zur Diskussion von Interna.

Der etwas prestigeträchtigere Adler-Kreis war ursprünglich den Konzernbevollmächtigten vorbehalten, die direkt dem Vorstand unterstellt waren; diese Regel hat die Runde aufgegeben. Zugleich sind hier auch Verbandsleute wie VDA-Geschäftsführer Kay Lindemann oder die Energielobbyistin Hildegard Müller zugelassen. Oft tagt der Kreis im bereits erwähnten Capital Club am Berliner Gendarmenmarkt oder in der Deutschen Parlamentarischen Gesellschaft direkt gegenüber vom Reichstag. Diese ist eigentlich den Bundestagsabgeordneten vorbehalten. Aber auch Ex-Parlamentarier behalten ihr Leben lang Zutritt und können – auch wenn sie heute Lobbyisten sind – Gäste mitbringen. Unter den Adler-Kreislern sind einige Ex-Abgeordnete – neuerdings auch der Daimler-Vertreter und Ex-Staatsminister Eckart von Klaeden. Sein VW-Kollege Thomas Steg lehnte eine Einladung hingegen angeblich ab. »Ich bin nicht Mitglied im Adler-Kreis, weil ich nie die Absicht hatte, Mitglied im Adler-Kreis zu werden«, sagt er selbst. Als Cheflobbyist des größten deutschen Autokonzerns hat Steg es vielleicht schlicht nicht nötig.

Das Collegium – es hat wie der Adler-Kreis etwa dreißig Mitglieder – versammelt sich meist in der Brasserie am Gendarmenmarkt. Hier dominieren die Berliner Büroleiter von Dax-Konzernen wie Daimler, Eon oder RWE; Verbandsleute sind nicht zugelassen.

Gerade nach Bundestagswahlen, wenn es in der Regierung und auf Schlüsselposten im Bundestag viel neues Personal gibt, ist die Mitgliedschaft in solch einem Kreis für Sie als Lobbyist Gold wert. In der Gruppe können Sie neue Minister und andere Polit-Aufsteiger treffen, bei denen Sie auf ein Vier-Augen-Gespräch länger warten müssten. »So viele Einzeltermine können Sie alleine gar nicht machen«, sagt ein Konzernvertreter.

Die Nachwuchslobbyisten haben ihre eigenen Grüppchen, etwa die frühere »Junge Lobby«, die jetzt als »Die Lobby Berlin« firmiert. Oder der »Frauenenergiestammtisch« für Frauen, die in den von Männern dominierten energiepolitischen Zirkeln der Hauptstadt engagiert sind. Dort nehmen nicht nur Lobbyistinnen teil, sondern auch Vertreterinnen aus der Politik – was die Mitgliedschaft für Sie als Energielobbyistin umso interessanter machen kann.

### »Build relationships before you need them«

Die eigenen Feinde zu kennen ist wichtig. Gute Freunde zu haben ist unerlässlich. Es ist sogar das oberste Ziel jedes Interessenvertreters: Er braucht Kontakte – zu Beamten, Abgeordneten, Ministern, idealerweise zur Kanzlerin. Kontakte sind das A und O. Das scheint – abseits der verharmlosenden öffentlichen Beteuerungen – weitgehender Konsens unter deutschen wie nichtdeutschen Lobbyisten zu sein.

Als die deutsche Tochter der Lobby- und PR-Firma MSL im Jahr 2014 ihre alljährliche Umfrage »unter Public-Affairs-Verantwortlichen in Deutschland« veröffentlichte, war das Ergebnis eindeutig: Persönliche Treffen mit »relevanten politischen Entscheidungsträgern« sahen 100 Prozent als wichtiges Instrument, auf Platz zwei folgten mit 83 Prozent parlamentarische Abende und »politische Salons«, deren Zweck ja ebenfalls darin besteht, mit den »Entscheidungsträgern« ins Gespräch zu kommen.

Ein Unternehmen, das in Berlin etwas erreichen wolle, so sagt es der WMP-Partner Michael Inacker, müsse »sich Zugang zu Netzwerken« verschaffen und über »bestimmte Verbindungen« Zutritt zu Verantwortlichen in Politik und Verwaltung bekommen. Der »Kern der Tätigkeit eines Lobbyisten« bestehe in »Aufbau, Pflege und steter Optimierung eines Informations- und Kommunikationsnetzwerks von Personen und Institutionen«, befand der damalige Berliner Repräsentant des Touristikkonzerns TUI, Wolf-Dieter Zumpfort, schon im Jahr 2007. Die Kontakte brauche man, »um zum richtigen Zeitpunkt prägnante Informationen besorgen« oder aber selbst etwas »in den Entscheidungsprozess einspeisen zu können«. Dafür benötige er als Lobbyist »dauerhafte und belastbare« Beziehungen zu den Politikern.

Diese Kontakte gilt es frühzeitig aufzubauen und das mit der gebotenen Demut. »Sie müssen sich erst klein machen, damit sie hinterher groß sind«, sagt einer der ganz Erfahrenen im Berliner

Lobbygeschäft. »Build relationships before you need them« – diesen Hinweis für angehende Lobbyisten zitiert auch Lionel Zetter, ein führender britischer Lobbyist. Niemals dürfe man eine Beziehung zu einem Politiker oder Beamten mit einer Forderung beginnen – das komme erst später. Um beim Aufbau und der Pflege von Kontakten nicht sinnlos Energien zu verschwenden, empfiehlt Zetter, Politiker nach ihrem Einfluss, ihrem Interesse am eigenen Thema und ihrer Haltung in Rankings zu bewerten – etwa auf einem Raster, das von »sehr wohlgesonnen« über »wohlgesonnen«, »neutral« und »feindselig« bis »sehr feindselig« reiche. Im nächsten Schritt rät Zetter dies: Zu versuchen, aus großen Gegnern bloße Neutrale zu machen und aus Neutralen Freunde.

Ähnliche Raster zur Kategorisierung von Ansprechpartnern benutzen auch Beratungsfirmen, die in Berlin operieren. Der Chef einer Berliner Lobbyagentur, der seinen Namen nicht genannt wissen möchte, ist stolz auf seine Headhunting-Methode. Er und seine Mitarbeiter versuchen fortlaufend die Szene zu beobachten, nach aufsteigenden Jungtalenten zu fahnden und mit diesen dann den Kontakt aufzubauen, bevor sie auf Schlüsselpositionen etwa in der Regierung gelangen – wo sie dann nützlich werden. Wer solche Kontakte nicht hat, kann sie sich bei Leuten wie dem erwähnten Agenturchef besorgen. Bei der eben zitierten Umfrage unter »Public-Affairs-Verantwortlichen« gaben jedenfalls 56 Prozent an, dass es ihnen bei der Auftragsvergabe an Agenturen auf die »Vernetzung des Dienstleisters mit relevanten Entscheidungsträgern« ankomme.

Berliner Lobbyfirmen wie die Agentur Hans Bellstedt Public Affairs (hbpa) erstellen schon mal Excel-Tabellen wichtiger »Stakeholder« in der Berliner Politik, von den »Top 50« über die »Top 100« bis zu den »Top 200«, von Angela Merkel bis hinunter zu Abteilungsleitern und Abgeordneten. Natürlich stets mit der jeweiligen Bürodurchwahl. Immer nach Bundestagswahlen und im Gefolge der Regierungsbildung ziehen bei den Agenturlobbyisten darum Großkampftage auf. Sie müssen neu recherchieren, wer welche Position in den relevanten Ministerien und in den Ausschüssen des Bundestags einnimmt. »Da müssen viele Listen geschrieben werden«, sagt ein Agenturchef – damit man bereit ist, wenn eine Krise auftritt, in der dieser oder jener Auftraggeber Hilfe braucht.

Termine mit Politikern lassen sich sogar kaufen. Ja, diese Praxis ist nicht ausgestorben, wenn man dem glaubt, was in Berlin erzählt wird. Um die 15 000 Euro kostet bei bestimmten Agenturen angeblich die Vermittlung eines Termins mit einem Minister. Natürlich fließt diese Summe nicht an den Amtsinhaber selbst, das wäre ja nackte Korruption. Nein, das Honorar geht an den vermittelnden Lobbyisten – das ist legal. Aber der muss natürlich zuvor einen belastbaren Kontakt zu der Zielperson aufgebaut haben.

Den hatte der als schillernd geltende Finanzunternehmer Christian Angermayer zu dem CDU-Abgeordneten Philipp Mißfelder. Er ließ sich von Angermayer oder dessen Helfern regelmäßig als Gesprächspartner für Manager großer Kapitalanlagegesellschaften vermitteln. Zu solchen Hinterzimmerrunden in Berlin wie in London oder New York lud Angermayer Vertreter von Hedge Fonds wie Fortress oder Mason Capital. Ihnen sollte der Chef-Außenpolitiker der CDU/CSU-Fraktion etwa in mehreren Gesprächen im Jahr 2012 über den Stand der Euro-Rettung berichten.

Als der *stern* die Sache im Dezember 2014 enthüllte, beteuerte Mißfelder, er habe stets nur »bereits veröffentlichte Positionen der deutschen Politik« kommentiert. »Zu keiner Zeit«, versicherte wiederum Angermayers Anwalt, hätten er und seine Firmen »Geld für die Vermittlung von Kontakten zu Politikern« erhalten »und dies auch nie eingefordert«. Mehrere interne Mails erlaubten zumindest Zweifel an dieser Darstellung. Ein Angermayer-Helfer behauptete im September 2012 in der Mail an einen potentiellen Klienten, dass andere Firmen für solche Kontaktvermittlungen um die 50 000 Dollar im Monat hinblätterten – und bis zu einer Million Dollar pro Jahr.

Zu solchen Zahlungen sei es dennoch nie gekommen, versicherte der Unternehmer später. Die Zahlen seien »völlig absurd«. Aber da gab es auch den Plan für einen »Family Business & Financial Investor Delegation Trip«, für den die Firma Angermayer, Brumm & Lange im Jahr 2012 eine Einladung zusammengestellt hatte. Teil des Programms – nach Angermayers Worten blieb es ein Entwurf – waren der Besuch bei einem Ableger des World Economic Forum in China, ein Gespräch mit dem russischen Premierminister Dmitri Medwedew sowie ein eintägiger Workshop in Berlin. Dort sollte auch ein Treffen mit der damaligen Arbeitsministerin Ursula von der Leyen (CDU) offeriert werden.

Zu der Event-Reihe kam es dann doch nicht. Aber anfangs setzte man große Hoffnungen in sie. »Wir haben hier eine super Möglichkeit, diesen Zugang in Geschäft umzusetzen«, mailte ein Mitarbeiter von Angermayer im August 2012. 7500 Euro sollten demnach von jedem der maximal sieben Teilnehmer aus der Geschäftswelt verlangt werden, Ausgaben für Reise und Unterbringung noch nicht mitgerechnet. Angermayer widersprach damals seinem Mitarbeiter, ebenfalls per Mail: »Der Preis ist mir zu niedrig.« Im Entwurf der Einladung war dann von 12 100 Euro die Rede.

Bei dieser Summe habe es sich lediglich um einen »Kostenbeitrag« für die eigenen Auslagen gehandelt, versicherte der Unternehmer später. Aber warum dann die plötzliche Preissteigerung um 4600 Euro? Antwort Angermayer: »Mein Mitarbeiter hatte anscheinend die Höhe der voraussichtlichen Auslagen falsch eingeschätzt.«

Solche Praktiken wären illegal, wenn als Gegenleistung Spenden an Mißfelder geflossen wären. Wie beruhigend, dass zwar Parteispenden bezahlt wurden, aber nach Angaben der Beteiligten ohne Bezug zu den Auftritten bei den Investoren. Die Altira AG, an der Angermayer bis mindestens Juni 2012 indirekt beteiligt war, in der er bis Mitte 2011 im Vorstand und bis

November 2012 im Aufsichtsrat saß, ließ der damals von Mißfelder geführten Jungen Union 2011 und 2012 insgesamt 19 500 Euro überweisen. Dies sei aber keinerlei »Gegenleistung« gewesen, versicherte der Abgeordnete. Und auch Angermayer hatte nach eigenen Worten mit den Spenden der Altira nichts zu tun. Das hätten alles die dortigen Vorstände entschieden, so sein Anwalt.

### Lobbyismus oder Spionage?

Unternehmenslenker und ihre Lobbyisten brauchen die Kontakte wie die Luft zum Atmen. Sie brauchen sie, um ihre Argumente an den Mann oder die Frau zu bringen. Und sie benötigen gute Drähte in die Ministerien und den Bundestag, um selbst an Informationen zu gelangen. Wer als Lobbyist zu spät informiert ist, hat das Spiel schon zur Hälfte verloren.

Also achten Lobbyisten darauf, stets über Interna von Verwaltung und Parlament auf dem Laufenden zu sein. Dem SPD-Abgeordneten Marco Bülow fiel in seiner eigenen Fraktion auf, dass selbst vertrauliche Papiere »in Windeseile auf den Tischen der Lobbyisten« landeten. Egal, wie klein die Runde sei, so der Sozialdemokrat, »es scheint, als säßen die einflussreichsten Lobbyisten immer mit am Tisch«.

Dass bei der Informationsbeschaffung manche auch zu illegalen Methoden zu greifen scheinen, bestätigte im Januar 2014 die Berliner Staatsanwaltschaft. Die Ermittler erhoben Anklage gegen einen ehemaligen Mitarbeiter der Apothekerlobbyvereinigung ABDA sowie gegen einen Systemadministrator, der für das Gesundheitsministerium tätig war. Letzterer soll in vierzig Fällen heimlich Daten des Ministeriums kopiert, sie auf CD gebrannt und diese dann für 500 bis 700 Euro an den Apothekenmann verkauft haben. Der Lobbyist nannte dem IT-Mann laut der Anklage die Namen von Bediensteten in der Behörde, deren Mail-Accounts geknackt werden sollten – bis hin zu Mitarbeitern aus dem Leitungsbereich des Ministers. Die Ausspähaktion dauerte von 2009 bis 2012 und zielte laut Staatsanwaltschaft auf aktuelle Gesetzes- und Verordnungsentwürfe des Ministeriums – zum Beispiel auf eine neue Apothekenbetriebsordnung, die den Verkauf von Kosmetika durch die Pharmazeuten einschränken sollte.

Die Sache wäre vielleicht nie aufgeflogen, wenn der Lobbyist, der bis 2011 sogar ABDA-Sprecher war, die Informationen nicht immer wieder auf dem Internetportal »apotheke adhoc« veröffentlicht hätte. Die häufigen Leaks fielen in der Branche auf. »Wir haben uns immer wieder gefragt: Warum wissen die so viel?«, erinnert sich ein Berater.

Der ABDA-Verband distanzierte sich selbstverständlich von dem ehemaligen Pressechef. Edda Müller, die Vorsitzende von Transparency International, sah den Fall dennoch als Teil eines Trends: »Der Lobbyismus ist arbeitsteiliger geworden und natürlich auch spezialisierter.« Anfang 2015 hatte das Landgericht Berlin allerdings noch nicht über die Zulässigkeit der Anklage in dem Fall entschieden.

### Anhörung im Ministerium

Gerade Verbandsvertreter müssen eigentlich gar nicht das Gesetz brechen, um an interne Informationen aus den Bundesministerien zu kommen. Bereitet ein Ressort ein neues Gesetzesvorhaben vor, werden betroffene Verbände relativ früh zu Anhörungen eingeladen – noch bevor der Entwurf im Bundestag landet. Freilich ist nicht gesagt, dass das Ministerium von sich aus alle Interessengruppen gleichermaßen berücksichtigt.

Die Gemeinsame Geschäftsordnung der Bundesministerien sieht in Paragraph 48 eine frühere Information von Abgeordneten dagegen nur eingeschränkt vor: Erst wenn es bereits einen Gesetzentwurf gibt, sei dieser zur gleichen Zeit wie »den beteiligten Fachkreisen oder Verbänden« auch »den Geschäftsstellen der Fraktionen des Deutschen Bundestages« zu übermitteln – einzelnen Abgeordneten aber nur »auf Wunsch«. Selbst fachlich zuständige Parlamentarier müssen von der Existenz eines Entwurfs also überhaupt erst einmal erfahren, damit sie um dessen Übermittlung bitten können. Als Abgeordneter sei man deshalb gelegentlich darauf angewiesen, dass einem ein Verbandsvertreter das Papier zukommen lasse, beklagt der Grünen-Abgeordnete Gerhard Schick. Es klingt wie verkehrte Welt.

Als Lobbyist müssen Sie wissen: Der Bundestag ist zwar das oberste Gesetzgebungsorgan der Republik, in der Praxis hat er aber weit weniger Einfluss, als das viele glauben. Er gehe nur ganz selten in den Bundestag, bekannte einmal der Lobbyist Karl Jurka. Das Parlament habe einfach »verdammt wenig« zu sagen, besonders in einer Großen Koalition, wo der einzelne Abgeordnete weniger zählt als bei knappen Mehrheiten.

Aber natürlich sind die Parlamentarier nicht völlig machtlos. Sind Sie als Lobbyist mit Ihren Wünschen an der Ministerialverwaltung abgeprallt, kann es sich lohnen, einen zweiten Anlauf in der Volksvertretung zu nehmen. Das zeigte sich zum Beispiel im Juni 2012. Da verabschiedete der Bundestag am Abend des EM-Halbfinales Deutschland-Italien in nur 57 Sekunden ein neues Meldegesetz. Es geschah ohne öffentliche Debatte, wie das vor der Sommerpause besonders häufig passiert, weil sich dann die zu verabschiedenden Gesetze stauen. Alle Abgeordneten, auch die der Opposition, trugen ihre fertig geschriebenen Reden nicht vor, sondern gaben sie zu Protokoll. Dabei hatte es das beschlossene Gesetz in sich. Es kam Adresshändlern oder auch der Inkassowirtschaft weit entgegen. Auch künftig sollten demnach Bürger verpflichtet werden, eigens Widerspruch einzulegen, wenn sie nicht wollten, dass die Einwohnermeldeämter ihre Adressdaten an die Werbebranche weitergeben.

Eigentlich hatten Union und FDP im Koalitionsvertrag das Gegenteil versprochen – nämlich mehr Datenschutz im Meldewesen. Das hatten die Beamten des damaligen Innenministers

Hans-Peter Friedrich (CSU) im Jahr 2011 begonnen umzusetzen: Für Werbung und Adresshandel sollten die Anschriften aus dem Melderegister nur noch dann freigegeben werden, wenn die betroffenen Bürger dies zuvor ausdrücklich genehmigt hatten. Auch eine Mehrfachnutzung der Daten wollte das Ministerium der Wirtschaft untersagen.

Die Behörde hörte, wie in solchen Fällen üblich, Vertreter der betroffenen Verbände an, lange bevor der Gesetzentwurf an den Bundestag ging. Dreißig Verbände – von der Gesellschaft für Datenschutz über den Mieterbund bis zum Bundesverband Deutscher Banken – gaben ihre Stellungnahme ab. Einige protestierten heftig, etwa der Bundesverband der Deutschen Inkassounternehmen (BDIU) mit seinem Geschäftsführer Kay-Uwe Berg. Der Jurist vertritt in Berlin die Interessen der Inkassotöchter von Konzernen wie Bertelsmann, Burda und Ergo. Bergs Mitgliedsfirmen verwalten Forderungen von rund 40 Milliarden Euro. Es ging also um viel Geld. Aus Sicht dieser Firmen waren die Reformpläne praxisfern. Sie sollten für jeden Inkassoschritt jedes Mal von neuem und kostenpflichtig dieselben Adressdaten beim Meldeamt abfragen? Insgesamt schätzte das Statistische Bundesamt im Jahr 2008 die Zahl der gewerblichen Anfragen an die Meldeämter auf jährlich 18 Millionen – trotz Gebühren von durchschnittlich acht Euro pro Adresse.

Adresshändler und Inkassoleute drangen im Innenministerium jedoch nicht durch. Im November 2011 ging die Gesetzesvorlage mit ihren 66 Seiten an den Bundestag. Die Lobbyisten hatten nun eine zweite Chance. Und nun waren sie erfolgreich. Wie der *stern* im Juli 2012 herausfand, hatten die zwei zuständigen Abgeordneten der Unionsfraktion, Helmut Brandt (CDU) und Hans-Peter Uhl (CSU), Anfang Dezember 2011 eine Reihe von Interessenvertretern zu einer nichtöffentlichen Anhörung in den Bundestag eingeladen. Darunter waren Vertreter von Bergs BDIU, aber auch von der Deutschen Post. Deren Tochter Deutsche Post Direkt ist einer der größten deutschen Adresshändler.

Ebenfalls eingeladen war eine Vertreterin des Gesamtverbands der Deutschen Versicherungswirtschaft (GDV). Auch die Versicherer waren dagegen, dass Adressen nur mit Einwilligung der Bürger zur Werbung genutzt werden dürfen. Daten- und Verbraucherschützer hatten die Innenexperten von CDU und CSU offenkundig nicht geladen.

Die zuständigen FDP-Abgeordneten wurden ebenfalls von Lobbyisten kontaktiert. Mitte Mai 2012 legten Uhl und seine FDP-Kollegin Gisela Piltz dem Innenausschuss schließlich eine entschärfte Version des Gesetzes vor. Die Mehrfachnutzung von Daten war nun wieder möglich, Bergs Problem gelöst. Die Bürger sollten nun nicht mehr einwilligen müssen, bevor ihre Anschriften an Adresshändler oder die Werbewirtschaft gehen würden. Später verteidigte sich Uhl, dass er die Änderungen nach Gesprächen »mit Fachleuten aus den Einwohnermeldeämtern« angeregt habe. Die fänden die schärferen Datenschutzbestimmungen zu aufwendig. Es sei »nicht um die Werbewirtschaft« gegangen, versicherte der CSU-Mann, sondern um »Einzelanfragen von Bürgern«, die beantwortet werden müssten. Das klang nicht sehr glaubwürdig. Anfragen von Bürgern hatte der Entwurf des Innenministeriums nämlich gar nicht eingeschränkt, lediglich solche von Adresshandel und Werbeunternehmen.

Wie auch immer – zunächst ging die Hoffnung der Lobbyisten auf. Der Bundestag verabschiedete das entkernte Gesetz. Die Opposition schrie nicht auf; ihre Abgeordneten setzten darauf, den Text im Bundesrat nachzubessern. Doch nach einigen Tagen schlug der schleswig-holsteinische Datenschützer Thilo Weichert im *ARD-Morgenmagazin* Alarm. Nun hagelte es Proteste – und in der öffentlichen Debatte zogen die Lobbyisten der Adresshändler und Inkassounternehmer den Kürzeren. Das Meldegesetz wurde erneut überarbeitet. In der Fassung, in der es nun am 1. November 2015 in Kraft treten wird, stärkt es das informationelle Selbstbestimmungsrecht der Bürger. Werbewirtschaft und Adresshandel kommen künftig nur noch dann an die Meldedaten, wenn der betroffene Bürger einer Übermittlung ausdrücklich zugestimmt hat.

Die Bundestagsabgeordneten spielen also eine Rolle – auch wenn sie kleiner ist, als viele denken.

Bei fast 80 Prozent der in der Wahlperiode von 2009 bis 2013 verabschiedeten Gesetze – insgesamt waren es 553 – kam der ursprüngliche Entwurf aus der Ministerialbürokratie. Weitere 71 Entwürfe brachten die damaligen Regierungsfraktionen CDU/CSU und FDP ein. Auch solche Fraktionsentwürfe werden in Wahrheit oft von Regierungsbeamten geschrieben. Zugleich gilt es als offenes Geheimnis unter Berliner Lobbyisten, dass die Fachabteilungen der Ministerien nicht immer personell gut ausgerüstet sind. Umso dankbarer sind die Ministerialbediensteten für Hilfe von außen. Ist ein neues Gesetz in Vorbereitung, werden Sie als Lobbyist folglich proaktiv an die Beamten herantreten.

Es gehe darum, »zu einem möglichst frühen Zeitpunkt auf den Gesetzgebungsprozess Einfluss zu nehmen«, erklärte einmal der frühere Opel-Lobbyist Uwe Berlinghoff ganz offen. Es gelte, die Beamten anzusprechen, wenn diese »sich zunächst orientieren, sich Basiswissen aneignen müssen«, erläuterte Cornelia Yzer, die heutige Berliner CDU-Wirtschaftssenatorin, als sie noch Berliner Repräsentantin des Verbands forschender Arzneimittelhersteller (VfA) war: »In dieser Phase können wir konstruktiven Einfluss auf den Gesetzestext nehmen, auch juristische Hilfe bei Formulierungen anbieten.«

Also kümmern sich Lobbyisten sinnvollerweise um den Kontakt zu diesen Beamten. »Die wirklich wichtigen Ansprechpartner sind (...) die Referentinnen und Referatsleiter«, weiß Ex-Lobbyist Kitz. Anders als Minister und Staatssekretäre seien die auch »meist direkt erreichbar«. Mit dem Minister müsse man nur reden, »wenn es brennt«, sagt ein anderer Lobbyist. Aber selbst dann habe man keine Garantie, dass die Verwaltung den Willen des Ressortchefs auch ausführt.

Ausgerechnet unter der rot-grünen Regierung hat man es den Lobbyisten bei der Kontaktpflege besonders leicht gemacht. Jahrelang saßen damals Dutzende Mitarbeiter von Unternehmen und Verbänden als Leihmitarbeiter in den Ministerien. Lange blieb das verborgen, ehe der Bundesrechnungshof im April 2008 bestätigte, was die Bundesregierung bis dahin nur bruchstückhaft eingeräumt hatte: Von 2004 bis 2006 waren zwischen 88 und 106 externe Beschäftigte in den obersten Bundesbehörden tätig, als Experten oder Referenten und in zumindest zwei Fällen sogar als Leiter von Referaten, der tragenden Verwaltungseinheit der Bundesministerien.

Zeitweilig fehlte kaum ein Dax-Konzern auf der Liste der Firmen, die ihre Leute unterbrachten: Daimler, Lufthansa, SAP, Siemens, BASF, Deutsche Bank, Eon, Deutsche Börse, Bayer, Commerzbank und Deutsche Telekom waren vertreten, aber auch internationale Unternehmen wie IBM, ABB, Alstom, ING oder Morgan Stanley – bis hin zu der Firma Wingas, eine gemeinsame Tochterfirma von BASF und dem russischen Staatskonzern Gazprom. Und auch Organisationen wie der Verband der chemischen Industrie (VCI) oder die IG Metall hatten ihre Leute in den Ministerialbüros.

Diese Praxis führte zu berechtigten Protesten. Seit Juli 2008 muss die Bundesregierung halbjährlich den Bundestag informieren, welche externen Vertreter beschäftigt werden. Seitdem ist deren Zahl drastisch gesunken.

Erfahrene Lobbyisten lassen sich von solchen Rückschlägen nicht entmutigen. Vielleicht gelingt es Ihnen ja stattdessen, den Bundestag zu unterwandern. Einige Beratungsagenturen schicken ihre jungen Berufsanfänger für zwei, drei oder vier Wochen als eine Art Beobachter in Abgeordnetenbüros; sie brauchen dafür natürlich Abgeordnete, die das mit sich machen lassen. Vor einigen Jahren schaffte es ein Mitarbeiter der FDP-Fraktion, einen Lobbyisten der Agentur hbpa dreimal in nichtöffentliche Sitzungen des Bundestagsausschusses für Ernährung, Landwirtschaft und Verbraucherschutz einzuschleusen. Dort verfolgte der Mann live, wie die Parlamentarier über Verschärfungen des Lebensmittelrechts debattierten. Der Lobbyist (selbst FDP-Mitglied) argumentierte hinterher, er sei »immer ordentlich angemeldet« gewesen. Laut der Website seines Arbeitgebers berät er »Unternehmen der Lebensmittelbranche in Fragen der politischen Kommunikation«. Dazu gehöre »das politische Monitoring, das Kontakt-Management mit Ministerien, dem Bundestag und weiteren Institutionen«. Insofern hatte er mit seinen Ausschussbesuchen ins Schwarze getroffen. Allerdings flog er irgendwann auf; die Grünen ließen ihn des Saals verweisen und der *Spiegel* schrieb über den Fall. So etwas sollten Sie als Lobbyist vermeiden.

Wenn Sie es geschickt anstellen, schaffen Sie es ja auch auf ganz legalem Weg auf eine Top-Position, sagen wir im Bundesgesundheitsministerium. Kaum hatte dort 2009 FDP-Mann Philipp Rösler das Ruder übernommen, holte er Christian Weber, einen hohen Vertreter des Privatkassenverbands PKV, als Leiter der Grundsatzabteilung ins Haus. Sein Vorgänger unter SPD-Ministerin Ulla Schmidt, Ulrich Tilly, nahm den umgekehrten Weg. Im Dezember 2012 gründete er als Minderheitsgesellschafter ausgerechnet mit dem umstrittenen Hans-Hermann Tiedje die Lobbyfirma WMP Healthcare. Einige Monate war auch Franz Knieps mit im Boot, den Ulla Schmidt zuvor vom Bundesverband der AOK in das Gesundheitsministerium geholt hatte und der nun ebenfalls für WMP lobbyierte – bis er im Juli 2013 zum Dachverband der Betriebskrankenkassen wechselte.

So oder so: Der Zugang zu den »Entscheidern«, die Aufmerksamkeit der »Influencer«, wie es ein Mitarbeiter der Agentur Hill & Knowlton nennt – das ist das Kerngeschäft, darum geht es Lobbyisten in erster Linie. Sie sind bereit, einiges dafür zu tun.

## 4 Wie bei einem Flirt

> »Der Netzwerk-Aspekt und nicht das singuläre Thema steht
> im Vordergrund des politischen Abends. Im Nachgang erfolgen
> dann separate Ansprachen der relevanten Teilnehmer.«
> (Die Agentur PRGS in einem Strategiepapier
> für einen Energieversorger)

Wie dank der Lobbyisten die Berliner Bewirtungsindustrie floriert. Wie ein Interessenverband einmal eine barbusige Nixe auf dem Buffettisch platzierte. Wie man Abgeordnete mit Reisen, Geschenken und Nebeneinnahmen umwirbt. Mit welchen Methoden Lobbyisten arbeiten – Teil 2.

Es war ein Vertreter der US-Firma Burson Marsteller, der vor ein paar Jahren seine Lobbyistenkollegen auf einer öffentlichen Diskussionsveranstaltung in der Berliner EU-Vertretung schockierte. Jawohl, »einen faulen Abgeordneten« bekomme er schon mal »durch ein Abendessen« auf seine Seite, bekannte der Agenturmann. Ein Branchenkollege, ebenfalls auf dem Podium, erstarrte: »Ich habe noch keinen Abgeordneten getroffen, der durch ein Abendessen zu überzeugen ist«, erwiderte er rasch. Hinterher fuhr er den Burson-Marsteller-Mann an: Wie er so etwas sagen könne! Das stimme einfach nicht! Und überhaupt: Es seien doch Journalisten im Raum gewesen!

Not in front of the children! Egal, ob zum Frühstück im Hotel Adlon, zum Lunch im »Il Punto« oder zum Abendempfang mit Jakobsmuscheln und Sekt – dazu lädt man als Lobbyist seine Ansprechpartner regelmäßig und ganz selbstverständlich, aber man spricht nicht darüber, jedenfalls nicht in der Öffentlichkeit. Die hiesige Einladungskultur war lange kein Thema im politischen Berlin – anders als in der US-Hauptstadt Washington, wo sich die Kongressabgeordneten schon seit Jahren von Lobbyisten höchstens zu einem kontinentalen Frühstück oder zu einem Stehimbiss einladen lassen dürfen. In der deutschen Hauptstadt ist das noch anders. Hier sind Ihrer Großzügigkeit als Lobbyist kaum Grenzen gesetzt. Anders gesagt: Arbeiten Sie als Interessenvertreter, können Sie sich zwar in der Tat nicht darauf verlassen, auf lauter faule Abgeordnete zu treffen. Aber Sie dürfen damit rechnen, dass Sie mit Einladungen zum Essen selten falsch liegen – Ausnahmen bestätigen die Regel.

Sind Sie Lobbyist, sollten Sie Ihre Ansprechpartner aus der Politik also durchaus einmal zum trauten Zwiegespräch in ein gehobenes Restaurant wie das »Bocca di Bacco«, den »Pauly Saal« oder das »Vau« bitten. Lobbyisten treffen ihre Gesprächspartner durchaus nicht immer nur im berühmten Café Einstein Unter den Linden, auch wenn man dort im Rahmen der Öffnungszeiten stets Vertreter dieses Berufsstands findet – vor allem in den beiden Räumen weiter hinten.

Wenn Sie als Lobbyist den Empfehlungen des britischen Experten Lionel Zetter folgen wollen, dann sollten Sie bei Einladungen immer auf die Wünsche Ihres Gegenübers eingehen – gerade beim Genuss von Alkohol. Zetter hat seine eigene Skala für die Einstufung von alkoholträchtigen Mittags- und Abendterminen. Die seien zwar auch in Großbritannien seltener geworden, aber nicht gänzlich verschwunden. Zetter unterscheidet unter anderem zwischen Stufe 1 (kein Alkohol), Stufe 2 (ein Glas Wein für jeden), Stufe 4 (eine Flasche Wein für jeden) und Stufe 5: »Old school!«

Die Rolle des Alkohols zumindest bei Mittagsterminen mag abnehmen, die der Gastlichkeit nicht. »Mittlerweile verzichten Lobbyisten auf noble Essvergnügen, zu denen man früher Abgeordnete und Beamte nebst Gatten oder Gattin einlud«, hieß es im Jahr 2011 allen Ernstes in einer in anderen Teilen durchaus lesenswerten Lobbystudie der Otto-Brenner-Stiftung: »Mehr als ein Abgeordnetenfrühstück ist nicht drin.« Das war nicht sehr gut recherchiert. Die Berliner Bewirtungsindustrie floriert bis heute. Vor allem in den Sitzungswochen des Bundestags, wenn die Abgeordneten in Berlin weilen, häufen sich die Einladungen an Parlamentarier, an ihre Helfer, an Minister und Ministerialbeamte. Im politischen Berlin liefern sich Verbände und Unternehmen mit ihren meist abendlichen Veranstaltungen sogar »einen brutalen Verdrängungswettbewerb«, weiß Ex-Bitkom-Lobbyist Volker Kitz.

Firmen und Verbände sagen gerne, dass sie mit ihren Einladungen in der Hauptstadt einfach »Flagge« zeigen – so tut es jedenfalls die Lufthansa, die schon seit 1997 am Jahresbeginn regelmäßig zu einem Neujahrskonzert in das Konzerthaus am Gendarmenmarkt einlädt. 2013 war neben einigen Staatssekretären und Abgeordneten auch der damalige Verkehrsminister Peter Ramsauer (CSU) zugegen. Immer im Januar und Februar jagen sich die Neujahrsempfänge der Unternehmen und Verbände, von RWE, BP oder von Matthias Wissmanns VDA – Letzteres eine Veranstaltung mit bis zu 600 Gästen, auf der natürlich regelmäßig mindestens ein Bundesminister erscheint, sei es der für Wirtschaft, der für Verkehr oder der Chef des Kanzleramts.

Als der Bundesverband mittelständische Wirtschaft (BVMW) im Februar 2014 zum Jahresempfang ins Hotel Maritim gegenüber dem Berliner Sitz des Verteidigungsministeriums bittet, sind sage und schreibe 3600 Gäste im Saal. Jedenfalls versichert das Verbandspräsident Mario Ohoven, ein Mann mit deutlich zu großem Einstecktuch und einer Günther-Sachs-Frisur im Stil der siebziger Jahre. Er erntet stürmischen Beifall, als er verlangt, Steuerverschwendung genauso streng zu bestrafen wie Steuerhinterziehung. »Wo bleibt im Koalitionsvertrag der deutsche Mittelstand?«, ruft Ohoven in den Saal. Stattdessen, so klagt er, betreibe die Regierung »knallharte Klientelpolitik für Beamte und den öffentlichen Dienst«!

Eine Geringschätzung des deutschen Mittelstands will sich keine Partei ernsthaft vorwerfen lassen. Also ist auch BVMW-

Beiratsmitglied Cem Özdemir von den Grünen im Saal, er sitzt neben Dagmar Wöhrl von der CSU. Unter den Gastrednern sind Außenminister Steinmeier, Kanzleramtschef Peter Altmaier und Linken-Fraktionschef Gregor Gysi. EU-Kommissar Günther Oettinger begeistert den Saal mit Polemik gegen die deutsche Energiepolitik: »Rindfleischverbot, Autoverbot und nicht mehr ausatmen« – nur so könne man von Europa aus den Ausstoß von Treibhausgasen in China ausgleichen. Danach verlangt Gysi, der Lobbyismus »der Banken und der Konzerne« müsse gebrochen werden – und bekommt ebenfalls frenetischen Applaus.

Solchen Empfängen folgen im Verlauf des Jahres die parlamentarischen Frühstücke, die Einladungen zum Mittagstisch und zum Abendessen. Nur gelingt es den Beteiligten bis heute, diese ausufernde Gastlichkeit vor den Blicken des Publikums so gut abzuschotten, dass es selbst vermeintlichen Experten nicht auffällt. Der Austragungsort ist manchmal der exklusive China Club und häufig das benachbarte Luxushotel Adlon. Wenn der Verband der Chemischen Industrie (VCI) zum Parlamentarischen Abend in den großen Saal des Hotels bittet, dann kommen schon mal 450 Gäste, und prominente Gastredner aus allen vier Bundestagsfraktionen treten auf, von Thomas Oppermann (SPD) über Michael Fuchs (CDU) bis zu Anton Hofreiter (Grüne) und Gregor Gysi (Linke). Sogar Greenpeace lud im April 2013 Abgeordnete zu einem leichten Drei-Gang-Menü (Insalata Caprese, Fisch, Apfel-Tarte) ins Adlon. Es sei an dem Abend nichts anderes mehr frei gewesen, entschuldigte man sich von Seiten der Umweltschutzorganisation.

Sie können Ihre Parlamentarischen Abende oder mit einem Essen verbundene diskrete Gespräche übrigens auch in der Deutschen Parlamentarischen Gesellschaft abhalten. Hier, im früheren Reichstagspräsidentenpalais direkt gegenüber vom Reichstag, haben zwar, wie schon erwähnt, nur amtierende und ehemalige Abgeordnete Zutritt – aber natürlich auch deren Gäste. An dieser Stelle lud bereits der von dem Finanzvertriebsunternehmer Reinfried Pohl gegründete Bundesverband Deutscher Vermögensberater (BDV) zum Parlamentarischen Abend – und der CDU-Wirtschaftspolitiker Joachim Pfeiffer trifft hier gerne Vertreter von Commerzbank, Brunswick und Airbus. Das lässt sich der Auflistung von Lobbyterminen entnehmen, die der eher wirtschaftsnahe Christdemokrat aus Waiblingen mit schwäbischer Akribie regelmäßig auf seiner Website veröffentlicht.

**Exkurs über den Bus**

Unter den Verkehrspolitikern des Bundestags ist das alljährliche Fastenfischessen des Bundesverbands Deutscher Omnibusunternehmer (BDO) berühmt. Um das richtig einzuordnen, muss man etwas ausholen. Denn in der größeren Öffentlichkeit ist diese Organisation, die etwa 3000 oft mittelständische Busunternehmen vertritt, kaum einem bekannt. Ihre Lobbyisten sind in Berlin jedoch außergewöhnlich aktiv. Bereits im Jahr 2000 wendete der Verband 2,6 Millionen Mark auf, um in der Lobbymeile Reinhardtstraße Büroräume mit 287 Quadratmetern anzukaufen. Seitdem hat er über die Jahre immer wieder Forderungen nach einer Gleichstellung von Bussen und Lkw bei der Mauterhebung auf der Autobahn abgewehrt. Nach dem Willen von CDU und CSU soll nun auch die Maut für Pkw kommen – nicht aber für Busse.

Dank der »hervorragenden Kontakte des BDO« und über »gewachsene persönliche Vertrauensverhältnisse« zu Abgeordneten und Beamten sei man gut aufgestellt, bekannte schon im Jahr 2004 ein Vorständler des Verbands laut Protokoll auf einer Versammlung. Und im September 2014 verkündet seine Hauptgeschäftsführerin, Christiane Leonard, in einem Schreiben an die Landesverbände der Buslobby einen weiteren Erfolg: Neuerdings habe sich das Verkehrsministerium in einer wichtigen Frage die »Rechtsauffassung« des BDO zu eigen gemacht – eine Rechtsauffassung, die es für die regionalen Omnibusunternehmer leichter machen kann, etablierte Pfründe zu sichern, weil sie »als Schutz vor Ausschreibungen« benutzt werden kann, wie der Grünen-Verkehrspolitiker Stephan Kühn kritisiert. Zuvor habe man »zahlreiche Gespräche« geführt, schreibt die BDO-Frau ihren Landesverbänden im September 2014. Sowohl mit Verkehrsminister Alexander Dobrindt (CSU) habe man geredet wie auch mit dessen Beamten und dem verkehrspolitischen Sprecher der CDU/CSU-Fraktion, Ulrich Lange. Leonard legt einen Brief von Dobrindts Staatssekretär Enak Ferlemann bei, in dem dieser ausdrücklich die Rechtsposition des Busverbands unterstützt.

Der BDO hat also Einfluss. Das mag damit zu tun haben, dass die Busunternehmer lokal gut vernetzt sind; gelegentliche Parteispenden an die CDU – siehe Kapitel 7 – werden sicher ebenfalls nicht schaden. Und dann ist da das ominöse Fastenfischessen.

Wie der Name schon andeutet, findet das Event immer zur Fastenzeit statt. Seit fünfzehn Jahren folgen alljährlich Dutzende Abgeordnete und Ministerialvertreter bis hinauf zum Staatssekretär der Einladung in die BDO-Geschäftsstelle. Und anders, als es der Titel der Veranstaltung suggeriert, geht es bei den Buslobbyisten keineswegs frugal zu. Zu fünfstelligen Kosten und öfter auch unterstützt von der Busherstellerindustrie, bietet der Verband neben Fischgerichten immer wieder leichtbekleidete Hostessen und Nixen auf, dazu gerne einen halbnackten Neptun mit Dreizack oder auch dürftig gewandete Südseeschönheiten, um ein »maritimes Flair« (so die Zeitschrift *Omnibusrevue*) herzustellen. Vor einigen Jahren engagierten die Buslobbyisten sogar eine Dame, die sich barbusig – wenn auch ab der Hüfte mit einem Fischschwanz bedeckt – auf dem Tisch zu rekeln hatte. Unter Berliner Verkehrspolitikern ist dieses menschliche Dekorationselement laut einem Teilnehmer heute noch als »relativ legendär« in guter Erinnerung.

Fragt man dazu beim BDO nach, bestätigt Hauptgeschäftsführerin Christiane Leonard nur ganz allgemein, dass der Verband »jährlich verschiedene Parlamentarische Abende durchführt, um den transparenten Austausch zwischen Gewerbe, Politik, Wissenschaft und Gesellschaft zu fördern«.

Jedenfalls hören es die Omnibusunternehmer gerne, wenn ihnen – wie vom Verkehrspolitiker Lange auf dem Fischessen im März 2014 – versprochen wird, dass Busse gegenüber dem Lastkraftverkehr und bald womöglich auch den Pkw weiter privilegiert würden: »Die Busmaut steht nicht auf der Tagesordnung.« Und das, obwohl eine Busmaut laut Werner Reh, dem Verkehrsexperten des Bundes für Umwelt und Naturschutz Deutschland, jährlich 300 Millionen Euro einbringen könnte.

### Der Sommer der Feste

Das Fastenfischessen des BDO sticht heraus, aber natürlich ist mit ihm der jährliche Reigen der Festivitäten noch lange nicht zu Ende. Im Mai geht es zumeist weiter mit dem Frühjahrsempfang der Deutschen Post AG. Und ab Juni stehen in den Terminkalendern von tout Berlin dann die Einladungen zu allerlei Sommerfesten. BDEW und Bitkom reservieren sich dafür in der Regel den alten Hamburger Bahnhof – heute ein Museum für zeitgenössische Kunst, dessen großzügiger Vorgarten Platz für viele Stände mit Speisen und Getränken bietet. Auch die Energiekonzerne RWE und EnBW sind für ihre aufwendigen alljährlichen Feiern bekannt. Hunderte Lobbyisten, Politiker und Beamte drängeln sich dafür in der alten Berliner Kongresshalle (Gastgeber: RWE) oder auf der beeindruckenden Dachterrasse der EnBW-Repräsentanz an der Spree, direkt gegenüber vom Bahnhof Friedrichstraße.

Hier, wo der Blick über Reichstag und Kanzleramt schweift, lässt der Stromversorger für seine Gäste gerne sommerlich weiße Couch-Ecken und Schirme aufstellen. So auch im Juni 2014: Von SPD-Fraktionschef Thomas Oppermann bis zu Bundestagsvizepräsident Johannes Singhammer (CSU) ist Politprominenz gekommen. Abgeordnete, Beamte und Lobbyisten genießen den

Abend bei Häppchen, Hamburgern, Würsten und Wein. »Ich mache jetzt ja Bank of America«, erzählt da ein ehemaliger bayerischer Umweltminister und heutiger Anwalt in einer Runde. Und nur am Rande schimpft ein missgelaunter Verbandsvertreter gegenüber einem Konzernlobbyisten über die unternehmerfeindliche Politik der Regierung, über das schmerzliche Fehlen der FDP und die »ganze Sozialsoße, die hier ausgekippt wird«. Er meint natürlich die Regierung, nicht den Stromversorger EnBW mit seinem üppigen Fest.

Manche Lobbyisten meinen, große Feste und parlamentarische Abende für ganze Gruppen von Abgeordneten und Beamten seien hinausgeschmissenes Geld. Dennoch ist diese scheinbar eher ungezielte Pflege der Landschaft unter Berliner Lobbyisten so beliebt, dass dahinter mehr stecken muss. Feste seien schlicht ein »Mittel der Beziehungspflege«, erläutert jemand beim Energieversorger EnBW. Hier könne man Kontakte aufbauen – um dann, »wenn was ist, anrufen zu können«.

### Der Flirt mit der Lobby

»Der Netzwerk-Aspekt und nicht das singuläre Thema steht im Vordergrund des politischen Abends«, erläutert Ende 2008 die Kommunikationsagentur PRGS in einem internen Strategiepapier für einen Kunden aus der Energiebranche den Zweck solcher Events: »Ziel ist es, eine möglichst große Zahl von unternehmensrelevanten Akteuren zusammenzubringen. Das Unternehmen soll dabei in einem positiven Licht erscheinen und politische Forderungen nur beiläufig, z. B. im Grußwort, gestellt werden. Im Nachgang erfolgen dann separate Ansprachen der relevanten Teilnehmer.«

Umgekehrt gilt: Unter den Abgeordneten des Bundestags ist sehr gut bekannt, welche Verbände ein besonders reichhaltiges Buffet bieten – und wo es sogar edlen Cognac als Digestif gibt. Ein bekannter Abgeordneter vergleicht den Mechanismus mit einem Flirt. Wer auf einer Party mit jemandem anbandeln wolle, der lade die Zielperson ja auch nicht gleich plump ins eigene Schlafzimmer ein. Genauso nehme sich der Lobbyist den Parlamentarier schrittweise vor. Erst mal zum Essen einladen, dann sehe man schon: Bleibt der länger? Auch auf eine Zigarre? Und spätestens beim Cognac würden dann »Gemeinsamkeiten geschaffen«.

Weil der Wettbewerb um die »relevanten Teilnehmer«, die »Top-Entscheider« und Amtsinhaber so groß ist, müssen Sie als Lobbyist einiges bieten. So lädt die Einzelhandelskette Rewe schon mal in die »Austernbank« im Restaurant Gendarmerie (Eigenwerbung: »Eine coolere Location kannst du in Berlin nicht mieten«). Der Zigarettenkonzern British American Tobacco (BAT) bittet die Abgeordneten in den Sitzungswochen immer wieder dienstagabends in die Dunhill-Lounge direkt neben dem Café Einstein Unter den Linden. Die Designer der Lounge beschreiben sie so: »Von satten Rottönen und warmen Holzflächen umgeben, versinkt man in massiven Ledersesseln vor dem großzügigen offenen Kamin.« In die Lounge lade BAT gerne Mitarbeiter und Kunden »zum Chillen und Kommunizieren« ein. Hier könne »in gepflegter Runde, gegenüber einem Panorama von Tabakpflanzen, über die Sinnhaftigkeit des eigenen Tuns philosophiert werden«.

Unsentimentale Menschen werden als Sinn all dieses Tuns das schnöde Geschäft identifizieren. Um das zu bemänteln, werden Sie als Lobbyist vorbeugen und Ihren Abendeinladungen einen Touch Vornehmheit verleihen, zum Beispiel indem Sie zu einem »Salon« bitten. So tut es der Handelskonzern Metro in der Einladung für seine vierteljährliche Mittwochsgesellschaft (man folge »dem Vorbild der Berliner Salon-Kultur«, sagt das Unternehmen). So tat es der inzwischen in Airbus umbenannte Luftfahrt- und Rüstungskonzern EADS ebenso wie das Werbe- und Lobbyunternehmen MSL. Dessen Chef Axel Wallrabenstein hatte die Prominenten und Wichtigen schon fast alle zum abendlichen »Politischen Salon« in Sarah Wieners Restaurant »Speisezimmer«, von Norbert Lammert über Horst Seehofer, Gregor Gysi bis zu Philipp Rösler und Peter Altmaier. Im November 2014 ist es die Umweltministerin Barbara Hendricks (SPD), die die versammelten Interessenvertreter mit ihren Fragen und Anliegen bombardieren – Leute von Bayer, BMW, Lufthansa und Vattenfall ebenso wie ein Mann vom Bundesverband Windenergie. Weil man »transparent« sein will, sind auch ein paar Journalisten eingeladen. Auch sie dürfen sich an der geschmorten Lammhaxe mit Rahmwirsing und der Mascarponetarte laben. Nur schreiben dürfen sie über das dort Gesagte nicht.

Viele dieser Abendveranstaltungen drehen sich durchaus um Sachthemen – und sind dann keineswegs das reine Vergnügen. So wie die erwähnte »Mittwochsgesellschaft« des Handelsriesen Metro. Am 12. März 2014 versammeln sich dafür 350 Gäste in den Räumen der Berliner Microsoft-Vertretung Unter den Linden; es ist proppevoll. Als Redner ist der neue Landwirtschaftsminister Christian Schmidt (CSU) geladen. Die Abteilungsleiter des Ministeriums, das auch für das Metro-Kernthema Ernährung zuständig ist, sind unter den Zuhörern, außerdem Bundestagsabgeordnete, Lobbyisten, NGO-Vertreter und eine Handvoll Journalisten. Deutschland sei der drittgrößte Exporteur von Lebensmitteln, referiert der Minister sein frisch angelerntes Wissen. Und er warnt – bereits ganz Stimme der Landwirtschaftslobby – vor dem »Reflex«, auf die russische Besetzung der Krim mit allzu harten Sanktionen zu reagieren. Metro-Cheflobbyist Michael Wedell wird es mit einer gewissen Befriedigung gehört haben, denn der Konzern ist in Russland stark engagiert. Nach eineinhalb Stunden beginnt der gesellige Teil und das Buffet ist eröffnet – mit Rindercarpaccio, Vitello Tonnato, Schmorbraten und Kartoffelgratin.

**Revue, Austern, Nougatschlupfer**

Wem als Abgeordnetem nicht der Sinn nach ernsten Gesprächen steht, für den gibt es Alternativen – etwa eine Einladung von Opel zur Revue in den Friedrichstadtpalast. Der Energiekonzern Vattenfall lud ausgewählte Abgeordnete jahrelang jeden Monat zum fliegenden Buffet mit bis zu zehn Gängen in der Austernbar im Berliner Hauptbahnhof. Da folgten Austern auf Lachshäppchen, es gab Jakobsmuscheln, irisches Lamm und am Ende Nougatschlupfer – und es ging angeblich überhaupt nicht um Politik. Stattdessen präsentierte das Unternehmen Werke zeitgenössischer Künstler oder auch mal eine Autorenlesung. Nach Darstellung von Vattenfall waren die Vernissagen in der Austernbar allerdings »keine Lobbying-Veranstaltungen, sondern eine Corporate-Art-Aktivität«, also reine Kunstförderung.

Unabhängig davon, dass viele Parlamentarier sich sicher auch durch kostenlose Austern nicht in ihrer Position beirren lassen, haben einige große Unternehmen bereits von sich aus erkannt, dass allzu üppige Offerten ein Risiko sein können: »Wir gehen davon aus, dass Sie die Einladung nach den für Sie geltenden Richtlinien und Rechtsvorschriften rechtmäßig annehmen können«, heißt es zum Beispiel seit einiger Zeit regelmäßig in einschlägigen Schreiben der Daimler AG. Nicht umsonst kennen Staatsanwälte das zweifelhafte Phänomen des »Anfütterns«: Ein Amtsträger, sei er Beamter oder Minister, wird Schritt für Schritt mit kleinen Gaben gewogen gestimmt. Was zu Beginn harmlos erscheint, wird von dem Gebenden am Ende genutzt, um eine Gegenleistung einzufordern. Jahrelang wehrte sich die Mehrheit der deutschen Bundestagsabgeordneten dagegen, sie bei Bestechlichkeit ebenso konsequent zu verfolgen, wie das bei Beamten seit langem Vorschrift ist. Die Parlamentarier schrecken vor schärferen Regeln unter anderem deshalb zurück, weil sie fürchteten, dass dann auch luxuriöse Abendunterhaltungen wie die Vernissagen von Vattenfall mit ihren zehn Gängen den Staatsanwalt auf den Plan rufen könnten. »Gut, das es noch kein Gesetz gibt, dass Abgeordnetenbestechung unter Strafe stellt, sonst käme nach solch einer Veranstaltung gleich der Staatsanwalt«, bekannte der damalige CDU-Rechtspolitiker Jürgen Gehb vor einigen Jahren in schöner Offenheit – nachdem er in der Austernbar bewirtet worden war.

### Werben um die Mitarbeiter

Vor allem um die Abgeordneten aus wichtigen Ausschüssen wie denen für Haushalt, Wirtschaft oder auch Umwelt bemühen sich unzählige Verbands- und Unternehmensleute. Weil die Parlamentarier selbst gar nicht allen Einladungen folgen können oder wollen, richten sich heutzutage viele Angebote an die Mitarbeiter aus den Bundestagsbüros. Schon 2010 registrierte der SPD-Abgeordnete Marco Bülow, dass nicht nur er selbst, sondern auch seine Assistenten »immer häufiger Anfragen und Einladungen zu Veranstaltungen und Gesprächsessen von Lobbyisten« erhielten.

In der schon erwähnten Umfrage der Agentur MSL Germany nannten 51 Prozent der befragten Lobbyisten den Kontakt mit der »Arbeitsebene« im Bundestag – über Workshops oder Frühstücksveranstaltungen – als »wichtiges Instrument« des Lobbying. Der Rüstungsindustrieverband BDSV lädt regelmäßig zum sogenannten Staffersabend für die wissenschaftlichen Mitarbeiter von Abgeordneten. Die im Gasgeschäft mit Russland engagierte BASF-Tochterfirma Wintershall wiederum verschickte Anfang 2013 an zehn Abgeordnetenmitarbeiter Eintrittskarten im Wert von je 45 Euro für ein Vier-Gänge-Menü samt Lesung des russischstämmigen Schriftstellers Wladimir Kaminer aus Anlass eines damals stattfindenden russischen Kulturfestivals. Das Unternehmen legte Wert auf die Feststellung, dass es bei Einladungen darauf hinweist, »dass die Gäste mit der Annahme der Einladung zusichern, eine gegebenenfalls notwendige Zustimmung intern eingeholt zu haben«.

Traditionell bat der heute in Airbus umbenannte EADS-Konzern zumindest bis 2013 ein Mal im Jahr zu einer sommerlichen Bootstour auf der Spree – ebenfalls eine Veranstaltung, die sich weniger an die sogenannten Top-Entscheider wandte, sondern eher an das Fußvolk. Und auch das Deutsche Atomforum steuerte die Zielgruppe der Büromitarbeiter bereits an – etwa mit der Einladung zu einer »Bildungsfahrt« zum Endlager Konrad bei Salzgitter, Abendessen und Übernachtung im Vier-Sterne-Hotel inklusive. Abgeordnete seien für ähnliche Trips schwer zu gewinnen, heißt es beim Atomforum. Die seien »meistens zu beschäftigt«.

Gute Kontakte zu den Mitarbeitern helfen dem Lobbyisten manchmal mindestens so sehr wie die zu deren Chefs. Die Assistenten sind im Alltag leichter zu erreichen. Über sie lässt sich rasch mal ein Papier oder eine Information besorgen. Und nicht selten wechseln Mitarbeiter aus Abgeordnetenbüros dann später direkt die Seite und werden selbst Lobbyisten.

Wie schon gesagt: Natürlich schaffen Einladungen Sympathie. Und ebenso natürlich steckt hinter ihnen keine Empathie, sondern kühle Berechnung. Im August 2010 bereitete der Vodafone-Konzern seine gleichnamige Vodafone-Night vor – es sollte ein rauschendes Fest werden, unter den Lüstern des Ballsaals des luxuriösen Hôtel de Rome in Berlin-Mitte. Hunderte Gäste durften sich auf Einladungen freuen, organisiert von dem Westerwelle-Lebensgefährten Michael Mronz und dem Eventmanager Manfred Schmidt. Doch am 6. August 2010 warnte ein Vodafone-Mitarbeiter die beiden Unternehmer: »Insbesondere aus dem Kreis der Parlamentarier sind wir alle Gäste nochmal durchgegangen und haben noch eine recht große Zahl der Vorschläge entfernt, da sie zwischenzeitlich ausgeschieden oder nicht mehr in den angegebenen Funktionen tätig sind, z. B. PStS und MdEP aus den vergangenen Legislaturperioden (rot markiert, bitte löschen).«

Für Nicht-Eingeweihte: PStS sind Parlamentarische Staatssekretäre. MdEP ist das Kürzel für Mitglieder des Europaparlaments. Wer diese Kürzel nicht mehr hinter dem Namen führte, war für Vodafone nicht mehr relevant – und war folglich von der Einladungsliste zu streichen.

Auch Journalisten finden sich immer wieder unter den Eingeladenen von Berliner Lobbypartys. Allerdings geschieht dies offenkundig meist in der expliziten oder unausgesprochenen Erwartung, dass die Medienleute eine Berichterstattung unterlassen – siehe das geschilderte Abendessen mit der Umweltministerin.

Martin Lambeck, ein Kolumnist von *Bild am Sonntag* und Weinkenner, organisiert bereits seit dem Jahr 2002 zusammen mit dem Lobbyisten und heutigen DocMorris-Vorständler Max Müller einen Kreis namens »Politik & Wein«. Oft im Keller des Restaurants Borchardt testen regelmäßig Politiker, Journalisten und Lobbyisten Weine und diskutieren über Politik. Einer Tischrede folgt gern eine Gegenrede, etwa zwischen einem Christdemokraten und einer Grünen. Jürgen Trittin war schon da, ebenso Ursula von der Leyen. Doch für die journalistischen Besucher gilt ein striktes Schweigegebot – schon die bloße Erwähnung der Veranstaltung führt zum sofortigen Ausschluss. So erging es dem damaligen *Spiegel*-Journalisten Gabor Steingart, der in einem Artikel im Jahr 2007 ein Treffen der weinseligen Runde schilderte. Steingart wurde nie wieder eingeladen.

### Paris, Mallorca, Karibik

Noch mehr im Dunkeln als die opulente Berliner Einladungskultur liegt eine andere typische Lobbyaktivität, die in den USA immer wieder für Schlagzeilen sorgt, über die aber in Deutschland sehr wenig bekannt ist: von der Wirtschaft finanzierte Reisen für Abgeordnete. Nur hinter vorgehaltener Hand erzählt einem vielleicht einmal ein Abgeordneter aus dem Verteidigungsausschuss, wie ihm ein Rüstungsunternehmen angeboten habe, ihn mitsamt Ehefrau zum Luftfahrtsalon nach Le Bourget bei Paris zu bringen – Limousinen-Service zum Airport, Flug und Übernachtung inklusive. Nein, eine schriftliche Einladung habe es nicht gegeben.

Nur selten lassen sich solche Trips im Detail dokumentieren. Im Oktober 2010 etwa flogen die damaligen Bundestagsabgeordneten Patrick Döring (FDP), Dirk Fischer (CDU) und Hans-Joachim Hacker (SPD) auf Einladung des Bundesverbands der Deutschen Fluggesellschaften (BDF) nach Mallorca. Der Verband hatte zu einem knapp dreitägigen sogenannten Luftverkehrsseminar in das Fünf-Sterne-Haus Valparaiso Palace Spa hoch über Palma de Mallorca gebeten. Alle drei Parlamentarier ließen sich die Reise nach eigenen Angaben als Dienstreise genehmigen – was mit eingeschlossen habe, dass die Fraktion beziehungsweise der Bundestag Flug und Hotel übernahmen.

Dennoch hätten die Abgeordneten ohne die Einladung des Verbands kaum einen Anlass für den Aufenthalt auf der Baleareninsel gehabt. Und die Bewirtung vor Ort bezahlte sowieso der BDF, zu dem von Lufthansa bis Air Berlin alle großen Fluggesellschaften der Republik gehören. Dieses Seminar veranstalte man »seit vielen Jahren jährlich«, erklärte der Verband damals in seiner Einladung. Das Seminar finde »in der Regel im Ausland« statt, weil man so dem eigenen »Anspruch eines international agierenden Verkehrsträgers« gerecht werde – ein Anspruch, der mit weniger glamourösen innerdeutschen Destinationen offenkundig nicht eingelöst würde.

Mit Blick auf die Arbeitsbelastung mutete das Mallorca-Programm im Oktober 2010 andererseits nicht allzu anspruchsvoll an: Anreise am späten Freitagnachmittag, »VIP-Transfer zum Hotel Valparaiso Palace Spa«, dort Late-Night-Dinner und ab Samstagvormittag dann Vorträge über die Steuerbelastung des Luftverkehrs in Deutschland. Für die Nachmittage am Samstag und am Sonntag sah das mit der Einladung versandte Programm freilich keine konkreten Seminartermine vor. »Bei Seminaren, die am Wochenende stattfinden, ist es durchaus üblich, auch einen Freizeitteil mit in das Programm einzubauen«, erklärte der

Lobbyverband auf Nachfrage des *stern*. Doch dieser Freizeitanteil sei hier »sehr gering gewesen«. Der BDF machte damals übrigens vehement Front gegen die Luftverkehrsabgabe, die der Bundestag dann – wie von Finanzminister Wolfgang Schäuble (CDU) gefordert – dennoch beschloss.

Regelmäßig bekamen ausgewählte Bundestagsabgeordnete sogar Einladungen in die Karibik, in das Überseedepartement Französisch-Guayana. Dort liegt der Weltraumbahnhof in Kourou. Zu den dortigen Raketenstarts lud die europäische Raumfahrtagentur ESA immer wieder gezielt deutsche Abgeordnete, die im Haushaltsausschuss für den Forschungsetat des Bundes zuständig waren und auch über Zuschüsse für die europäische Raumfahrtorganisation befinden mussten.

Im Europäischen Parlament müssen die Abgeordneten solche von Dritten finanzierten Trips offenlegen – nicht so im Bundestag. Hier sind solche Einladungen weitgehend unbeschränkt erlaubt, auch wenn die Gastgeber Lobbyverbände sind. 1995 beschloss das Parlament sogar explizit eine Änderung der Verhaltensregeln und bekräftigte damit das Recht der Abgeordneten, auch Reiseeinladungen aus dem Ausland anzunehmen – dies, obwohl die Volksvertretung selbst über mehrere Töpfe verfügt, aus denen die Mitglieder Auslandsreisen finanzieren können.

### Geschenkt, nicht verdient

Im britischen Unterhaus müssen die Abgeordneten Reiseeinladungen sowie Geschenke publik machen, die sich in irgendeiner Weise auf ihre Funktion beziehen, sobald diese mehr wert sind als ein Prozent ihrer jährlichen Diät. Das heißt: Gaben, die mindestens 671 Pfund betragen, werden in einem öffentlichen Register aufgeführt.

In Deutschland liegt die entsprechende Schwelle weit höher: Erst wenn der Wert über 5000 Euro liegt, müssen die Abgeordneten Geschenke und geldwerte Vorteile beim Bundestagspräsidenten melden. Und nur Spenden über 10 000 Euro sind hierzulande veröffentlichungspflichtig – mehr dazu in Kapitel 7. Unterhalb dieses Betrags tut sich daher einiges, ohne dass der gemeine Bürger davon erfährt. Da laden Autohersteller Abgeordnete zu Probefahrten, Fußballsponsoren bitten ins Stadion, und es werden links und rechts immer wieder weitere kleine Gefälligkeiten verteilt.

Vor etwa zwei Jahren klingelte beispielsweise in einem Abgeordnetenbüro das Telefon. Am Apparat war ein Mitarbeiter des deutschen Ablegers des russischen Gazprom-Konzerns. Er hatte Karten für ein Spiel von Schalke 04 im Angebot. Der Abgeordnetenmitarbeiter lehnte die Einladung im Namen des Parlamentariers ab. Worauf der Gazprom-Mann geantwortet habe: Dann laden wir Sie ein! Fragt man die Berliner Dependance des Konzerns nach solchen Usancen, bekommt man die lakonische Auskunft: »Bitte haben Sie Verständnis, dass wir grundsätzlich keine Auskünfte hinsichtlich unseres Gästemanagements erteilen!«

Die Grünen-Abgeordnete Agnieszka Brugger veröffentlicht auf Twitter ab und zu Fotos von eigentlich harmlos erscheinenden Lobbygeschenken, die in ihrem Parlamentsbüro eintreffen: eine Facebook-Tasse mit der Silhouette des Reichstags, Schokolade von der Metall- und Elektroindustrie oder eine »Wundertüte« mit Bürobedarf von der INSM. Das mögen alles eher Gimmicks sein – lediglich dazu gedacht, die ach so knappe Aufmerksamkeit der Abgeordneten zu reizen. Doch im April 2013 erregte bei Abgeordneten von Grünen und Linken die Lobbykampagne einer Musikerinitiative bereits zu viel Aufmerksamkeit. Organisiert von der Hamburger Werbeagentur Community Promotion hatte die Initiative »Don't fuck with Music« 241 Bundestagsabgeordnete aller Parteien angeschrieben und eine härtere Haltung gegen das illegale Kopieren von Musiktiteln verlangt. Beigelegt war den Schreiben an die Parlamentarier je ein MP3-Player, der entfernt einem iPod ähnelte. Die Werbeagentur beteuerte, dass die Geräte pro Stück nur 25,35 Euro gekostet hätten. Dennoch: Die Initiative, hinter der auch die Popband »The Toten Crackhuren im Kofferraum« stand, ging eher nach hinten los – eine ganze Reihe Abgeordnete schickte das unerbetene Geschenk zurück.

Als Lobbyist sollten Sie also aufpassen, wem Sie Geschenke andienen. Sie sollten allerdings auch auf die Möglichkeit vorbereitet sein, dass die Initiative zur Vorteilsannahme von einem Parlamentarier ausgeht. Ex-Bitkom-Lobbyist Volker Kitz beschreibt in seinem Buch einen Fall, in dem ein Abgeordneter bei ihm anrief: »Da gibt es doch jetzt dieses neue Handymodell – meinen Sie, davon könnte ich eins bekommen?« Er, Kitz, habe dem Politiker geantwortet: »Natürlich können Sie so ein Handy bekommen. Wohin sollen wir die Rechnung schicken?« Ein Einzelfall? Vielleicht.

### Die Könige der Nebeneinkünfte

Es gibt einen weiteren Weg, über den Wirtschaftsvertreter Abgeordneten Vorteile zuwenden können: Sie verschaffen ihnen Nebeneinkünfte als Berater oder Redner. Bundestagsabgeordnete dürfen ja – ganz legal und unbegrenzt – Nebentätigkeiten ausüben und sich dafür bezahlen lassen. Oft wird die Praxis mit dem Argument verteidigt, dass die Parlamentarier doch das Recht haben müssten, nebenher ihren alten Beruf zu praktizieren. Doch mehrere Untersuchungen, zuletzt eine Studie der Otto-Brenner-Stiftung im April 2014, zeigen: Die Zahl der Abgeordneten mit Nebentätigkeiten ist zu Beginn jeder Wahlperiode vergleichsweise gering und steigt dann im Lauf der vier Jahre bis zur folgenden Bundestagswahl stetig an. Die Parlamentarier verdanken ihre Nebenjobs folglich häufig ihrem Amt – auch wenn allzu ungeniertes Kassieren auf Kosten der Parlamentsarbeit und am Ende auch der Glaubwürdigkeit gehen kann.

Wer als Abgeordneter in den Aufsichtsrat oder Beirat einer Firma gehe, wer »für Vorträge von der Wirtschaft bezahlt wird«, der begebe »sich eindeutig in eine Abhängigkeit«, glaubt zumindest der SPD-Mann Marco Bülow. Er schrieb das, bevor die intensive Rednertätigkeit seines Parteifreunds Peer Steinbrück ein Thema großer öffentlicher Debatten wurde. »Lobbyisten in die Produktion!«, hatte der damalige Finanzminister noch im Jahr 2006 öffentlichkeitswirksam verlangt. In der Wahlperiode zwischen 2009 und 2013 avancierte der SPD-Mann Steinbrück dann zum ungekrönten König der Nebenjobs und Lobbygeldempfänger. 1,25 Millionen Euro erhielt er im Lauf der vier Jahre allein für Vorträge – hinzu kamen Buchhonorare und Aufsichtsratstantiemen von Thyssen-Krupp. Weil der Sozialdemokrat dafür etliche Bundestagstermine schwänzen musste, fragten sich viele Bürger, ob Steinbrück wirklich in erster Linie als Volksvertreter tätig sei – oder als Vortragsreisender in eigener Sache.

Man kann die Frage stellen, wodurch es überhaupt gerechtfertigt ist, sich als Parlamentarier Redeauftritte mit solch hohen Summen bezahlen zu lassen. »Vorträge zu halten gehört zu den Kernaufgaben eines Parlamentariers«, urteilte im Oktober 2013 der damalige Geschäftsführer von Transparency International Deutschland, Christian Humborg. Darum sollte man solche Vergütungen besser verbieten. »Wie soll vernünftig Korruption bekämpft werden, wenn ein Unternehmen einem Abgeordneten für ein launiges Grußwort ein paar Tausend Euro zahlen kann?«, fragte Humborg.

Weil Peer Steinbrück häufig bei Banken und Versicherungen aufgetreten war, schalt ihn der damalige CSU-Generalsekretär Dobrindt ein »Produkt der Finanzindustrie«. Das sollte vielleicht auch bemänteln, dass Abgeordnete der FDP, CDU und CSU traditionell weitaus häufiger mit gut dotierten Nebentätigkeiten ausgerüstet waren oder – im Fall der Union – sind als ihre Kollegen bei SPD, Grünen oder gar Linken.

Als der Bundestag im März 2014 die ersten Zahlen für die neugewählten Abgeordneten veröffentlichte, stand der CSU-Mann Peter Gauweiler sogleich auf Platz eins. Seit der Bundestagswahl im September 2013 hatte er bis dahin bereits mindestens

509 000 Euro eingestrichen – und zwar als Anwalt. Bis Juni 2014 summierten sich seine Nebeneinkünfte sogar schon auf mindestens eine Million. Aufgrund der Regeln, die sich der Bundestag gegeben hat, müssen Abgeordnete nicht offenlegen, wen sie als Advokaten vertreten. Sie müssen nicht einmal die Branchen nennen, aus denen ihre Mandanten stammen – ein sperrangelweit klaffendes Schlupfloch für Lobbyinteressen. In der Wahlperiode, die 2013 endete, waren unter den Mitgliedern des Bundestags übrigens neunzig Rechtsanwälte. Die Angehörigen dieser Berufsgruppe stellten nur 0,3 Prozent der Wahlberechtigten, aber 14 Prozent der Parlamentarier – eine starke Lobby in eigener Sache.

Ein knappes Drittel aller Abgeordneten erzielte 2009 bis 2013 laut der der IG Metall nahestehenden Otto-Brenner-Stiftung Nebeneinkünfte oberhalb der Bagatellgrenze von 1000 Euro. Zusammengenommen floss an die Betreffenden die geschätzte Summe von 32 Millionen Euro – kein unbeträchtlicher Betrag. Das, so kritisiert die Stiftung, schaffe nicht nur »ein Privileg für die Beteiligten«, sondern sei auch ungerecht gegenüber Wählern und gesellschaftlichen Gruppen, »die keinen exklusiven Zugang zur Politik durch eigene Funktionsträger im Parlament haben«.

### Abgeordneter – und Lobbyist

Unter den Parlamentariern gibt es nicht nur solche, die von Interessenvertretern bezuschusst werden – einige sind sogar selbst Lobbyisten. Der CDU-Abgeordnete Rudolf Henke etwa kombiniert sein Amt als stellvertretender Vorsitzender des Gesundheitsausschusses mit der Funktion als Vorsitzender des Marburger Bundes, eines Ärzteverbands. Nebeneinkünfte erzielt er außerdem als Vorsitzender des Ärztebeirats der Allianz Private Krankenversicherungs-AG, als Mitglied im Beirat der Deutschen Ärzteversicherung AG und als Präsident der Ärztekammer

Nordrhein-Westfalen. Pro Monat erhält Henke damit insgesamt deutlich über 10 000 Euro aus der Gesundheitsbranche – mehr als die Diät, die ihm die Bürger finanzieren. Die Frage, wen Henke eigentlich vertritt, ist daher berechtigt.

»Ich bin ein politisch engagierter Arzt und vertrete keine Geschäftsinteressen«, verteidigte sich der Christdemokrat gegenüber dem *Tagesspiegel*. Doch als stellvertretender Vorsitzender des Gesundheitsausschusses ist er nun auch bei vertraulichen Runden mit dabei, an denen einfache Abgeordnete nicht teilnehmen. »In seiner Position hat er Zugänge zu Informationen, die er nicht hätte, wenn er ein normales Ausschussmitglied wäre«, sagt die Grünen-Abgeordnete Kordula Schulz-Asche. Das verursacht selbst bei einigen innerhalb der CDU ein gewisses Unwohlsein. Doch als Henke auf den Posten gewählt wurde, gab es im Ausschuss nicht einmal eine Diskussion.

Manche Abgeordnete gründen sogar ihre eigene Lobbyfirma. Auch auf diesem Weg kann ein Unternehmen oder ein Verband zumindest theoretisch einen Parlamentarier anheuern und entlohnen, ohne dass das der Öffentlichkeit auffällt.

Der CDU-Mann Klaus-Peter Willsch war zeitweilig Teilhaber bei der Beratungsfirma Congenia Senior Advisers GmbH. Die Firma hatte bis zu ihrer Auflösung im Jahr 2011 Unternehmenszwecke wie die »Beratung« und »Vernetzung« von Einzelpersonen, Unternehmen sowie Behörden angegeben – und schien selbst ein Beispiel für eine eher wenig durchschaubare Verflechtung. Neben dem Abgeordneten Willsch war auch ein Ministerialdirigent aus dem Verteidigungsministerium mit von der Partie. Er hielt zeitweise ein Drittel der Anteile. Als Geschäftsführer fungierte ein gewisser Jürgen Schornack, früher mal Büroleiter der damaligen CDU-Schatzmeisterin Brigitte Baumeister. Und irgendwann stieg ein Japaner namens Yoshihiko Sugano ein. Er kam vom Mitsubishi-Konzern, war zuständig für Energiefragen und zumindest im Mai 2009 noch Berater für Mitsubishi Nuclear Fuels.

Ein früherer Teilhaber der inzwischen aufgelösten Congenia namens Rudolf Kraus tauchte im Jahr 2012 erneut bei einer leicht mysteriösen Firma auf, bei der ebenfalls ein Abgeordneter eine wichtige Rolle spielte. Kraus, selbst ein ehemaliger CSU-Parlamentarier, ließ sich im Januar 2012 zum Geschäftsführer der QGF Qatar Germany Forum GmbH ernennen, ein Unternehmen, das nach eigenen Angaben die Beziehungen zum Golfemirat Katar fördern will und dabei »insbesondere auch die Unterstützung bei der Anbahnung von Geschäften« anbietet. Rasch nach der Gründung ernannte das Unternehmen einen prominenten Politiker zum Vorsitzenden des Beirats: den damals noch als Abgeordneten fungierenden Ex-Wirtschaftsminister Michael Glos (CSU). Glos' Frau Ilse beteiligte sich über ihre Firma Stolzmühle GmbH sogar als Anteilseignerin bei der QGF. Und bei der Gründung der Firma half der damalige Leiter von Glos' Büro im Bundestag als Bevollmächtigter der Stolzmühle. Für solche Tätigkeiten hatte er – so die Angaben von Glos – einen eigenen 400-Euro-Job neben dem Mitarbeiterposten im Abgeordnetenbüro.

Zu knapp einer Hälfte schien es also wie ein Glos'scher Familienbetrieb. Doch die gute andere Hälfte hielt ein geheimnisvoller Liechtensteiner Teilhaber: der New Oryx Trust, dessen Eigentümer anfangs im Dunkeln blieben. Wusste wenigstens Michael Glos selbst, wer hinter diesem Trust steckte? »Nein«, versicherte er dem *stern* Ende 2012. Einige Zeit danach outete sich der katarische Großunternehmer Ghanim bin Saad Alsaad als der Hintermann, der mit der Familie des ehemaligen deutschen Wirtschaftsministers Geschäfte machte – ohne dass die das mitbekommen haben will.

Glos war in der Wahlperiode von 2009 bis 2013 übrigens nach Steinbrück einer der Abgeordneten mit den höchsten Einkünften aus Nebentätigkeiten. In seinem Fall war es über eine halbe Million Euro. Dazu trugen Ausschüttungen der Stolzmühle GmbH ebenso bei wie monatliche Überweisungen von über 7000 Euro des Finanzinvestors RHJ International SA in Brüssel. Das Unternehmen hatte 2009 versucht, Opel zu übernehmen. Und Glos setzte sein Lobbyengagement auch nach dem Ausscheiden aus dem Bundestag ungebrochen fort – zum Beispiel als Beiratsmitglied bei der Consultum Communications GmbH des Lobbyisten Hans-Erich Bilges, als Beiratsmitglied des Verbands der russischen Wirtschaft in Deutschland und als Berater für den Baustoffhersteller Knauf.

Bei diesem stark in Russland engagierten Unternehmen war man sicher nicht unzufrieden, als Glos auch nach der russischen Besetzung der Krim noch öffentlich für einen Ausgleich mit Moskau warb. »Russland war für Deutschland stets ein zuverlässiger Lieferant von Öl und Gas. Es ist zudem ein wichtiger Absatzmarkt für die deutsche Industrie«, erklärte er. Deshalb könne man die »Krise um die Ukraine« nicht durch ein »Entweder-oder« zwischen Anbindung des Kiewer Staates an die EU oder an Russland lösen, zitierte ihn die *Bild am Sonntag*. Dass der Politiker womöglich nicht nur als unabhängiger Experte sprach – blieb unerwähnt.

Glos hat seine Lobbyaktivitäten also nach dem Ausscheiden aus dem Abgeordnetenamt offenkundig eher noch ausgeweitet. Und auch damit ist er kein Einzelfall. Der Drehtür-Effekt, bei dem ehemalige Amtsträger sich anschließend auf der Seite der Wirtschaft wiederfinden, betrifft ja nicht nur Minister und Beamte. Nach der jüngsten Bundestagswahl verloren rund 260 Parlamentarier ihr Mandat, viele davon unfreiwillig, darunter die 93 Abgeordneten der an der Fünfprozenthürde gescheiterten FDP. Eine ganze Reihe davon tauchte hinterher in der Lobbybranche auf, etwa der ehemalige Finanzpolitiker Otto Fricke, der im März 2014 zu der Kommunikationsagentur CNC wechselte. »Mit Otto Fricke kann CNC am Standort Berlin insbesondere die Kompetenz und das Netzwerk im Bereich Public Affairs deutlich ausweiten«, erklärte das Unternehmen. Fricke selbst kündigte an, er wolle »dazu beitragen, das gegenseitige Verständnis an der Schnittstelle zwischen Politik und Wirtschaft zu fördern«.

## 5 Vom Suchen und Finden der Freundschaft

*»Beziehungen schaden nur dem, der keine hat.«*
(Der Unternehmer und FDP-Parteispender Cornelius Boersch)

Wie Lobbyisten und Unternehmer sich Politikern als Berater und Unterstützer anbieten. Über Peer Steinbrück, Frank-Walter Steinmeier, Guido Westerwelle und Christian Wulff – und über ihre Freunde.

Vorgemacht hatte es Moritz Hunzinger, der Berater und Lobbyist, über den im Jahr 2002 der damalige Verteidigungsminister Rudolf Scharping stürzte. Hunzinger hatte einerseits Abgeordnete mit hohen Vortragshonoraren bedacht und andererseits unentgeltlich Bundesminister beraten. Diesen sind Nebentätigkeiten ja untersagt. Dem SPD-Mann Scharping half Hunzinger bekanntlich sogar bei der Wahl seiner Garderobe. Im Gegenzug vermittelte er Firmenvertretern Termine mit Scharping und anderen Ministern. Natürlich zahlten die Unternehmen Hunzinger dafür ein anständiges Honorar.

Es gibt manche Berater aus der freien Wirtschaft, die Spitzenpolitikern mit angeblich kostenloser Unterstützung aushelfen – und zwar aus reiner Freundschaft. In Wahrheit haben sie aber womöglich nichts dagegen, dass ihre Nähe zu diesem oder jenem Politpromi öffentlich bekannt ist. Das hilft dann vielleicht bei der Akquise anderer Aufträge oder bei Geschäften egal welcher Art.

Hans-Roland (»Rolli«) Fäßler würde einen solchen Verdacht und den Vergleich mit Moritz Hunzinger ganz sicher zurückweisen. Anders als der seinerzeitige Scharping-Vertraute spricht Fäßler nicht gerne laut über sein Gewerbe. Früher hat er als Journalist und als Manager in der Medienbranche gearbeitet. Heute führt er die Polimedia Beratungsgesellschaft in Ahrensburg bei

Hamburg, die im Handelsregister als Geschäftszweck »die Beratung im Bereich Politik, Wirtschaft und Medien« anbietet. Seit vielen Jahren hilft Fäßler außerdem seinem Freund Peer Steinbrück – aber das tut er unentgeltlich.

Als der SPD-Politiker noch Finanzminister war, organisierte Fäßler für ihn eine Beraterrunde, an der Leute wie der Schauspieler Hannes Jänicke oder der evangelische Theologe Nikolaus Schneider teilnahmen. Einmal – lange vor dessen tiefem Fall – war sogar der damalige FC-Bayern-Präsident Uli Hoeneß dabei. Der Steinbrück-Berater habe dann immer wieder versucht, ihn zu einer Teilnahme zu bewegen, erzählte der Fußballmanager Anfang 2013: »Fäßler versuchte ständig, mich zu überreden.« Aber er, so Hoeneß, stehe im Zweifel doch eher auf »Frau Merkel« und auf den CSU-Chef Horst Seehofer.

Auch während des Bundestagswahlkampfs 2013 war Fäßler oft in der Nähe seines alten Freundes Peer zu sehen, der nun Spitzenkandidat der SPD war. Fäßler legte allerdings stets Wert darauf, keinen Vertrag mit der SPD-Zentrale zu haben – weswegen er sich auch das Recht herausnahm, auf Journalistenanfragen nicht zu antworten. Solche Anfragen gab es schon seit Ende 2012 öfter, denn Steinbrück und seine Berater vernachlässigten eine Maxime, die der frühere CDU-Generalsekretär Heiner Geißler seiner Partei immer wieder gepredigt hatte: »In einem Wahlkampf darf man keine Fehler machen.«

Fäßlers Fehlertoleranz war höher. So war er offenbar über einige Hintergründe des umstrittenen »peerblog« informiert – eine Website, mit der die Düsseldorfer PR- und Lobbyagentur steinkühler-com den SPD-Kanzlerkandidaten unterstützen wollte. Doch das Vorhaben geriet rasch in die Kritik, weil niemand aus dem Unterstützerkreis verraten wollte, wer den »peerblog« finanzierte. Laut *Spiegel* war ein sechsstelliges Budget vorgesehen. Wie Abgeordnetenwatch herausfand, hatte steinkühler-com in der Vergangenheit unter anderem damit geworben, bei der »Anbahnung von Kontakten zwischen Wirtschaft und Politik«

sowie der »Positionierung von Unternehmern und Vorständen in Ministerien« zu helfen.

Fäßler kannte angeblich die Namen der Finanziers des Blogs, mochte sie aber nicht preisgeben. Dass man mit indirekter, versteckter Kandidatenfinanzierung Kritik auf sich lenken könnte, war vorab offenbar keinem der Beteiligten in den Sinn gekommen. Und auch hinterher – wenige Tage nachdem die Initiatoren den »peerblog« wieder vom Netz genommen hatten – sah Fäßler »nichts« am Kandidaten Steinbrück, das »skandalisierbar wäre«. Alles, was es gebe, seien »krude und abwegige Anwürfe«. Er sagte das wohlgemerkt nicht zu Journalisten, sondern in einer kleinen Gesprächsrunde, die das Berliner Lobbybüro des Handelskonzerns Metro organisiert hatte. Wählte man in jenen Tagen als Journalist auf der Suche nach substantielleren Antworten Fäßlers Handynummer an, sprang eine Ansage an, die auf einen prominenten CDU-Mann anspielte: »Bitte machen Sie mir doch einfach den Wulff und sprechen Sie auf die Mailbox.«

Mit Wulff hatte Fäßler durchaus etwas gemeinsam – nämlich eine belastbare Beziehung zu dem Eventmanager Manfred Schmidt, der bis zum Bekanntwerden seiner sehr belastbaren Beziehungen zum Umfeld des damaligen Bundespräsidenten regelmäßig Partys für die Berliner Lobbyszene organisierte. Fäßler und Schmidt sind etwa gleich alt und arbeiteten immer mal wieder zusammen. Und Fäßler war für Schmidt offenkundig auch wegen dessen Nähe zu Steinbrück wertvoll. Einen Tag vor Steinbrücks 62. Geburtstag im Januar 2009 jedenfalls wies eine Mitarbeiterin den Partykönig auf das Wiegenfest des damaligen Ministers hin, zu dem man ihm gerne gratulieren wollte: »Haben weder private noch mobile Nummer – vielleicht über Fäßler?«

Die Handynummer bekam Schmidt dann wohl doch nicht, aber ausgerechnet in Steinbrücks Amtszeit als Minister half Fäßler Schmidt offenbar auch bei der Sponsorensuche. Fäßler selbst reagiert nicht auf Fragen zu dem Sachverhalt. Aber im Juli 2009 – ein großes Schmidt-Event am Abend der Bundestagswahl war in

Vorbereitung – schrieb ein Mitarbeiter an den Eventmanager unter dem Betreff »Fässler«: »Er meint, dass die Telekom am Wahlabend eine eigene kleine Veranstaltung macht und die Deutsche Post wohl als staatliches Unternehmen nicht wirklich aktiv sein möchte. Er versucht es aber weiter.«

Bei der Deutschen Post – deren Staatsanteile das damals von Steinbrück geführte Finanzministerium verwaltete – wurde Fäßler offenbar mehrfach vorstellig. Einmal hatte Schmidt auch ein Konzept für ein eigenes Post-Event entwickelt, und Fäßler sollte das Papier persönlich einem Vorstandsmitglied des Staatsunternehmens übergeben. Aus den Bemühungen scheint damals nichts geworden zu sein; weder die Deutsche Telekom noch die Post waren interessiert. Doch für den Eventmanager Schmidt war der Steinbrück-Freund offenkundig wichtig. So wichtig, dass er ihm bei besonderen Events wiederholt den exklusiven Shuttleservice anbot, der nur ausgewählten Schmidt-Gästen zuteilwurde.

### Korruption auf Erste-Welt-Niveau

Fäßler ist nicht nur Steinbrücks unentgeltlicher Berater, er ist, wie gesagt, auch sein langjähriger Freund. Politiker sind als Freunde gefragt, gerade von Leuten aus der Wirtschaft. Warum sind derartige Bande zwischen Politikern und Wirtschaftsleuten so verbreitet? Die Gründe dafür müssen nicht allesamt anrüchig sein. In der Unternehmenswelt gilt wie im Berliner Regierungsviertel: Nur wenige schaffen es an die Spitze. Da verbindet also womöglich schon das gemeinsame Temperament, ein ähnliches Energielevel, die gleiche Augenhöhe. Und welcher Politiker kann schon ernsthaft von sich sagen, er sei mit einem anderen Politiker befreundet? In diesem Kosmos ist jeder irgendwann ein potentieller Rivale.

Der amerikanische Politikwissenschaftler und Korruptionsexperte Michael Johnston hat jedoch eine weitere etwas weniger idyllische Theorie, warum Freundschaften zwischen Managern und Ministern so häufig sind. Er zählt Deutschland zu denjenigen etablierten Demokratien, in denen die direkte Bestechung eines Amtsträgers eher riskant sei. Daher rühre der Charme subtilerer Varianten der Einflussnahme, bei der sich Interessenvertreter der »Freundschaft mit mächtigen Politikern« versicherten, um sich selbst Vorteile zu verschaffen.

Die plumpe Version der Korruption ist es, jemandem einen Geldumschlag zu überreichen, um dafür einen Auftrag der Regierung zu bekommen. Eleganter und auf Erste-Welt-Niveau geht derjenige vor, der nach und nach ein Verhältnis der Nähe zu jemandem aufbaut, der ihm vielleicht irgendwann helfen kann. Zugleich lässt sich die enge Beziehung argumentativ relativ leicht gegen Vorwürfe immunisieren: Wer kann etwas gegen edle Gefühle der Freundschaft einwenden?

Bei dem ehemaligen FDP-Chef Guido Westerwelle war es der Investor Cornelius Boersch, der strikt uneigennützig immer wieder in der Nähe war. Der gebürtige Hannoveraner betrieb seine Firmen nicht im heimischen Deutschland, sondern von der steuergünstigen Schweiz aus. Er war mal am Neuen Markt aktiv und hat Geld verdient mit RFID-Chips, wie sie heute in den Reisepässen unsere Fingerabdrücke speichern. Später verstand er sich als Business Angel. So nennen sich Finanziers, die jungen Unternehmensgründern mit Kapital und Know-how beistehen – als eine Art solvente Schutzengel. Nicht zuletzt galt Boersch immer als begnadeter Netzwerker. Er gehöre zu den 1000 Leuten in Deutschland mit der höchsten Handy-Rechnung, sagte einmal ein Bekannter. »Beziehungen schaden nur dem, der keine hat«, wurde Boersch selbst zitiert.

Für Westerwelle war er Freund, Berater, Förderer. Der Unternehmer spendete der FDP von 2002 bis Ende 2009 nicht nur mehr als 160 000 Euro. Er sah sich auch als Westerwelles Wirtschaftsberater, gewann den Politiker immer wieder als Redner für eigene Veranstaltungen und veröffentlichte gemeinsam mit ihm ein Buch. Titel: *Das Summa Summarum von Politik und Wirtschaft*.

Kaum war der Freidemokrat Ende 2009 zum Außenminister avanciert, saß Boersch bei zwei der ersten drei offiziellen Auslandsreisen als Teil der Wirtschaftsdelegation mit im Flugzeug – mit eigener Kostenbeteiligung, wie das Auswärtige Amt betonte. Dennoch hatte er in den Augen der Öffentlichkeit etwas zu schnell von seiner Nähe zu dem neuen Vizekanzler profitiert. Den etwas strengen Lobbygeruch – den hatte Westerwelles FDP nun auch wegen Freund Boersch.

**Steinmeier und sein Prinz**

Auch Sozialdemokraten haben Freunde, auch sozialdemokratische Außenminister. Ja, die Rede ist von Frank-Walter Steinmeier. Und ja, auch er hat einen Freund in der Wirtschaft, dem aus der Beziehung jedenfalls keine Nachteile zu erwachsen schienen: Die Rede ist von Detlef Prinz, einem Verleger und Berater, der früher IG-Metall-Funktionär war und im SPD-Parteirat saß. Später bot er auf seiner Website zahlenden Kunden Hilfe bei der »Vermittlung zwischen Wirtschaft und Politik« an – und Unterstützung bei der »Krisen-PR«. Auch er arbeitete gelegentlich mit dem Eventmanager Manfred Schmidt zusammen. Schmidt pries den Verleger bei Gelegenheit gegenüber einem Geschäftspartner: Er sei ein »einflussreicher Medienunternehmer« und »Intimus von vielen Politikern«, zum Beispiel von Frank-Walter Steinmeier.

Enge Beziehungen zu einem Politiker steigern eben den Marktwert. Während Steinmeiers erster Amtszeit als Außenminister von 2005 bis 2009 durfte Prinz ihn immerhin elf Mal auf Auslandsreisen begleiten. Steinmeier legte Wert darauf, dass er in derselben Zeit insgesamt 220 Auslandsreisen absolviert habe. Und Prinz sei wie alle anderen Mitglieder der Wirtschaftsdelegationen »an den Kosten beteiligt« worden. Prinz flog aber nicht nur einfach in der Außenministermaschine mit, so wie Westerwelles Freund Cornelius Boersch. Er lud überdies anschließend mehrfach die anderen Unternehmer aus Steinmeiers Wirtschaftsdelegationen zu Nachbereitungstreffen ein, zum Beispiel in den »Berliner Salon«, den Prinz nahe dem Gendarmenmarkt in der Hauptstadtmitte betrieb. Auch Steinmeier persönlich beehrte gelegentlich diese Runden. »Die Unternehmensvertreter selbst hatten Interesse, die entstandenen Kontakte weiter zu pflegen«, sagte Steinmeier dazu Anfang 2010. »Auch ich wollte den Gesprächsfaden nicht abreißen lassen.«

Nachdem der *stern* das Anfang 2010 publik gemacht hatte, wunderte sich der Sozialwissenschaftler und Lobbyexperte Marco Althaus öffentlich: Prinz' Unternehmen biete das »klassische Leistungsspektrum« einer kombinierten PR- und Lobbyagentur. Normalerweise flögen die Chefs solcher Agenturen »jedenfalls nicht in den Bundeswehrmaschinen mit, wenn sie Akquise betreiben oder für Kunden lobbyieren und netzwerkeln wollen«.

Aber Steinmeier selbst hatte ja auch etwas von der Freundschaft. Als er im Jahr 2008 als Wahlkreiskandidat in Brandenburg an der Havel nominiert war, kam er auf einmal unkompliziert an einen Zweitwohnsitz. Eine enge Freundin von Prinz, die Geschäftsfrau Gudrun H., mietete im Sommer 2008 eine Doppelhaushälfte im Brandenburger Vorort Saaringen. Prinz nutzte die Wohnung ebenfalls. Seit August 2008 war Steinmeier dort Untermieter, ebenso wie ein weiterer Freund des Politikers, der langjährige Chef der halbstaatlichen Deutschen Energie-Agentur (Dena), Stephan Kohler. Mit ihm, der dann Ende 2014 bei der Agentur ausschied, wandert Steinmeier gerne in Südtirol.

Man habe sich das »als praktisch vorgestellt«, dass Steinmeier in seinem märkischen Wahlkreis auch eine Wohnung habe, sagte Frau H. Anfang Januar 2010 vor dem Amtsgericht Brandenburg – es ging damals um eine Räumungsklage. Dem seinerzeitigen SPD-Spitzenkandidaten half die Adresse, um sich den brandenburgischen Bürgern als einer von ihnen zu präsentieren. Hier fühle er sich »mit jeder Faser« als Brandenburger, vertraute er einer Lokalzeitung an. Zwischen dem Untermietvertrag in Saaringen und Prinz' Reiseteilnahmen gebe es aber keinerlei Zusammenhang, versicherte Steinmeier. Der ehemalige IG-Metall-Sekretär Prinz wurde in den Monaten vor der Wahl im Jahr 2009 häufig in der Nähe des damaligen Kanzlerkandidaten gesehen. Er war dabei, als Steinmeier in Hannover den Bundestagswahlkampf der SPD eröffnete. Und die von Prinz geführte Karl-Schiller-Stiftung – nicht die SPD-Zentrale – war der zahlende Gastgeber, als Steinmeier Anfang August 2009 einen sogenannten Deutschlandplan für vier Millionen neue Arbeitsplätze vorstellte.

Das Netzwerk der Freundschaft reichte aber noch weiter. Eine Zeitlang verlegte der Unternehmer eine Reihe Berliner Bezirksblättchen. Von 2005 an startete Prinz dann eine Gruppe englischsprachiger Monatszeitungen. Die *Atlantic Times* bekamen US-Politiker seitdem kostenlos ins Haus, die *German Times* ging – ebenfalls gratis – an Entscheidungsträger in Europa. Schließlich verlegte Prinz auch eine *Asia-Pacific Times* und zeitweise eine *African Times*. Dem Außenminister Steinmeier waren alle vier Gazetten eher wohlgesinnt. Die deutsche Außenpolitik sei bei ihm »in guten Händen«, lobte ihn Chefredakteur Bruno Waltert im Juni 2008. Die Meinungen über Kanzlerin Angela Merkel, so Waltert damals eher nickelig, seien dagegen »geteilt«.

Weil die Blättchen großenteils kostenlos verschickt werden, muss Prinz sie mit Anzeigen finanzieren. Spätestens seit Herbst 2008 war die Dena des Saaringer Mituntermieters Stephan Kohler als Anzeigenkunde auffällig stark vertreten. Nach den Anzeigenpreislisten der Prinz-Blätter könnte so – falls der Verlag keine Rabatte einräumte – eine Summe von über 500 000 Euro zusammengekommen sein, die die Dena von Ende 2008 bis Ende 2009 an die Prinz-Firma überwiesen hätte. Die Dena und Prinz ließen diese Summe allerdings bestreiten.

Eigentlich hat die Kohler-Gesellschaft die Aufgabe, das Energiesparen und den Einsatz erneuerbarer Energien zu fördern. Ist diesem Ziel wirklich mit teuren Anzeigen in Blättern gedient, deren Leser – wenn überhaupt – in Washington oder Nairobi sitzen? Die Dena sagt, man habe mit den Anzeigen und Beilagen »deutsche Unternehmen, ihre Produkte und Dienstleistungen bei ausländischen Entscheidern« bekanntmachen wollen. Keinen störte es freilich, dass die Auflage der Blätter anders als bei großen Magazinen wie stern oder Spiegel von niemandem geprüft wurde. Auch 2011 und 2013 schaltete die Dena gelegentlich bezahlte Anzeigen bei Prinz. »Laut Verlagsangaben der Times-Media-Gruppe« erreiche die Dena damit in den jeweiligen regionalen Ausgaben »zwischen 30 000 und 60 000 Entscheider«, teilte die Bundesregierung Anfang 2014 auf eine Anfrage der Grünen-Abgeordneten Bärbel Höhn mit.

Zeitweise sprach der Verlag selbst von einer Auflage von je 50 000 Exemplaren. Anfang 2014 kamen die Blätter nicht mehr monatlich, sondern nur noch alle zwei Monate heraus. Und im Herbst 2014 nennt man bei der *Atlantic Times* eine Auflage von nur noch 30 000 Stück.

Steinmeier – inzwischen wieder Außenminister – hielt Prinz jedenfalls weiterhin die Treue. In einem Gastbeitrag für die Ausgabe zum zehnjährigen Jubiläum der *Atlantic Times* im September 2014 gratulierte der SPD-Politiker »von ganzem Herzen«. Bereits im Februar 2014 bestellte das Außenministerium – Steinmeier war gerade wieder im Amt – Anzeigenplatz im Wert von 23 000 Euro in der *Security Times*, die Prinz anlässlich der Münchner Sicherheitskonferenz herausgab. Mit der Nähe zwischen Prinz und Steinmeier habe das aber nichts zu tun, versicherte das AA. Ebenso wenig mit der Tatsache, dass der Minister auch die *Security Times* mit einem Gastbeitrag aufwertete.

Kurz zuvor waren die Blätter der *Times*-Gruppe zum Thema auf den Medienseiten der Zeitungen avanciert. Ihr Herausgeber war nämlich – im Nebenberuf – der langjährige *Zeit*-Chefredakteur Theo Sommer. Bei einer Betriebsprüfung bei Times Media war aufgeflogen, dass Sommer seine dortigen Einkünfte nicht versteuert und damit 649 917,99 Euro Steuern hinterzogen hatte. Das Hamburger Amtsgericht verurteilte ihn zu einer Bewährungsstrafe.

»Die Ästhetik unserer Tage heißt Erfolg« – mit diesem wenig sozialdemokratisch anmutenden Motto ging Sommers Arbeitgeber Prinz zeitweilig auf seiner Website hausieren. Doch wenn auf dem Weg zum Erfolg auch Freundschaften eingespannt werden, dann lässt das nicht nur am Wert dieser Freundschaften zweifeln.

### Der subtile Charme der Freundschaft

Selbstverständlich wollen auch prominente Politiker mal ungestört Urlaub machen. Da ist es ein Segen, wenn man einen oder mehrere erfolgreiche Firmenlenker im Freundeskreis hat, deren Villa man nutzen kann. Schon Joschka Fischer verbrachte als Außenminister Ferientage auf dem mallorquinischen Anwesen des damaligen Allianz-Managers Paul Achleitner – ein Freund des Grünen-Politikers. Christian Wulff quartierte sich samt Familie kurz nach seiner Wahl zum Bundespräsidenten in dem burgartigen Anwesen bei Port d'Andratx auf Mallorca ein, das dem Finanzunternehmer Carsten Maschmeyer gehörte. Dessen damalige Lebensgefährtin und heutige Ehefrau Veronica Ferres hatte das angeblich mit Wulffs damaliger Gattin Bettina eingefädelt.

Immerhin bezahlte Wulff für den Aufenthalt in dem Komplex hoch über dem Meer, der in Maschmeyers früherem Finanzvertrieb AWD firmenintern unter dem Titel »Paradise Castle« geführt wurde. Erfolgreiche Mitarbeiter wurden dort immer wieder zu Incentive-Urlauben eingeladen, zu »Luxus pur«, wie das ein AWD-Direktor einmal schrieb. Aber ein Bundespräsident in der Maschmeyer-Burg? »Unklug« fand das bereits im August 2010 die *Süddeutsche Zeitung*. Ein Präsident habe »jeden Anschein zu vermeiden, er sei in irgendeiner Form irgendjemandem speziell dienlich – und selbst wenn es nur um einen Freundesdienst geht«.

Carsten Maschmeyer hatte stets eine besondere Begabung, ein enges Vertrauensverhältnis zu Politikern aufzubauen. Mit Christian Wulff gelang ihm dies ebenso wie mit Gerhard Schröder. Die beiden *stern*-Redakteure Wigbert Löer und Oliver Schröm haben kürzlich in einem Buch beschrieben, wie der Finanzunternehmer bei beiden das »Beziehungskonto« – ein Maschmeyer-Ausdruck – auffüllte und dann aber auch selbst mit Bitten vorstellig wurde. An den damaligen Kanzler Schröder wandte er sich, um eine Reform der Riester-Rente im Sinne des AWD zu erreichen. Anschließend kaufte er Schröder für über zwei Millionen Euro die Rechte an dessen Memoiren ab – eine Summe, die Maschmeyer nach Recherchen des *stern* nur zur Hälfte wieder erlöste. Christian Wulff wiederum traktierte er schon einmal vor einer CDU-Präsidiumssitzung mit Anregungen zur Gesundheitspolitik. Als Wulff ebenfalls ein Buch veröffentlichte, bezahlte Maschmeyer einige Werbeanzeigen in niedersächsischen Zeitungen. Wulff zufolge geschah das ohne sein Wissen.

Echte Freundschaften zwischen Politikern und Unternehmern – es mag sie geben. Für den Freund aus der Wirtschaft wirft die Nähe zu einem Politiker ja nicht automatisch eine sofortige Rendite ab. Aber sie ist zumindest gut für das Image. Lobbyisten erwähnen gerne, mit wem sie in der Politik alles per Du sind – es ist für sie ein Verkaufsargument. Dass der DocMorris-Vorständler Max Müller ein Studienfreund des ehemaligen Gesundheitsministers Daniel Bahr ist, ließ sich bereits in der Zeitung nachlesen. Und schon im November 2008 erfuhr man aus der Illustrierten *Bunte*, dass der Filmproduzent David Groenewold ein »Freund der Familie Wulff« sei und so auch bereits »First Baby« Linus auf dem Arm gehalten habe. Vor dem Landgericht Hannover erinnerte sich später Groenewolds Sekretärin daran, dass es oft geholfen habe, wenn man Dritten gegenüber das enge Verhältnis ihres Chefs zu Christian Wulff erwähnt habe.

### Christian Wulff – eine Lobbyaffäre

Der Fall Wulff zeigte aber eben auch, wie gefährlich solche Freundschaften für die Karriere eines eben noch umschwärmten Politikers werden können. Die Affärendebatte um den damaligen Bundespräsidenten Ende 2011 und Anfang 2012 war – das wird oft unterschlagen – im Kern eine Lobbydebatte. Immer wieder ging es um angeblich unschuldige Freundschaftsdienste, die der damalige Ministerpräsident Niedersachsens angenommen hatte. Egal, ob ihm die Ehefrau des Unternehmers Egon Geerkens einen zinsgünstigen Kredit über eine halbe Million Euro überließ, ob er mit dem Filmunternehmer Groenewold ein von diesem arrangiertes gemeinsames Oktoberfest-Wochenende in München verbrachte, oder ob sich Wulff mit seiner zweiten Frau Bettina von dem Talanx-Manager Wolf-Dieter Baumgartl dessen Toskana-Villa am Meer samt Hauspersonal für eine kostenlose Flitterwoche überlassen ließ – alles nur Freundschaft.

Aber zugleich hatte Wulff kurz vor der Kreditvergabe eben auch persönlich Geerkens zur Teilnahme an einer offiziellen Delegationsreise eingeladen; als niedersächsischer Ministerpräsident machte er sich für die Interessen von Baumgartls Versicherungsbranche stark, und für das Gedeihen der Filmwirtschaft engagierte er sich ebenfalls. Das Verhältnis zwischen Wulff und dem Filmproduzenten Groenewold, urteilte darum die TV-Journalistin Sarah Tacke, habe sich »in einem Graubereich zwischen legalem Lobbyismus und illegaler Korruption« abgespielt.

Wobei, illegal war es dann eben doch nicht. Im Februar 2014 sprach das Landgericht Hannover Wulff sowie Groenewold bekanntlich von allen Korruptionsvorwürfen frei. Der Unternehmer hatte zwar während des Wiesn-Wochenendes im September 2008 unstreitig Wulffs Hotelkosten mit 400 Euro bezuschusst. Aber Wulffs Beteuerung ließ sich nicht ausräumen, wonach er die Kostenübernahme gar nicht mitbekommen habe. Im Zweifel für den Angeklagten – nach diesem Grundsatz war der Freispruch richtig. Sehr glaubwürdig wirkten beide Männer mit ihren Beteuerungen jedoch nicht immer; beide hatten sich öfter in Widersprüche verwickelt. Noch im Januar 2012 hatte der Noch-Präsident ja sogar erklären lassen, dass sein Umgang mit Groenewold »reine Privatsphäre« gewesen sei. Aber das stimmte nicht.

Die Freundschaft der beiden Männer intensivierte sich ausgerechnet im Jahr 2005, als Groenewolds Geschäftsmodell durch die Streichung von Steuervorteilen in Gefahr geriet. Nun führte der Filmproduzent den Ministerpräsidenten nicht nur in die aufregende Szene von Blitzlichtgewittern und roten Teppichen ein; er hatte mit ihm zugleich einen energischen Befürworter einer starken nationalen Filmwirtschaft an seiner Seite.

War es also aus Freundschaft, dass der Unternehmer im Juli 2005 für 20 000 Euro zwei Anzeigenseiten in dem niedersächsischen CDU-Blättchen *Magazin für Niedersachsen* schaltete? Oder war es doch »Lobbyismus«, wie in seinem Umfeld eingeräumt wurde? Groenewold meldete für Christian Wulff im Oktober 2005 auf seinen Namen sogar ein Zweithandy an, das dieser dann im Sommer 2006 zurückgab, ein paar Monate nach der Trennung von seiner ersten Frau Christiane. Und Groenewold lud Wulff als Gastredner zu einem Empfang im Berliner China Club, wo sich der CDU-Politiker für die Filmwirtschaft starkmachen sollte.

Solange solch ein Duo aus Politiker und Geschäftsmann im Gleichtakt Karriere macht, scheint die Nähe manchmal nicht groß genug sein zu können. Erst wenn einem oder beiden der Absturz droht, heißt es: Rette sich, wer kann.

In seinen letzten Tagen als Präsident ließ Wulff sogar beteuern, er habe »nie« etwas mit einer Bürgschaft zu tun gehabt, die seine Landesregierung im Dezember 2006 einer Groenewold-Firma zusagte. Tatsächlich hatte der Ministerpräsident selbst im Dezember 2006 seine Paraphe auf diese Zusage gesetzt. Es ging um das Okay für eine Bürgschaft über vier Millionen Euro, zur Absicherung eines Kredits von fünf Millionen. Wären alle Stricke gerissen, wären die Millionen für das Land womöglich verloren gewesen, räumte ein damaliger Groenewold-Kompagnon später ein. Dazu kam es nicht, weil der Kredit nicht zustande kam. Schon im Mai 2009 empfahl das Medienreferat in Wulffs Staatskanzlei, gar keine Bürgschaften an die Filmwirtschaft mehr zu vergeben. Wulff war nicht einverstanden. Man möge zwar »bei allen Aktivitäten im Zusammenhang« mit Groenewold »äußerste Zurückhaltung« zeigen. Aber »gar keine Bürgschaft mehr zu geben, erscheint mir übertrieben fundamentalistisch«, notierte der damalige Ministerpräsident am 18. Mai 2009.

Auch während des berühmt gewordenen gemeinsamen Wiesn-Wochenendes in München im September 2008 ging es nicht nur um Privates. Ein Groenewold-Partner ließ an exakt diesem Wochenende dem Filmproduzenten für Christian Wulff bestimmte Informationen zu einem Film übermitteln, den die Firmengruppe des Unternehmers gerade produzierte. Der Film *John Rabe* über einen ehemaligen Siemens-Manager im China des Zweiten Weltkriegs war das bis dahin größte Filmprojekt von Groenewolds Gruppe. Einige Wochen später, im November, bekam auch Wulff-Sprecher Glaeseker wegen dieses Filmprojekts eine Mail von dem Groenewold-Geschäftspartner. Wulff wiederum erbat im Dezember 2008 Unterstützung für den Film bei Siemens-Chef Peter Löscher. Groenewolds Partner erhoffte sich über Siemens fünfstellige Mehreinnahmen, die sehr willkommen gewesen wären, denn die Firmengruppe steckte in einer Krise. Ihr Aktienwert war Ende 2008 innerhalb eines Jahres um 74 Prozent abgestürzt, deutlich drastischer als der Branchenschnitt. Wulff versicherte vor Gericht dennoch, er habe seinen Bittbrief an den Siemens-Chef ganz aus eigenem Antrieb geschrieben.

»Politiker haben das Recht auf Freunde«, verteidigte sich Christian Wulff vor dem Landgericht: »David Groenewold ist mein Freund.« Tatsächlich schien das Verhältnis der beiden Männer merkwürdig zu changieren. Noch am 1. Juni 2010 war es so eng, dass an jenem Abend Groenewold mit Bettina Wulff im Berliner Soho House gemeinsam die Zeit verbrachte, bis der Politiker von einem Gespräch mit Kanzlerin Merkel zurückkehrte. »Während David und ich rätselten, worüber Angela Merkel und Christian sich wohl unterhalten könnten, sprach die Bundeskanzlerin tatsächlich mit Christian über eine eventuelle Kandidatur zum Bundespräsidenten«, erinnerte sich Bettina Wulff in ihrem Buch *Jenseits des Protokolls* im Sommer 2012. Erst um Mitternacht herum stieß Wulff dann zu den beiden, die in dem angesagten Privatclub in Berlin-Mitte auf ihn warteten. Und so hörte Groenewold mit als Erster, was der Rest der Republik erst am Tag darauf erfuhr – Wulff sollte das neue Staatsoberhaupt werden.

Sie »waren soooo gut befreundet«, behauptet einer, der es wissen muss. Doch kaum war Wulff in das höchste Staatsamt gewählt, erschienen erste Zeitungsartikel über enttäuschte Anleger, die den Filmproduzenten verklagt hatten. Eineinhalb Jahre lang herrschte daraufhin – wie Groenewold selbst später bekannte – Funkstille zwischen den beiden angeblich so engen Vertrauten. »Ich freue mich«, so ließ Groenewold Ende 2013 vor Gericht erklären, »dass die Freundschaft nicht durch die Ermittlungen beeinträchtigt wurde.« In Wahrheit war es ein bisschen anders: Erst die Vorwürfe gegen beide sorgten dafür, dass sie um den Jahreswechsel 2011/2012 überhaupt wieder in Kontakt kamen. Nun hatten sie wieder ein klares gemeinsames Interesse: sich gegen die öffentlichen Vorwürfe zur Wehr zu setzen.

Anfang 2014 fragte der Richter im Landgericht Hannover Wulffs Ex-Sprecher Olaf Glaeseker, ob er mit seinem damaligen Chef je darüber gesprochen habe, wie man sich gegenüber Leuten aus der Wirtschaft verhalten solle. Glaeseker konnte sich an kein solches Gespräch erinnern. Die Lehre für Lobbyisten: Wer über solche Fragen nicht nachdenkt, wer Privatsphäre und Geschäft nicht klar trennt, muss mit dem Risiko eines Skandals rechnen.

Einer, dem das ebenfalls gründlich missglückte, war der Eventmanager Manfred Schmidt. Kaum einer vermählte Business und Bussi, Bussi so sehr wie er.

## 6 Das große Schmidteinander

*»Freuen Sie sich auf einen spannenden Abend
mit Top-Entscheidern aus Politik, Wirtschaft,
Kultur, Medien und Sport.«*
(aus einer Einladung des Eventmanagers Manfred Schmidt)

Wie ein Eventmanager zur Schlüsselfigur der Berliner Lobbyszene avancierte. Wie bei ihm Politiker zur Ware wurden und die Vermittlung von Kontakten zum Geschäftsmodell.

Der Abend des 30. Juni 2010, er markierte vielleicht für gleich zwei Männer den Höhepunkt ihrer Karriere. An diesem Abend kürte die Bundesversammlung Christian Wulff im dritten Wahlgang zum zehnten Präsidenten der Bundesrepublik Deutschland. Noch in derselben Nacht ließ sich der Christdemokrat von Freunden feiern – organisiert von Manfred Schmidt. Lange galt der Mann mit dem markanten Glatzkopf als bestaunter Erfolgstyp. Die Zeitungen bejubelten ihn als »Deutschlands erfolgreichsten Party-Entrepreneur«, der Verleger Hubert Burda pries ihn als »Chief Communicator«, und Christian Wulff brachte es einmal auf diese etwas missglückte Formel: »Man sagt ihm nach, er sei sozusagen das Gesicht für guten Gastgeber in Deutschland.« Schmidt, so das Magazin *Impulse* im Jahr 2002, sei der »Erfinder der einzig wirklich erfolgreichen Schnittstelle zwischen Politik, Showbiz, den Medien sowie dem Big-Business.«

Er kannte sie alle, die Mächtigen, Reichen und Schönen, war mit Comedian Ingolf Lück und Sänger Andreas Bourani ebenso per Du wie mit Autolobbyist Matthias Wissmann. Fast alle kamen sie gerne, wenn er einlud, egal ob Schauspieler, Manager oder Politiker – von Guido Westerwelle über Peer Steinbrück bis Cem Özdemir. Bewunderer bezeichneten ihn als den »Sozialarbeiter der Society«. Seine Feiern veranstaltete Schmidt jedoch nicht einfach, um anderen eine Freude zu machen, sondern weil ihn große Konzerne dafür bezahlten. Schmidt fungierte als eine Art Maschinist des Berliner Lobbygewerbes. Er putzte keine Klinken, um die Interessen anderer zu vertreten, aber er setzte jedes Jahr Millionen um, indem er anderen half, die Türen zu öffnen. Das war ein einträgliches Geschäft: Allein im Jahr 2001 versteuerte Schmidt persönliche Einkünfte von fast 1,9 Millionen Euro.

Am Abend des 30. Juni 2010 nun hatte Schmidt in seine luxuriöse Berliner »Residenz« geladen, ein Penthouse mit direktem Blick auf das Brandenburger Tor. Die *Süddeutsche Zeitung* nannte es einmal »die wohl mit Abstand exklusivste Location, die in Berlin zu finden ist«. Laut Eigenwerbung boten separate Eingänge über die Tiefgarage eine »paparazzisichere Anfahrt und höchste Diskretion«.

Fotos von dem Abend mit Christian Wulff, die der *stern* eineinhalb Jahre später veröffentlichte, zeigten das innige Verhältnis, das Wulff mit Schmidt unterhielt. Beide Männer umarmten sich herzlich. Tatsächlich war der frischgebackene Präsident an diesem Abend selbst so etwas wie der Gastgeber. Später, in seinem Buch *Ganz oben Ganz unten*, wird Wulff behaupten, er habe nur »einige Namen auf der Gästeliste« ergänzt. Aber das war, wie so oft bei ihm, nicht die ganze Wahrheit. Tatsächlich ließ Wulff acht Tage vor der Siegesfeier über achtzig Namen an Schmidt schicken, die der Eventmanager bitte einladen möge. »Anbei die Wünsche von Herrn Wulff für den 30.6.«, schrieb sein Büroleiter aus Hannover: »Es sind ein paar Leute mehr geworden.« Unter Wulffs Wunschgästen waren seine Tochter Annalena, der Unternehmerfreund Egon Geerkens und FDP-Mann Philipp Rösler. Im Gegenzug übermittelte eine Schmidt-Assistentin ihren »ersten Einladungsentwurf« an den Büroleiter und an Wulffs Sprecher Olaf Glaeseker »mit der Bitte um Ihr Feedback«.

Später würde die mit Schmidt geschäftlich verbundene Aareal-Bank für ein eigenes Event in der »Residenz« mit dem Satz werben können: »Der neue Bundespräsident Christian Wulff gab hier einen privaten Empfang am Abend seiner Wahl.« Hier, in der noblen »Residenz«, habe der Bundespräsident die »erste Rede in seiner Amtszeit« gehalten, prahlte eine Schmidt-Mitarbeiterin noch ein Jahr später in einem Schreiben an einen Geschäftspartner.

Normalerweise verlangte Schmidt damals für einen Abend in dem Luxus-Penthouse zwischen 5000 und 7500 Euro zuzüglich Mehrwertsteuer – allein für die Nutzung der Räume. Für Wulff und seine Freunde war die Feier kostenlos, nicht aber für alle Teilnehmer. 3000 Euro berechnete Schmidt etwa dem Hauptgeschäftsführer des Verbands kommunaler Unternehmen (VKU), Hans-Joachim Reck, für die Teilnahme. »Netzwerkveranstaltungen sind im politischen Berlin an der Tagesordnung«, wird dieser später erklären lassen. »An einem solchen Abend besteht die Möglichkeit, mit vielen verschiedenen Persönlichkeiten aus Politik, Wirtschaft und Wissenschaft zu sprechen.« Das erinnerte an die »Rent a Rüttgers«-Affäre, über die drei Monate zuvor Nordrhein-Westfalens damaliger Ministerpräsident ins Stolpern gekommen war. Doch in diesem Fall konnte nicht Zeit mit einem Ministerpräsidenten gekauft werden, sondern mit dem ersten Mann im Staat.

Wulff dagegen bezahlte einfach mit seiner präsidialen Anwesenheit. Fotos des Events am 30. Juni 2010 zeigten den Bundespräsidenten, wie er auf einem Hocker stand und offenbar launige Worte sprach. Auf anderen Aufnahmen sah man, wie er sich mit Lobbyisten und anderen Geschäftspartnern des Eventmanagers fotografieren ließ – zum Beispiel mit dem damaligen Vorstandsvorsitzenden des Pharmakonzerns Celesio, Fritz Oesterle, sowie den Vertriebschefs von BMW und Mercedes-Benz. Schmidt ließ später einige der Bilder an seine Businessfreunde weiterleiten. Der damalige Celesio-Cheflobbyist Max Müller war hocherfreut: »Ich hoffe ich kann mich bei Dir revanchieren.« Celesio, BMW und Daimler waren damals regelmäßige Sponsoren von Schmidt-Events.

### Wie man Politpromis gewinnt

Die Enthüllungen über das »Schmidteinander« (*stern*) warfen Anfang 2012 ein grelles Schlaglicht auf die Berliner Lobbyszene. Viele Bürger mit Wohnsitz außerhalb des Postbezirks 10117 hatten sich bis dahin kaum einen Begriff gemacht, wie sich in der Hauptstadt Party und Geschäft vermengten. »Schmidt macht nichts anderes als Millionen anderer Lobbyisten«, zuckte noch Ende 2011 ein hoher Regierungsbediensteter die Achseln. Er verstand das als Entschuldigung. Aber sowohl in der Politik wie bei den mit Schmidt verbundenen Konzernen war er damals vielen schon länger als überaus großzügig bekannt.

Schmidts Beziehungen waren sein Kapital. Die Unternehmensleute und Lobbyisten waren seine Kunden. Sie bezahlten ihn nicht nur für Catering und Dekoration, sondern auch deshalb, weil er ihnen die Präsenz der Very Important People garantierte. Politiker und andere Promis wurden von Schmidt gratis eingeladen und verwöhnt – sie waren die Ware. Jemandem wie dem damaligen SPD-Chef Kurt Beck zahlte er schon mal einen Privatjet für die Strecke Berlin–Hamburg zum Preis von 3927 Euro, nur um dessen Anwesenheit beim »Arcandor Media Get Together« im Hamburger Alsterhaus zu sichern.

Umgekehrt stellte Schmidt zum Beispiel der Firma EUTOP 10 000 Euro in Rechnung für die »Kontaktvermittlung zu den von Ihnen gewünschten Gästen der Veranstaltung Deutschland jetzt!«. Die fand 2010 im Hotel Adlon statt. EUTOP ist selbst eine Lobbyfirma, die laut Eigendarstellung »vielfältige Kontakte zu politischen Entscheidungsträgern« anbietet.

In einem Werbetext (Überschrift: »connecting people – connecting business«) für potentielle Sponsoren seiner Veranstaltungen sprach Schmidt genau die Interessen an, die Lobbyisten haben: »Mit Informationen aus erster Hand ist es möglich, frühzeitig und gemeinsam die Weichen richtig zu stellen und langfristig Vertrauen aufzubauen.« Er bot Kontakte zu und Insiderinfos von den sogenannten Entscheidern an, all das meist abseits der Öffentlichkeit. Bei ihm, so das Schmidt-Motto, komme man in einem »deutschlandweiten Netzwerk« ins Gespräch – »parteiübergreifend, unideologisch, auf Augenhöhe, diskret«.

Auf einer »Basisliste« der Einzuladenden für ein Schmidt-Event standen im August 2011 Politiker wie Michael Glos, Philipp Mißfelder, Günther Oettinger, Manuela Schwesig und Klaus Wowereit. Außerdem der Unternehmer David Groenewold, die Lobbyisten und PR-Berater Hans-Erich Bilges, Nicola Brüning, Klaus Kocks, Detlef Prinz, Axel Wallrabenstein und Michael Wedell. Dazu Journalisten wie Sabine Christiansen, Peter Hahne, Thomas Koschwitz und Thomas Leif – bis hin zu der Sängerin Vicky Leandros und der Schauspielerin Lisa Martinek.

**Einladungen auf die Finca**

Der über die Jahre wohl zuverlässigste Politikergast auf Schmidts Events aber war Christian Wulff. Im Zuge der Wulff-Affäre wurde Ende 2011 und Anfang 2012 Stück für Stück bekannt, wie eng der Christdemokrat und erst recht sein Sprecher Olaf Glaeseker mit dem Eventmanager verbunden waren. Schon als Ministerpräsident tauchte Wulff immer wieder auf dessen Galas auf, ob in Hamburg, Hannover, Berlin oder auf Mallorca. Als der ehemalige CDU-Politiker Friedbert Pflüger im Mai 2009 Wulff als prominenten Teilnehmer für eine gemeinsam mit Schmidt geplante Veranstaltung vorschlug, ließ ein Mitarbeiter des Eventmanagers tatsächlich einen gewissen Überdruss erkennen: »Christian Wulff ist für uns immer präsent und ich würde mich über eine ›Abwechslung‹ in dieser Hinsicht sehr freuen.«

Er sei da immer gerne hingegangen, bezeugte der Niedersachse später vor dem Landgericht Hannover. Denn, so der Ex-Präsident: »Wir brauchen den Kontakt zwischen Menschen und Politikern.« Tatsächlich hatten ja auch Wulff und sein Umfeld etwas davon. Und das nicht nur deshalb, weil der Christdemokrat bei Schmidts Partys – wie er vor Gericht erzählte – bekannte Journalisten wie Maybrit Illner (ZDF) und Hans-Ulrich Jörges (*stern*) traf.

Schmidt unterhielt Ferienwohnungen im südfranzösischen Banyuls, auf Mallorca sowie eine Finca bei Barcelona. Die nutzte er zu diskreten Gratiseinladungen an diejenigen Personen, die für ihn wichtig waren – bis hin zum damaligen Berliner Regierenden Bürgermeister Klaus Wowereit (SPD). Der Gratisflug über Schmidts Premium-Konto bei Air Berlin war bei einigen Gästen inbegriffen.

Wulffs Sprecher Olaf Glaeseker und seine Frau durften besonders regelmäßig Schmidts Ferienimmobilien zu Gratisurlauben nutzen, Air-Berlin-Flüge öfter inklusive. In einem Schreiben vom 4. November 2008 bedankte sich Glaeseker bei seinem lieben »Oberschnulli« Manfred Schmidt für dessen »Großzügigkeit« bei der Überlassung von dessen Ferienliegenschaften – er grüßte als »der Generalfeldschnulli«. Er und seine Frau, schrieb Glaeseker, hätten sich in Südfrankreich »wieder sauuuuuuwooohl gefühlt. Es war herrrlich erholsam. Wir konnten Kraft tanken und die Seele baumeln lassen.« Schmidt, so Glaeseker im selben euphorischen Ton weiter, sage zwar immer: »Das ist doch Euer Zuhause.« Und gefühlt sei Banyuls ja auch ihr Zuhause. Doch er und seine Frau wüssten sehr wohl, »dass Deine Großzügigkeit nicht selbstverständlich ist – und wir wissen sie zu schätzen. Dicken Glatzenschmatz!!!«

Schmidt und Glaeseker, die nach eigenem Bekunden bis heute Freunde sind, wurden im Jahr 2013 gemeinsam wegen Bestechung und Bestechlichkeit angeklagt. Glaeseker hatte nämlich nicht nur die Einladungen von Schmidt angenommen, sondern zugleich als Staatssekretär in der niedersächsischen Staatskanzlei Sponsoren für die sogenannten Nord-Süd-Dialoge geworben, die Schmidt veranstaltete – drei gigantomanische Lobbypartys in Hannover und Stuttgart, die von 2007 bis 2009 unter der Schirmherrschaft von Christian Wulff und seinem damaligen baden-württembergischen Amtskollegen Günther Oettinger stattfanden.

Gegen Geldauflagen von je 25 000 Euro stellte das Landgericht Hannover das Verfahren gegen Glaeseker und Schmidt im Februar 2014 ein. Dass ein »böser Schein« von Käuflichkeit entstanden sei, hätten sich die Angeklagten selbst »zuzurechnen«, betonte die Richterin Renata Bürgel. Beide Angeklagten hatten sich hingegen mit dem Argument verteidigt, dass die Einladungen für Glaeseker Ausfluss ihrer Freundschaft gewesen seien. Wulffs damaliger Sprecher wollte die Sponsoren überdies nur im Interesse des Landes und seines Dienstherrn, des Ministerpräsidenten, eingeworben haben.

Sicher ist: Alle Beteiligten zogen ihren Nutzen. Zuletzt, im Dezember 2009, wurde für die 950 Gäste des Nord-Süd-Dialogs ein ganzer Terminal des Flughafens Hannover gesperrt. Sondermaschinen von Air Berlin flogen die Ehrengäste aus Stuttgart ein. Trotzdem blieben für den Eventmanager immer wieder schöne Gewinne übrig. »Die eingeworbenen Sponsorbeiträge deckten nicht – wie bei Landesveranstaltungen – nur die Kosten der Veranstaltung, sondern ermöglichten auch einen beachtlichen Überschuss des Veranstalters«, urteilte der Landesrechnungshof von Niedersachsen im Juni 2012.

Zugleich profitierte auch Christian Wulff in mehrfacher Hinsicht von dem Arrangement. Er und Oettinger glänzten als Quasi-Gastgeber – nicht umsonst sollte der erste Nord-Süd-Dialog Ende 2007 stattfinden, also kurz vor der niedersächsischen Landtagswahl im Januar 2008. Firmenchefs wie VW-Lenker Martin Winterkorn oder Carsten Maschmeyer mit seinem damaligen Finanzvertrieb AWD bezahlten die Party und durften sich dafür das Scheinwerferlicht mit den Politikern teilen. Und die »Top-Entscheider« (Glaeseker) hofften womöglich auch auf die anhaltende Sympathie eines Mannes wie Wulff, aus dem ja vielleicht noch etwas mehr werden konnte.

Ob zur Festigung des Netzwerkes oder aus purer Nächstenliebe – Schmidt tat auch etwas für das familiäre Umfeld des Politikers. Nach der Trennung von dessen erster Frau Christiane durfte diese zusammen mit Glaeseker drei Mal kostenlos auf den Anwesen von Manfred Schmidt urlauben und auf andere Gedanken kommen. Lange ließ Wulff behaupten, er habe davon »keine Kenntnisse« gehabt. Doch Christiane Wulff bezeugte vor dem Landgericht, dass Glaeseker ihr Schmidts erste Einladung sogar in Wulffs Anwesenheit übermittelt habe – beim Trennungsgespräch, bei dem Wulff sich ihr zufolge von seinem Pressesprecher begleiten ließ.

Als Zeuge vor Gericht zur Wahrheit verpflichtet, gestand es daraufhin auch der Ex-Präsident selbst ein: Ja, er sei »fest davon überzeugt, dass meine Frau exakt die Wahrheit gesagt« habe, auch wenn er selbst »an diesem Punkt keine Erinnerung« habe. Und ja, von jedenfalls einem Aufenthalt seiner Ex-Gemahlin und seiner Tochter habe er persönlich erfahren. Auch von Glaesekers Sponsorensuche und dessen Urlaubsaufenthalten bei Schmidt habe er sehr wohl gewusst – beides hatte er zuvor ebenfalls bestritten. Sehr glaubwürdig waren diese Dementis freilich nie gewesen. Auch Wulff selbst war ja persönlich bei Firmen vorstellig geworden, die als Sponsoren der Nord-Süd-Dialoge in Betracht kamen – bei Talanx, beim damaligen Bahn-Chef Hartmut Mehdorn und nach Glaesekers Erinnerung auch bei VW.

Der ehemalige Präsident selbst verklärte noch Anfang 2014 die Nord-Süd-Dialoge. Die seien »gigantisch erfolgreich« gewesen. Aus seiner Sicht war es eine »klassische Win-Win-Win-Situation«. Dass seine Integrität in Gefahr geraten war, konnte der Christdemokrat auch aus dem Abstand mehrerer Jahre offenkundig nicht erkennen.

**Die Melange der Interessen**

Tatsächlich schienen Wulff, Glaeseker und Schmidt persönliche, geschäftliche und politische Interessen zu einer schier untrennbaren Melange zu vermengen. Nach außen ließ Wulff behaupten, die Nord-Süd-Dialoge seien rein privat organisiert. Sein Sprecher Glaeseker wiederum ging die teils landeseigene Flughafengesellschaft von Hannover im Juli 2009 mit dem Hinweis um Hilfe an, dass es »die Länder Niedersachsen und Baden-Württemberg« seien, die »ihren NORD-SÜD-Dialog« veranstalteten. Wenngleich, wie er hinzufügte, »auf Initiative von Manfred Schmidt«. Auch andere teils landeseigene Firmen erhielten Bettelbriefe mit Anfragen, die sie nicht ablehnen mochten – genauso wenig wie viele der privaten Unternehmen, die dann in der Tat als Sponsoren dabei waren.

Kein Wunder, dass sich ein Schmidt-Mitarbeiter Anfang Juni 2010 freute, dass ihr Mann nun ins Schloss Bellevue einziehen würde. »Bild meldet dass wulff wohl neuer bundespraesident werden soll!«, schrieb der Eventmanager selbst an den Helfer. Der reagierte, unter Anspielung auf die profitablen Nord-Süd-Dialoge, mit diesen Worten: »Cool, mit ihm und Olaf können wir ja vielleicht Berlin trifft Andere Hauptstädte angehen;)«

Daraus wurde dann doch nichts. Aber lange, sehr lange funktionierte die Partymaschinerie des Manfred Schmidt wie ein Uhrwerk. Seine berühmte persönliche Personendatenbank umfasste rund 60 000 Einträge, von Salvatore Adamo bis Klaus Wowereit. An einem einzigen Tag, dem 14. Januar 2008, hatte er laut seinem persönlichen Termin-Newsletter Telefontermine mit zwei damaligen Ministerinnen (Ulla Schmidt und Brigitte Zypries, beide aus der SPD), außerdem mit dem CDU-Politiker Friedrich Merz, dem SPD-Mann Hubertus Heil sowie mit *Bild*-Chef Kai Diekmann. Zum eigenen Geburtstag bekam der Eventmanager am selben Tag einen Brief seines alten Freunds und Geschäftspartners Hans-Dietrich Genscher. Das Sekretariat erinnerte Schmidt seinerseits daran, der Schauspielerin Desirée Nosbusch zum Geburtstag zu gratulieren.

Gebürtig aus Breloh in der Lüneburger Heide, versteuerte Manfred Schmidt später sein Einkommen und ein Millionenvermögen im Schweizer Kanton Zug. Begonnen hatte er eigentlich als kleiner Sozialarbeiter. In den achtziger und neunziger Jahren fiel er in Köln mit ersten Promipartys auf – damals, als die Politik noch in Bonn saß. Doch richtig groß wurde Schmidt erst, nachdem die Regierung nach Berlin gezogen war und die deutsche Politik Geschmack am Glamour fand. Er lud regelmäßig Politiker, Wirtschaftsleute und bekannte Journalisten nach Landtags- und Bundestagswahlen zu Abendempfängen, etwa ins Luxushotel Adlon – die Abende wurden von Sponsoren finanziert. Für die verschiedensten Firmen, von der Deutschen Telekom über Reemtsma bis zur deutschen Tochter von Gazprom, organisierte er auch exklusivere Veranstaltungen, sorgte für Catering, Dekoration und Technik.

### Ein Gänseessen für 130 000 Euro

Im November 2008 lud beispielsweise der damalige Lufthansa-Vorstandsvorsitzende Wolfgang Mayrhuber zu einem aufwendigen Gänseessen in Schmidts »Residenz« am Pariser Platz. Der damalige Eon-Chef Wulf Bernotat, Fußballmanager Oliver Bierhoff und die Schauspielerin Hannelore Elsner waren mit von der Partie, ebenso *Bild*-Chef Diekmann und der damalige *Spiegel*-Vormann Georg Mascolo – aber auch Thomas de Maizière, Franz Müntefering und Guido Westerwelle, die jeweiligen Chefs vom Bundeskanzleramt, SPD und FDP. Ebenfalls auf der Gästeliste standen der damalige Wirtschaftsminister Michael Glos (CSU), Cem Özdemir von den Grünen und – Christian Wulff.

Sage und schreibe 130 000 Euro verlangte Schmidt für diesen Abend von der Lufthansa, mehr als 5000 Euro pro Gast. Die Airline rechtfertigte sich später, Schmidt habe ja auch für »Dekoration« und »Beschallung« gesorgt und die »Verköstigung der Leibwächter«. Lufthansa Kommunikationschef Klaus Walther wörtlich: »Wir machen Gänseessen, die anderen machen Weihnachtsfeiern.«

Anfang 2011 startete Schmidt ein neues Veranstaltungsformat in seinem Luxus-Penthouse am Pariser Platz: den »Freitags-Brunch am Brandenburger Tor«. Ein Sponsor für das Event war rasch gefunden: Die Wirtschaftsprüfer- und Beratungsfirma Price Waterhouse Coopers (PwC), die nach den damaligen Worten eines Mitarbeiters ihr »Profil als kompetenter Partner des öffentlichen Sektors« bei »politischen Entscheidern weiter auf- und ausbauen« wollte. Einmal im Monat, am Ende einer Sitzungswoche des Bundestags, wollte Schmidt »50 handverlesene Meinungsführer aus Politik, Wirtschaft, Kultur und Medien« einladen und ihnen die »einzigartige Möglichkeit zum Austausch und gegenseitigen Kennenlernen in diskreter und exklusiver Umgebung« bieten. »Kulinarische Köstlichkeiten« gehörten ebenso zum Programm wie eine »exquisite Zusammensetzung der Gästeliste«, kurz: »Kontaktanbahnung und -pflege auf höchstem Niveau.«

Fünfmal fand der PwC-Brunch dann im Jahr 2011 statt; 40 000 Euro pro Event waren veranschlagt. Schmidt brachte die Manager und Lobbyisten von PwC dafür wie versprochen mit hochkarätigen Gästen aus der Politik zusammen – von der heutigen Familienministerin Manuela Schwesig über den Grünen Özdemir, den CDU-Abgeordneten Michael Grosse-Brömer bis hin zu CSU-Mann Andreas Scheuer. Und natürlich gab sich gelegentlich der damalige Präsidentensprecher Olaf Glaeseker die Ehre.

**Peer Steinbrück zu Gast**

Christian Wulff war vielleicht Schmidts treuester Promi-Gast, aber er war eben bei weitem nicht der einzige Politiker, der sich umgarnen ließ. In der »Residenz«, in der der frischgewählte Präsident im Jahr 2010 feierte, war ein Jahr zuvor auch Peer Steinbrück zu einem exklusiven Gratisabend geladen. Der 23. April 2009 war eigentlich kein guter Tag für den damaligen Bundesfinanzminister. »Wirtschaft stürzt ab«, titelten die Zeitungen an diesem Donnerstag. Und auf Antrag der Opposition setzte der Bundestag einen Untersuchungsausschuss ein, der herausfinden sollte, wie es unter den Augen der deutschen Überwachungsbehörden zu der Pleite der Immobilienbank HRE kommen konnte.

Doch am Abend konnte sich der SPD-Politiker entspannen – in Schmidts 220 Quadratmeter großer »Residenz«. Steinbrück traf sich dort mit dem schon einmal erwähnten Kreis von Beratern – darunter der Schauspieler Hannes Jänicke und der Theologe Nikolaus Schneider –, den er zwei Jahre zuvor gegründet hatte. Mehr als ein Dutzend Leute – so erinnert sich ein Teilnehmer – versammelten sich mit Steinbrück um den Tisch. Für Essen und Trinken war gesorgt – dank Manfred Schmidt. Drei Tage später bedankte sich der Steinbrück-Berater Hans-Roland Fäßler bei seinem Duzfreund Schmidt: »Lieber Manfred, hab noch einmal herzlichen Dank für Deine Gastfreundschaft am Donnerstag.« Und er richtete »beste Grüße« aus, »auch von Peer«. Von einer Rechnung war nicht die Rede.

Ein Amtsträger darf laut Bundesgerichtshof eigentlich keine Leistung mit Amtsbezug annehmen, auf die er »keinen Anspruch hat und die seine wirtschaftliche, rechtliche oder auch nur persönliche Lage objektiv verbessert«. Steinbrück sah in der Einladung dennoch kein Problem. Nicht er selbst sei der Organisator der Abendrunde gewesen, sondern der Freund und Berater Fäßler. Vorwürfe hielt sein Sprecher darum für »sehr konstruiert«.

### Eine Feier für Ulla Schmidt

Steinbrück war nicht der einzige Sozialdemokrat, der sich von Schmidt verwöhnen ließ. Im Juni 2009 richtete der Eventmanager in der »Residenz« für die damalige Gesundheitsministerin Ulla Schmidt (SPD) sogar eine veritable Geburtstagsparty aus, auf der sich dann ein Großteil der SPD-Spitze tummelte. »Keine Klopse und Suljanka, da Ulla Schmidt dies nun dreimal hatte«, verlangte ein Schmidt-Mitarbeiter im Vorfeld intern. »Kleine Kohlrouladen, Hackbraten, Krustenbraten oder ähnliches wäre vielleicht eine Alternative. Ulla Schmidt bevorzugt einen Krustenbraten.«

Auch der damaligen Ministerkollegin von Steinbrück wurde offenkundig keine Rechnung gestellt. Sie selbst will zwar nicht für die Räume, sehr wohl aber für die Bewirtung gezahlt haben, wie sie später dem *stern* ausrichtete. In Manfred Schmidts interner Firmenkorrespondenz klang das seinerzeit anders. Der Geburtstag sei »mit Freiware abgedeckt«, schrieb ein Mitarbeiter an Schmidt. Es gebe: »140 Liter Heinecken for free«, und Sony stelle eine Karaokeanlage zur Verfügung.

Nur einige Tage vor der Geburtstagsparty nutzte Schmidt wiederum den prominenten Namen der Jubilarin für eigene Zwecke. Für die von ihm geplanten »Gesundheitsgespräche am Brandenburger Tor« – offenkundig eine Lobbyveranstaltung – verschickte er Einladungen »mit persönlicher Empfehlung von Bundesministerin Ulla Schmidt«. Die Politikerin bestritt später, eine solche Empfehlung ausgesprochen zu haben. Auch bei der Kontaktaufnahme mit Lobbyisten will sie Schmidt nie geholfen haben. Im Februar 2009 schrieb ihr Neffe Boris Radke, zu dem Zeitpunkt Mitarbeiter von Manfred Schmidt, in einer Mail an seinen Chef: »Laut Ulla plant Johnson & Johnson in den kommenden Monaten eine stärkere Repräsentanz in Berlin aufzubauen.« Johnson & Johnson ist eines der weltweit größten Pharmaunternehmen.

Und immerhin: Sieben Monate später, im Dezember 2009, beehrte Ulla Schmidt den Nord-Süd-Dialog des Namensvetters mit ihrer Anwesenheit und sorgte so mit dafür, dass das Event als überparteilich durchgehen konnte. Als sie ein Jahr zuvor beim Nord-Süd-Dialog in Stuttgart nicht auftreten wollte, hatte sie den Eventmanager noch massiv verärgert. Dieser schrieb damals wütend per Mail an Boris Radke: »heute kam absage von ulla fuer nord-sued. Dass geht nicht!!!!!!!!!!!!!!!«

Schmidt half eben, wo er konnte. Aber auf die Gegenleistung mochte er ungern verzichten. Nach dem Abendevent mit Steinbrück im April 2009 übermittelte ihm dessen Helfer Fäßler gleich zweimal die Kontaktdaten der Berater des Finanzministers, zum Teil bis hin zu Handynummern, etwa von Schauspieler Jänicke. So sollte Schmidt die Möglichkeit erhalten, den Steinbrück-Vertrauten Einladungen zu einem aufwendigen Empfang am Abend der Bundestagswahl am 27. September 2009 zu schicken. Der fand dann in der Tat im Restaurant Hugo's im 14. Stock des Berliner Luxushotels Interconti statt. Peer Steinbrück selbst war am Ende einer der prominenten Gäste auf dieser Wahlparty, offenbar als einziger Bundesminister.

In einem Werbeschreiben köderte Schmidt im Vorfeld der Wahlparty Sponsoren. »Sie und Ihre Geschäftsführung haben die Möglichkeit, noch vor den offiziellen Gesprächen mit wichtigen politischen Vertretern ins Gespräch zu kommen«, hieß es da. »Freuen Sie sich auf einen spannenden Abend mit Top-Entscheidern aus Politik, Wirtschaft, Kultur, Medien und Sport.« Christoph Walther, ein mit Schmidt befreundeter Unternehmensberater von der Kommunikationsagentur CNC, warb im Juli 2009 bei Michael Inacker, damals noch Lobbyist der Metro AG, um Unterstützung für das Event am Abend der Bundestagswahl: Schmidt habe ihm »glaubhaft« gemacht, »dass er sich diverser sehr prominenter Politiker aus allen Parteien« versichert habe. Walther weiter: »Du kennst es ja aus eigener Erfahrung. Wenn die Spitzenkandidaten und/oder Parteivorsitzenden zur Elefantenrunde abgezogen sind, driftet die Stimmung in den Parteizentralen leicht zu einem Besäufnis der Basis, entweder aus Frust oder Freude, ab. Da findet die Aktion und das überparteiliche Bewerten und Kungeln in anderen Zirkeln statt. Sprich' am besten mal mit Manfred Schmidt. Man kann dann nie früh genug seine Themen hinterlegen.«

Metro steuerte dann in der Tat 18 000 Euro bei. Und auch Air Berlin, BMW und Vodafone fanden das Konzept überzeugend und machten als Sponsoren mit.

Schmidt hatte wieder mal die Parteiprominenz beschafft, und die Lobbyisten bezahlten ihn dafür. Der Eventmanager hatte sich für den Wahlabend sogar bemüht, den heutigen SPD-Chef und damaligen Umweltminister Sigmar Gabriel zu gewinnen – und dafür auch versucht, Ulla Schmidt einzuspannen. »Gabriel ist eigentlich am Wahlabend in Hannover, aber er scheint noch beeinflussbar zu sein«, schrieb Manfred Schmidts Helfer Boris Radke Mitte September 2009: »Ich versuche mit Ulla hier noch einen aktiveren Ansatz zu finden.« Die ehemalige Gesundheitsministerin versicherte später, sie habe keine Gäste für Manfred Schmidt geworben. So oder so – Gabriel ließ sich damals nicht für den Besuch der Wahlparty begeistern.

### Partnerschaft mit dem Westerwelle-Partner

Auch für Manfred Schmidt lief eben nicht alles immer glatt. Kurz nach der Nord-Süd-Sause im Dezember 2009 in Hannover scheiterte im März 2010 ein bereits fest eingeplanter ähnlicher Länderdialog zwischen Bayern und Nordrhein-Westfalen. Bei dieser Veranstaltung war seit 2009 Guido Westerwelles Partner Michael – »Micky« – Mronz mit seiner Firma MM Promotion aktiv an der Vorbereitung beteiligt. Es sei »die erste Veranstaltung, die Manfred und ich zusammen machen«, schrieb Mronz am 6. Februar 2010 in einer Mail an Mitarbeiter von Schmidt. Der Westerwelle-Partner selbst hielt zum Beispiel den Kontakt zum bayerischen Ministerpräsidenten Horst Seehofer (CSU).

Doch dann platzte die Affäre um den damaligen nordrhein-westfälischen Ministerpräsidenten Jürgen Rüttgers dazwischen. Die CDU des Landes machte damals negative Schlagzeilen, weil sie potentiellen Sponsoren als Gegenleistung Gespräche mit dem Landesvater angeboten hatte. Nachdem das publik geworden war, verloren die zuvor unterstützungswilligen Firmen auch bei Mronz und Schmidt den Appetit. Das Bayern-NRW-Event wurde abgesagt. Als im März 2010 ein Journalist der *Süddeutschen Zeitung* wegen der Sache anfragte, bestritt Schmidt sogar die Partnerschaft mit Mronz. Er sei selbst »alleiniger Gastgeber und Veranstalter«.

Der Stern des Partykönigs begann bereits zu sinken. Schließlich brachte die Wulff-Affäre das endgültige Aus für das Schmidt'sche Geschäftsmodell. Seit von Ende 2011 an die Gefälligkeiten für Glaeseker und Wulff Schlagzeilen machten und die Staatsanwälte in Hannover Ermittlungen einleiteten, häuften sich die Absagen zu den Partys des Eventmanagers. Noch für den 22. Januar 2012 plante er eigentlich ein neues Format namens talk@wine in der »Residenz«. Als Experte war ein Winzer aus Schmidts südfranzösischem Exilort in Banyuls eingeplant. Doch allerlei Eingeladene aus Politik und Wirtschaft waren nun plötzlich »kurzfristig geschäftlich eingebunden«.

Ein paar hielten ihm im Januar 2012 noch die Treue. Ein vermeintlicher Experte in Sachen Krisenkommunikation von der Agentur Brunswick riet Schmidt gar zur Gelassenheit: »Einfach wie ein Schiff im Nebel an sich vorbeiziehen lassen.«

Er täuschte sich.

# 7 »Auffällig parteienfreundlich«

*»Die breite Öffentlichkeit hat keine wirkliche Möglichkeit, irgendeine Form sozialer Kontrolle auszuüben.«*
(Die Anti-Korruptions-Kommission des Europarats über die geringe Transparenz der Parteispendenpraxis in Deutschland)

Wie sich Parteien und Politiker in Deutschland bis heute verdeckt finanzieren können. Welche Vorteile Sponsoren und Parteispender auf diese Weise ergattern.

»Die Lobbyisten, die dezidiert bestechen, sind sehr wenige«, sagte einmal ein bekannterer Berliner Vertreter der Zunft hinter vorgehaltener Hand. Anders gesagt: Es gibt sie. Dass der Geldkoffer das wichtigste Arbeitsinstrument eines Interessenvertreters sei, dass sich Politiker kaufen ließen, diese Vermutung ist bei den Bürgern weit verbreitet. »Na, wen hast du heute wieder bestochen?«, das fragten ihn regelmäßig die eigenen Eltern, sagt ein erfahrener Berliner Lobbyist, auch hinter vorgehaltener Hand.

Man findet korruptere Staaten als Deutschland, aber auch dieses Land kennt Fälle plumper Bestechung, obwohl Justiz, Polizei und die Presse hierzulande leidlich ihre Arbeit tun und es auch einige subtilere Methoden gibt, Einfluss auf die Politik zu nehmen.

Und da war etwa der französische Ölkonzern Elf Aquitaine, der im Dezember 1992 an den Geschäftsmann Dieter Holzer rund 50 Millionen Mark überwies, angeblich für Zwecke des »Lobbying« in der damals von Helmut Kohl regierten Republik. Holzer sollte bei den deutschen Behörden Hunderte Millionen an Subventionen für eine Raffinerie in Leuna herausholen – was ihm nach eigenen Worten auch gelang, ganz ohne Bestechung, wie er versicherte.

Da gab es den Rüstungslobbyisten Karlheinz Schreiber, der ebenfalls zu den Zeiten von Kanzler Kohl die Millionen verteilte. Einmal lernte er durch Zufall im Flugzeug die damalige bayerische SPD-Vorsitzende Renate Schmidt kennen und steckte ihr aus einer Laune heraus einen Umschlag mit 1000 Mark zu – Geld, das sie an ihre Partei weiterreichte und ordentlich verbuchen ließ. Der Rüstungsstaatssekretär Ludwig-Holger Pfahls – zufällig ein guter Freund von Dieter Holzer – nahm 3,8 Millionen Mark von Schreiber an und wurde deshalb wegen Bestechlichkeit verurteilt. Der heutige Finanzminister Wolfgang Schäuble musste Anfang 2000 als CDU-Vorsitzender zurücktreten, nachdem herausgekommen war, dass er im Bundestag eine Barspende über 100 000 Mark verschwiegen hatte, die ihm Schreiber 1994 zugesteckt hatte. Über die Spendenaffäre verlor Helmut Kohl sein Amt als Ehrenvorsitzender der CDU. Angela Merkel gab die Aufklärerin und avancierte zur Parteichefin.

Bei den Transparenzregeln für Parteispenden gab es nach dem CDU-Spendenskandal ein paar kleine Fortschritte. Seit 2002 müssen Zuwendungen über 50 000 Euro sofort vom Bundestag veröffentlicht werden. Aber ein Großteil der Finanzströme zwischen Wirtschaft und Politik, die als legale Parteienfinanzierung verbucht werden, ist bis heute wenig durchschaubar – und das ist so gewollt. Es kursieren einige Mythen über die Finanzen der im Bundestag vertretenen Parteien. Zum Beispiel die Legende, es ginge ihnen finanziell schlecht. Tatsächlich sehen ihre Bilanzen mehr als ordentlich aus. Noch 2003 hatte die SPD ein Reinvermögen von 136 Millionen Euro. Im Jahr 2012 waren es bereits 207 Millionen. »Die Sozis können mit Geld umgehen«, freute sich die damalige SPD-Schatzmeisterin und heutige Umweltministerin Barbara Hendricks Anfang 2013, wenn man sie in ihrem großzügigen Büro im fünften Stock des Berliner Willy-Brandt-Hauses traf.

Doch zugleich beklagt man sich in der SPD gerne über die hohen Firmenspenden, von denen CDU, CSU und FDP profitieren – viel stärker als die SPD. Am 12. August 2013, kurz vor der damaligen Bundestagswahl, schrieb Hendricks allen Parteimitgliedern darum einen Brief und bat um kleine Spenden: »Du weißt ja, dass wir nicht die vielen großen Spenden aus Unternehmen bekommen wie andere Parteien«, lasen die Genossen.

Das Vermögen der CDU kletterte ebenfalls in den vergangenen Jahren – von 74 Millionen im Jahr 2003 auf über 135 Millionen Euro im Jahr 2012. In der Berliner Parteizentrale der CDU mit ihrer glitzernden Glasfassade prangert man gerne die Unternehmensbeteiligungen der SPD an: »Wir hätten auch gerne so ein Vermögen wie die SPD.« Es gebe da einfach »keine Waffengleichheit«. Der Beobachter lernt eines: Genug Geld haben aus Sicht der Schatzmeister immer nur die anderen Parteien.

Der Wettbewerb unter ihnen ist hart, und nicht alles sieht rosig aus für CDU, CSU und SPD. Von Jahr zu Jahr verlieren diese drei Parteien Mitglieder und damit deren Beiträge. Aber das lässt sich ausgleichen: Erstens hilft der Staat und damit der Steuerzahler mit höheren Beiträgen. Zweitens springen Spender und Sponsoren ein. Wenn die Parteien dadurch abhängiger von Firmen und Verbänden werden, kann das die Bürger nicht gleichgültig lassen.

Mögen die Unternehmen ihre Überweisungen offiziell gerne als gesellschaftspolitisches Engagement deklarieren – natürlich sind Spenden auch ein Mittel zum Zweck. »Money talks, bullshit walks«, sagt man in den USA – Geld überzeugt mehr als billiges Gerede. Der Ex-Bitkom-Vertreter Volker Kitz sagt es in seinem Buch über das Lobbying ganz offen: »Es gibt Unternehmen, die sich Politik mit Geld kaufen wollen und die sich das auch etwas kosten lassen« – zum Beispiel in Form von Spenden und Sponsoring.

Zahlungen, die einer Partei oder einem Politiker »erkennbar in Erwartung oder als Gegenleistung eines bestimmten wirtschaftlichen oder politischen Vorteils gewährt werden«, sind zwar laut Gesetz verboten. Doch diese Formulierung ist biegsam und der Nachweis der illegalen Einflussnahme schwer zu führen.

Über 46 Millionen Euro flossen als Spenden im Jahr 2012 an die damals im Bundestag vertretenen Parteien – einschließlich der FDP. 12,6 Millionen kamen von sogenannten juristischen Personen, also Verbänden und Unternehmen. In der Tat profitierten vor allem CDU und CSU von diesen Zuwendungen aus der Wirtschaft. Und mit 1,6 Millionen kassierte die kleine FDP fast ebenso hohe Spenden juristischer Personen wie die ungleich größere SPD mit 1,9 Millionen.

An diesen Zahlungen machen sich schon seit Jahren kritische Debatten fest. Denn wie kann es sein, dass zwar jeder Bürger nur eine Stimme hat, zugleich aber finanzstarke Interessenten ihre überproportionale finanzielle Feuerkraft unbegrenzt einsetzen dürfen? Nicht jeder Bürger hat die gleichen Summen zur Verfügung wie die reichsten Deutschen: Die Quandt-Erben um Susanne Klatten, denen ein Großteil der BMW-Aktien gehören, überwiesen 2013 insgesamt 690 000 Euro an die CDU – so wie sie die Union mit ähnlichen Beträgen immer wieder in bundesdeutschen Wahljahren unterstützt hatten. Im Oktober 2013 trafen die Zahlungen ausgerechnet in einer Zeit bei der CDU ein, als sich Angela Merkels Bundesregierung gerade massiv in Brüssel für geringere Kohlendioxidgrenzwerte für Luxuslimousinen einsetzte. Das war damals ein besonderes Anliegen von BMW. Der Vorwurf der Käuflichkeit folgte auf dem Fuße – obwohl es keine Beweise dafür gibt, dass das zeitliche Aufeinandertreffen mehr als Zufall war.

### Autohersteller und ihre Landschaftspflege

Niemand würde Spendenzahlungen pauschal als »direkte Korruption« abqualifizieren, schrieb einmal der Politikwissenschaftler Martin Höpner. Dennoch erscheine »die Annahme weltfremd, Spenden folgten ausschließlich altruistischen Motiven der Unternehmensleitungen«. Als Mitarbeiter am Max-Planck-Institut für Gesellschaftsforschung veröffentlichte Höpner im

Jahr 2009 eine Studie über die Spendenpraxis der – gemessen an ihrer inländischen Wertschöpfung – 100 größten deutschen Unternehmen in den Jahren von 1984 bis 2005. Es gehe bei den Zahlungen, folgerte Höpner, sehr wohl um das »Lobbying« für Unternehmensinteressen.

Er unterschied zwei Formen typischen Spendenverhaltens. Da gebe es einerseits die Wirtschaftsverbände und einige der großen Banken und Unternehmen. Sie bevorzugten Überweisungen an CDU, CSU und FDP. Ihnen ging es also darum, so Höpner, das »bürgerliche Lager« zu stärken. Auf der anderen Seite überwiege vor allem in der Autoindustrie das Bedürfnis nach »politischer Umweltstabilisierung mit der daraus resultierenden lagerübergreifenden Spendenstrategie« als »Landschaftspfleger«. Zu Deutsch: Hier werden auch SPD und Grüne bedacht, insbesondere seit deren gemeinsamer Regierungsübernahme im Jahr 1998. Bis in die vergangenen Jahre galt das etwa für den Versicherungskonzern Allianz oder auch für die Autobauer BMW und Daimler. Der Konzern mit dem Stern verkündete bereits im Frühjahr 2014, dass man in diesem Jahr ebenso wie 2013 insgesamt die stolze Summe von 320 000 Euro spenden werde, und zwar je 100 000 an CDU und SPD sowie je 30 000 an CSU, FDP und Grüne.

»Gehört ein Unternehmen dem Automobilsektor an, steigt die errechnete Wahrscheinlichkeit von Parteispenden um 52,8 Prozent«, schrieb Höpner in seiner Untersuchung. Der Politikwissenschaftler erklärt sich das damit, dass Autohersteller »stärker auf eine autofreundliche Tagespolitik angewiesen« seien als zum Beispiel »die Firma Miele auf eine waschmaschinenfreundliche Politik«. Von den Abgasgrenzwerten bis zum – fehlenden – Tempolimit gilt: Autos sind ein stark durchreguliertes Produkt. Und die Exporterfolge der hiesigen Autoindustrie, so bemerkte Höpner zu Recht, beruhen »nicht zuletzt auf einer dezidiert automobilfreundlichen Politik und auf aktiver Exportförderung« – mehr dazu in Kapitel 10.

Die Frage, ob ein Unternehmen Parteien finanziert, ist also

nicht vom Zufall oder der politischen Meinung eines Managers abhängig, sondern der Mechanismus folgt klaren Mustern, die laut Höpner »überzufällig« sind. So erhielten etwa die Grünen insbesondere Spenden kleiner und mittelgroßer Firmen aus dem »Bereich der regenerativen Energien«, also vor allem der Wind- und Solarindustrie. »Eine derartige Sektorspezifität liegt bei keiner anderen Partei vor«, schreibt Höpner.

Nun hätten die Grünen sich wohl auch ohne diese Subsidien für die Förderung des Ökostroms eingesetzt. Dass mit dem Geld der Parteispender tatsächlich Einfluss gekauft werden soll, gehört zugleich zu den großen Tabuthemen der Berliner Politik. »Auch wer mir eine Spende von 100 000 Euro für die Partei gibt, beeinflusst dadurch meine Meinung oder Entscheidung nicht«, beteuerte Anfang 2013 einmal der damalige CDU-Schatzmeister Helmut Linssen.

Aber so wie es lebensfremd wäre zu glauben, dass Manager oder Unternehmer sechsstellige Summen bewegen, ohne nach dem Nutzen solcher Überweisungen zu fragen, so wäre die Annahme grotesk, dass der Eingang solch hoher Zuwendungen von den Empfängern vollkommen leidenschaftslos registriert würde. Wir alle freuen uns über kleine Aufmerksamkeiten – und da sollen 10 000 Euro, 50 000 Euro oder gar 100 000 Euro keine Rolle spielen? Wie sehr musste das gelten, wenn ein Spender wie der Milliardär August von Finck vor der Bundestagswahl 2009 mit seinen Spenden mehr als 20 Prozent des damaligen Wahlkampfetats der FDP von fünf Millionen Euro finanzierte?

Was wäre denn, so fragt der Max-Planck-Forscher Höpner, wenn die Autoindustrie gar keine einzige Einzelentscheidung »gekauft« hätte, aber sie dennoch von »einer Kfz-freundlichen Politik zu Lasten anderer Wirtschaftssektoren oder Personengruppen« profitierte? Wäre das »aus Demokratiegesichtspunkten nicht ebenso fragwürdig wie ein Fall nachweisbarer Korruption«? Als die damalige Koalition aus CDU/CSU und SPD der Autoindustrie auf dem Höhepunkt der Finanzkrise 2008 und 2009 mit der Abwrackprämie auf die Beine half, gab es ja durchaus Gegrummel im deutschen Handel: Was nun als Kaufkraft bei den Autoverkäufern hängen blieb, fehlte den Anbietern von Möbeln oder Waschmaschinen.

Nun genießt die Autoindustrie allein schon deshalb die besondere Aufmerksamkeit der Politik, weil sie die wichtigste Wirtschaftsbranche im Land ist. Aber die hohen Spenden werden ihren Einfluss auf die deutschen Parteien sicher nicht gemindert haben.

### Deutschland als »Einflussmarkt«

Und auch hier gilt, wie immer beim Lobbying: Nicht notwendigerweise soll mittels Spenden jemand in der Politik zu einem Kurswechsel bewegt werden. Im Sinne der von Höpner zitierten »Umweltstabilisierung« reicht es dem Geber ja unter Umständen schon, die beschenkte Partei in ihrer Position zu bestärken.

Fließen Zahlungen allein deshalb, um ungeliebte Reformen und Änderungen des Status quo zu verhindern, ist die Entdeckungsgefahr überdies gering. Es sei geradezu »unmöglich herauszufinden, was nicht geschah«, weil jemand Parteispenden gezahlt habe, schreibt der bereits zitierte US-amerikanische Korruptionsforscher Michael Johnston. Er hat eine Typologie von Korruptionsmodellen aufgestellt, bei der Deutschland wie die USA zu den Ländern des Typs »Einflussmarkt« gehören. Direkte Bestechung sei in solchen Ländern eher selten. Hier sei »das am meisten diskutierte Korruptionsproblem« die Parteien- und Wahlkampffinanzierung.

Johnstons Beschreibung deckt sich mit Umfrageergebnissen, die die EU-Kommission Anfang 2013 veröffentlichte. Die Bürger sollten die Frage beantworten, in welchen Gruppen ihrer Ansicht nach »das Zahlen und Annehmen von Bestechungsgeldern sowie Machtmissbrauch mit dem Ziel persönlicher Bereicherung« besonders verbreitet sei. 51 Prozent der in Deutschland Befragten nannten die politischen Parteien, weit vor Beamten und Polizei und knapp vor Politikern auf nationaler, regionaler oder kommunaler Ebene (nach der potentiellen Bestechlichkeit von EU-Politikern hatte die EU-Kommission nicht gefragt).

Das Misstrauen der Bürger ist nach Ansicht des Korruptionsforschers Johnston nicht unberechtigt. Natürlich dienten die Spenden an Parteien und Politiker auch dazu, privaten Interessenten »Zugang und Einfluss« zu sichern. Johnston zitiert in seinem 2005 erschienenen Buch über die *Syndromes of Corruption* andere Studien, wonach das zentrale Ziel in der Tat nicht unbedingt eine Verhaltensänderung der Politik sei. Im Mittelpunkt stehe etwas anderes: Das Offenhalten von Gesprächskanälen zu denen, die an der Macht sind.

Das deckt sich mit den Aussagen deutscher Lobbyisten. Ein Sprecher des Zigarettenherstellers Reemtsma begründete Sponsoringzahlungen seines Unternehmens an die Politik im Jahr 2007 einmal ganz offen damit, dass man »mit den Regulierern« des Produkts Zigarette »im Gespräch bleiben« müsse. Sponsoring sei in ihrer Organisation zeitweilig ein »Konfliktthema« gewesen, erzählte die damalige Geschäftsführerin des Verbands der Zigarettenindustrie, Marianne Tritz, im Mai 2010. Sie wollte »kein Sponsoring im politischen Bereich«. Aber einige Mitgliedsfirmen hätten es sich gewünscht, um den neu gegründeten Verband als Gesprächspartner zu etablieren.

### »Jederzeit für Sie ansprechbar«

Wer mit der Politik reden will, der muss manchmal offenbar zunächst die Eintrittskarte lösen. Die CDU-Umweltpolitikerin Maria Flachsbarth warb im Dezember 2008 sogar per Brief bei Verbänden aus der Solar- und Windbranche um Spenden und formulierte das laut *Handelsblatt* so: »Sie kennen mich aus der zurückliegenden Wahlperiode und wissen, dass ich mich für die Belange einer ausgewogenen Energie- und Klimapolitik sowie meines Wahlkreises einsetze und jederzeit für Sie ansprechbar bin. Daher erlaube ich mir nun, Sie um Ihre Unterstützung zu bitten.«

»Jederzeit für Sie ansprechbar«? Die »Verknüpfung der Bitte um eine Spende mit einem Gesprächsangebot« sei rechtlich problematisch, urteilte der Parteienkritiker Hans Herbert von Arnim. Doch ungewöhnlich dürfte an Flachsbarths Bitte vor allem gewesen sein, dass sie verschriftlicht wurde. Nachdem die Sache aufgeflogen war, beteuerte die Abgeordnete, dass sie »nie Geld von Verbänden bekommen« habe.

Spenden an Politiker ähnelten eher »Schutzgeldzahlungen« als Bestechungsgeldern, zitiert Michael Johnston eine US-Studie. »Die Wirtschaft gibt Geld, weil sie von der Politik erpresst wird« – das sagt auch ein erfahrener Berliner Lobbyist, der aber auf keinen Fall seinen Namen genannt wissen möchte.

Wie intensiv Politiker gelegentlich Unternehmer ganz unverblümt um finanzielle Unterstützung angehen, kam Anfang 2012 ans Licht. Da machte der *stern* die vielen Bettelmails publik, mit denen Christian Wulffs damaliger Sprecher Olaf Glaeseker aus der niedersächsischen Staatskanzlei heraus Unternehmen um Finanzspritzen für die Nord-Süd-Dialoge des Eventmanagers Manfred Schmidt ersuchte, auf denen dann der damalige Ministerpräsident Wulff als Schirmherr *bella figura* machen wollte. Am 17. September 2009 schrieb Glaeseker etwa an den Vorstandschef der Deutschen Messe AG, Wolfram von Fritsch: »Wir würden uns auch im Namen von Ministerpräsident Christian Wulff freuen, wenn wir auch in diesem Jahr die Deutsche Messe wieder als Sponsor für die Veranstaltung gewinnen könnten.« Fritschs Firma, die in Hannover residiert, steuerte prompt 25 000 Euro bei, so wie schon im Jahr zuvor.

Wulff, der damals selbst ebenfalls potentielle Sponsoren ansprach, rechtfertigte das später so: »Es muss doch auch mal die Politik Wünsche an die Wirtschaft haben dürfen.« Sonst sei das nämlich immer nur umgekehrt.

Es gibt Bitten, die man schlecht ablehnen kann, wenn man ein großes deutsches Unternehmen betreibt. Und hier und da findet man Indizien dafür, dass mit Spenden nicht nur allgemeines Wohlwollen, sondern möglicherweise auch konkret Einfluss gekauft werden sollte.

Ein bisschen zweideutig klingen Formulierungen in einem als »vertraulich« gekennzeichneten Vereinsprotokoll des bereits mehrfach erwähnten Bundesverbands der Deutschen Omnibusunternehmer (BDO). Auf einer Mitgliederversammlung in Berlin im September 2001 entspann sich demnach »angesichts der Höhe der Ausgaben für Presse- und Öffentlichkeitsarbeit eine Diskussion über den Nutzen von Wahlkampfspenden«. Ein Teilnehmer verwies »auf die weit verbreitete Meinung, dass dem Mittelstand sowieso nicht geholfen werde«. Doch dem habe der damalige BDO-Vizepräsident Hans-Georg Rizor »unter Hinweis auf entsprechende praktische Erfahrungen massiv widersprochen«, so das Protokoll. Ein Jahr zuvor hatte das Busunternehmen des späteren BDO-Vorsitzenden Wolfgang Steinbrück 31370,41 Mark an die CDU gespendet. Auch in den Jahren 2005, 2009 und 2012 kassierte die CDU Spenden zwischen 12 000 und 21 000 Euro vom BDO beziehungsweise einem seiner Unterverbände. Glaubt man dem zitierten Buslobbyisten, dann sollen solche Zahlungen – irgendwie – geholfen haben. Fragt man den Verband offiziell, erfährt man, dass der BDO seine gelegentlichen Spenden »als Beitrag zur Stärkung des demokratischen Gemeinwesens« versteht.

### Mangel an Transparenz

»Großspenden natürlicher, besonders aber juristischer Personen« sind aus Sicht des Politikwissenschaftlers Martin Höpner eigentlich nur dann mit »dem Demokratieprinzip vereinbar«, wenn diese Geldflüsse offengelegt werden. Doch genau mit dieser Transparenz hapert es in Deutschland. Schlimmer noch: Die meisten deutschen Parteien scheinen hier nur zum pathologischen Lernen in der Lage.

Nur nach schwersten Krisen wächst die Bereitschaft zu mehr Offenheit gegenüber den Bürgern. Eigentlich sagt das Grundgesetz seit seinem Inkrafttreten im Mai 1949 in Artikel 21, dass die Parteien »über die Herkunft und Verwendung ihrer Mittel sowie über ihr Vermögen öffentlich Rechenschaft geben« müssen. Dennoch dauerte es achtzehn weitere Jahre, bis im Jahr 1967 gesetzlich festgeschrieben wurde, dass zumindest Spenden über 20 000 Mark offenzulegen seien. Diese vergleichsweise hohe Grenze ist immer noch – nun umgerechnet in Euro – in Kraft. Bei allen Beträgen bis 10 000 Euro müssen die Spender folglich bis heute nicht genannt werden.

Würde man mehr Daten veröffentlichen, könnte das dazu führen, dass der Bürger »in Daten ertrinkt«, begründete die damalige SPD-Schatzmeisterin Barbara Hendricks noch im Januar 2010 das Festhalten an dieser Veröffentlichungsschwelle. Das Argument ist in Zeiten des Internets und der elektronischen Datenverarbeitung offenkundig absurd. Der Verdacht liegt nahe, dass hier weniger die Sorge um den überforderten Bürger regiert als andere, weniger selbstlose Motive. Manche Parteispender mögen es einfach lieber, wenn sie im Verborgenen helfen können. Die Schatzmeister der Parteien wiederum werden daran gemessen, wie viel Geld sie hereinholen. Warum also, das mögen sie denken, die potentiellen Geber durch mehr Transparenz verschrecken?

Selbst für Zuwendungen zwischen 10 000 und 50 000 Euro gilt zudem bis heute, dass die Bürger von ihnen erst sehr spät erfahren – zum Teil über zwei Jahre nach deren Eingang. Die Rechenschaftsberichte der Parteien werden nämlich stets im jeweils übernächsten Jahr veröffentlicht. Wer den Parteien im Jahr 2013 bei der Finanzierung ihrer Kampagnen zur damaligen Bundestagswahl geholfen hat, wird also größtenteils erst Anfang 2015 bekannt.

Selbst wenn Einzelpersonen oder Unternehmen innerhalb eines Jahres deutlich mehr als 50 000 Euro spenden, diese Beträge aber über das Jahr gestaffelt in Teilbeträgen überweisen, werden die Gesamtsummen erst mit großer Zeitverzögerung veröffentlicht – und das kommt öfter vor, als man denkt. Das hervorstechendste Beispiel lieferte zuletzt die Vermögensberatung DVAG um ihren 2014 verstorbenen Gründer Reinfried Pohl. Dieser Finanzvertrieb ist traditionell eng mit der CDU verbunden: Im Kuratorium des Unternehmens sind noch in Pohls Todesjahr die CDU-Veteranen Bernhard Vogel, Petra Roth und Helmut Kohl vertreten; gleich zwei von dessen ehemaligen Ministern, nämlich Friedrich Bohl und Theo Waigel, sitzen im Aufsichtsrat der DVAG.

Pohl – selbst CDU-Mitglied – habe zu Lebzeiten bewusst »politische Landschaftspflege« betrieben, schrieb sein ihm wohlgesinnter Biograph Hugo Müller-Vogg im Jahr 2013. Für den Patriarchen habe das bedeutet, »mit der Politik einen ständigen Informations- und Meinungsaustausch« zu unterhalten. Parteien – gelegentlich sogar die SPD und die Grünen – mit Spenden zu bedenken, sei für den Finanzunternehmer »nichts Verwerfliches gewesen«. Gemessen daran, wunderte die Praxis der Pohl'schen Überweisungen. Das Unternehmen einschließlich seines Umfelds war im Jahr 2012 nach Berechnungen des Portals Abgeordnetenwatch der drittgrößte deutsche Parteispender überhaupt. Dazu trugen insbesondere Zahlungen an die CDU bei – insgesamt 320 000 Euro, die von der DVAG selbst, zwei Tochterunternehmen, dem Gründer Pohl und einem lange von ihm geführten Verband an die Partei von Angela Merkel flossen. Von all diesen Zahlungen erfuhren die Bürger erst im Jahr 2014, obwohl drei dieser Beträge zum Teil deutlich über der Grenze von 50 000 Euro lagen. Sie waren also – legal – gestückelt worden. Abgeordnetenwatch wies darauf hin, dass die schwarz-gelbe Regierung im Jahr 2012 die staatlich geförderte Pflegezusatzversicherung eingeführt hatte, von der die DVAG wirtschaftlich profitieren konnte. Wären die Spendeneingänge des Vertriebsunternehmens bereits 2012 bekannt geworden, hätte das womöglich Fragen provoziert. Das Unternehmen selbst antwortet heute durch eine Sprecherin so: »Im Rahmen ihrer gesellschaftlichen Verantwortung tätigt die Deutsche Vermögensberatung parteiübergreifend Spenden. Dies erfolgt im Einklang mit den gesetzlich vorgegebenen Rahmenbedingungen.«

**Der Fall Gauselmann**

Einen ebenfalls legalen Weg, Parteien verdeckt zu finanzieren, fand der bereits erwähnte Spielautomatenunternehmer Paul Gauselmann, dessen Geschäfte jahrelang auch deshalb florierten, weil die Gesetze die Automatenbranche schonten. Anfang 2011 machte die *Süddeutsche Zeitung* publik, wie Gauselmann über zwei Jahrzehnte hinweg die politische Landschaft gepflegt hatte: Seine Frau, drei seiner Brüder und Mitarbeiter seines Konzerns hatte er immer wieder angehalten, die Parteien mit Spenden zu unterstützen. Insgesamt floss über die Jahre circa eine Million Euro. Das fiel jedoch keinem auf, weil die Einzelbeträge nie die Marke von 10 000 Euro überschritten. Noch im Jahr 2010 summierten sich 26 Einzelspenden für CDU, CSU, FDP, SPD und Grüne auf rund 80 000 Euro – alle immer mit einem Begleitbrief der Unternehmensgruppe an die Politiker versehen.

»Meine Sekretärin brauchte bei den Führungskräften nur anzurufen, dann kriegte sie die Schecks rüber«, erzählte er im Frühjahr 2014 dem *stern*. Nachdem die Spendenpraxis aufgeflogen war, rechtfertigte sich der Unternehmer damit, dass sie »den Bestimmungen des Parteiengesetzes« nicht widersprochen habe – was stimmte. Die Gelder seien der Politik auch nicht »aufgezwängt« worden, im Gegenteil: Ihn und sein Unternehmen, so Gauselmann, erreichten »laufend Spenden-Anfragen von Parteien und Politikern aller Couleurs«.

Natürlich verzichtete der Spielautomatenhersteller nicht auf die Beteuerung, er habe keineswegs versucht, »Einfluss auf die Politik zu nehmen«. Nein, er wollte einfach nur »gesellschaftspolitisches Engagement« zeigen. Doch laut *Süddeutscher Zeitung* begründete man die Zahlungen unternehmensintern sehr wohl mit der Stellung des Unternehmens und der Branche »am Markt« und dem »Erhalt vieler Arbeitsplätze« einschließlich der Posten des Führungspersonals, deren Hilfe Gauselmann erbat. Das RBB-Magazin *Kontraste* zitierte ein weiteres internes Gauselmann-Papier aus dem Vorfeld der Bundestagswahl 2009: Angesichts einer geplanten Neufassung der Spielverordnung brauche man »Verständnis in den unterschiedlichen Parteien«, stand dort demnach zu lesen. Es sei daher »hilfreich«, wenn »wir Politikern helfen, ihren Wahlkampf zu begleichen«.

**Wer finanziert die Wahlkämpfe?**

Noch Anfang 2010 behauptete Bundestagspräsident Norbert Lammert (CDU), die hiesigen Regeln zur Parteienfinanzierung gälten »international als vorbildlich«. Doch das war schon damals eine Legende. Inzwischen ist die Wahlkampf- und Parteienfinanzierung in vielen anderen Ländern deutlich transparenter. Im Juni 2009 gingen im Auftrag des Europarats zwei Fachleute auf Erkundungstour durch Deutschland, um die hiesigen Finanzierungspraktiken der Parteien zu untersuchen. Der französische Jurist und Parlamentsbedienstete Yves-Marie Doublet und die slowakische Ministerialbeamtin Viera Kotulicová trafen die Schatzmeister der großen Parteien und einige der kleinen wie der ÖDP, sie befragten Experten und Regierungsleute. Im Dezember 2009 verabschiedete das Anti-Korruptions-Gremium des Europarats »Greco« (Groupe d'Etats contre la corruption), einen Bericht, der kaum Aufsehen erregte, obwohl er für die deutsche Politik in weiten Teilen einigermaßen vernichtend ausfiel. Der Kernpunkt: Die Spendenflüsse seien für die Öffentlichkeit nicht hinreichend durchschaubar.

»Die meisten anderen europäischen Länder haben viel niedrigere Grenzwerte für die Offenlegung von Spendern festgelegt« als in Deutschland, kritisierten die Europaratsprüfer. Sie beklagten, dass die Regeln in Deutschland »eindeutig nicht geeignet« seien, »einen zufriedenstellenden Grad an Transparenz der Wahlkampffinanzierung« zu »gewährleisten«. Auch weil die Spenderdaten erst mit jahrelanger Verzögerung veröffentlicht würden, habe in Deutschland »die breite Öffentlichkeit keine wirkliche Möglichkeit, irgendeine Form sozialer Kontrolle auszuüben«.

Die Europaratskommission verlangte daraufhin Reformen. Doch »außer bei den Grünen«, erinnerte sich der Franzose Doublet später bei einem Gespräch, sei man auf wenig Verständnis für die Kritik gestoßen. Den »sehr geringen Grad der Umsetzung der Empfehlungen« durch die Bundesrepublik stufe man als »allgemein unbefriedigend« ein, urteilten die Experten des Europarats im Oktober 2013.

Anders als in der CDU wäre man in der SPD inzwischen für etwas mehr Offenheit. Dort kann man sich vorstellen, schon bei Spenden ab 5000 Euro die Namen zu nennen. In der SPD-Zentrale hat man einmal ausrechnen lassen, was das bedeuten würde: Statt 195 Namen hätte die SPD auf ihrer öffentlichen Spenderliste für das Jahr 2011 mehr als doppelt so viele Gebernamen nennen müssen, nämlich 517. Wie die Organisation Lobbycontrol ermittelt hat, blieben im Jahr 2012 sogar bei 74 Prozent aller Spenden an die Parteien die Geber unbekannt.

Mehr Offenheit wäre also sehr zu begrüßen. In den vergangenen Jahren haben zwar einige Großunternehmen ihre Anti-Korruptions-Regeln verschärft und Spendenzahlungen an Parteien ganz eingestellt. Sowohl Deutsche Bank wie VW sind so aus dem Kreis der Spendenzahler ausgeschieden. Doch zum Teil fließen die Gelder jetzt auf anderen Wegen, etwa als Sponsoring – dazu gleich mehr. Und insgesamt ist bei der CDU als Hauptempfängerin von Spenden juristischer Personen deren Eingang erstaunlich stabil. Im Jahr 2003 überwiesen Firmen und Verbände umgerechnet 4,6 Millionen Euro an die CDU, 2004 betrug die Summe 7,9 Millionen. Zuletzt – also im Jahr 2012 – waren es 6 Millionen. Statt der Großspenden gebe es einfach mehr Kleinspender, wird auch in den Parteizentralen bestätigt.

Die Formulierung Kleinspender ist gleichwohl relativ. 10 000 oder auch 5000 Euro sind für einen um die Wiederwahl kämpfenden Bundestagsabgeordneten oder den lokalen Verband einer Partei eine Menge Geld. Der SPD-Bundestagsabgeordnete Ulrich Kelber legt darum mit seinem Bonner Kreisverband die Namen aller Spender über 1000 Euro offen. Beträge, die 5000 Euro übersteigen, nimmt die Bonner SPD gar nicht erst an.

Gerade in den Wahlkreisen geben die Kandidaten und Parteien in Wahljahren zudem deutlich mehr Geld aus, als das die publizierten Zahlen erwarten lassen. Die Budgets für den Wahlkampf des Jahres 2013, die CDU, SPD, Grüne, FDP und Linke selbst veröffentlichten, betrafen nämlich nur die Ausgaben, die auf Bundesebene entstanden – etwa für bundesweite Wahlwerbung. Bei der SPD waren dies 23 Millionen Euro, bei der CDU 20 Millionen und bei den Grünen 5,5 Millionen. Auch die Linkspartei bestätigte im Sommer 2013 auf eine Anfrage des *stern*, dass die für sie bis dahin bekannte Zahl von 4,5 Millionen Euro nur »den engeren Wahlkampfetat« auf Bundesebene betraf. Und die FDP, die auf Bundesebene 4 Millionen eingeplant hatte, teilte explizit mit: »Hinzu kommen die Budgets der Landesverbände und der regionalen Gliederungen.«

Dahinter steckt ein Problem, dass bisher kaum diskutiert wird. Zwar kassierten allein CDU und SPD im Jahr 2013 jeweils fast 50 Millionen Euro aus der staatlichen Parteienfinanzierung, die auch zur Finanzierung des Wahlkampfs gedacht ist. Doch diese Gelder vereinnahmen die Parteizentralen für sich. Die Wahlkreiskandidaten bekommen daraus in der Regel keinen Cent. In der SPD gibt es zwar im Wahlkampfjahr Zuschüsse an die Kreisverbände – aber die wurden zuvor durch monatliche Abgaben der amtierenden Bundestagsabgeordneten finanziert.

Die Direktkandidaten beziehungsweise ihre Kreisverbände müssen ihre lokalen Kampagnen also weitgehend selbst finanzieren – und setzen dennoch oft beträchtliche Summen ein, um ihre Wahl oder Wiederwahl zu erreichen. Der ehemalige CDU-Bundestagsabgeordnete Siegfried Kauder, der wiederholt ein Direktmandat holte, nannte aus eigener Erfahrung einmal Kosten zwischen 60 000 und 100 000 Euro. »Teuer sind vor allem die Briefe, die man verschickt«, erzählte Kauder. Bis zu 60 000 Euro könne sein Wahlkampf vor Ort verschlingen, bestätigte im September 2013 auch der damals frischgewählte CDU-Abgeordnete Matern von Marschall gegenüber dem ARD-Magazin *Kontraste*. Möglich geworden sei das vor allem durch Spenden – in seinem Fall waren dies in erster Linie viele Kleinbeträge von Parteifreunden.

In Kombination mit den hohen Veröffentlichungsschwellen bei Parteispenden ist die Finanznot der Wahlkreiskandidaten ein mögliches Einfallstor für Lobbyinteressen. Nur durch Zufall wurde im Jahr 2006 bekannt, dass der einflussreiche Hamburger SPD-Abgeordnete Johannes Kahrs für seinen Wahlkampf ein Jahr zuvor vierstellige Spenden zweier Rüstungskonzerne angenommen hatte. Dank Spenden von Krauss-Maffei Wegmann und Rheinmetall konnte sich Kahrs aufwendige Großflächenplakate leisten. Als Berichterstatter für den Verteidigungsetat war er im Haushaltsausschuss anschließend für ein Rüstungsprojekt mit zuständig, das den beiden Firmen einen Auftrag über vier Milliarden Euro für Schützenpanzer des Typs Puma einbringen sollte. Der Hamburger SPD-Abgeordnete selbst versicherte übrigens, dass die Unternehmen seinen Wahlkampf einfach deshalb unterstützten, »weil sie mich und meine Arbeit gut finden«.

Gesine Lötzsch von der Linkspartei, die in ihrem Berliner Wahlkreis wiederholt direkt in den Bundestag gewählt wurde, steckte im Jahr 2013 sogar 15 000 Euro aus ihrem Privatvermögen in den lokalen Wahlkampf; 20 000 Euro zahlte ihr Kreisverband. »Das Helium für die Luftballons ist unheimlich teuer«, weiß die

Politikerin aus Erfahrung. Aus eigener Tasche bezahle sie schon einmal den Clown für das Kinderfest oder Spielzeug für einen Besuch in der Schule. Die privaten Mittel laufen nicht durch die Bücher der Partei und finden sich daher auch nicht in den Rechenschaftsberichten der Partei wieder. »Das machen viele«, sagt Lötzsch.

Diese Praxis ist legal. Sie öffnet aber theoretisch die Möglichkeit, dass sich Abgeordnete unter der Hand Kosten erstatten lassen und Spenden aus der Wirtschaft annehmen, die dann nie in den Bilanzen auftauchen. Gab es da womöglich einen örtlichen Busunternehmer, der für wenig oder gar keine Miete Parteianhänger zu einer großen Wahlkampfkundgebung gefahren hat? Während die Linken nach den Regeln ihrer Partei Unternehmensspenden generell nicht annehmen dürfen und in der SPD die Abgeordneten Spenden stets an die Partei abliefern müssen, sind die Regeln nicht in allen anderen Parteien ebenso strikt. Und selbst strikte Regeln lassen sich natürlich umgehen.

Bereits im Dezember 2009 hatten die Korruptionsexperten des Europarats »dringenden« Reformbedarf in Sachen Abgeordnetenspenden angemeldet. Anders als die Parteien dürfen deutsche Parlamentarier Spenden nämlich bis heute komplett als Bargeld in Empfang nehmen. Erst ab Summen von über 5000 Euro erfährt auch der Bundestagspräsident von den Zuwendungen. Verglichen mit den Sanktionen, die Parteien bei Falschangaben drohen, sei der Strafmechanismus für Bundestagsabgeordnete vage formuliert, so die Europaratsexperten; die Regeln für Spenden an Abgeordnete seien generell »eher locker«. Solche direkten Zuwendungen an Parlamentarier seien am besten ganz »zu verbieten«, regten die Prüfer an. Doch das blieb ohne Konsequenz.

### Verdeckte Wahlkampfhilfe

Gerade in Wahlkämpfen kommen findige Geschäftsleute gerne mal auf die Idee, sogenannte Parallelaktionen zu initiieren. 1998 brachte der Finanzunternehmer Carsten Maschmeyer im niedersächsischen Landtagswahlkampf 650 000 Mark für eine Anzeigenkampagne zu Gunsten von Gerhard Schröder auf. Dass Maschmeyer hinter den Anzeigen steckte, kam erst nach Recherchen von Journalisten heraus. Einige bis heute unbekannte Unternehmer wollten im Bundestagswahlkampf 2013 dem SPD-Kandidaten Steinbrück mit dem »peerblog« helfen. Und lange blieb auch verborgen, wer hinter einer Aktion steckte, die im Jahr 2009 als kaum verklausulierte Hilfe für die CDU Thüringen verstanden wurde.

Erst fünf Jahre später machte der *stern* publik, dass der schillernde Hamburger Klinikunternehmer und Multimillionär Ulrich Marseille eine Rolle bei der Zeitschrift *Tolles Thüringen* spielte. Sie wurde kurz vor der dortigen Landtagswahl im Jahr 2009 an alle Haushalte in Thüringen verteilt. Auf dem Cover prangte Katharina Althaus, die Frau des damaligen CDU-Ministerpräsidenten Dieter Althaus. Und im Heft lobte ein CDU-naher Politikberater das Programm der CDU als »überzeugend«.

Die Zeitschrift und eine dazugehörige Website kosteten die Initiatoren offenbar insgesamt über eine Million Euro. So hoch waren jedenfalls die Verluste, die der kurz zuvor gegründete Verlag von *Tolles Thüringen* genau in dieser Zeit machte. In Thüringen wurde lange gerätselt, welcher anonyme Mäzen der CDU damals mit der Zeitschrift helfen wollte. Nach den *stern*-Recherchen zeigten sich mehrere Verbindungen zu Ulrich Marseille.

Der verantwortliche Verlag für *Tolles Thüringen* gehörte so noch im Sommer 2014 einem eigentlich auf Arbeitsrecht spezialisierten Anwalt in Itzehoe, der den Hamburger Unternehmer wiederholt bei Streitigkeiten mit der Belegschaft vertrat. Die damalige Geschäftsführerin des Verlags war zuvor bei Marseille angestellt gewesen. Ein weiterer Marseille-Beschäftigter namens Thomas Wischnewski führte im Sommer 2009 für das Heft Interviews mit Dutzenden Kandidaten zumeist aus der CDU und präsentierte sie in Kurzporträts als sympathische Menschen und engagierte Thüringer.

»Es gab irgendwann einen Anschub von Herrn Marseille«, erinnerte sich im September 2014 Wischnewski, der im Jahr 2009 noch die Kundenzeitschrift des Hamburger Klinikunternehmens betreut hatte. »Setzen Sie sich mal mit Herrn Kimmel zusammen«, habe ihm der Firmenchef gesagt. Gemeint war der Journalist Klaus-Dieter Kimmel – ein Mann, der zu DDR-Zeiten Stasi-IM und später *Bild*-Redakteur war. Er tauchte bei *Tolles Thüringen* nicht im Impressum auf, war aber in der Redaktion immer wieder präsent. Er war es auch, der das Interview mit Katharina Althaus führte, das dann in der Zeitschrift auf sechs Seiten ausgebreitet wurde, angefangen mit der Frage: »Wie viel Paar Schuhe haben Sie im Schrank stehen?«

Er habe bei *Tolles Thüringen* nicht als Chefredakteur agiert, sondern sei lediglich »oftmals« als »Berater« in der Redaktion gewesen, versicherte Kimmel im September 2014. Zu diesem Zeitpunkt arbeitete er für die bereits mehrfach erwähnte PR-Agentur WMP Eurocom des ehemaligen *Bild*-Chefredakteurs Hans-Hermann Tiedje, für die Kimmels Frau bereits Jahre zuvor das Leipziger Büro geleitet hatte. Bei *Tolles Thüringen* habe man aber »in keiner Weise mitgewirkt«, ließ WMP versichern. Auch Kimmel sagt, er sei zu dem Zeitpunkt nicht bei WMP beschäftigt gewesen.

Ausgerechnet in der Zeit, in der *Tolles Thüringen* erschien, hatte der Klinikunternehmer Marseille geschäftliche Interessen in dem Bundesland. Im Oktober 2008, kurz bevor das Medienprojekt am 1. Dezember zunächst nur als Website online ging, hatte er sich an das Haus der damaligen Gesundheitsministerin und späteren Ministerpräsidentin Christine Lieberknecht (CDU) gewandt. Er wollte in Eisenach eine Inkontinenzklinik errichten und beantragte Landesmittel in Höhe von 40 Millionen Euro.

Mitte Dezember 2008 stellte das Unternehmen seine Pläne dem Ministerium im Detail vor. Kurz darauf, am 2. Januar 2009, nahm Lieberknechts Ressort die Klinik als Vorhaben von »besonderer Bedeutung« in eine Liste förderungswürdiger Projekte auf. Das geschah, obwohl Lieberknechts Mitarbeiter das Marseille-Vorhaben – als einziges auf der Liste – als »noch nicht bewilligungsreif« einstuften. Es fehlte das Okay des zuständigen Krankenhausplanungsausschusses. Drei Tage später hieß es in einer aktualisierten Liste, das »Einvernehmen« mit dem Ausschuss werde angestrebt.

Weitere acht Tage später habe Lieberknecht persönlich dafür gesorgt, dass diese unterstützende Formulierung wieder aus der Liste verschwunden sei, versicherte später ihr Sprecher. Die Marseille-freundliche Passage sei wohl »auf Betreiben der Staatskanzlei«, damals geführt von Dieter Althaus, aufgenommen worden. Überhaupt sei es vor allem Althaus' damaliger Staatssekretär Hermann Binkert gewesen, der das Marseille-Projekt »mit Sympathie begleitet« habe – ganz im Gegensatz zu Lieberknecht, wie ihr Sprecher beteuert.

Tatsächlich zog Marseille den Förderantrag Ende Februar 2009 wieder zurück, nachdem starke Zweifel an dem Bedarf für die Eisenacher Klinik aufgekommen waren. Aber der Geschäftsmann hatte in Thüringen offenbar noch ein zweites Eisen im Feuer. In der CDU gab es damals Überlegungen, das Uni-Klinikum in Jena zu privatisieren. Die Idee dazu hatte die CDU-Fraktion im Landtag – unter der Führung von Lieberknecht – bereits im Jahr 2006 in ein sogenanntes Zukunftspaket aufgenommen, wenn auch nur als Prüfauftrag. Lieberknecht selbst sei keine Befürworterin gewesen, versichert ihr Sprecher.

Auch das Jenaer Klinikum war offenbar interessant für Ulrich Marseille, der damals deutschlandweit in das Geschäft mit Akutkliniken einsteigen wollte. Eine Privatisierung in Jena, »da hatte er Interesse dran«, bestätigte Althaus' damaliger Staatssekretär Binkert dem *stern*. Er selbst, so räumt Binkert ein, habe auch wegen des Eisenacher Klinikprojektes »Gesprächskontakte für Herrn Marseille vermittelt«, sich aber nicht in besonderer Weise dafür starkgemacht. Als sich Vertreter von CDU und SPD nach der Landtagswahl im Herbst 2009 zu ersten Sondierungsgesprächen trafen, spielte das Vorhaben angeblich noch kurz eine Rolle – war aber gegen die Sozialdemokraten als neuen Koalitionspartner ohnehin nicht durchsetzbar.

### Der Trick mit dem Sponsoring

Viele Konzerne und Verbände haben in den vergangenen Jahren neue und legale Wege gefunden, die Parteien zu unterstützen, ohne dass sie auf den offiziellen Spenderlisten auftauchen.

Der bekannteste Umweg nennt sich Sponsoring. Diese Methode sei in der Wirtschaft »besonders beliebt«, bekennt der Ex-Lobbyist Volker Kitz in seinem Buch – und dies, obwohl es hier keine »klare Regelung« gebe. Oder vielleicht deswegen?

Eigentlich ist schon der Begriff schief. Sponsoring bedeute außerhalb des Politikbetriebes, dass ein Unternehmen ein Sportereignis oder ein Kulturevent bezuschusst und dafür »mit dem positiven Image der Veranstaltung« verbunden werde, sagte der Rechtsanwalt Thomas Dehesselles bei einer Anhörung im Bundestag im Juni 2012. Doch ein derartiger Imagetransfer sei beim Politiksponsoring nicht zu erwarten. »Derzeit dürfte kaum eine Partei in Deutschland, unabhängig von der individuellen politischen Bewertung, über ein Image verfügen, das es für einen gewerblichen Partner interessant macht, als Sponsor gemeinsam mit dieser aufzutreten.«

Anders als von den Sponsoren bei einem Fußballspiel oder Ski-Weltcup bekommt die Öffentlichkeit von den Details des Parteiensponsorings nur wenig mit. In den offiziellen Rechenschaftsberichten werden weder die Namen der Sponsoren noch ihre Zahlungen im Einzelnen genannt, auch dann nicht, wenn sie das Mehrfache von 10 000 Euro betragen. Der Parteienrechtler

Martin Morlok sieht beim Sponsoring darum die »Gefahr einer Umgehung der Rechenschaftspflichten«.

Ort der Handlung sind gewöhnlich die Kongresszentren, in denen CDU, SPD und Co. ihre Parteitage abhalten. Meist ist es eine eigene Tagungshalle, in der sich dann ein Ausstellungsstand an den anderen reiht. Der Rüstungs- und Luftfahrtkonzern Airbus zeigt Modelle von Drohnen, Flugzeugen, Hubschraubern oder Raketen, McDonald's serviert Kaffee und Kuchen, die Deutsche Post verteilt Gummibärchen oder gelbe Papiertaschentücher. Und an vielen Ständen stehen blitzende Espressoautomaten – immer bereit, die Delegierten anzulocken und mit einem Schuss Koffein zu beleben.

Außer bei eintägigen Parteikonventen zahlen die Aussteller meist beträchtliche Quadratmetermieten, oft deutlich über 200 Euro. Das ist mehr als auf selbst gutbesuchten Publikumsmessen wie der Internationalen Tourismusbörse (ITB) in Berlin oder der Automobilausstellung IAA in Frankfurt.

Parteitage von SPD oder CDU sind heutzutage aufwendige Showveranstaltungen und darum sehr teuer. Ein dreitägiger Kongress kostet an die 2,5 Millionen Euro. Zum Teil über 20 Prozent davon decken die Sponsoren, die mitunter hohe fünfstellige Beträge für die Chance aufbringen, dass bei ihnen die Kanzlerin, der Parteivorsitzende und Hunderte weitere Politiker vorbeischauen. Die ARD-Sendung *Monitor* zeigte im Januar 2012 ein Statement des damaligen General-Electric-Lobbyisten Hans Schregelmann, eingefangen auf einem SPD-Kongress: »Wir hatten beim CDU-Parteitag natürlich die Kanzlerin hier. Wir haben hier beim SPD-Parteitag Herrn Gabriel hier gehabt. Wir werden wahrscheinlich gleich Herrn Steinmeier bei uns begrüßen können. Also da wollen wir uns nicht beklagen.«

»Mit Informationsständen« auf den Bundesparteitagen könne »ein Großteil der Funktions- und Mandatsträger direkt erreicht werden«, argumentiert die beim Sponsoring ebenfalls aktive Deutsche Bahn. Man fragt sich, ob die Politiker für den staatlichen Großkonzern anders wirklich nicht zu sprechen wären. Beim Berliner CDU-Bundesparteitag im April 2014 informierte der Arbeitgeberverband Stahl mit einem eigenen Stand über das Problem mit den »hohen Energiekosten«. Die Verbandsvertreter boten den Parteitagsteilnehmern frischgebackene Waffeln an und ließen sich mit prominenten Standbesuchern fotografieren, darunter CDU-Generalsekretär Peter Tauber und Kanzleramtsminister Peter Altmaier.

Die CDU betreibt auf ihren Parteikongressen regelmäßig eine separate »Union Club Lounge« – offenbar extra für Treffen von Politpromis mit Spendern und Sponsoren. Nicht angemeldete Besucher weist dort eine Mitarbeiterin am Eingang ab: »Sie stehen nicht auf der Liste? Dann darf ich Sie bitten, wieder zu gehen.« Auf dem Parteitag in Hannover im Dezember 2012 konnte man von außen etwas von dem Ambiente mit Teppichboden und schwarzen Ledersesseln erspähen. Eine Mitarbeiterin trug Schnittchen rein, während sich drinnen ein Staatssekretär Zeit für seine Gesprächspartner nahm.

»Wenn die Unternehmen bereit sind, bei uns eine Summe von X zu bezahlen, dann liegt es an unserer Attraktivität«, beteuerte Anfang 2012 die damalige SPD-Schatzmeisterin Barbara Hendricks. <u>Aber diese Attraktivität besteht eben offenkundig vor allem darin, dass sich mit den Zahlungen die Nähe zu mächtigen Politikern kaufen lässt.</u>

Hinzu kommt: Wenn Unternehmen einen Parteitag als Sponsor unterstützen, zahlt der Steuerzahler unfreiwillig mit. Denn Sponsoringzahlungen sind für Unternehmen anders als Parteispenden in beliebiger Höhe von der Steuer absetzbar. Wenn das Sponsoring mehr sei als nur eine Standmiete und sich »in seiner Wirkung einer reinen Spende annähert«, so folgerte der Parteienrechtler Martin Morlok auf einer Anhörung im Bundestag im Juni 2012, sei die steuerliche Abzugsfähigkeit von Sponsoringaufwendungen parteienrechtlich problematisch. Konsequenzen aus dieser Kritik hat der Bundestag bisher nicht gezogen.

Als einzige im Parlament vertretene Partei verzichtet die Linkspartei ganz auf diese Finanzierungsmethode. Die Partei ist bei der Industrie aber ohnehin nicht sehr stark gefragt. Die Grünen veröffentlichen seit dem Jahr 2012 immerhin alle Sponsoringvereinbarungen auf ihrer Website. So erfuhr man, dass die Ökos für ihren Parteitag in Dresden im Februar 2014 eine Standgebühr über 8318,75 Euro von der Bahn AG kassierten, 6875 Euro vom Energieversorgerverband BDEW sowie 8250 Euro vom Fachverband Kartonverpackungen für flüssige Nahrungsmittel (FKN), zu dessen Mitgliedern Tetra Pak zählt. Und für einen Parteikongress im November 2012 kassierte die Umweltpartei allein von dem großen US-Mischkonzern General Electric 13 475 Euro.

Manche Firmen und Verbände bewegen noch weit höhere Summen beim Sponsoring. Der Autokonzern BMW zum Beispiel zahlte 2012 nach eigenen Angaben auf dem CSU-Parteitag 14 500 Euro Standmiete und weitere 30 000 Euro für die Unterstützung der Presselounge auf dem Parteikonvent der CDU in Hannover – also für Räume, in denen Journalisten und Politiker kostenlos bewirtet wurden. Rund 280 000 Euro setzte eine Unterorganisation des Bundesverbands der Energie- und Wasserwirtschaft (BDEW) im Jahr 2011 ein, um im Rahmen einer »Erdgas«-Kampagne die Presselounges der Parteitage von CDU, CSU, FDP, SPD und Grünen zu finanzieren. Im Jahr zuvor waren es ebenfalls etwa 300 000 Euro für den gleichen Zweck gewesen. Es sei darum gegangen, »Flagge zu zeigen«, erläuterte das ein Verbandsmann später.

Der Tabakkonzern Philip Morris leistete im Jahr 2011 nach eigenen Angaben insgesamt umgerechnet 65 844 Dollar Parteispenden an CDU, CSU, FDP und SPD. Außerdem unterstützte er als Sponsor zwölf Parteiveranstaltungen mit Summen zwischen 2873 Dollar und 21 654 Dollar – vom CSU-Parteitag über das Hoffest der SPD-Fraktion und die »Spargelfahrt« des Seeheimer Kreises der SPD-Rechten bis zum Sommerfest der Jungen

Liberalen und einem »Europäischen Abend« der CDU/CSU-Europaabgeordneten.

Auch 2014 konnten die großen Parteien auf Philip Morris zählen. Das Unternehmen war als Sponsor bei den Parteitagen von CDU wie FDP dabei, ebenso bei der alljährlichen »Media Night« der Christdemokraten – wie beim SPD-Hoffest und dem *Vorwärts*-Presseempfang am Vorabend eines SPD-Parteitages im Januar 2014. Beim CSU-Parteitag Ende November 2013 in München wiederum hatte British American Tobacco (BAT) ein Zelt als Raucherlounge vor der Halle aufgebaut. Im Saal verteilte Konkurrent Philip Morris Zigaretten und informierte auf einem Stand über die »Auswirkungen der EU-Tabakprodukterichtlinie«.

»Vor dem Hintergrund sinkender Einnahmen und steigender Ausgaben ist Sponsoring für uns unerlässlich«, beschloss die SPD vor einiger Zeit ganz offiziell. Wie unverzichtbar die Zuschüsse aus Sicht der Parteischatzmeister scheinen, zeigte sich Anfang 2012 nach der Debatte um den damals zurückgetretenen Bundespräsidenten Christian Wulff. Als Konsequenz aus der Affäre stellten Deutsche Bahn, Audi und der Energiekonzern Vattenfall öffentlich ihr Politsponsoring in Frage. Die Schatzmeister von CDU und SPD protestierten sogleich vehement. »Spenden sind ein Zeichen der Verwurzelung der Parteien in der Gesellschaft«, argumentierte SPD-Schatzmeisterin Barbara Hendricks – als stünde das Staatsunternehmen Bahn für den Kontakt mit der Zivilgesellschaft.

Doch der Druck der Parteien zeigte Wirkung. Obwohl Bahn-Chef Rüdiger Grube im März 2012 öffentlich von einem »Führungsbeschluss« gesprochen hatte, sich nicht mehr »an all den Veranstaltungen und Arten von politischem Sponsoring« zu beteiligen, war der Staatsbetrieb dann doch wieder auf den folgenden Parteitagen von CDU, CSU, SPD und Grünen vertreten. Immerhin gelobte der Bahn-Vorstand, künftig nur noch zu »marktüblichen Konditionen« Stände auf Parteitagen anzumieten und die Verträge stets offenzulegen.

Auch Audi und Vattenfall kauften sich trotz der zeitweiligen Bedenken erneut auf den Parteitagen von CDU, CSU, FDP und SPD ein. So war Audi im Dezember 2012 beim CDU-Parteitag mit einem 96 Quadratmeter großen Stand vertreten, was gemessen an den dort bezahlten Durchschnittspreisen einer Standmiete von 24 000 Euro entspräche. Eigentlich wollte man das Sponsoring einstellen, hieß es in der Audi-Zentrale, aber der Vertrieb sehe es einfach als gute Gelegenheit, neue Automodelle zu präsentieren.

Audis Mutterkonzern VW ist ja ebenfalls als Parteitagssponsor aktiv. Er mietete auf dem CDU-Parteitag Ende 2012 nach Recherchen des *stern* eine 130 Quadratmeter große Standfläche an. VW war damit einer der wichtigsten Aussteller. Legte man die von der CDU berechnete Durchschnittsmiete zu Grunde, hätte die Miete 32 500 Euro betragen. Ein VW-Sprecher beteuerte lediglich, dass man weniger gezahlt habe. Konkrete Summen wollte er nicht nennen.

Obwohl Volkswagen seine Zahlungen nicht offenlegen möchte, hält man in Wolfsburg Sponsoring für die »transparentere Form der Unterstützung von Parteien«. Leistung und Gegenleistung seien doch hier »für jedermann sichtbar«. Deshalb zahle man seit 2009 aus Prinzip keine Parteispenden mehr. Stattdessen war der Konzern 2012 auch auf den Parteitagen von FDP und SPD als Sponsor vertreten.

Den Freidemokraten hielt der Autobauer sogar noch nach deren Bundestags-Aus die Treue. Als die FDP im Mai 2014 zum Parteitag lud, war VW einer der insgesamt 26 Aussteller aus der Wirtschaft, von Audi über die Deutsche Post, Eon, Philip Morris, Vattenfall, Airbus, RWE, EnBW bis zum Energieverband BDEW sowie dem Versicherungsverband GDV. Die deutschen Unternehmen haben die FDP offenkundig noch nicht abgeschrieben.

**Teure Inserate**

Die gleichen Firmen und Verbände, die als Sponsoren aktiv sind, unterstützen die Parteien oft auch auf andere Weise finanziell: indem sie Anzeigen in Parteizeitungen schalten. Deren Listenpreise sind zum Teil so hoch, dass der Verdacht der versteckten Parteienfinanzierung sehr nahe liegt. 18 984 Euro verlangte zum Beispiel der *Bayernkurier* der CSU im Jahr 2013 für eine ganzseitige Vierfarbanzeige. Dabei lag dessen Auflage damals laut Parteiangaben bei gerade mal um die 50 000 Exemplaren. Zum Vergleich: Die *Frankfurter Allgemeine Sonntagszeitung* veranschlagte 59 560 Euro für eine Seite – bei einem größeren Format und einer geprüften Auflage, die siebenmal so hoch war.

Ähnlich die FDP: Sie verlangte für eine Seite in ihrem Mitgliedermagazin *Elde* (Auflage: 72 000) bis zu 15 000 Euro. Und die SPD bot für ein im Februar 2013 veröffentlichtes *Vorwärts*-Sonderheft zum 150. Geburtstag der Partei ganzseitige Anzeigen zum Preis von 25 000 Euro an. Auch angesichts einer Auflage von 500 000 Exemplaren, die weitgehend kostenlos an die Mitglieder verschickt wurden, war das immer noch ein ziemlich stolzer Preis. Eine ganze Reihe großer Unternehmen und Verbände biss dennoch an. Unter den Anzeigenkunden waren am Ende VW, Porsche, Deutsche Bank, der Finanzvertrieb DVAG, der Sparkassenverband und die beitragsfinanzierte Krankenkasse AOK. Normalerweise berechneten der *Vorwärts* 18 000 Euro pro Seite und das CDU-Mitgliedermagazin *Union* – Stand 2013 – immer noch 9000 Euro. Dabei wird das Unions-Blatt seit einigen Jahren größtenteils gar nicht mehr gedruckt, sondern nur noch elektronisch vertrieben.

Addiert man die Beträge, dann kassieren die großen Parteien beziehungsweise ihre Zeitungen jedes Jahr mehrere Millionen Euro über solche Anzeigengeschäfte. Interessanterweise betätigen sich auch hier Unternehmen wie der Energieversorger Vattenfall, die eigentlich grundsätzlich keine Parteispenden leisten und daher in den offiziellen Rechenschaftsberichten der Parteien nicht mit Namen genannt werden. Das Gleiche gilt für den VW-Konzern: Auch aus Wolfsburg kommen zwar keine Spenden, dafür neben den Sponsoringzahlungen aber Anzeigengelder in beachtlicher Höhe. Folgt man den Listenpreisen, dann kaufte das Unternehmen im Jahr 2012 Inserate im Wert von 39 000 Euro beim *Vorwärts* der SPD, von 27 000 Euro beim *Union*-Magazin der CDU sowie über 9200 Euro beim *Schrägstrich* der Grünen. Nach eigener Aussage hat Volkswagen aber Rabatte in Anspruch genommen und weniger als diese Listenpreise bezahlt. Man schalte prinzipiell Anzeigen »in allen offiziellen Publikationen der Parteien, die offen sind für Anzeigen der Autoindustrie«, sagte ein VW-Sprecher Anfang 2013.

Auch der Konkurrent BMW schaltet ja regelmäßig Anzeigen in Parteizeitungen von CSU bis Grüne – und wird offenkundig auch regelmäßig darum gebeten: »Alle im Bundestag vertretenen Parteien beziehungsweise parteinahe Medien haben die Möglichkeit, mit Anzeigenanfragen auf uns zuzugehen«, sagt ein Sprecher des Münchner Autobauers.

Der Verpackungskonzern Tetra Pak investierte im Jahr 2012 sogar insgesamt 139 000 Euro für Inserate in den Publikationen von CDU, CSU, SPD und Grünen. Folgt man der Aussage von Tetra Pak, dann war das Teil einer PR-Offensive, mit der »Meinungsbildner« erreicht werden sollten. Ein bedeutender Anzeigenkunde von CDU, CSU, FDP, SPD und Grünen war im Jahr 2012 außerdem der in der Öffentlichkeit eher wenig bekannte Fachverband Kartonverpackungen für flüssige Nahrungsmittel (FKN). Tetra Pak ist dort Mitglied. Der FKN zahlte nach eigenen Angaben insgesamt 69 714 Euro an die Zeitschriften der fünf Parteien. Und nicht nur das: Während Tetra Pak erklären ließ, dass man »grundsätzlich« keine Parteispenden zahle, tat dies immer wieder der Tetra-Pak-Verband FKN. Die Kartonagenleute fielen übrigens wiederholt auch als Sponsoren auf Parteitagen auf, von den Grünen über SPD, CDU und CSU bis zur FDP.

Diese Aktivitäten nach dem Muster der Landschaftspflege kommen womöglich nicht ganz zufällig. Tetra Pak und die anderen im FKN vertretenen Hersteller von Getränkekartons leiden unter dem Vormarsch der Einweg-Plastikflaschen, gegen den »die Politik noch immer nicht die richtigen Instrumente gefunden hat«, wie der Verband klagt. Also wirbt die Branche mit der im Vergleich besseren Umweltbilanz ihrer Produkte und warnt vor neuen Regularien, die den eigenen Absatz weiter schwächen könnten. Wie stark sich die Getränkeverpacker bei der Parteienfinanzierung engagieren, das überschaut dennoch nur derjenige, der alle Parteitage besucht, die Parteiblätter nach Anzeigen durchforstet und dem FKN selbst dazu Fragen schickt. Dort wird versichert, man hätte »kein Problem damit«, wenn die Veröffentlichungsgrenze für Spenden »herabgesetzt würde oder Standgebühren, Sponsorenbeiträge, Anzeigenkosten ausgewiesen werden müssten«. Diejenigen, die dieses Problem haben – das sind dann offenkundig die Parteien.

Dass der Verband FKN Parteispenden leistet, während die Mitgliedsfirma Tetra Pak großzügig darauf verzichtet – das kennt man in ähnlicher Form auch anderswo. Nicht selten überweisen Unternehmensverbände besonders stattliche Spenden an die Parteien. Man zahle keine Parteispenden – das beteuert etwa die Münchner Siemens AG seit vielen Jahren. Wer aber spendet, das ist der Verband der bayerischen Metall- und Elektroindustrie, bei dem Siemens eines der wichtigsten Mitglieder ist.

Insbesondere dank hoher jährlicher Zuwendungen an die CSU ist der Verband der vielleicht größte Parteispender überhaupt im Land. Jedes Jahr zahlt er an die bayerische Regierungspartei zwischen 320 000 und 770 000 Euro. Zuletzt, im Oktober 2013 und damit kurz nach der Bundestagswahl, überwies der Verband 565 000 Euro an die Christsozialen. Auch SPD, FDP und Grüne werden regelmäßig bedacht – wenngleich nur fünfstellig.

Der Parteienforscher Martin Höpner urteilt, es sei »nicht abwegig«, den Umweg von Spenden über die Verbände »als legale

Umgehung des Transparenzerfordernisses anzusehen«. Der Verband der Bayerischen Metall- und Elektroindustrie selbst weist solche Vorwürfe aber entschieden zurück. Es gebe »keine Spenden aus Mitgliedsbeiträgen«, sagt eine Sprecherin. Die dafür verwendeten Mittel stammten vielmehr »aus Verbandsvermögen, das über Jahrzehnte erwirtschaftet wurde«.

### Die Konzerne der Parteien

Die Liste der Geldquellen der Parteien ist damit noch nicht erschöpft. Einige unter ihnen unterhalten regelrechte Konzerne, mit Tochterfirmen und geschäftlichen Aktivitäten der unterschiedlichsten Art. So ist die SPD seit langem an einer Reihe von Zeitungen beteiligt, vom *Nordbayerischen Kurier* bis zu *Ökotest*; auch die kriselnde *Frankfurter Rundschau* gehörte bis vor einiger Zeit dazu, hinterließ der Parteiholding DDVG aber angeblich einen Verlust in zweistelliger Millionenhöhe. Die DDVG generiert überdies hohe Umsätze im Papierhandel. Im Jahr 2012 vermarktete eine SPD-Tochter sogar ein Kreuzfahrtschiff namens *Princess Daphne*. Allerdings brachte das Schiff der SPD Verluste von 1,77 Millionen Euro. Dennoch verlor die SPD-Tochter »Ambiente Kreuzfahrten« nicht die Lust am Reisegeschäft; sie vermarktete anschließend die *MS Azores*, die sogar 550 Passagiere aufnehmen kann, 100 mehr als das Vorgängerschiff.

»Kann die Willensbildung der Partei unabhängig sein, wenn solche wirtschaftlichen Interessen im Hintergrund stehen?«, fragte die *Frankfurter Allgemeine Zeitung* mit einem gewissen Recht. Nicht einmal der für die Prüfung der Parteifinanzen zuständige Bundestagspräsident darf in diese Unternehmensbeteiligungen hineinleuchten. Daher ist es theoretisch denkbar, dass Parteien Gelder auf dem Umweg über ihre Unternehmensbeteiligungen erhalten.

Der Spielothekenbetreiber Gauselmann – ja, der mit den gestückelten Spenden – war so 2004 und 2007 mit zwei Millionen Euro bei den FDP-Firmen ProLogo und Altmann-Druck als Teilhaber eingestiegen. Für den damaligen FDP-Schatzmeister Hermann Otto Solms, der den Deal einfädelte, war das ein Segen. Denn der Bundesverband der Freidemokraten steckte damals bereits mit mehreren Millionen Euro in den roten Zahlen. Das Geschäft blieb zunächst verborgen. Geschickt hatte Gauselmann einen Treuhänder dazwischengeschaltet. Als das Joint Venture mit der FDP im Herbst 2012 durch Recherchen des ARD-Magazins *Monitor* aufflog, verteidigte es der Automatenbetreiber als »wirtschaftlich sinnvolle Investitionen«. In Wahrheit zog er jedoch kaum Gewinne aus den Beteiligungen. Kritiker befürchteten eine verdeckte Parteienfinanzierung – neben den insgesamt 27 000 Euro an Parteispenden, die die Gauselmann-Gruppe im Jahr 2012 der FDP zukommen ließ, übrigens mehr als an CDU und SPD zusammen.

Einige Monate nachdem die Verflechtung mit dem Glücksspielbetreiber bekannt geworden war, löste FDP-Schatzmeister Otto Fricke sie wieder auf. Das sei ihm »ein Anliegen« gewesen, erklärte er. Die Transaktion war aber auch nicht zum Schaden der Parteikasse: Die FDP zahlte zwar Gauselmann mit 696 000 Euro für dessen Anteile an ProLogo aus, erhielt aber ihrerseits von ihm 1,56 Millionen für 60 Prozent an Altmann-Druck. Das sei kein Geschenk gewesen, versicherte Fricke im März 2013 auf einem FDP-Parteitag. Hinter den Verkaufserlösen habe »ein harter Wirtschaftswert« gesteckt.

Die FDP versuchte gegenüber der Bundestagsverwaltung die Lauterkeit ihrer Geschäftsbeziehungen zu Gauselmann mit der Stellungnahme ihres langjährigen Wirtschaftsprüfers Heinz-Wilhelm Bühler zu untermauern. Sein Ergebnis: Alles sei in bester Ordnung. Mit einem Schreiben vom 29. Oktober 2012 versicherte er der FDP, dass die Transaktionen »nach unter fremden Dritten üblichen Verfahrensgrundsätzen« abgewickelt worden seien. Es habe also keine versteckten Vorteile für die Partei gegeben.

Den angeblichen Millionenwert der zunächst teilweise und dann ganz an Gauselmann verkauften Druckerei stützte er jedoch vor allem auf deren Ebitda-Angaben – also den Gewinn vor Zinsen, Steuern und Abschreibungen. Gegenüber *Monitor* wunderte sich Regine Buchheim, die in Berlin als Professorin für Bilanzrecht arbeitet: Die Kennzahl Ebitda sei schlicht »nicht geeignet, um die Profitabilität eines Investments zu beurteilen«. Dafür brauche man »den Gewinn pro Jahr« – und der habe im Fall von Altmann-Druck »nicht einmal bei der Inflationsrate« gelegen.

Als die damalige Drogenbeauftragte der Bundesregierung Mechthild Dyckmans – selbst FDP-Mitglied – im Februar 2011 forderte, Spielautomaten aus den Kneipen zu verbannen, stieß sie übrigens in der eigenen Partei auf wenig Gegenliebe. Die seinerzeit FDP-geführten Ministerien für Gesundheit und Wirtschaft lehnten den Vorstoß ab. Erst drei Jahre später, unter dem SPD-Mann Sigmar Gabriel, begann das Wirtschaftsministerium, Schritte gegen die Automaten in Gaststätten einzuleiten.

### »Auffällig parteienfreundlich«

Der Politikwissenschaftler und Spendenexperte Martin Höpner kam schon im Jahr 2009 zu einem beunruhigenden Resümee: »Im internationalen Vergleich«, so urteilte er, sei die deutsche Parteienfinanzierung »auffällig« – durch ihre »vergleichsweise parteienfreundlichen Regelungen«.

In Deutschland gibt es nämlich weder ein Verbot von Unternehmensspenden – wie etwa in Frankreich – noch ein Verbot von Spenden von Vertragspartnern der öffentlichen Hand. Deutschland kennt anders als viele andere Länder außerdem keine gesetzlich definierte Höchstgrenze für Spenden, die den Einfluss des Big Business einschränken würde.

Als wäre das nicht genug, können die deutschen Parteien in ungewöhnlich hohem Maße Einfluss auf die Kontrolle der Parteienfinanzierung nehmen. In Großbritannien wacht eine unabhängige Kommission über die Spendenpraktiken. In Deutschland arbeitet sich ein kleines, nur zehnköpfiges Team unter der Ägide von Bundestagspräsident Norbert Lammert (CDU) an dieser Aufgabe ab. Es verfügt nach Ansicht der Europaratsprüfer im Vergleich zu anderen Ländern »nicht über ausreichend Mitarbeiter und Befugnisse«. Die Kontrolle müsste »parteienunabhängiger« stattfinden, sagt der Franzose Yves-Marie Doublet, der für den Europarat die deutschen Regeln der Parteienfinanzierung durchleuchtete. Eine bessere Instanz als ausgerechnet der Bundestagspräsident wäre aus seiner Sicht der Bundesrechnungshof.

Die Parteien in Deutschland kontrollieren sich heute manchmal einfach selbst. So war es jedenfalls, als im Herbst 2012 die Geschäfte zwischen dem Spielekönig Gauselmann und der FDP publik wurden. Zu ihrer Verteidigung reichte die Partei den entlastenden Bescheid ihres Wirtschaftsprüfers Bühler beim Bundestagspräsidenten ein. Lammert wiederum stützte sich auch auf dessen Argumente, um die Geschäfte seinerseits für unbedenklich zu erklären. Vertiefte eigene Prüfungen konnte die Bundestagsverwaltung nicht vornehmen, weil dies das Gesetz für die Tochterfirmen der Parteien nicht vorsieht.

Bühler und seine Firma Wirtschaftstreuhand prüfen schon seit Jahrzehnten die Bücher der FDP. Zwischen Prüfern und Geprüften gibt es – wie der *stern* recherchierte – eine erstaunliche Nähe. Bühler ist selbst FDP-Mitglied und begleitete den FDP-Schatzmeister und andere Parteifunktionäre sogar zu Skitouren in den Bergen. Unter dem Rubrum »Interessengemeinschaft Liberalismus« trafen sich dort einmal im Jahr die Finanzverantwortlichen der FDP und die ihrer Stiftung – wie die Partei bestätigt – »auch mehrtägig und mit einem freizeitorientierten Rahmenprogramm«. Bühler versichert, er habe »im beruflichen Interesse« an den Skitouren teilgenommen. Weder dadurch noch durch die FDP-Mitgliedschaft werde seine »freie Urteilsbildung« als Wirtschaftsprüfer gefährdet.

In mehreren anderen europäischen Staaten ist es aus naheliegenden Gründen verboten, dass Parteimitglieder als Wirtschaftsprüfer ihrer eigenen Partei eingesetzt werden. In Deutschland ist erst ein Parteiamt ein hinreichender Ausschlussgrund. Das vermerkten auch die Experten des Europarates kritisch.

### Spendendinner mit Steinmeier

Aus Sicht der Parteien ist irgendwie immer zu wenig Geld da, es fließen zu wenig Spenden, und Sponsoren hätte man auch gern mehr. »Die Bereitschaft zu spenden und Sponsoring zu machen hat sehr stark nachgelassen«, behauptet man im Frühjahr 2013 in der CSU-Zentrale in München – obwohl das die offiziellen Zahlen nicht wirklich bestätigten. Spender müsse man fast immer erst werben und überzeugen, klagt im selben Jahr der Schatzmeister einer anderen wichtigen deutschen Partei. »Die Parteien werden verstärkt auf Spenden angewiesen sein, weil die Mitgliederzahlen sinken«, prognostiziert der ehemalige CDU-Bundestagsabgeordnete Siegfried Kauder.

Also wird weiter mit allen Mitteln um höhere Einnahmen geworben – auch nach dem Prinzip Geld gegen Nähe und manchmal am Rande der Legalität. Zum Beispiel bei den zunehmend beliebten Fundraising-Dinners, die die deutschen Parteien nach amerikanischem Vorbild organisieren lassen. CDU-Chefin Angela Merkel kam dafür schon mal eigens zum Abendessen bei einem Banker nach Hamburg. Und Frank-Walter Steinmeier ließ sich im Februar 2009 als Außenminister der damaligen Großen Koalition ein SPD-Spendendinner sogar vom eigenen Ministerium mitvorbereiten.

Es ging um ein Abendessen beim Potsdamer Nobelitaliener »Il Teatro« am schönen Ufer des Tiefen Sees. Die Brandenburger SPD, für die Steinmeier zum ersten Mal für den Bundestag kandidierte, lud den prominenten Genossen ein, um im Wahljahr Geld in die Parteikasse zu holen. Brandenburgs SPD-Generalsekretär Klaus Ness hatte im Russland-Geschäft tätige Unternehmer und Manager aus dem ganzen Bundesgebiet eingeladen. Der Moskauer Repräsentant der Beratungsfirma von Roland Berger war gekommen, ein Vertreter der Supermarktkette Rewe, ein Manager aus dem Gasgeschäft, einer des Gipsherstellers Knauf und der Chef eines großen Anbieters von Transportbeton.

Steinmeier profilierte sich damals noch – ganz der Schüler seines ehemaligen Chefs Gerhard Schröder – als Verfechter einer stärkeren Kooperation mit Putins Russland. Nun bot die Brandenburger SPD den Vertretern aus dem Russland-Geschäft die Chance, mit dem Außenminister persönliche Gespräche zu führen. Interne Unterlagen, die der *stern* Anfang 2011 zitierte, zeigten, wie die Partei versuchte, aus dem Außenminister Kapital zu schlagen. Als die Gäste im Februar zu dem Abendessen am Potsdamer Tiefen See eilten, gab es noch keine »Rent a Rüttgers«-Affäre. Erst ein Jahr später sollte publik werden, dass die nordrhein-westfälische CDU Sponsorengespräche mit dem damaligen Ministerpräsidenten Rüttgers (CDU) angeboten hatte. Darauf empörte sich die SPD über solche Methoden, und auch Steinmeier tat nun so, als sei er entrüstet. Selbst wenn die Parteizeitung *Vorwärts* Anzeigenkunden Kamingespräche mit SPD-Promis vermittle, zahle »niemand« für die Teilnahme, hatte er versichert.

Doch im Fall des Potsdamer Abendessens mit Steinmeier zahlten mehrere der Teilnehmer. Die meisten Gäste hatten diese Unterstützung offenkundig schon im Vorfeld in Aussicht gestellt. Generalsekretär Klaus Ness erwähnte das selbst in den Einladungen an fünf der sieben Gäste. Er wolle sich für die »Bereitschaft« bedanken, so Ness, Steinmeier »in diesem politisch hochinteressanten Jahr darüber hinaus unterstützen zu wollen«. Fließen sollte das Geld aber erst nach dem Essen. »Im Nachgang zu dem gemeinsamen Dinner am 2. Februar werden wir diesbezüglich wieder das Gespräch mit Ihnen suchen«, schrieb der Generalsekretär.

Er habe »keine Hinweise«, dass »die Zahlung einer Spende oder die Bereitschaft dazu Bedingung für die Teilnahme« gewesen sei, ließ Steinmeier später beteuern. Dass es im Vorfeld aber die Bitte um Spenden gegeben habe, bestätigte auch Torsten Oltmanns, der Marketingchef von Roland Berger. Das Gespräch am Restauranttisch in Potsdam drehte sich dann nach Angaben eines Teilnehmers ausschließlich um Russland und die deutsch-russischen Beziehungen. »Das war ein Austausch mit dem Außenminister«, sagte Michael Harms, der Chef der Deutsch-Russischen Außenhandelskammer. »Ich habe da viel mitgenommen.« Dass Harms' Kammer als öffentlich-rechtliche Einrichtung keine Spenden zahlen durfte, war den Sozialdemokraten offenbar klar. Ihn fragten sie gar nicht erst.

Zugleich verwertete Steinmeiers Umfeld nicht nur den Titel und die amtlichen Kenntnisse des Außenministers bei der Spendenwerbung, man nutzte auch die Ressourcen des Auswärtigen Amts. Das ist eigentlich unzulässig. Der damalige Steinmeier-Mitarbeiter (und spätere Partner der Beratungsfirma Brunswick) Ulrich Deupmann verschickte – wohlgemerkt von einer privaten E-Mail-Adresse – drei interne Vermerke aus den für Russland und für Energie zuständigen Referaten des Ministeriums an den SPD-Mann Ness. Zwei der Papiere trugen ausdrücklich den Vermerk »BM [Bundesminister] mit Unternehmern am 2.2.09« – waren also für den Parteitermin vorbereitet worden. Für den Speyerer Verfassungsrechtler Hans Herbert von Arnim war in dem Fall »eindeutig eine Grenze überschritten«. Man dürfe nicht Ministerialpapiere für Parteizwecke instrumentalisieren. Sonst werde nach der langjährigen Rechtsprechung des Bundesverfassungsgerichts der Grundsatz der Chancengleichheit zwischen den Parteien verletzt.

Wie viele Spenden von Teilnehmern am Ende insgesamt eintrafen, wollte die SPD nicht preisgeben. Ja, es gab Überweisungen, aber nach den Angaben der Partei lag kein Betrag über der gesetzlichen Schwelle von 10 000 Euro. Sie mussten also nicht offengelegt werden.

Zumindest in einem Fall sah es sogar so aus, als hätten Ness und der damalige Landesfinanzminister Rainer Speer eine Umgehung des Parteiengesetzes geplant. Die Firma Roland Berger hatte nach den Worten ihres Marketingdirektors Oltmanns entschieden, nicht zu spenden. Das habe er seinerzeit auch dem SPD-Funktionär Ness gegenüber bekräftigt. Laut einem internen Mailwechsel hatte Ness das Gespräch ganz anders verstanden. Oltmanns wünsche, »dass wir das Geld bekommen, will aber nicht direkt spenden«, schrieb der Generalsekretär am 2. April 2009 an Speer. Ness fuhr fort, Speer habe »dazu ja die Idee« mit dem Herrn K. gehabt. »Kannst Du die zusammenbringen?«

Gemeint war offenkundig der mit Speer befreundete Potsdamer Architekt Moritz K. Ihm schickte Speer prompt eine Mail und fügte die Kontaktdaten von Oltmanns bei: »Hallo Moritz! Unten ist eine Adresse von einem Menschen, der für die Firma Roland Berger arbeitet. Die wollen auch nicht direkt für die SPD spenden. Könntest Du mal mit dem Kontakt aufnehmen? Rainer«

Kurz darauf schickte Moritz K. im Namen seines Berliner »Büro für Architektur und Stadtplanung« eine Rechnung über netto 15 000 Euro an den Roland-Berger-Mann Oltmanns. Moritz K. wies diese Forderung als Preis »für unsere erbrachten Beratungsleistungen zur Bewertung von Bestandsimmobilien« aus. Oltmanns lehnte nach seinen Worten eine Bezahlung ab, da Moritz K. diese angeblich im März und April 2009 erbrachten »Beratungsleistungen« gar nicht geleistet hatte. Dann kam ein tragisches Ereignis dazwischen. Moritz K. verlor im Juni 2009 bei einem Flugzeugabsturz über dem Atlantik das Leben. Im Monat darauf übermittelte seine Firma an Roland Berger eine Storno-Bescheinigung.

Die SPD Brandenburg versicherte, man habe »zu keinem Zeitpunkt« Spenden oder andere Zuwendungen von Roland Berger, Oltmanns oder Moritz K. erhalten. Und man halte sich »an die Regelungen des Parteiengesetzes«. Die Bundestagsverwaltung prüfte den Vorgang im Frühjahr 2011 – kam aber zu dem Ergebnis, dass kein Verstoß gegen das Parteiengesetz vorliege.

## 8 Schlacht um den Strom

*»Selbst wenn der Tag 44 Stunden hätte und ich keinen Schlaf bräuchte, hätte ich es nicht geschafft, das alles anzuschauen.«*
(Die SPD-Abgeordnete Nina Scheer über Zuschriften von Lobbyisten während der Koalitionsverhandlungen Ende 2013)

Fallstudie Energiepolitik: Warum für die Stromerzeuger besonders viele Lobbyisten arbeiten. Wie die großen alten Energieversorger mit der Ökostrombranche um Marktanteile rangeln – und um Milliarden an Subventionen. Warum der Strompreis weiter steigen wird.

Es ist der 31. Oktober 2013, ein sonniger Herbsttag in Berlin. Vor dem Umweltministerium nahe dem Potsdamer Platz haben eine Handvoll Demonstranten von Greenpeace zwei nachgebaute Kohle-Loren aufgestellt. Windräder versinken dort in Kohlehaufen. »Kohle zerstört Energiewende« – so lautet der Slogan der Aktivisten. Sie zielen auf die nordrhein-westfälische Ministerpräsidentin Hannelore Kraft (SPD), die an diesem Mittag hier erwartet wird. Im Umweltministerium, das noch von dem CDU-Politiker Peter Altmaier geführt wird, beginnen die Koalitionsverhandlungen zwischen Union und SPD zum Thema Energie. Schon im Vorfeld haben Hannelore Kraft und ihre Parteifreunde von Rhein und Ruhr klargemacht, dass sie die Interessen der dort stark vertretenen Betreiber von Kohlekraftwerken im Blick haben. Darum die Proteste von Greenpeace.

»Sind Sie eine Kohle-Lobbyistin?«, wird Kraft von einem Journalisten gefragt, als sie vor dem Ministerium ankommt. »Nein«, beteuert die Ministerpräsidentin. Energie müsse »sicher, bezahlbar und ökologisch« produziert werden, das sei ihr »Zieldreieck«. Dann betritt sie das Ministerium und fährt mit dem Aufzug hinauf in den fünften Stock, wo sich die achtzehn Unterhändler treffen.

Koalitionsverhandlungen sind Hauptkampftage für Lobbyisten. In den Wochen und Monaten, in denen die Parteien den Koalitionsvertrag definieren, machen sie Vorgaben für vier Regierungsjahre. Koalitionsverträge zählen – auch wenn es öfter dann doch ganz anders kommt. Und diese Vereinbarungen gehen bis ins Detail. 185 Seiten werden es bei CDU/CSU und SPD Ende November 2013 schließlich sein, davon mehr als 11 Seiten zum Thema Energie.

»Wenn es eine politische Aufgabe gibt, bei der nicht Partikularinteressen im Mittelpunkt zu stehen haben, sondern der Mensch, dann ist das die Energiewende«, wird Kanzlerin Merkel Ende Januar 2014 in einer Regierungserklärung im Bundestag verkünden. Zugleich ist die Energiepolitik im Herbst 2013 das für die Lobbyisten vielleicht wichtigste Thema der Koalitionsverhandlungen, auch wenn draußen mehr über Maut und Mindestlohn gesprochen wird.

Die Energiepolitik, sie ist ohnehin ein Fall für sich, wenn es um die Interessenvertretung in Berlin geht. Schätzungsweise 500 bis 600 Lobbyisten arbeiten in Berlin für die Branche. Manche meinen, dieses Politikfeld sei regelrecht »überlobbyiert«. Doch die hohe Zahl der Lobbyisten, die hier unterwegs sind, erklärt sich dadurch, dass die Stromerzeuger in viele verschiedene Lager gespalten sind. Selbst zwischen dem Eon-Konzern mit seinen Gaskraftwerken und dem der Braunkohle verbundenen Konkurrenten RWE ist nicht alles eitel Sonnenschein. Auf der anderen Seite wetteifern die lange Zeit besonders gepäppelte Solarindustrie und die Betreiber von Windrädern und Biogasanlagen um Marktanteile und Subventionen. Sie alle beschäftigen ihre eigenen Einflüsterer hinter den Berliner Kulissen.

Egal, ob es um die künftige Förderhöhe für Ökostrom geht oder um die Zukunft der konventionellen Kraftwerke – viele verschiedene Partikularinteressen sind im Spiel. »Strom ist ein Milliardengeschäft«, schreibt der Journalist Malte Kreuzfeldt. »Wer dabei gewinnt und wer verliert, hängt fast ausschließlich von politischen Entscheidungen ab.« Und in vielen Fragen ist im Herbst 2013 noch offen, wohin die Reise in der Energiepolitik geht. Sei es, weil die Wahlprogramme von Union und SPD keine klare Auskunft geben – sei es, dass die Programme ohnehin nicht sehr ernst gemeint waren. Es sei, »wie wenn man in einen Tunnel reinfährt und nicht weiß, wo man rauskommt«, sagt während der Verhandlungen jemand aus einem der großen Stromkonzerne. Umso wichtiger ist es für die Unternehmen der Branche, rechtzeitig Einfluss zu nehmen. Die Koalitionsverhandlungen zum Thema Energie im Herbst 2013, das sei »eine der intensivsten Lobbyschlachten aller Zeiten« gewesen, wird später Christina Deckwirth von Lobbycontrol resümieren.

Welche Unternehmen haben künftig Chancen auf Marktanteile am Strommarkt? Wie viele Subventionen gibt es noch für Windräder und Solardächer? Bekommen auch die Betreiber alter Kohlekraftwerke Zahlungen einfach dafür, dass sie im Interesse der Versorgungssicherheit ihre Meiler nicht stilllegen? Das sind die Fragen, die die Lobbyisten interessieren. Und sie brauchen immer irgendeinen in der Politik, der ihre Forderungen aufgreift.

### Gespaltene Parteien, gespaltene Lobby

Also ist die Frage wichtig, wer an diesem 31. Oktober 2013 im Sitzungssaal 5131 des Umweltministeriums mit an den Tischen sitzt, die hier in Hufeisenform aufgestellt sind. Es sind allesamt keine Lobbyisten, aber jedem liegen bestimmte Interessen besonders am Herzen. Am Kopfende – mit Blick auf ein kleines Buffet mit Buletten und Kartoffelsalat – präsidieren Altmaier und Kraft, rechts von ihnen die SPD-Bank, links die Vertreter von CDU und CSU. Dem CSU-Abgeordneten Josef Göppel fällt trotzdem gleich am ersten Tag auf: »Die Grenze verläuft hier nicht zwischen den Parteien, sondern innerhalb der Parteien.«

Für die SPD verhandeln der an der Windindustrie interessierte Ministerpräsident von Niedersachsen, Stephan Weil, sowie sein Amtskollege Dietmar Woidke aus Brandenburg, der die heimischen Braunkohlegruben im Blick hat. Auf der CDU-Seite wird der nordrhein-westfälische Landesvorsitzende Armin Laschet die traditionellen Energieversorger gemeinsam mit dem konservativen baden-württembergischen Bundestagsabgeordneten Thomas Bareiß verteidigen. Verfechter von Wind und Sonne sind die junge SPD-Frau Nina Scheer – die Tochter des verstorbenen Solarpapstes Hermann Scheer – sowie der knorrige Franke Göppel. Er ist CSU-Mann und zugleich Chef des Beirats des Ökostromdachverbands BEE. Das passt gut zusammen, denn in sein Heimatland Bayern fließen dank vieler Solar- und Biogasanlagen besonders hohe Umlagen nach dem Erneuerbare-Energien-Gesetz (EEG). Die Stromverbraucher aus Hannelore Krafts Nordrhein-Westfalen sind in diesem System hingegen die größten Einzahler.

Dass die Parteien so gespalten sind, ist für die Lobbyisten eine Chance. Viele haben hier mindestens einen Abgeordneten, Minister oder Beamten, mit dem sie im Gespräch sind. Die Papiere, die in der Koalitionsrunde diskutiert werden, liegen immer auch gleich in den Konzernzentralen und bei den Wirtschaftsverbänden – irgendjemand aus der Verhandlungsrunde lässt sie durchstechen. Der Stromversorger RWE hat, wie später der *Spiegel* berichtet, für die Dauer der Verhandlungen sogar einen eigenen »War Room« eingerichtet, in dem alle Informationen aus den Berliner Verhandlungsrunden eingehen, analysiert und bewertet werden.

Die Wirtschaftsvertreter sammeln nicht nur Informationen, sondern schleusen auch ihre eigenen Ideen in die Politikerrunde ein. Egal, ob Ökostromverband oder Energieversorger: Mit ihren Positionspapieren haben sie die Mailfächer der Unterhändler geflutet, kaum dass deren Namen feststanden. »Selbst wenn der Tag 44 Stunden hätte und ich keinen Schlaf bräuchte, hätte ich es nicht geschafft, das alles anzuschauen«, stöhnte die frisch in den Bundestag gewählte Nina Scheer.

**Das Reich der Hildegard Müller**

Anfang November 2013, gut einen Monat nach Beginn der Koalitionsverhandlungen, hat man in der Zentrale des Bundesverbands der Energie- und Wasserwirtschaft (BDEW) Grund zum Jubeln. Eben hat das Haus des Umweltministers den Koalitionsunterhändlern ein Papier mit Vorschlägen vorgelegt, wie die Förderung von Wind- und Sonnenenergie künftig begrenzt werden soll. »Das sind unsere Vorschläge!«, freut sich beim BDEW ein Mitarbeiter.

Die Berliner Geschäfte des mächtigen Verbands führt Hildegard Müller. Die Mittvierzigerin mit einer Vorliebe für auffälligen Schmuck und edle Seidentücher ist eine der einflussreichsten und meistrespektierten Berliner Lobbyisten. Selbst Greenpeace zollt ihr widerwillig Anerkennung dafür, dass sie aus dem »verstaubten Alt-Herren-Verein« BDEW einen »modernen Lobbyverband« geformt habe. Aber wie andere Lobbyisten auch schreckt sie vor alarmistischen Ankündigungen nicht zurück. Zum Beispiel im Juni 2009, als sie angesichts des drohenden Scheiterns eines Gesetzes zur unterirdischen Einlagerung von Kohlendioxid vor einer »Katastrophe für unseren Wirtschaftsstandort« warnte. Das Gesetz scheiterte dann wirklich. Und die Katastrophe trat nicht ein.

Aber Müller ist nicht verbohrt. Gleich nach dem Atomunglück von Fukushima erkannte sie, dass der Atomausstieg nun nicht mehr aufzuhalten war. Als kluge Taktikerin fügte sie sich in das Unvermeidliche, anstatt gegen Windmühlen anzurennen, und darum unterstützte sie auch Merkels Kurswechsel beim Atom. Im BDEW führte das im Jahr 2011 zu einigen Friktionen; bei einigen der großen Energieversorger überlegte man sogar, aus dem Verband auszutreten. Es habe damals »Phasen« gegeben, in denen die »Nerven blank« lagen, räumt jemand aus dem BDEW ein.

In ihrer Berliner Verbandszentrale gebietet Müller über 150 Mitarbeiter und ein Jahresbudget von 34 Millionen Euro. Unter Angela Merkel war sie einst Staatsministerin im Kanzleramt. 2010, nun bereits als Lobbyistin, gelang es ihr angeblich durch einen bloßen Anruf in der Regierungszentrale, unliebsame Steuerpläne des Finanzministeriums zu verhindern, die das Verfeuern von Kohle in Kraftwerken mit mehreren hundert Millionen Euro belegt hätten. Es ist eine Episode, über die die Geschäftsführerin nicht sprechen möchte, wenn man sie in ihrem Büro besucht.

Es ist ein beeindruckendes Büro, ganz oben im siebten Stock der BDEW-Zentrale an der Berliner Reinhardtstraße. Wenn Müller durch ihr Panoramafenster schaut, dann blickt sie auf die Kuppel des Reichstags. Will sie zum Kanzleramt, ist sie mit dem Auto in drei Minuten da. Der BDEW hat Hunderte von Mitgliedsfirmen, darunter auch Stadtwerke und Firmen aus der Solarindustrie. Aber die wichtigsten sind immer noch die vier großen Energieversorger: Eon, RWE, Vattenfall und EnBW. Sie machen die größten Umsätze und zahlen darum die höchsten Mitgliedsbeiträge.

In den Tagen vor und nach der Bundestagswahl im September 2013 hat Hildegard Müller immer wieder eine zentrale Botschaft verbreitet: Die Lage der traditionellen Kraftwerksbetreiber sei »dramatisch«. Immer mehr ihrer Kohle- und vor allem Gaskraftwerke ließen sich wegen des Einspeisevorrangs der Erneuerbaren nicht mehr rentabel betreiben. Wind- und Solaranlagen müssten gezwungen werden, sich stärker am Markt zu orientieren. Nötig seien außerdem Entschädigungen für Altkraftwerke, die als Reserve weiter gebraucht würden.

Müllers Forderungen muss man nicht teilen. Aber ihre Lagebeschreibung ist nicht völlig falsch. Nicht erst seit Fukushima, sondern bereits seit 1992 haben wechselnde Bundesregierungen die erneuerbaren Energien gefördert. Einen besonderen Schub brachte das im Jahr 2000 von Rot-Grün aufgelegte EEG. Wer ein Windrad aufrichtet oder Solarzellen auf dem Dach installiert und Strom ins Netz einspeist, kann seitdem auf eine feste Vergütung über 20 Jahre rechnen – bezahlt von den Stromkunden.

Lange glaubte die Politik, dass Solar- und Windstrom in Deutschland dennoch Nischenprodukte bleiben würden. Der tatsächliche Erfolg des Ökostromausbaus hat dann selbst die Energieexperten der Umweltbewegung überrascht. Im Jahr 2002 visierten SPD und Grüne für das Jahr 2020 einen Ökostrom-Anteil von 20 Prozent an. Tatsächlich wurde dieser Zielwert bereits neun Jahre früher erreicht, nämlich 2011. Das ist nicht nur ein Lehrbeispiel für all jene, die an die Fähigkeit der Politik glauben, langfristig zu planen. Es hat auch die vier großen Kraftwerksbetreiber kalt erwischt, die viele Jahre lang den Strommarkt wie Oligopolisten beherrschten und satte Gewinne einfuhren.

Weil der Markt in Bewegung ist, wird der Lobbykampf um den Strom umso erbitterter ausgefochten. Im Unterschied zu anderen Lobbyisten kann sich Hildegard Müller nicht damit begnügen, den Status quo zu verteidigen. Denn zu diesem Status quo gehören ja Gesetze, nach denen die alten Kraftwerksbetreiber kontinuierlich Marktanteile verlieren. Also versuchen die Energieversorger die Regeln so zu verändern, dass sie eine Chance bekommen, den Status quo bei den Marktanteilen zu verteidigen – oder zumindest ihren eigenen Niedergang zu verlangsamen.

### Neue Subventionen für Kraftwerke?

Damit erklären sich Müllers Ziele: Die Förderung des Ökostroms soll gebremst werden. Und der BDEW will die Einführung sogenannter Kapazitätsmärkte. Das ist ein Euphemismus für spezielle Zahlungen, die die Kraftwerksbetreiber dafür bekommen würden, dass sie Stromerzeugungskapazitäten vorhalten, die dann im Notfall genutzt werden können, wenn beim Wind Flaute herrscht und die Sonne nicht scheint. Der BDEW untermauert den Bedarf mit Zahlen aus seinem Kraftwerksbericht. Zum Beispiel für einen Sonntag im Juni 2013: Da deckten die Grünstromanbieter kurzfristig 65 Prozent des Verbrauchs – und acht Stunden später nur noch 3 Prozent.

Die Forderung, Kraftwerke allein für ihren Back-up-Betrieb zu entlohnen, hat man beim BDEW von langer Hand vorbereitet. Bereits am 2. Mai 2012 empfängt Kanzlerin Merkel Hildegard Müller, deren damaligen Verbandspräsidenten Ewald Woste, Eon-Chef Johannes Teyssen sowie die damaligen Bosse von Siemens und RWE, Peter Löscher und Jürgen Großmann. Als »Informationsgespräch zu Rahmenbedingungen beim Kraftwerksbau« steht das Treffen in Merkels Kalender. Nur einen Monat zuvor hatte die Kanzlerin ihre ehemalige Staatsministerin auch zu einem Einzelgespräch ins Kanzleramt geladen – der einzige derartige Termin, den ein Verbandsvertreter aus der Energiebranche im Lauf der Wahlperiode ergatterte. So geht es aus Terminlisten hervor, die das Kanzleramt im Herbst 2013 auf Anfrage der Linken-Abgeordneten Eva Bulling-Schröter herausgibt. Merkel schätzt Müller und begrüßt sie schon mal per Handschlag auf einem CDU-Parteitag, den Müller auch nach ihrem Ausscheiden aus dem Kanzleramt gelegentlich als Delegierte besucht. Mit Testosteron-getriebenen Typen wie Eon-Chef Teyssen oder dem früheren RWE-Vorstandsvorsitzenden Jürgen Großmann könne Merkel nicht so gut, sagt der Berliner Lobbyist eines Stromversorgers. Mit Müller sei das anders.

Am 28. Juni 2012 berichtet die ehemalige Staatsministerin im BDEW-Vorstand von ihrem jüngsten Treffen mit der Kanzlerin, in dem es auch darum ging, wie die Stromversorgung im kommenden Winter gesichert werden kann. Die Bundesnetzagentur denke bereits »über weitergehende Eingriffe in die Bereitstellung und Vergütung der Kraftwerke durch die Betreiber nach«, informiert Müller ihre Verbandskollegen laut Protokoll. Die Netzagentur will also den Stromkonzernen vorschreiben, was sie mit ihren Kraftwerken zu tun haben. Das kann den Unternehmen nicht gefallen.

Der Vorstand von Müllers Verband beschließt, eine »Projektgruppe Kapazitätsmechanismen« einzurichten und schon bis zum Ende des Sommers 2012 Vorschläge zu machen, wie man

Kraftwerksbetreiber für die Vorhaltung von Kraftwerksleistung honorieren könnte. Laut Protokoll betont ein Teilnehmer der Sitzung ausdrücklich, wie »wichtig« die »Proaktivität des BDEW« sei. Der Verband will sich also mit eigenen Konzepten an die Spitze der Debatte stellen und so die Agenda bestimmen.

Einige unabhängige Experten bezweifeln, dass es diese Kapazitätsmechanismen braucht. Zumal eben die Bundesnetzagentur heute schon gegenüber den Stromerzeugern anordnen kann, Kraftwerke weiter vorzuhalten, damit sie im Bedarfsfall ans Netz gehen können. Das wird den Unternehmen vergütet – doch die sehen das als dirigistisches Teufelszeug.

Als Müller kurz nach der Wahl im September 2013 ihre Forderungen für die Koalitionsverhandlungen präsentiert, stehen im Eingang zur Verbandszentrale drei Comicfiguren als lebensgroße Pappaufsteller: der Superheld »Marketman« und seine vollbusige Mitstreiterin »Liberty Girl«, die den finsteren »Doktor Regulus« niederringen. Die Figuren haben Müllers Leute eigens von einem Zeichner beim amerikanischen Comicverlag Marvel entwerfen lassen, für eine Bilderstory im eigenen Verbandsmagazin.

»Dunkle Mächte bedrohen das freie Spiel der Kräfte und den Markt« heißt es dort. »Doch Marketman kämpft mit aller Energie für die Freiheit und die wirtschaftliche Vernunft.« Nun werde der Superheld die »rasch wachsenden Kräfte von Wind und Sonne« in den freien Markt führen – »um das Chaos zu bannen«.

Es klingt wie *Apocalypse now*. Und wer ist überhaupt der böse Dr. Regulus? Etwa Jochen Homann, der als Chef der Bundesnetzagentur die Macht hat, systemrelevante Kraftwerke zu bestimmen, die gegen Entschädigungszahlungen auch dann weiterlaufen müssen, wenn sie aus Sicht der Betreiber unrentabel geworden sind? Bei einer Rede in Dortmund im Juni 2013 wehrt sich Homann: Er fühle sich als Dr. Regulus ja »durchaus angesprochen«. Dabei sei er »wahrlich kein Feind von Marketman und Liberty Girl«.

Der PR-Coup des BDEW ist also nicht verpufft, genauso wenig

wie die anderen Lobbyaktivitäten des Verbands. Sowohl Hannelore Kraft wie Peter Altmaier setzen sich in den Koalitionsverhandlungen dafür ein, Kapazitätsmechanismen ernsthaft zu prüfen. Auch Kanzlerin Merkel hat, wie sie später andeuten wird, Sympathien für das Modell.

In einem Interview Mitte Oktober 2013 fordert Krafts Wirtschaftsminister Garrelt Duin dafür bis zu sechs Milliarden Euro pro Jahr, zu bezahlen von den Stromkunden. Sonst drohe eine »Katastrophe« – nämlich schwere Verluste für Stadtwerke, die an konventionellen Kraftwerken beteiligt seien. »Da schließt dann auch noch das letzte Hallenbad«, argumentiert Duin. Das klingt absurd. Subventionen für Kraftwerke, um auf diesem Umweg dann die Hallenbäder zu retten? Richtig ist, dass die Bäder oft durch Einnahmen aus der kommunalen Stromversorgung querfinanziert werden. Aber wäre es da nicht sinnvoller, die Schwimmbäder direkt zu bezuschussen, als zu ihrer Rettung klimaschädliche Stromerzeuger zu subventionieren?

Bei den großen Stromkonzernen zählt man jedoch darauf, dass viele Abgeordnete die Probleme der kommunalen Energieversorger genau im Blick haben und deshalb der ganzen Branche zu Hilfe eilen werden. »Die Stadtwerke werden den Druck erhöhen«, ist sich der Lobbyist eines großen Energiekonzerns im Oktober 2013 sicher.

### Wie RWE die Landschaft pflegt

Vor und nach der Bundestagswahl vom September 2013 haben die Chefs von Eon und RWE unermüdlich in Interviews das Elend ihrer Branche beklagt. »Es muss einen grundlegenden Neustart bei der Energiewende geben, die Zeit des Durchwurschtelns ist vorbei«, verlangt Eon-Boss Teyssen in der *Bild*-Zeitung. RWE-Chef Peter Terium spricht im *Handelsblatt* von der »schwersten Krise aller Zeiten« für sein Unternehmen. Deshalb müsse man 3500 Stellen abbauen.

RWE ist mit am aktivsten beim Beackern der Berliner Politszene. Terium kommt mindestens einmal im Monat persönlich nach Berlin. Allein in den ersten sechs Monaten des Jahres 2014 ist er dreimal Teilnehmer bei Gesprächsrunden oder Abendessen mit Kanzlerin Merkel, und viermal stehen Termine mit Wirtschaftsminister Sigmar Gabriel in seinem Kalender. Mal trifft er außerdem Mitglieder der CDU/CSU-Fraktion zum »Gedankenaustausch« im Reichstag, mal kommt die RWE-Spitze mit dem Fraktionsvorstand der SPD zusammen – wie auch mit Abgeordneten der Grünen. Regelmäßig lädt das Unternehmen zum Neujahrsempfang – und immer in der Jahresmitte bittet das Unternehmen Hunderte Gäste zum großen Sommerfest in die alte Kongresshalle nahe dem Kanzleramt. Minister, Abgeordnete und Beamte kommen gern. Auf dem RWE-Sommerfest im Juni 2012 gaben sich mit Philipp Rösler, Ursula von der Leyen, Peter Altmaier sowie Peter Ramsauer gleich vier Bundesminister die Ehre. Das war jedenfalls der Aufstellung zu entnehmen, die die Bundesregierung auf Anfrage der Abgeordneten Eva Bulling-Schröter herausgab.

In Berlin ist Peter Leo Gräf, ein ehemaliger Journalist von der *Wirtschaftswoche*, für den Essener Konzern als Cheflobbyist unterwegs. Man kann ihn im Café Einstein nahe dem Brandenburger Tor treffen, allerdings an einem der Tische im hintersten Raum, dort, wo nicht so viele Touristen vorbeikommen. Er erzählt ganz unprätentiös, nur zitieren darf man ihn nicht. Rückt ein Abgeordneter neu in den Bundestag ein und hat er mit Energiepolitik zu tun, kann es sein, dass Gräf der erste Anrufer ist.

Die großen Energieversorger unterhielten über Jahre und Jahrzehnte privilegierte Beziehungen zu CDU/CSU, FDP wie SPD. Sie waren bekannt dafür, dass sie ein großes Herz für Bundestagsabgeordnete hatten. Als 2004 der Skandal um die Nebentätigkeiten mehrerer Bundestagsabgeordneter das Parlament erschütterte, geriet RWE gleich zweimal in die Schlagzeilen: Das

Unternehmen hatte sowohl dem früheren CDU-Generalsekretär Laurenz Meyer wie dem Chef der CDU-Sozialausschüsse, Hermann-Josef Arentz, ein Gehalt gezahlt, ohne dass diese dafür arbeiten mussten. Wolfgang Clement war Wirtschaftsminister im zweiten rot-grünen Bundeskabinett, ist heute nicht mehr Mitglied in der SPD, aber immer noch im Aufsichtsrat der RWE-Kraftwerkssparte.

Bis heute leisten Unternehmen wie RWE und Eon auch ihren Beitrag zur Finanzierung der Parteien. Zwar hat Eon zuletzt im Jahr 2009 direkte Parteispenden von über 10 000 Euro an CDU, CSU, FDP und SPD geleistet. Auch RWE hat seit 2009 – damals noch an die SPD – nicht mehr gespendet. Beide Unternehmen treten aber – genauso wie EnBW und Vattenfall – immer wieder mit eigenen Ständen als Sponsoren auf Parteitagen und anderen Events auf – sei es bei CDU, CSU, SPD oder FDP.

Und es ist ja nicht so, dass die Lobbyisten von RWE, Eon und Co. immer nur als Verlierer aus den aufeinanderfolgenden Runden im großen Berliner Energielobbyturnier hervorgegangen wären. Gewiss, den Atom-Ausstieg unter Rot-Grün haben sie nur zähneknirschend hingenommen. Auch ihr Einsatz für die unterirdische Lagerung von Kohlendioxid aus ihren Kohle- und Gaskraftwerken scheiterte am Widerstand von Bauern und Umweltschützern. Aber bereits unter der Regentschaft von Kanzler Gerhard Schröder und Vizekanzler Joschka Fischer haben die großen Energieversorger auch Erfolge errungen.

### Milliardengewinne dank Lobbyeinfluss – das Beispiel Emissionshandel

Wie der »destruktive Einfluss von Energiewirtschaft und Industrie« den sogenannten Emissionshandel in dessen ersten Jahren konterkarierte, hat der Politikwissenschaftler Wolfgang Gründinger in einem Buch über den *Lobbyismus im Klimaschutz* nachgezeichnet. Seit dem Jahr 2000 bereitete sich die Bundesregierung auf die Umsetzung einer EU-Richtlinie vor, die dann ab 2005 verlangte, dass vor allem Kraftwerksbetreiber für jede ausgestoßene Tonne an klimaschädlichem Kohlendioxid Verschmutzungszertifikate vorweisen mussten. Jedes EU-Land hatte es selbst in der Hand, wie es diese Richtlinie umsetzen sollte – und Deutschland kam den großen Energieversorgern ungewöhnlich weit entgegen, wie Gründinger auf der Basis einer empirischen Arbeit von Matthias Corbach zeigte.

In einer im Oktober 2000 von der Bundesregierung eingerichteten »Arbeitsgruppe Emissionshandel zur Bekämpfung des Treibhauseffekts« (AGE) durften die Unternehmen und Verbände selbst Einfluss darauf nehmen, wie viele Verschmutzungszertifikate ihnen zugebilligt werden sollten. Unter der Leitung des damals von dem Grünen Jürgen Trittin geführten Umweltministeriums waren die Energieversorger RWE, Eon und EnBW vertreten, die Auto- und Chemieindustrie sowie die Umweltverbände BUND, Germanwatch und WWF. Die »ökonomische Koalition« war jedoch, so Gründinger, gegenüber der »ökologischen Koalition« letztlich »deutlich überrepräsentiert«.

Entscheidend war ab Oktober 2003 eine sogenannte Staatssekretärsrunde, in der zwar fünfzehn Unternehmens- und Verbandsvertreter saßen, aber weder Umweltverbände noch Bundestagsabgeordnete. Eigentlich sollte der Emissionshandel den Ausstoß von Klimagasen begrenzen. Tatsächlich teilte die Bundesregierung am Ende auf Druck des damaligen Wirtschaftsministers Wolfgang Clement der Wirtschaft mehr Verschmutzungszertifikate zu, als angesichts ihres Kohlendioxidausstoßes nötig war. Mit einer »latenten Rücktrittsdrohung«, so Gründinger, habe Clement kurz vor einer wichtigen Landtagswahl in Nordrhein-Westfalen seine »Unersetzbarkeit« für das Profil der SPD genutzt und so die Oberhand über das Umweltministerium unter Trittin gewonnen. Zu Gunsten von RWE und Vattenfall wurden entlastende Sonderregelungen geschaffen (»Lex RWE«, »Lex Vattenfall«), die auf ihre kohlelastigen Kraftwerksparks zugeschnitten waren – und der Bundestag nickte das Ergebnis dennoch mit rot-grüner Mehrheit ab.

»Während Deutschland, Europas größte Verschmutzernation, den Markt mit Emissionslizenzen überschwemmte und einflussreichen Kohleunternehmen großzügige Privilegien einräumte, legte Großbritannien seiner heimischen Wirtschaft spürbare Reduktionslasten auf«, schreibt Gründinger. Weil die Energieversorger die Preise der ihnen kostenlos zugeteilten Zertifikate dennoch den Stromkunden in Rechnung stellten, erzielten sie zugleich nach einer Analyse von Deutsche Bank Research im Jahr 2007 »erhebliche Windfall-Profits«. Pro Jahr sollten diese Zusatzgewinne der Stromhersteller nach unterschiedlichen Schätzungen 3,8 bis 8 Milliarden Euro betragen – Profite, die von der Politik »nicht intendiert waren«, wie Gründinger schreibt.

Erst zu Zeiten der folgenden Großen Koalition erhöhte die EU-Kommission den Druck auf den damaligen Umweltminister Sigmar Gabriel. Nun verknappte die Bundesregierung die Emissionsrechte stärker. Sie tat das, obwohl fünfzehn Vorstandschefs aus Energiewirtschaft, Chemie, Auto- und Metallindustrie in einem Brief an Kanzlerin Merkel vor »massiven Konsequenzen auch für Arbeit und Wertschöpfung am Standort Deutschland« warnten – zu denen es dann aber offenkundig doch nicht kam.

### Lobbying für längere Laufzeiten

Im Oktober 2010 galten die Energieversorger erneut als Gewinner. Kanzlerin Angela Merkel hatte ihre Wahlkampfankündigung wahr gemacht und zusammen mit dem Koalitionspartner FDP den zehn Jahre zuvor beschlossenen Atom-Ausstieg gekippt.

»Milliardengeschenk für Atomlobby«, titelte die *Financial Times Deutschland*. »Von den Energielobbyisten lernen heißt siegen lernen«, lautete die Schlagzeile beim wirtschaftsnahen *Handelsblatt*. Die Interessenvertreter anderer Branchen, meinte die Zeitung, könnten sich bei diesem »Riesenerfolg« der Stromerzeuger eine Scheibe abschneiden. Selbst wirtschaftsliberale Ökonomen wie Josef Haucap, der damalige Chef der Monopolkommission, warnten im Herbst 2010 vor einer Wettbewerbsverzerrung zu Lasten kleinerer Stromerzeuger: »Wer in gutem Glauben auf den Atomkonsens in neue Kraftwerke investiert hat, dessen Investitionen werden nun massiv entwertet.«

»Das war eine der Erfahrungen von Lobbyismus und wirtschaftlicher Interessenvertretung, sehr massiv, sehr deutlich, sehr finanzstark«, wird sich später der damalige Umweltminister Norbert Röttgen (CDU) erinnern. Wie die Energiebranche im Hintergrund im Einzelnen vorgegangen war, kam nur nach und nach heraus.

Am 23. September 2009, vier Tage vor der damaligen Bundestagswahl, veröffentlichte *Spiegel Online* Details eines 109 Seiten umfassenden Strategiepapiers der Beratungsfirma PRGS, die sich kurz nach Fukushima im Juni 2011 in Advice Partners umbenennen ließ. In dem Dokument aus dem November 2008 wurde ein »Auftrag« von Eon erwähnt. Aber der Konzern versichert, die Studie sei nur »eine Art Bewerbungspapier« von PRGS gewesen. Die Agentur riet in dem Papier davon ab, die Pro-Atom-Position allzu »laut« zu propagieren; das würde nur die Umweltschützer auf den Plan rufen. »Zudem mobilisiert das Thema die Anhänger von Grünen und SPD«, schrieben die Berater. Statt der offenen Feldschlacht empfahl die Agentur eine indirekte, »zeitlich abgestimmte Strategie«: Zu Beginn des Jahres 2009 sollte man wohlgesinnte Abgeordnete und Ministerialvertreter zu Gesprächen treffen. Politiker von CDU/CSU und FDP sollten »fit gemacht« werden für die anstehende Debatte: Die »gefühlsmäßig die Kernenergie unterstützenden« Politiker müssten in ihrem »energiepolitischen Weltbild« bestärkt »und für die anstehenden Debatten argumentativ aufgerüstet werden«.

Als zweiten Schritt empfahlen die PRGS-Leute, eine »leise« Kommunikationskampagne zu starten. Ausgewählte Journalisten müsse man ansprechen, um auch ihnen die Botschaft der Kraftwerksbetreiber zu vermitteln. Um die Frontlinien aufzubrechen und das Image der Energieversorger zu verbessern, schlug die Agentur vor, »den Schulterschluss zwischen Kernkraft und erneuerbaren Energien« zu betonen: »Hoffnung für die Zukunft geben: Kernenergie + EE = Versorgungssicherheit + Klimaschutz«, sollte das Motto sein.

Die Atomkraftwerke also als angebliche Alternative zu mehr Kohlestrom und als Garant der Stromversorgung. Diese Argumente, so formulierte es das Papier bereits Ende 2008, könne man auch mit dezenten Hinweisen auf die »Importabhängigkeit« bei Brennstoffen wie Erdgas verbinden, um so »die Ängste vor einer russischen Dominanz zu nutzen«.

Funktioniert Lobbying allein mit Argumenten? Daran glaubten die PR-Leute nicht: »Nur mit der Kombination von Emotion und Argumentation gelingt ein Wandel in der öffentlichen Meinung, gelingt Vertrauensbildung.« Heikle Punkte wiederum dürfe man nur »defensiv« ansprechen, also nur dann, wenn die andere Seite das Thema aufbringe. »Alte Kernkraftwerke sind in Deutschland nur unzureichend gegenüber Flugzeugabstürzen geschützt«, wusste man bei PRGS: »Die Stromproduktion in den neueren, sicheren Kraftwerken sollte daher in den Mittelpunkt der – defensiv geführten – Argumentation gestellt werden.«

Auch wenn die PRGS-Strategie dann nicht umgesetzt wurde: Die Agentur hatte nach eigenen Angaben vor der Erstellung des Papiers bereits Gespräche mit Journalisten eher bürgerlicher Blätter wie *FAZ* und *Welt* geführt und Abgeordnete sowie deren Mitarbeiter getroffen. »Selbstverständlich«, so das Strategiedokument, »wurden diese Gespräche ohne Nennung« des Auftraggebers »oder des Auftrags geführt«. Eines Auftrags, den es wie gesagt, laut Eon gar nicht gab.

Fast zeitgleich, ab Mai 2008, organisierte das Deutsche Atomforum eine PR-Kampagne, die ebenfalls auf die Politik zielte – unterstützt von der Agentur Deekeling Arndt Advisors. Das

Atomforum ist eine von den AKW-Betreibern getragene Berliner Lobbyorganisation. Im Jahr 2008 startet sie ihren drei Millionen Euro schweren PR-Feldzug für die Laufzeitverlängerung, bei der die Agentur Deekeling zuarbeitet. Im Oktober 2011 – also bereits nach dem erneuten Ausstiegsbeschluss der Bundesregierung – macht die *tageszeitung* (*taz*) zwei Papiere der Firma publik. »Bis zur Bundestagswahl 2009 Grundstimmung pro Laufzeitverlängerung herstellen«, lautete demnach das Ziel der Kampagne. »Direkte Zielgruppen« seien eigentlich »Politik & Entscheider«. Doch auf sie will man über den Umweg von »Katalysatoren«, »Multiplikatoren«, Medien und »Meinungsführern« einwirken, um ein »verändertes Meinungsklima zur Kernenergie in Deutschland« zu »etablieren«. Die Atomkraftgegner gelte es »als ideologisch und unsachlich« vorzuführen. »Dialog statt Konfrontation« will man bieten und »Energie-Verantwortung« demonstrieren, etwa indem man »den Preis dämpfenden Effekt der Kern-Energie« verdeutlicht.

Nicht alle Pläne der Atomlobbyisten lassen sich umsetzen. Die Deekeling-Leute würden gerne eine Gruppe von in der Nuklearwirtschaft tätigen Frauen namens »Women in Nuclear« in der Frauenzeitschrift *Brigitte* vermarkten. Das scheitert am Widerstand von deren Redaktion. Eine Pressereise in die damals noch Atomkraft-freundliche Schweiz im Januar 2009 verläuft für die Auftraggeber erfreulicher. Ein Reporter der *WAZ* fährt mit und thematisiert hinterher den Lobbyhintergrund der Pressetour. Andere Zeitungen wie das *Handelsblatt* erwähnen in ihren Berichten nicht, wer die Reise organisiert hat. Der »Pragmatismus der Schweiz verfängt in Medienberichten«, freut man sich hinterher bei Deekeling.

Die berühmte »third-party technique« wendet die Agentur in einem weiteren Fall an: Sie arbeitet dem bekannten konservativen Historiker Arnulf Baring für eine Pro-Atomkraft-Rede zu. Baring hält den Vortrag dann auf der Feier des 50. Geburtstags des Atomforums in Berlin – nach seinen Worten »als unparteiischer« Bürger. Anschließend bringt Deekeling den Text der Baring-Rede auch noch als Gastbeitrag in der *FAZ* unter.

Auch die »Platzierung von Thesen pro Kernenergie« in der *Bild*-Zeitung zählt Deekeling zu den Erfolgen der Kampagne. Knapp drei Wochen vor der Wahl im September 2009 prangert das Boulevardblatt in der Tat den »Irrsinn mit dem Atomausstieg« an und verkündet: »Unsere Stromversorgung bricht ohne Atomkraft zusammen!«

Man wollte, wie gesagt, die »Debatte weiter versachlichen« und aus Sicht der PR-Leute passen auch solche reißerischen Zeilen sehr gut zu diesem Ziel. Deekeling rechtfertigt sich später, die PR-Arbeit sei »in professioneller und moralisch unangreifbarer Weise ausgeführt worden«. Das Atomforum erklärt, es sei »ein ganz üblicher Vorgang, dass man über Öffentlichkeitsarbeit versucht, die Öffentlichkeit zu beeinflussen«. Das mache »Greenpeace auch«.

Bemerkenswert an der Lobbyarbeit des Atomforums war noch etwas anderes. Ein Mitglied des Deekeling-Projektteams in Sachen Atom war bereits im Sommer 2008 ausgerechnet die frühere Parlamentarische Staatssekretärin der Grünen, Margareta Wolf – damals bereits fest angestellt bei der Agentur. Auch Wolfgang Clement, unter Rot-Grün Wirtschaftsminister, war der Agentur, wie sie im Juli 2008 bestätigte, als »Senior Advisor« verbunden und stand »bedarfsweise zur Einschätzung politischer Lagen und Themen sowie zur Diskussion von Kommunikationsstrategien zur Verfügung«. Beide Personalien waren nicht ohne eine gewisse Ironie. Wolf wie Clement kamen ja getragen von den Anti-Atomkraft-Programmen von Grünen und SPD in höchste Staatsämter und waren an der Ausstiegspolitik der rot-grünen Koalition beteiligt. Anschließend setzten sie ihre Kenntnisse für eine Wirtschaftslobby ein, die ihre eigenen politischen Erfolge wieder rückabwickeln wollte.

Aber nicht alles lässt sich mit Geld kaufen. Als die schwarz-gelbe Koalition im September 2010 die Laufzeitverlängerung für die siebzehn deutschen Nuklearreaktoren verkündet, geht ein bisschen unter, dass der Lobbyerfolg der vier großen Stromkonzerne nicht ganz so strahlend ausgefallen ist, wie sich diese das vorgestellt hatten. Vor allem in der CDU ist einigen bewusst, dass zu weitgehende Zugeständnisse an die Industrie einen hässlichen Eindruck hinterlassen – gerade bei der Nutzung der Kernkraft, bei der nach fast allen Umfragen die Bürger bereits vor Fukushima mehrheitlich skeptisch sind.

Nach Berechnungen des Öko-Instituts hätten die vier Atomkraftbetreiber Eon, RWE, Vattenfall und EnBW insgesamt Zusatzgewinne bis zu 68 Milliarden aus der Laufzeitverlängerung erwarten können. Doch Schwarz-Gelb entscheidet, diese Extraprofite zumindest zu großen Teilen abzuschöpfen, mittels einer Brennelementesteuer und über Zusatzabgaben für einen Fonds zu Gunsten der erneuerbaren Energien.

In einer noch unveröffentlichten Studie zum Lobbyeinfluss auf die deutsche Energiepolitik hat der bereits zitierte Politikwissenschaftler Wolfgang Gründinger diese Kehrseite der Laufzeitverlängerung betont. Angela Merkel und ihre Leute versuchen im Herbst 2010 alles, um den Pro-Atom-Beschluss als Teil eines größeren Energiekonzeptes zu verkaufen, in dem die Zukunft dann doch dem im Volk beliebteren Ökostrom gehört: Kernenergie »erleichtert den Weg in das Zeitalter der erneuerbaren Energien durch strompreisdämpfende Wirkungen«, heißt es damals in einem Rahmenpapier der Bundesregierung.

Die AKW-Lobby hatte versucht, die Brennelementesteuer zu torpedieren. Auf ganzseitigen Anzeigen in allen großen Tageszeitungen erschien Ende August 2010 der sogenannte Energiepolitische Appell, unterzeichnet von den Vorstandschefs der vier großen Stromkonzerne, aber auch von Fußballmanager Oliver Bierhoff, Deutsche-Bank-Boss Josef Ackermann, Bahn-Chef Rüdiger Grube, Autolobbyist Matthias Wissmann sowie dem Finanzunternehmer Carsten Maschmeyer. »Die Zukunft gehört den Erneuerbaren«, versicherte der Text, ganz so, wie es ein Jahr zuvor die PR-Berater empfohlen hatten. Doch, so der Anzeigentext, die Ökostromerzeuger bräuchten in den kommenden Jahren »starke und flexible Partner« – nämlich Kohle- und Kernkraftmeiler. »Die geplante Brennelementesteuer oder eine weiter steigende Ökosteuer dürfen in ihrer Konsequenz Zukunftsinvestitionen nicht verhindern«, verlangten die insgesamt 41 Unterzeichner, zu denen auch die zwei ehemaligen SPD-Minister Clement und Otto Schily gehörten.

Kanzlerin Merkel war über die Anzeige nicht erfreut. »Wenn irgendetwas in Richtung einer Drohung oder eines Gepresstwerdens führt, dann führt das bei mir meistens zu einer totalen Gegenbewegung«, versicherte sie in einem Interview. Ganz so total fällt ihre Gegenbewegung bei der Laufzeitverlängerung dann zwar doch nicht aus. Aber bei dem Versuch, über die Öffentlichkeit Druck zu machen, hatten die Stromkonzerne die Stimmung offenkundig nicht ganz richtig eingeschätzt.

Die Eon-Berater bei PRGS hatten bereits im November 2008 gewarnt: Den AKW-Betreibern drohe ein »Image-Verlust, falls eine schwarz-gelbe Regierung den Ausstieg aus dem Ausstieg ohne Rücksicht auf öffentliche Belange durchpeitschen will«. Das »derzeit weitgehend befriedete Thema Kernkraft« würde »neu aufflammen und die nächsten Jahre als Thema für Kampagnen von NGO, SPD und Grünen dienen«. Das Image der Energieversorger könne »irreparabel beschädigt« werden, sie würden für »Vertragsbruch« und »Geldgier« gescholten, und bei Störfällen in Atomanlagen etwa in Osteuropa sei »höchste Sensibilität« der Medien und der Politik garantiert.

So kam es. Den Imageschaden konnten die Stromkonzerne zunächst verkraften. Aber das Atomunglück von Fukushima machte ihren Lobbysieg im Frühjahr 2011 zunichte. Hätte es Fukushima nicht gegeben, wäre die von Angela Merkel gewährte Laufzeitverlängerung wahrscheinlich immer noch in Kraft; das glaubt man bei RWE und Co. bis heute und auch das nicht ganz zu Unrecht. Hinter vorgehaltener Hand räumt man bei einem der

Branchenriesen heute aber zugleich ein, dass der sorgfältig ausgehandelte rot-grüne Atomausstieg zu Beginn der 2000er Jahre für sie ökonomisch erträglicher war als die fast panikartige Kurskorrektur der Regierung Merkel nach Fukushima.

**Wie die INSM den Strompreis thematisiert**

Im Jahr 2012 ist die Schlacht um den Atomausstieg geschlagen. Nun dreht sich die Diskussion um die Details der Energiewende. Und jetzt kommt die Initiative Neue Soziale Marktwirtschaft (INSM) ins Spiel. Ihr Jahresbudget von knapp sieben Millionen Euro stammt von der Metallindustrie – also auch von Firmen wie Daimler, Siemens oder Thyssen-Krupp, die zu den größten Stromverbrauchern im Land zählen. Beim Verband Gesamtmetall ist man folglich rasch einverstanden, als INSM-Geschäftsführer Hubertus Pellengahr im Jahr 2012 eine neue Idee hat: eine Kampagne gegen die stetig steigende EEG-Umlage zur Finanzierung der erneuerbaren Energie. Pellengahr bestellt eine Studie und lässt originelle Werbemittel entwerfen. Mit Zeitungsanzeigen und Großplakaten beginnt die Initiative eine aufwendige Kampagne gegen die »Kostentreiber« bei Wind und Sonne – bis hin zu sarkastischen Slogans auf Post-it-Blöcken: »Wenn das Volk günstigen Strom will, soll es doch Batterien kaufen.«

»Wir waren die Ersten, die klar mit den Kosten argumentiert haben«, sagt Pellengahr. Das stimmt nicht ganz. Schon im Vorfeld der Laufzeitverlängerung im Herbst 2010 hatten die Energieversorger den Weiterbetrieb ihrer Atommeiler als kostendämpfend verkauft – was einige unter ihnen nicht daran hinderte, am Ende des Jahres dennoch die Tarife flugs weiter anzuheben. Und schon im Dezember 2008 hatte die Agentur Deekeling der Firma Eon geraten, die Kosten der Energie »als soziale Frage« zu thematisieren.

Wahr ist aber auch, dass 2012 – ein Jahr nach Fukushima – das Kostenthema die Debatte um die Energiewende erstmals ernsthaft zu bestimmen beginnt. Bei der INSM beteuert man zugleich, den Ausbau der Erneuerbaren keineswegs stoppen zu wollen. Nein, es gehe darum, der Energiewende erst zum Erfolg zu verhelfen. Doch als im Oktober 2013 verkündet wird, dass die EEG-Umlage abermals steige und gar um 20 Prozent, schaltet die Organisation Zeitungsanzeigen und lässt Plakate aufhängen, um die Kostensteigerung anzuprangern. Auf der Website der INSM lässt Pellengahr einen Kostenzähler zeigen. 79 Milliarden Euro habe die Umstellung auf erneuerbare Energien demnach bis dahin gekostet.

Nicht alle Argumente von Pellengahr sind falsch. Auch Johannes Lackmann, früher mal als Chef des Branchenverbands BEE oberster deutscher Ökostromlobbyist, attestiert der eigenen Branche bereits im Jahr 2012 einen gefährlichen Pyrrhussieg: »Wenn die Branche die Kosten nicht in den Griff bekommt, gefährdet sie das Projekt Energiewende.«

Während Sonne, Wind und andere erneuerbare Energien heute bereits ungefähr ein Viertel des Stromverbrauchs in Deutschland decken, steigt ja nicht nur der Strompreis – sondern trotz aller Milliardensubventionen auch der Ausstoß des klimaschädlichen Kohlendioxids. Auch weil die wechselnden Bundesregierungen Kohlendioxidemissionen nicht allzu sehr verteuern wollten, laufen ausgerechnet die schmutzigen alten Braunkohlekraftwerke der RWE rentabel weiter, während vergleichsweise saubere Gaskraftwerke aus dem Markt gedrängt werden. Diesen Effekt hatten die Planer der Energiewende nicht vorhergesehen.

Würde man nun Kohlemeiler zu Gunsten von Gaskraftwerken abschalten lassen, könnte das die Klimabilanz verbessern – aber der Strompreis würde weiter steigen. Ein Dilemma. Aber das Kostenargument hat auch etwas Scheinheiliges, aus mehreren Gründen. Die Strompreise waren in Deutschland im EU-Vergleich bereits überdurchschnittlich hoch, als die EEG-Umlage noch sehr viel weniger ins Gewicht fiel. Selbst unter Rot-Grün und dem damaligen Wirtschaftsminister Clement – der später in den Aufsichtsrat von RWE Power wechselte – profitierten die großen Stromversorger davon, dass die Preisaufsicht in Deutschland vergleichsweise lax ausfiel.

Große Teile der Industrie haben überdies bis heute überhaupt keine Probleme mit der Ökostrom-Umlage, weil sie ihren Strom entweder selbst produzieren oder auf der immer wieder verlängerten Liste energieintensiver Betriebe stehen, die von der Umlage befreit sind. Über fünf Milliarden Euro sind diese Privilegien im Jahr 2014 insgesamt wert. Auf der Liste der Profiteure stehen Unternehmen wie BASF, Deutsche Bahn und ThyssenKrupp, dort finden sich Steinbrüche, Wurstfabriken, Eiscremehersteller, Strumpffabriken und Druckereien. Natürlich muss irgendjemand diese Privilegien bezahlen: Es sind die übrigen Stromkunden, von den privaten Verbrauchern bis hin zu vielen mittelständischen Wirtschaftsbetrieben.

Da aber die Industrie im Herbst 2013 den Verlust dieser Privilegien fürchtet, trommelt auch sie kräftig. Drei Wochen vor der Bundestagswahl droht BDI-Präsident Ulrich Grillo im *Spiegel*: Wenn die Politik nicht auf die Industrie höre, werde man versuchen, die Förderung der Erneuerbaren zu stoppen. Pünktlich zu Beginn der ersten Koalitionsgespräche lanciert der Industrieverband eine gemeinsame Erklärung des BDI mit zwei großen Gewerkschaften: Die Umsetzung der Energiewende erfülle sie »mit großer Sorge«. »Natürlich haben wir das genau auf diesen Moment getimet«, verrät BDI-Hauptgeschäftsführer Markus Kerber dem *stern*. Es ist die klassische Taktik einer Lobbyallianz.

### Lobbyisten für Sonne und Wind

RWE, Eon und die großen Stromverbraucher in der Industrie argumentieren gerne mit den Arbeitsplätzen, die bei ihnen wegen der Energiewende bedroht seien. Freilich haben sie dieses Argument nicht mehr exklusiv für sich gepachtet. Dank der jahrzehntelangen Förderung ist inzwischen auch die Wind- und Solarbranche ein ernstzunehmender Wirtschaftsfaktor. Am Grünstrom verdienen viele: die Anlagenbauer, Hausbesitzer mit Photovoltaik auf dem Dach sowie viele Bauern, die Biogas erzeugen und ihre Äcker als Standorte für Windräder verpachten. Die Energiewende ist auch ein Programm zur Umverteilung zwischen Stadt und Land – und das Land ist der Gewinner.

Die Lobbymacht, die da herangezüchtet wurde, kann jeder sehen, der im Herbst 2013 die Berliner Büros des Bundesverbands Solarwirtschaft (BSW) besucht. Mit 25 Mitarbeitern residiert der Verein seit dem Februar 2012 in einem Seitenflügel des Nobelkaufhauses Galeries Lafayette an der Friedrichstraße – einem Glaspalast, den der französische Stararchitekt Jean Nouvel entworfen hat. Dort gehen die Mitarbeiter der Organisation dem nach, was laut einem Papier das »Selbstverständnis« des Vereins ausmacht: Man »fördert die ganzheitliche Ertragsmaximierung von Solaranlagen«.

Der BSW gehöre »zu den besonders lauten Lobbyverbänden hierzulande – und zu den besonders durchsetzungsstarken«, urteilt die *Börsen-Zeitung* im Jahr 2012. Das verdankt er vor allem dem Ruf seines Geschäftsführers Carsten Körnig, des wohl aggressivsten und umstrittensten Lobbyisten der Ökostrombranche. In jungen Jahren war er Greenpeace-Aktivist, heute trägt er Nadelstreifen und weinrote Krawatte zum blütenweißen Hemd. Seine Satzbausteine sind von denen der Gegenseite praktisch nicht zu unterscheiden. Körnig spricht vom Investitionsklima, das man nicht gefährden dürfe, und von der internationalen Wettbewerbsfähigkeit der deutschen Solarhersteller. All das, sagt Körnig, wolle er im »Dialog« mit der Politik vermitteln. So reden Lobbyisten, egal welcher Branche. Für eine Kampagne im Jahr 2011 beschäftigte der Verband sogar die PR- und Lobbyfirma Hill & Knowlton. »Dies ist klassischer Lobbyismus in neuem Gewand«, urteilte der langjährige *taz*-Autor Hannes Koch.

Auch dank der Arbeit von Körnig floss sehr viel Geld in die

Solarwirtschaft. Die bis zum Jahr 2013 installierten Anlagen erhalten über die Jahre insgesamt garantiert rund 108 Milliarden Euro – obwohl sie bisher keine fünf Prozent des deutschen Stromverbrauchs decken. Selbst Grünen-Politiker klagen hinter vorgehaltener Hand über »eine Explosion im Markt, die weit über dem lag, was die Politik wollte«. Die Politik ließ es auch unter der schwarz-gelben Koalition über mehrere Jahre geschehen, dass die Solarbranche von einer Überförderung profitierte. Obwohl die Kosten der Anlagen gefallen waren, blieb die Einspeisevergütung für Neuanlagen hoch.

BSW-Mitgliedsfirmen wie die Solarworld AG des als »Sonnenkönig« verspotteten Frank Asbeck aus Bonn oder die Firma Juwi gaben als Spender und Sponsoren einen Teil der Beute an die Parteien ab – nicht nur bei den Grünen, sondern auch bei CDU, CSU oder SPD. Asbeck organisierte kurz vor der Bundestagswahl im September 2009 sogar ein Spendensammelevent für die FDP – mit deren Bonner Volksvertreter Guido Westerwelle. Ein anderer Branchenriese, die IBC Solar, war im Jahr 2012 nach Berechnungen von Abgeordnetenwatch der zwölftgrößte Parteispender Deutschlands. Ingesamt 90 500 Euro gingen an CDU, CSU, SPD und Grüne – mehr als der Rüstungs- und Luftfahrtkonzern EADS in diesem Jahr zahlte. Der rheinland-pfälzische Projektentwickler Juwi leistet sich ein eigenes Hauptstadtbüro mitten im Berliner Regierungsviertel. Die Manager der Firma hatten keine Probleme, immer wieder auch Termine in den Berliner Bundesministerien zu bekommen. Also ganz klassisches Lobbying, wenn nicht sogar allzu klassisch: Der Name des Unternehmens fiel bereits in einem möglichen Korruptionsskandal – um den ehemaligen thüringischen Innenminister Christian Köckert (CDU). Er war zuletzt Kommunalpolitiker in Eisenach und dann Juwi-Büroleiter in der Wartburg-Stadt und wurde Anfang 2014 wegen Vorteilsannahme und Bestechlichkeit zu einer Bewährungsstrafe verurteilt. Köckert ging dagegen in Revision.

»Im Verhältnis zu dem, was heute unterwegs ist, war die Atomlobby eine Mädchenschule«, schimpft Eon-Chef Teyssen im Juli 2014 im *Handelsblatt* über den Einfluss der Ökostromer. Das ist eine Übertreibung, aber flott formuliert. Auch der CDU-Politiker Peter Altmaier erlebte die Juwi-Leute als besonders hartnäckige Interessenvertreter. Im Jahr 2012, in dem IBC Solar so generös spendete, setzte der damalige Umweltminister dennoch deutlich geringere Vergütungen für Strom aus neuen Solaranlagen durch. Danach gingen die Orders für Neuanlagen zurück. BSW-Mann Körnig konnte das ein Jahr später mit Schaubildern plastisch machen. Die Vergütung sei deutlich zu schnell abgesenkt worden, klagte er.

Einige Mitgliedsfirmen des BSW gingen daraufhin pleite. Dreizehn von ihnen, die seit mehr als einem Jahr keinen Beitrag gezahlt hatten, schloss der Verband auf einer Mitgliederversammlung im November 2013 aus. Auf derselben Versammlung beschlossen die Mitglieder aber auch einen Berliner Appell an die Politik, in dem sie forderten, »den gegenwärtig starken Rückwärtstrend in der Marktentwicklung von Solartechnik durch geeignete Investitionsimpulse und verlässliche Rahmenbedingungen zeitnah zu stoppen und in ein nachhaltiges Wachstum umzukehren«.

Auch die anderen Verbände der Branche machten mobil, als sich die schwarz-rote Koalition ab Herbst 2013 anschickte, das EEG zu reformieren. Zum Beispiel der Bundesverband Windenergie (BWE), der mit etwa dreißig Mitarbeitern ebenfalls an einer noblen Berliner Adresse residiert – in der zweiten Etage eines Bürogebäudes direkt gegenüber dem Bundespresseamt. Im selben Haus befindet sich der bei Abgeordneten, Lobbyisten und Journalisten beliebte Italiener »Il Punkto«, auf den anderen Stockwerken residieren die Lobbyisten des Chemiekonzerns Lanxess und das Berliner Büro der Schaeffler AG.

Besuchte man im Oktober 2013 den BWE, sah man auf dem Tresen am Empfang *Handelsblatt*, *Welt*, *Süddeutsche* und *FAZ* ausliegen. Der Pressesprecher Wolfram Axthelm, der dort Journalisten begrüßte, war erst wenige Wochen zuvor von der CDU-Fraktion im Landtag von Mecklenburg-Vorpommern zu dem Windverband gewechselt. In dem Küstenland ist die Windbranche wichtig. Die Ende 2013 amtierende BWE-Präsidentin Sylvia Pilarsky-Grosch – eine Grüne – wandte sich strikt gegen Forderungen des Kraftwerksverbands BDEW, den Einspeisevorrang für Wind- und Sonnenstrom in Frage zu stellen. Das erhöhe nur die Kosten, weil dann die Banken Kredite für neue Anlagen nicht mehr so günstig vergeben würden.

In Wahrheit weiß man auch in der Ökostrombranche, dass die Zeit für sie spielt. Alle Parteien wollen ihren Marktanteil sukzessive erhöhen – umstritten ist nur das Tempo dieses Prozesses. Die Wind- und Solarstromerzeuger profitieren von einem zweiten Vorteil: dem negativen Ruf der alten Stromkonzerne. »Ein schlechteres Image als die Energieversorger haben vielleicht noch die Banken«, räumte selbst RWE-Chef Peter Terium einmal in einem Interview ein. Erneuerbare Energien dagegen sind im Land beliebt – so beliebt, dass die Agentur PRGS Ende 2009 den Atomstromerzeugern dringend davon abriet, sich auf diese Konkurrenz so öffentlich einzuschießen, wie das regelmäßig manche CDU-Energiepolitiker täten: »Ein gegen die Solarwirtschaft ausgerichtetes Lagerdenken mag aus dem politischen Konflikt heraus erklärbar sein, für eine Wählerschaft, die nachhaltig ökologisches Wirtschaften grundsätzlich begrüßt, ist es irritierend und mutet ideologisch an.«

Wie sehr sich die Gewichte in der Energiepolitik verschoben und die Lagergrenzen aufgeweicht haben, zeigt das Beispiel des Dachverbands der Ökostrombranche, des Bundesverbands Erneuerbare Energie (BEE). Während der konventionell orientierte Kraftwerksverband BDEW seit dem Juni 2014 das Grünen-Mitglied Johannes Kempmann als – ehrenamtlichen – Präsidenten hat, steht an der Spitze des BEE seit Ende 2013 der Osnabrücker Christdemokrat Fritz Brickwedde. Der BEE ist

Ende November 2013 zusammen mit BSW, BWE und dem großen Windradhersteller Enercon auch als Aussteller auf dem CSU-Parteitag in München vertreten. Natürlich trägt die junge Frau hinter dem Tresen ein Dirndl. Natürlich will man hier einfach noch einmal mit Abgeordneten reden, wie ein BEE-Lobbyist bekennt. Das Thema Energie sei in den Koalitionsverhandlungen ja noch nicht durch.

BEE-Chef Brickwedde ist auch einer der Eingeladenen, als Umweltminister Altmaier in den Tagen der Koalitionsverhandlungen Besucher in seinem Ministerium empfängt. An einem Nachmittag Anfang November sind zunächst zwei Stunden lang Vertreter von Greenpeace, BUND und WWF zu Gast. Am Abend bittet Altmaier die Präsidenten der Wirtschaftsverbände der Grünstrombranche zu sich – darunter Brickwedde. Beiden Gruppen versucht der Minister vorsichtig beizubringen, dass es für sie Einschnitte geben werde. Er spricht viel von den Kosten der Energiewende. Zugleich lässt er durchblicken, dass er kein Befürworter von raschen Subventionen für Altkraftwerke sei. Und der Minister macht klar, dass eine Einigung zwischen den mächtigen Ministerpräsidenten und den eher ökologisch gestimmten Abgeordneten in der Verhandlungsgruppe nicht leicht werde. Ein Ökostromlobbyist ist hinterher ein bisschen enttäuscht über den geringen Umweltenthusiasmus des CDU-Mannes, aber er nimmt auch mit: »Das Spiel ist noch offen.«

Altmaier will im Herbst 2013 sein Amt gerne behalten oder Chef eines neuen Energieressorts werden. Für einen Umweltminister, egal welcher Partei, ist ein leidliches Verhältnis zu den Umweltverbänden wichtig. Hinzu kommt: Der Christdemokrat aus dem Saarland ist seit vielen Jahren ein Anhänger von schwarzgrünen Bündnissen. Als Umweltminister hat er dennoch immer wieder Schlachten mit der Ökostromlobby ausgefochten und das Argument der steigenden Stromkosten angeführt. Zwar gelang ihm Anfang 2012 die Kürzung der Solarförderung. Aber Anfang 2013 wollte er mehr. Mit großer Fanfare warb er für das Projekt einer Strompreisbremse. Doch schon allein mit dem Versuch, einigen Biogasbauern den erst einige Jahre zuvor von dem damaligen Umweltminister Sigmar Gabriel eingeführten Güllebonus zu streichen, provozierte er Aufstände. Selbst der Energiekonzern EnBW, der seine Zukunft inzwischen auch in der Windenergie sieht, warnte im März 2013 in einem internen Papier vor den Kürzungsplänen: Damit sei der Ausbau der Windkraft in Süd- und Mitteldeutschland »praktisch nicht mehr möglich« und die Auswirkungen für die Offshore-Windparks im Meer wären »verheerend«. Am Ende fuhren die Bundesländer Altmaier in die Parade. Weil sie sich um die Zukunft ihrer heimischen Ökostromprofiteure sorgten, bremsten sie die Strompreisbremse des Umweltministers aus.

### »Organisierter Stillstand«

Wenn nun aber die Ökostromer auf ihren Subventionen beharren und die alten Stromriesen auf ihren Pfründen – wer zahlt dann die Rechnung? Der Lobbyist der Stromkunden heißt lange Jahre Holger Krawinkel – bevor er im Sommer 2014 selbst zu einem mittelgroßen Energiekonzern wechselt, der börsennotierten Mannheimer MVV Energie. Der Energieexperte des Bundesverbands der Verbraucherzentralen sitzt nicht in einem Glaspalast. Wer im Oktober 2013 zu Krawinkel wollte, musste seinen Weg über verwinkelte Treppen und Gänge finden, die ihn selbst an »Gefängnisarchitektur« erinnerten. Der Mann mit dem versteckten Büro prangerte seit langem die großen Energieversorger als Preistreiber an. Dass der BDEW nun »Geld für die alten Dreckschleudern« will, ging dem Verbraucherschützer gegen den Strich. Aber bereits seit einigen Jahren legte er sich immer wieder auch mit der Umweltbewegung an, etwa wegen aus seiner Sicht überteuerter Ausbaupläne für Windkraftwerke auf See. »Die Bürger haben das Gefühl, sie müssten mehr bezahlen als notwendig, weil erfolgreiche Lobbyisten aus der Erneuerbaren-Industrie dafür sorgen, dass sich einige die Taschen vollmachen«, sagte Krawinkel im Oktober 2013.

Was am Ende der Koalitionsverhandlungen herauskommt, kann den Verbraucherschützern nicht gefallen. Es ist ein Kompromiss, mit dem alle Lobbyinteressen irgendwie leben können, weil alle ihre Pfründe einigermaßen gesichert haben – außer den Stromkunden. »Organisierter Stillstand«, kommentiert die *Süddeutsche Zeitung*. Die Förderung für Windenergie soll zwar gesenkt werden, aber in einem verträglichen Ausmaß. Auf Druck der Küstenländer wird der Ausbau der Offshore-Windparks weniger gebremst als ursprünglich geplant – das geht auf Kosten der Verbraucher. Auch RWE und Vattenfall, die größten Betreiber von Braunkohlekraftwerken, können aufatmen. Zeitweilig hatte die SPD vorgeschlagen, die Zielmarke für den Anteil des Ökostroms bis zum Jahr 2030 auf 75 Prozent hochzufahren. Doch dann wendet sich ein Vattenfall-Lobbyist per Mail an die Genossen und fragt, wer denn diesen »Wahnsinn« zu verantworten habe. Der Plan könne in der Braunkohleregion Lausitz 20 000 Arbeitsplätze vernichten. Die SPD knickt ein – und die CDU wiederum legt ihr Veto gegen eine Senkung der Stromsteuer ein, die die Verbraucher entlastet hätte.

»Gibt es irgendjemanden, der nicht happy ist?«, spottet ein Berliner Lobbyist im April 2014 über die geplante EEG-Reform. Zwar klingen Hildegard Müller und ihr BDEW zufriedener als die Lobbyisten des Grünstroms. Doch sogar Müller selbst beklagt neue Regelungen, die den Ausbau der vergleichsweise billigen Windkraft an Land schwerer machen werden. Die SPD-Abgeordnete Nina Scheer enthält sich bei der Abstimmung im Bundestag, auch weil sie fürchtet, dass bei eher am Markt orientierten Fördermodellen »der Ausbau Erneuerbarer Energien zukünftig nur noch von europäischen Großinvestoren« übernommen wird, nicht mehr von Häuslebauern und Biogasbauern. Ihr Fraktionskollege Marco Bülow spricht von einer »Deform« statt einer Reform. Doch noch im selben Jahr wird Eon sogar die Abspaltung seiner Kraftwerkssparte verkünden, um sich künftig auf erneuerbare Energien und auf Stromnetze zu konzentrieren. Die Konzernspitze hat erkannt: der Betrieb konventioneller Kraftwerke ist ein Auslaufmodell.

Im Frühjahr 2014 führt ein nicht unwichtiges Detail in den Plänen des neuen Wirtschafts- und Energieministers Sigmar Gabriel zu einer eigenen kleinen Lobbyschlacht. Der Minister will die EEG-Umlage künftig zumindest teilweise auch bei den Erzeugern von sogenanntem Eigenstrom eintreiben. Das betrifft Supermärkte mit Solardach, aber vor allem etliche große Industriebetriebe wie den Chemiekonzern BASF, die seit vielen Jahren einen großen Teil ihres Stroms in eigenen Kraftwerken produzieren, anstatt ihn von den Energiekonzernen zu beziehen.

Bisher mussten sie für die selbsterzeugte Energie nichts für den Ausbau der Erneuerbaren abführen. Jetzt sind die Lobbyisten alarmiert – sowohl bei der Industrie wie in der Solarwirtschaft. Beim BSW beschwert man sich heftig über die »Sonnensteuer« – mit diesem griffigen Etikett belegen sie bei dem Verband die geplante Umlage. Lobbyist Körnig schwärmt aus und trifft sich zum Beispiel mit Ulrich Kelber (SPD), dem Parlamentarischen Staatssekretär im Ministerium für Justiz und Verbraucherschutz. Am Ende gibt Gabriel nach. Nur neue und nur größere Kraftwerke zur Eigenstromerzeugung werden in die Pflicht genommen – und bei Ökostromanlagen lediglich mit 40 Prozent des normalen Satzes. Hier habe man als Verband »Nachbesserungen gegenüber ursprünglichen Regierungsplänen erzielen« können, verkündet Körnigs BSW stolz.

Nach einigem Hin und Her hat auch die EU-Kommission eingewilligt, dass ein weiteres Privileg der Industrie erhalten bleibt. Betriebe, die besonders viel Strom verbrauchen, dürfen ihre Befreiungen von der Ökostrom-Umlage zum größten Teil weiter genießen – sowohl für den selbsterzeugten Strom wie für den aus dem Netz. Weil diese Ausnahmen zeitweise bedroht waren, verdienten einige Lobbyisten in Berlin gut an Krisenaufträgen. Noch in ihren Wahlprogrammen hatten SPD und CDU eigentlich angekündigt, die Ausnahmen stärker auf die Firmen zu beschränken, die wirklich im internationalen Wettbewerb stehen. Nun soll es dabei bleiben, dass die Industrie um jährlich etwa fünf Milliarden Euro entlastet wird.

Man habe bei der Energiewende etwas gestrichen, nämlich die »Nachteile«, lässt Gabriels Wirtschaftsministerium im Sommer 2014 über Zeitungsanzeigen verkünden. Dabei ist allen klar, dass 2015 oder spätestens 2016 die nächste Energiereform ansteht. Das Ziel, die Strompreise dauerhaft zu stabilisieren, hat Gabriel nicht erreicht – oder allenfalls für die Jahre bis zur nächsten Bundestagswahl im Jahr 2017. Danach droht ein erneuter Anstieg der EEG-Umlage, zum Beispiel für die teuren Windparks im Meer.

Man könne »niemandem versprechen, dass die Kosten nicht weiter steigen werden«, räumt Gabriel selbst im Januar 2014 in einem Interview mit dem *stern* ein. Im Gegenteil: Am Horizont drohen neue Milliardenrisiken. Im Juli 2014 bescheinigen vom Wirtschaftsministerium bestellte Gutachter sogar, dass die von Union und SPD nach wie vor angepeilten Subventionen für die Kraftwerksbetreiber erstens unnötig seien – und zweitens bis zu 18 Milliarden Euro pro Jahr verschlingen könnten. Inzwischen tritt selbst Minister Gabriel auf die Bremse: »Eine Art Hartz IV für alte Kraftwerke wird es mit mir nicht geben«, verspricht er.

»Ich habe das Gefühl, wir waren in der Debatte schon mal weiter«, beschwert sich die BDEW-Lobbyistin Hildegard Müller an einem Abend Ende September 2014. Der RWE-Konzern hat zu einer Talkrunde in sein Berliner Lobbybüro im 18. Stock des Internationalen Handelszentrums in der Friedrichstraße gebeten. Von hier oben schweift der Blick zu Reichstag, Kanzleramt, Museumsinsel und Fernsehturm. Über 200 Menschen drängen sich im Raum, um der Diskussion über die Sorgen der Kraftwerksbetreiber zu lauschen. 2013 habe man noch eine Milliarde Euro mit den Kraftwerken verdient, sagt RWE-Mann Rolf Peter Schmitz. Aber 2014 sinke dieser Betrag auf null, klagt er. Damit die Stromversorgung nicht in Gefahr gerate, brauche es darum »schnell« Förderzahlungen für Altkraftwerke. Das sei kein Hartz IV, sondern ein »Mindestlohn« für die Meiler, ergänzt RWE-Lobbyist Peter Heinacher. Am Ende der Talkrunde eröffnet er das Buffet. Die Besucher laben sich an Steinpilzrisotto mit Parmesancrackern, am Bauch vom Schwäbisch-Hällischen Landschwein mit Kräuterkruste und an Topfenknödeln.

Man muss sich stärken. Die Lobbyschlacht um den Strom wird weitergehen. Und Unternehmen wie RWE werden ihre Interessenvertretung ja nicht reduzieren, nur weil ihre Stellung durch politische Entscheidungen bedroht ist. Im Gegenteil, sie werden ihre Anstrengungen, Einfluss zu nehmen, eher verstärken. Das haben die Energieversorger mit einer anderen Branche gemeinsam: der Rüstungsindustrie.

## 9 Lobbyisten zu den Waffen!

*»Einflussnahme von unterschiedlichen Stakeholdern auf das öffentliche Meinungsbild, z. T. auch durch entsprechende Lobbyarbeit der Industrie im Parlament.«*
(Gutachter der Firma KPMG im Herbst 2014 zu den Gründen, warum das Verteidigungsministerium erneut die mögliche Beschaffung großer Aufklärungsdrohnen einplante)

Der Fall der Rüstungsindustrie: Wie man die Lobbyaktivitäten aufstockt, wenn die eigene Branche unter Druck gerät. Wie die engen Bande der wehrtechnischen Industrie zu Bundestagsabgeordneten und Verteidigungsministerium helfen. Wie die Lobby von den Geheimhaltungspraktiken der Bundeswehr profitiert.

Sie ist eine Frau, die sich von Widerständen nicht aufhalten lässt. Seit Angela Merkel im Jahr 2005 Ursula von der Leyen als Ministerin in ihr Kabinett holte, hat die Tochter des einstigen niedersächsischen Ministerpräsidenten Ernst Albrecht ihre Durchsetzungsstärke oft genug demonstriert. Sie will das auch beweisen, als sie im Dezember 2013 als erste Frau die Führung des deutschen Verteidigungsministeriums übernimmt. Mögen ihre männlichen Vorgänger den Überblick über die Windungen der Wehrbürokratie verloren haben, mögen die Rüstungslobbyisten sie übertölpelt haben – ihr, Ursula von der Leyen, soll das nicht passieren.

Sie weiß: Die Rüstungslobby ist berüchtigt – sogar unter Lobbyisten selbst. Es gibt langjährige Interessenvertreter in Berlin, die nicht als zimperlich gelten und dennoch schwören, nie für die Wehrbranche arbeiten zu wollen – weil hier mit deutlich härteren Bandagen als anderswo gekämpft werde. Es geht eben um sehr viel Geld bei den Beschaffungsvorhaben der Bundeswehr. Der Staat ist überdies der einzige Kunde für die Waffenhersteller. Wollen sie ihre Produkte ins Ausland exportieren, brauchen sie ebenfalls den Segen der Regierung. Auch darum kümmern sich die Lobbyisten.

Wahr ist, dass die Vertreter der Rüstungsindustrie in den vergangenen Jahren nicht immer Freude an den Entscheidungen der Politik hatten. Nach dem Ende des Kalten Krieges schrumpfte der Verteidigungsetat. Die Bundeswehr bestellte Eurofighter oder Hubschrauber wieder ab, die bereits fest geordert waren (freilich wurden die Hersteller dafür finanziell entschädigt). Rüstungsexporte können das nicht ausgleichen. Auch andere europäische Staaten haben ihre Verteidigungsbudgets gekürzt, nicht zuletzt der langjährige Großabnehmer Griechenland, der einen nicht unbeträchtlichen Teil seiner Schuldenlast mit dem Kauf deutscher Panzer und U-Boote erwirtschaftete. Im Nahen Osten wimmelt es zwar bis heute von zahlungskräftigen Regimen. Doch Waffenverkäufe nach Saudi-Arabien oder Katar sorgen für böse Schlagzeilen und politische Widerstände. Wahr ist aber auch: Gerade in widrigen Zeiten werden Lobbyisten besonders gebraucht – und sie können auch dann noch Erfolge feiern. Der Fall der Rüstungsindustrie zeigt das in aller Deutlichkeit.

An deren Adresse will Ursula von der Leyen eigentlich ein Warnsignal aussenden – mit einer aufsehenerregenden Studie, die sie am 6. Oktober 2014 vorstellt. Schon einige Monate nach Amtsantritt war ihr aufgefallen, dass – wie sie es im Bundestag formulieren wird – große Rüstungsprojekte mit unschöner Regelmäßigkeit »Jahre zu spät« fertig würden und dann »weit überteuert« seien. Unter der Federführung des Prüfunternehmens KPMG hat sie darum ein Team aus rund dreißig Unternehmensberatern, aus Juristen der Kanzlei Taylor Wessing und Ingenieuren der Gesellschaft P3 Group neun große Beschaffungsvorhaben untersuchen lassen. Drei Monate lang wälzen die Prüfer Akten und führen mehr als 100 Interviews. Die Befunde, die in der vertraulichen Langfassung vier Bände mit insgesamt 1511 Seiten füllen, sind erschreckend – und sollen zugleich von der Leyen helfen, die Probleme anzugehen.

Die Dimension hat sie selbst umrissen: Es gehe um Vorhaben, die zusammengenommen 57 Milliarden Euro verschlingen werden. Das entspreche dem Achtfachen der Kosten des Bahnhofsprojekts Stuttgart 21, und es sei ungefähr zehnmal so viel wie die – zu dem Zeitpunkt gerade erwartete – Summe für den neuen Flughafen Berlin-Brandenburg.

Es geht also um hohe Kosten für den Steuerzahler und zugleich um verlockende Einnahmen für die Rüstungsunternehmen, die all die teuren Geräte liefern dürfen. Flugzeuge, Hubschrauber, Panzer, Fregatten, Raketenabwehrsysteme, Aufklärungsdrohnen – all diese Vorhaben haben die KPMG-Prüfer analysiert und 140 Probleme und Risiken identifiziert. Sie weisen auf abenteuerliche Schwächen der Waffensysteme hin. Da gibt es zum Beispiel den von Airbus – früher EADS genannt – gefertigten Hubschrauber NH90, der in Seeluft rasch rostet. Flüge in dem Helikopter führen überdies laut Gutachten zu »akuten Krankenständen der Piloten aufgrund der Helmbelastung«. Der Helm drückt nämlich auf den Nacken, der verspannt sich – und der Pilot ist irgendwann außer Gefecht, ohne jede Feindberührung.

In den Schützenpanzern vom Typ »Puma« der Firmen Rheinmetall und Krauss-Maffei Wegmann (KMW) können die Insassen ihre Umgebung – weil es von der Bundeswehr so bestellt wurde – nur über ein Schwarz-Weiß-Display verfolgen. Leider führe das zu »Defiziten bei der Freund-/Feind-Erkennung«, schreiben die Gutachter. Den Vertrag zur Beschaffung der zusammengenommen vier Milliarden Euro teuren Kettenfahrzeuge hatten die Beamten als Standard-Formular aus dem Intranet heruntergeladen und lediglich leicht modifiziert – als sei es um »Bagatellbestellungen« gegangen.

Besser auf den Einzelfall abgestimmt waren die insgesamt über 400 Einzelverträge für das Jagdflugzeug Eurofighter (Kostenpunkt: 26 Milliarden). Doch auch hier bemängelten die Gutachter abgrundtiefen Dilettantismus, wie der *stern* im Oktober 2014 zitiert: »Es existiert insbesondere keine Datenbank, in der die gesamten Verträge gesammelt vorhanden sind. Das fehlende Vertragsmanagement spiegelt sich auch darin wieder, dass das Wissen über die aktuellen Vertragsdaten und deren Historie ausschließlich bei der zuständigen Referentin des Referats L 2.1 vorhanden ist. Bei Krankheit, Ruhestand, Urlaub o. Ä. besteht demnach das Problem, dass das vorhandene Vertragswissen nicht zur Verfügung steht oder gar verloren geht.«

Das ist kein Einzelfall. Das KPMG-Gutachten beklagt einen verbreiteten »Verzicht auf die von Beginn an kontinuierliche Begleitung solcher Projekte durch erfahrene Juristen«. Die Experten mahnen nun etwas an, das man als Selbstverständlichkeit angesehen hätte: »Die permanente Beteiligung erfahrener Volljuristen schon im Planungsprozess, in den Vertragsverhandlungen und in der Projektdurchführung« sei »notwendig, um die Rechte des Bundes angemessen zu sichern«. Weil man das im Beschaffungsamt der Bundeswehr bisher versäumte, sind die Beamten von Anfang an den Anwälten der Industrie unterlegen. Zwei bis fünf Mitarbeitern des Beschaffungsamts stünden bei solchen Verhandlungen »auf Seiten des Industriepartners als Auftragnehmers oftmals zwischen fünf und fünfzehn Mitarbeiter aus verschiedenen Abteilungen einschließlich der Inhouse-Juristen des Auftraggebers und von diesem extern beauftragte Rechtsanwälte gegenüber, so dass bereits im Ausgangspunkt keine ›Waffengleichheit‹ in den Vertragsverhandlungen hergestellt ist«.

### Wie die Politik die Rüstungslobby stärkt

Die Gutachter arbeiten jedoch nicht nur bürokratische Unzulänglichkeiten heraus, sondern nennen auch eine tiefere Ursache für viele Mängel: den Lobbyeinfluss der Rüstungskonzerne. Immer wieder hätten wechselnde Bundesregierungen die eigene Verhandlungsposition unnötig geschwächt, indem man die heimischen Rüstungshersteller vorab habe wissen lassen, dass sie den Auftrag sicher in der Tasche hätten. Oder man habe den

Wettbewerb sehenden Auges ausgeschaltet, indem man Aufträge an Konsortien möglicher Konkurrenten vergab.

Der Vier-Milliarden-Auftrag für den »Puma«, der an Rheinmetall und KMW ging: war laut KPMG »eine Entscheidung zur Unterstützung der deutschen Rüstungsindustrie«. Weil das Verteidigungsministerium akzeptierte, dass beide Firmen den Schützenpanzer gemeinsam entwickeln und bauen würden, habe die Behörde selbst die »Schaffung einer Wettbewerbssituation ausgeschlossen«. Dabei sollten doch »monopolistische Strukturen« bei der Auftragsvergabe nicht geschaffen, sondern »verhindert werden«. Die fatalen Folgen hatte das Ministerium im Fall des »Puma« bereits im Februar 2014 in der Antwort auf eine Kleine Anfrage der Links-Fraktion geschildert: »Vertragsstrafen sind im Beschaffungsvertrag nicht vereinbart, da sie im Zuge der Vertragsverhandlungen aufgrund der Monopolstellung des Auftragnehmers nicht durchsetzbar waren.«

Falls man das überhaupt wollte. Im Herbst 2014 zitieren die Gutachter den damaligen Abteilungsleiter für Rüstungsfragen mit einer Ende 2011 in den Akten festgehaltenen, entlarvenden Bemerkung: »Es ist dem integrativen Ansatz (Zusammenarbeit Industrie/BW [Bundeswehr, der Autor]) geschuldet, dass das BMVg [Bundesverteidigungsministerium, der Autor] kein Interesse daran hat, die deutschen Landsystemhäuser und deren Lieferanten durch Ausübung eines außerordentlichen Kündigungsrechts unnötig zu beschädigen (z. B. Aktienkurs von Rheinmetall), wenn eine andere, für den Bund vertretbare und vorteilhafte Lösung – wie hier – darstellbar ist.«

Ähnlich der Fall der Fregatten vom Typ F 125: Hier, so KPMG, habe die Politik eine Arbeitsgemeinschaft (Arge) zwischen den Thyssen-Krupp Marine Systems und der Lürssen-Werft »als alternativlos angesehen«. Zitat aus der vertraulichen Langfassung des KPMG-Berichts: »Die Politik nahm wesentlichen Einfluss auf die Vergabe, um den Erhalt industrieller Kernfähigkeiten in Deutschland zu unterstützen. Dadurch wurde in Kauf genommen, dass der Auftragnehmer eine sehr starke Verhandlungsposition hatte und dadurch wesentliche Regelungen zugunsten des Auftragnehmers im Vertrag ausgestaltet sind. Hierdurch kann der Auftraggeber nur begrenzt Druck auf die Arge ausüben, um seine Interessen, insbesondere die pünktliche Auslieferung der F 125, durchzusetzen.«

Welch groteske Folgen das haben kann, zeigte sich beim Bau der Fregatte. Nachdem sich die Brandschutzbeschichtung der Schiffe »bereits während der Bauphase großflächig löste«, wandte sich das Konsortium aus Thyssen-Krupp und der Lürssen-Werft an den Auftraggeber Bundesregierung – und verlangte Schadensersatz. Begründung: Der Bund sei laut Vertrag der Versicherer für Risiken beim Schiffsbau. Das Verteidigungsministerium lehnte die Forderung ab. Doch die Hersteller ließen nicht locker. Sie sahen sich im Recht.

Als nachteilig für den Auftraggeber Bundeswehr kritisieren von der Leyens Prüfer im Oktober 2014 auch eine vereinbarte Gleitregel beim Preis, die es den Werften erlaubte, im Zeitverlauf höhere Kosten in Rechnung zu stellen. Diese Klauseln seien im Vertrag so formuliert, dass sie »auch dann greifen, wenn sich der Auftragnehmer mit seinen Leistungen im Verzug befindet«. Anders gesagt: Trödeln lohnt sich. Das gleiche Spiel beim neuen Transportflugzeug A400M. »Aufgrund der festgelegten Preisgleitformel führt jede Verzögerung der Projektdurchführung zu einer weiteren Erhöhung der Kosten«, bemängelt das KPMG-Gutachten.

Die Hersteller hatten es also geschafft, Risiken beim Auftraggeber Bundeswehr abzuladen und sich selbst hohe Einnahmen zu sichern. Von der Leyen verspricht das zu ändern. Aber rasch zeigt sich, dass auch sie nicht immun gegenüber dem Einfluss der Lobby ist.

## »Lobbyarbeit der Industrie im Parlament«

Kurz bevor sie die Ergebnisse der brisanten Studie vorstellt, begeht sie genau den Fehler, den die Gutachter ihren Vorgängern attestierten: Sie schwächt bei einem wichtigen Beschaffungsvorhaben die eigene Verhandlungsposition. In einem Interview mit der ARD-Sendung *Bericht aus Berlin* kündigte sie öffentlich an, dass sie sich bereits für ein ganz bestimmtes fliegendes Aufklärungssystem entschieden habe. Als Ersatz für die an ihrer fehlenden Flugzulassung gescheiterte Aufklärungsdrohne vom Typ Euro Hawk werde man nun einen in großen Teilen baugleichen und ebenfalls unbemannten Flugkörper namens Triton beschaffen, erklärte die Christdemokratin. Sie stellte es so hin, als sei dies bereits beschlossen. »Da werden wir ein anderes Flugzeug nehmen, eine andere Drohne, die heißt Triton«, sagte sie in die TV-Kamera. Von der Leyen erweckte den Eindruck, diese Drohnenpläne seien wohlfundiert: Man habe da »sehr genau hingeschaut mit den Gutachtern«, versicherte die Ministerin mit fester Stimme.

Als sie das sagte, wusste die Öffentlichkeit noch nicht, dass ihr die Prüfer in der vertraulichen Langfassung des Gutachtens etwas ganz anderes empfohlen hatten – nämlich höchste Vorsicht. Der Triton – wie der Euro Hawk ein Fluggerät von der Größe einer Boeing 737 – habe selbst in den USA nach wie vor nicht die Genehmigung, über dicht besiedeltes Gebiet zu fliegen, warnten die Experten. Ob die Maschine in Deutschland »eine luftverkehrsrechtliche Zulassung« bekommen könne, sei nach dem gegenwärtigen Stand »genauso fraglich« wie beim Pleiteprojekt Euro Hawk. Für das hatte das Verteidigungsministerium über 600 Millionen Euro ausgegeben – um am Ende festzustellen, dass die Voraussetzungen für eine Flugzulassung im deutschen Luftraum fehlten. Die KPMG-Leute warnten daher auch bei der Schwester-Drohne Triton vor voreiligen Festlegungen. Wegen rechtlicher Risiken »könnte eine verbindliche Entscheidung über die Beschaffung des Triton zu einem Verlust der gesamten Investitionskosten führen«, schreiben sie.

Das Verteidigungsministerium wird darum von der Leyens Aussagen später relativieren. Sie seien »so zu verstehen«, dass auf einer »Prüfung« der Option Triton gegenwärtig das »Hauptaugenmerk« liege, lässt sie durch einen Sprecher erklären. Als sich die Ministerin öffentlich für den Kauf dieser Drohne ausspricht, können sich zwei Herstellerfirmen dennoch freuen. Das ist zum einen der Hersteller Northrop Grumman in den USA. Er produziert den Flugkörper der Drohne – sowohl für Euro Hawk wie für Triton. Der zweite Profiteur ist der deutsch-französische Airbus-Konzern. Er hatte in den Jahren zuvor im Auftrag des Verteidigungsministeriums das elektronische Aufklärungssystem ISIS für den Euro Hawk entwickelt. Es soll der Drohne die Fähigkeit verschaffen, elektronische Aktivitäten fremder Militärs auszuspionieren. ISIS ist folglich so ausgelegt, dass es am besten in eine Drohne vom Typ Euro Hawk oder eben auch Triton passt. Würde man eine Alternative wählen und die Spionagetechnik in ein Passagierflugzeug einbauen, müsste das ISIS-System aufwendig neu konzipiert werden. Northrop Grumman und Airbus dürfen nun den Eindruck gewinnen, von der Leyen sei ihre Frau.

Noch unter ihrem Vorgänger Thomas de Maizière (CDU) hatte das Verteidigungsministerium nach dem Debakel mit dem Euro Hawk eine genau entgegengesetzte Entscheidung getroffen: Damals wurde verfügt, auf diesen Typ Drohne ganz zu verzichten. Erst nach de Maizières Abschied sei dann die Option der großen, unbemannten Trägerplattform wieder in die Liste der Alternativen aufgenommen worden, vermerkt das KPMG-Gutachten in seiner vertraulichen Langfassung. Der Triton biete schlicht »die mit Abstand besten Leistungsparameter«, argumentiert das Verteidigungsministerium öffentlich. Doch in dem vertraulichen Gutachten werden auch andere Gründe aufgeführt. Nicht zuletzt »der parlamentarische Raum« – also Abgeordnete des Bundestags – hätten sich für die Drohne eingesetzt. Die Gutachter erwähnen ausdrücklich die »Einflussnahme von unterschiedlichen Stakeholdern auf das öffentliche Meinungsbild, z. T. auch durch entsprechende Lobbyarbeit der Industrie im Parlament«.

### Über die Methoden der Rüstungslobby

Für diese Art der Einflussnahme ist die Rüstungsindustrie bekannt und berüchtigt. Zum Teil kann sie auf die Reflexe regionaler Abgeordneter setzen: Da gibt es zum einen Parlamentarier von CSU und CDU aus Bayern und Baden-Württemberg, in denen der Airbus-Konzern mehrere Standorte hat. In München sitzt überdies der Hersteller des Kampfpanzers »Leopard«, Krauss-Maffei Wegmann. Als eher SPD-geprägt gilt die sogenannte Küstenmafia. Ihr werden Politiker zugeschrieben, die die Werften in Bremen, Hamburg oder Kiel dabei unterstützen, ihre Schiffe und U-Boote zu vermarkten.

Aber Rüstungslobbyisten können mehr, als an den alltäglichen regionalen Standortwettbewerb zu appellieren. So gehört Airbus beziehungsweise EADS zu den regelmäßigen Sponsoren von Parteitagen. Der Konzern ist einer der größeren Parteispender im Land und verteilt immer wieder auch Gelder auf noch komplizierten Umwegen. 2007 geriet der hessische CDU-Bundestagsabgeordnete Klaus-Peter Willsch ins Kreuzfeuer, weil EADS wiederholt mit Anzeigen ein von ihm betriebenes Monatsblättchen unterstützt hatte. Weil Willsch sich in der Regionalpresse nicht hinreichend gewürdigt fand, hatte er im April 2002 seine eigene Gazette gegründet, den *Rheingau-Taunus Monatsanzeiger*. Das Lokalblatt würdigte fortan jeden Monat den Abgeordneten Willsch in schöner Ausführlichkeit, es beschäftigte seine Gattin und berichtete über allerlei wichtige Ereignisse im Wahlkreis – zum Beispiel die Gockel-Fassenacht in Taunusstein oder die Bürgermeisterwahlen in Niedernhausen.

Bald nach Gründung des Blatts, im Herbst 2002, wurde Willsch Mitglied im Haushaltsausschuss und dort zum Mitberichterstatter für Forschungsausgaben. Nun entdeckte EADS sein Interesse am *Rheingau-Taunus Monatsanzeiger*. Bis der Fall Mitte 2007 publik wurde, schaltete das Unternehmen mindestens dreizehn Vierfarbanzeigen in dem Blatt. Zuvor war es eher die lokale Elektromarktkette oder die Frankfurter Flughafengesellschaft Fraport gewesen, die in der Gazette inserierten.

Ende 2005 avancierte Franz-Josef Jung zum Verteidigungsminister, ein ebenfalls aus dem Rheingau stammender Parteifreund von Willsch. Nun schalteten zwei weitere Rüstungshersteller Anzeigen, darunter der von EADS mitkontrollierte Raketenhersteller MBDA.

Das geschah, obwohl die Hauptzielgruppe des Rheingau-Magazins eher selten Marschflugkörper, Raketen oder Kampfhubschrauber auf dem Einkaufszettel gehabt haben dürfte – im Gegensatz zu Willsch und Jung, die in Bundestag und Verteidigungsministerium regelmäßig über Millionenaufträge an die Rüstungsindustrie mit entschieden. Trotzdem sah das Verteidigungsministerium auf Presseanfragen »keinen Zusammenhang« zwischen den Rheingauer Anzeigen und dem Berliner Ministeramt des Rheingauers Jung. Und auch Willsch selbst wollte keine »Motivforschung« betreiben, um das plötzliche Interesse seiner Anzeigenkunden zu erklären. Einen Zusammenhang mit seinem Einsatz für eine Aufstockung des deutschen Raumfahrtprogramms sah der Abgeordnete nicht. Die Inserenten könnten von ihm kein »politisches Wohlverhalten erlangen«, versicherte er. Glaubte man wiederum EADS, dann ging es dem Konzern einfach darum, »vor allem CDU-nahe Leserkreise werblich zu erreichen«. Zugleich schalte man ja auch Anzeigen im SPD-Blatt *Vorwärts*, immer mit dem Ziel der »Imagepflege im politisch-parlamentarischen Raum«.

Jung war der Minister, unter dessen Verantwortung die Bundeswehr im Januar 2007 den Vertrag mit EADS über die Entwicklung des Euro Hawk abschloss. Willsch wiederum war im Haushaltsausschuss irgendwann auch mitverantwortlich für den Verteidigungsetat. Er blieb das bis zur Bundestagswahl 2013. Nach seiner Kritik an der Euro-Rettungspolitik von Kanzlerin Merkel verlor er den Sitz in dem mächtigen Ausschuss, behielt aber den Posten der parteiübergreifenden Parlamentsgruppe Luft- und Raumfahrt.

EADS ließ wichtigen Bundestagsabgeordneten in der Vergangenheit auch schon mal eine Fünf-Liter-Flasche edlen Weins zukommen – oder Abgeordnete des Haushaltsausschusses wurden gleich kollektiv zum Abendessen in ein teures Restaurant eingeladen. Besuchte man im Sommer 2013 in der Debatte um das Euro-Hawk-Debakel Abgeordnete aus dem Verteidigungsausschuss in ihren Büros, waren diese häufig mit detailgetreuen und hochwertigen Plastikmodellen von Drohnen oder Flugzeugen dekoriert – Präsente von Herstellern wie EADS. Immer wieder lädt der Konzern Parlamentarier und Militärs zu Abendveranstaltungen ein – etwa unter dem vornehm klingenden Titel »EADS Salon«. Ort der Festivitäten war in jüngerer Zeit gerne mal das vornehme Kronprinzenpalais Unter den Linden. Im September 2014 wiederum bat Airbus Defence ausgewählte Abgeordnete zum Sommerfest ins edle Chalet Suisse im Berliner Ortsteil Grunewald. Fragte man als Journalist nach einer Einladung, bekam man eine Abfuhr.

Zeitweise nutzte EADS das ebenso prächtige wie diskret abgeschirmte Penthouse, das der Eventmanager Manfred Schmidt direkt gegenüber vom Brandenburger Tor unterhielt. Im September 2009 mailte ein Mitarbeiter an Schmidt die Ergebnisse eines Anbahnungstreffens mit dem damaligen Berliner EADS-Cheflobbyisten Ditmar Staffelt, einem früheren SPD-Abgeordneten. Dieser sei »sehr angetan«. Ihm habe »die direkte Nähe« der Location am Pariser Platz und damit zu den Botschaften von Franzosen, Briten und Amerikanern gefallen. »Aber auch die Nähe zum Parlament« sei »für ihn ideal«.

Eine interne Zusagenliste für einen EADS-Salon bei Manfred Schmidt im März 2011 liest sich aufschlussreich: Unter den 80 Namen waren 30 Abgeordnete von CSU, CDU, FDP, SPD bis hin zu einem Parlamentarier der Grünen. Ebenfalls sein Kommen angekündigt hatte der damalige Staatsminister im Kanzleramt, Eckart von Klaeden. Außerdem standen sechs Vertreter des Verteidigungsministeriums auf der Liste; ein Generalleutnant wollte sogar mit Begleitung kommen. Die Stimmung soll dennoch etwas getrübt gewesen sein. Ein Teilnehmer erinnert sich, dass der EADS-Manager Thomas Enders an diesem Abend den Austritt aus der CSU ankündigte, der dann einen Tag später in der Tat publik wurde. Der heutige Chef des Konzerns war über die Entscheidung der Bundesregierung erbost, nicht an der Militärintervention in Libyen teilzunehmen.

Auch im Verteidigungsministerium wäre das soziale Leben ohne den Rüstungsmulti jahrelang sehr viel ärmer gewesen. Dort finanzierte der Konzern regelmäßig Empfänge, Bälle und Essen für Ministerialbeamte, Bundeswehr und ihre Gäste. Von 2003 bis Ende 2006 gab es insgesamt zwanzig solcher Festivitäten, die von EADS oder Tochterfirmen bezuschusst wurden. Mal hatten sie 9500 Euro für »Musik«, »Feuerwerk« und »Bewirtung« übrig, mal ließ eine Tochterfirma 15 000 Euro für eine Feier zu »50 Jahren Luftwaffe« springen. Der Konzern unterstützte den »Ball des Sanitätsdienstes« ebenso wie das Oktoberfest des Heeresverbindungsstabes USA in Fort Rucker (Alabama). Insgesamt subventionierten EADS und ihre Töchter das Wehrressort in den genannten vier Jahren mit Geld und Sachleistungen im Wert von über 87 000 Euro. Das sei ein Betrag, der »vollkommen im Rahmen« geblieben sei, fand man bei dem Rüstungshersteller. Stets habe man nur dann gezahlt, »nachdem jemand auf uns zugekommen« sei – also weil die Militärs um Unterstützung gebettelt hatten. Erst nachdem der *stern* die Praktiken Anfang 2007 publik machte, ebbten die Sponsoringzahlungen des Konzerns für Verteidigungsministerium und Bundeswehr deutlich ab.

Auffällig viele Beamte wechseln überdies aus dem Verteidigungsministerium zu Unternehmen, mit denen sie zuvor dienstlich zu tun hatten. In keinem anderen Ressort war deren Zahl in den Jahren von 2010 bis 2013 größer, wie sich aus Zahlen ergab, die die Bundesregierung im Oktober und November 2014 auf zwei Anfragen des SPD-Abgeordneten Marco Bülow herausgab. Danach waren es zusammengenommen 38 Beamte aus dem Wehrressort, die in diesem Zeitraum bei neuen Arbeitgebern anheuern wollten, mit denen sie bereits auf ihren alten Dienstposten zu tun hatten. Fast immer wurde das übrigens vom Verteidigungsministerium genehmigt.

Bereits im September 2013 kam durch eine Anfrage des Linken-Abgeordneten Andrej Hunko eine andere interessante Zahl ans Licht. Demnach hatten in den fünf Jahren zuvor sowohl aus dem Ministerium wie aus der ihm unterstellten Bundeswehr insgesamt 157 Mitarbeiter »eine Tätigkeit bei der Firma EADS oder deren Tochtergesellschaften aufgenommen«.

Auch viele Berliner Rüstungslobbyisten kommen ursprünglich aus der Bundeswehr. Der gegenwärtige Vorstandsbeauftragte für Politik und Regierungsangelegenheiten in Deutschland bei der Airbus-Gruppe, Alexander Reinhardt, verließ die Truppe im Jahr 1997 im Rang eines Hauptmanns, bevor er zunächst in die PR-Abteilung des Panzerbauers Krauss-Maffei Wegmann wechselte. Das Berliner Büro der Diehl Stiftung & Co. KG, einem weiteren Rüstungs- und Technologiekonzern, leitet eine gewisse Elisabeth Hauschild. Sie ist im Rang eines Oberstleutnants der Reserve und ging von der Bundeswehr zunächst zu Rheinmetall, bevor sie bei der in Nürnberg ansässigen Diehl-Stiftung anfing, die unter anderem Lenkflugkörper herstellt.

### Wie die Wehrlobby aufrüstet

Geschätzt zwischen 80 000 und 100 000 Beschäftigte sind in der deutschen Rüstungsindustrie tätig, eine durchaus überschaubare Zahl. Aber wie schon gesagt: Gerade weil die deutschen Waffenhersteller mit rückläufigen Beschaffungssummen der Bundeswehr zu kämpfen haben, ist für sie die Bedeutung des Lobbying nicht gesunken, sondern eher gestiegen.

Am 18. September 2009 treffen sich so sieben Männer aus der Branche am Sitz von Krauss-Maffei Wegmann (KMW) in München. Ihr Ziel: Die Interessenvertretung in Berlin schlagkräftiger zu organisieren. Anders gesagt: Die Wehrlobbyisten rüsten auf. Zu diesem Zweck heben sie an diesem Tag den Bundesverband der Deutschen Sicherheits- und Verteidigungsindustrie (BDSV) aus der Taufe. Teilnehmer sind laut Protokoll Friedrich Lürßen vom gleichnamigen Werft-Unternehmen, Stefan Zoller von EADS, Hans Christoph Atzpodien für die Thyssen-Krupp Marine Systems, KMW-Chef Frank Haun, der damalige Rheinmetall-Boss Klaus Eberhardt, Claus Günther von Diehl Defence sowie Gerhard Schempp für die ESG Elektroniksystem- und Logistik-GmbH. Als Zweck des Vereins halten sie fest: die »Förderung einer positiven Einstellung zur Branche in Politik, Administration und Gesellschaft«. Eine »enge Zusammenarbeit mit relevanten Ministerien und der Bundeswehr« werde angestrebt.

Einige Monate später sind Räume in Berlin-Mitte gefunden, 277,5 Quadratmeter im Atrium-Gebäude an der Friedrichstraße. Ein Vorstandsprotokoll von November 2009 vermerkt für die Räumlichkeiten: »Lage: sehr gut«, »Größe/Ausstattung: gut« sowie: »Preis: marktgerecht«.

Auf einer Mitgliederversammlung im Berliner Hotel Melia am 6. September 2011 ziehen die Rüstungsindustriellen eine erste Bilanz. Der Vorstand habe sowohl Verteidigungsminister Karl-Theodor zu Guttenberg wie dann dessen Nachfolger Thomas de Maizière zu Gesprächen getroffen, ebenso Außenminister Guido

Westerwelle. Man habe »viele Hintergrundgespräche mit Journalisten aller Medien« – von *Handelsblatt* über *Süddeutsche*, *FAZ*, *Wirtschaftswoche* und Reuters – geführt und zwei Abendveranstaltungen für wissenschaftliche Mitarbeiter von Bundestagsabgeordneten abgehalten.

Präsident Bernhard Gerwert von EADS stellt bei dieser Gelegenheit auch den neuen Hauptgeschäftsführer vor. Es ist ein Sozialdemokrat: der frühere Staatssekretär im Wirtschaftsministerium Georg Wilhelm Adamowitsch. Gerwert präsentiert ihn als »einen kompetenten und im Politikgeschäft äußerst erfahrenen« Mann. Adamowitsch anzuheuern ist ein cleverer Schachzug. Weil er SPD-Mann ist, haben die Verbandsleute dafür gesorgt, dass neben den ohnehin Rüstungs-affineren Unionsparteien auch die andere Volkspartei leicht ansprechbar ist. Aber Adamowitsch bringt durchaus auch Kontakte in die CDU mit. Nachdem er im Jahr 2006 aus dem Wirtschaftsministerium ausgeschieden war, hatte er mit den zwei ehemaligen CDU-Bundestagsabgeordneten Friedhelm Ost und Rolf Bietmann die Lobbyfirma PKS Wirtschafts- und Politikberatung GmbH gegründet. Bereits Anfang 2014 wird die Zeitschrift *Focus* den BDSV-Mann dann zu den »mächtigsten Lobbyisten Deutschlands« zählen. Er hat bei seinem Job keine Gewissensqualen. »Mit dem, was wir tun, bewegen wir uns innerhalb der freiheitlich-demokratischen Grundordnung und geltenden Gesetze«, sagt er im Juni 2014 dem *Tagesspiegel*.

Und nachdem von der Leyen in den ersten Monaten ihrer Amtszeit demonstrativ Distanz zur Rüstungslobby gezeigt hatte, kann der BDSV Ende November 2014 nun auch eine engere Kooperation mit ihr verkünden. In einer gemeinsamen Erklärung mit dem Verteidigungsministerium heißt es, dass man sich künftig »regelmäßig zu direkten Gesprächen sowohl auf Spitzen- als auch auf Fachebene treffen will«. Das habe der BDSV mit der Ministerin »vereinbart«. Sie stellt das als Konsequenz aus dem KPMG-Gutachten dar. »Die entscheidenden Schwachstellen, die dafür sorgen, dass Ausrüstung für die Soldaten häufig teurer und verspätet ankommt«, ließen sich eben »nur gemeinsam mit der Industrie beheben«. Experten aus dem Ministerium und den Herstellerfirmen sollen nun »gemeinsam konkrete Handlungsempfehlungen für effizientere und transparentere Prozesse im Rüstungswesen erarbeiten«, heißt es in der Erklärung von BDSV und BMVg. Aber hat die wehrtechnische Industrie wirklich ein Interesse an mehr Transparenz?

### Wie man erfolgreich für Millionensubventionen lobbyiert

Seit langem kümmert sich ein weiterer Verband um die Interessen eines wichtigen Teils der deutschen Wehrbranche. Die Rede ist vom Bundesverband der Deutschen Luft- und Raumfahrtindustrie (BDLI). Bis ins Jahr 2012 ist der EADS-Manager Thomas Enders sein Präsident, heute führt ihn der Ex-BDSV-Chef Bernhard Gerwert, der bei dem in Airbus umbenannten Konzern die Sparte »Defence and Space« leitet.

Im März 2013 tagt das »Forum Verteidigung und Sicherheit« des BDLI in einem Berliner Hotel. Die Stimmung im Saal ist nicht gut. Eine »Blitzumfrage« des Verbands zur Lage der militärischen Luftfahrtindustrie hat ergeben, dass zwei Drittel der befragten BDLI-Mitgliedsunternehmen »die langfristige Zukunft der militärischen Luftfahrtindustrie am Standort Deutschland weiterhin als mäßig oder sogar schlecht« beurteilen. Der rückläufige Trend bei Beschäftigung und Umsatz, den man seit 2011 beobachte, werde sich fortsetzen.

Bereits ein Jahr zuvor hat der EADS-Manager Stefan Zoller auf einer Sitzung des BDLI-Präsidiums eine ähnliche Klage geführt. Der Bundeswehretat zeige »eine deutliche, langfristige Unterfinanzierung in der Materialerhaltung und bei langfristigen Investitionen«. Wenn überhaupt, seien neue Programme »nur sehr schwer zu etablieren«. Zwar könnten größere Rüstungsexporte »die Perspektive verbessern«, doch »dafür müsste eine Novellierung derzeitiger Exportgesetzgebung erfolgen«. Zollers pessimistischer Schluss: »Die derzeitige öffentliche Stimmungslage steht dem entgegen, ein öffentlicher Diskurs kann derzeit nicht geführt werden.«

Aber nicht alles misslingt den Rüstungslobbyisten. In derselben Präsidiumssitzung berichtet Zoller »über die erfolgreiche Durchsetzung eines ersten Etappenziels«: Das Luftverkehrsgesetz werde so geändert, dass der Betrieb von Drohnen im deutschen Luftraum leichter möglich sei – und er stellt, so das Protokoll, »die weiteren diesbezüglichen Lobbying-Aktionen vor«.

Auf einer Sitzung des BDLI-Forums für Ausrüstung und Werkstoffe im Dezember 2007 ist auch Brigadegeneral Peter Funk aus dem Verteidigungsministerium zu Gast. Laut dem als »vertraulich« markierten Protokoll äußert er »sein Interesse an einem starken Verbund zwischen Industrie und Luftwaffe«. Enge Beziehungen pflegt der BDLI aber nicht nur zum Wehrressort, sondern auch zum Bundeswirtschaftsministerium. Aus diesem Haus fließen seit Jahren jedes Jahr dreistellige Millionensummen an die Luftfahrtindustrie, und das nicht zuletzt dank des Einflusses des BDLI. In immer neuen Tranchen soll das 1995 erstmals aufgelegte Luftfahrtforschungsprogramm (Lufo) der Branche helfen, so das Ministerium, ihre »Technologieführerschaft im schärfer werdenden globalen Wettbewerb erhalten und ausbauen zu können«. Das seit 2005 laufende Programm Lufo IV, das noch bis 2014 fortgeführt wurde, war mit insgesamt 821 Millionen Euro ausgestattet. Ihm folgte Lufo V mit einem Volumen von 170 Millionen und einer Laufzeit bis 2017.

Nach Listen, über die der *stern* im September 2013 berichtete, kassierte allein EADS ein knappes Drittel der bis dahin abgeflossenen Mittel von Lufo IV. Das entspreche ungefähr dem Marktanteil des deutsch-französischen Konzerns, rechtfertigt man sich im Wirtschaftsministerium. Daneben gingen Millionenbeträge an die Triebwerkhersteller MTU und Rolls-Royce sowie an die Konzerne Krauss-Maffei Wegmann, Diehl und an eine deutsche Tochter des US-Rüstungsriesen Northrop Grumman.

Interne Protokolle des BDLI zeigen, wie wichtig der Einfluss der Lobby bei der Sicherung dieser Subsidien war. Es klingt widersinnig, aber wiederholt ist in Sitzungen des Verbands die Rede davon, dass mehr Lufo-Mittel zur Verfügung zu stehen drohten, als abgerufen würden. Im Juli 2012 appelliert ein Redner im BDLI-Präsidium »an die Firmen, die geförderten Forschungsleistungen zeitgerecht zu erbringen und beim Fördergeber abzurechnen«. Verzögerungen seien »unbedingt zu vermeiden, da diese den Lufo-Mittelabfluss gefährden und fatale Folgen für die zukünftige Lufo-Ausstattung erzeugen können«.

Bereits im April 2006 informiert ein BDLI-Mann in einer Sitzung laut Mitschrift »über den Stand des politischen Lobbying« für die Mittelausstattung im Lufo IV. Der Forderung des Verbands nach jährlich mindestens 50 Millionen Euro sei »von Seiten der Bundesregierung nachgekommen worden«. Und auch im Bundestag habe man Unterstützung: »Aus den Lobbygesprächen mit Abgeordneten wird deutlich, dass es wenig Widerstand im Parlament gegen das von der Regierung beantragte Budget geben wird.«

Eineinhalb Jahre später, auf einer BDLI-Sitzung im Dezember 2007, können sich die Industrievertreter darüber freuen, »dass in den kommenden Jahren die Bundesmittel für die Luftfahrtforschung auf deutlich über 100 Mio. EUR p. a. anwachsen« werden. Doch es gebe ein »Problem«: Die Gelder würden von der Industrie nicht abgerufen. 25 Prozent des bereits für 2007 vorgesehenen Budgets drohten, »nicht abzufließen«. Ein Jahr später das gleiche Problem. Der Vorsitzende des BDLI-Fachausschusses Forschung und Technologie, Georg Rayczyk, beklagt laut Protokoll erneut, »der Mittelabruf im Luftfahrtforschungsprogramm des Bundes sei zunehmend schwierig«. Nach 15 Millionen im Jahr 2007 dürften im Jahr 2008 immer noch 10 Millionen »nicht abgerufen werden«. Die Runde bewertet das »einhellig angesichts der Forderung nach Mittelzuwächsen als nicht akzeptabel«. Sagte da irgendjemand etwas von leeren Staatskassen?

## Zu viel Nähe, zu wenig Transparenz

Wie viel Nähe zwischen Rüstungsindustrie und den Beschaffern der Bundeswehr herrscht, zeigt sich exemplarisch in der Entwicklungsgeschichte der – bereits erwähnten – Aufklärungsdrohne Euro Hawk. Im Jahr 2013 beschäftigt sich ein Untersuchungsausschuss des Bundestags mit dem Projekt. Anhand von Dokumenten, die das Verteidigungsministerium diesem Ausschuss zuleitete, lässt sich die Chronik des Scheiterns dieses Projekts gut rekonstruieren. Zu den wichtigsten Gründen für dieses Scheitern zählte eine zu große Nähe zwischen Verteidigungsbürokratie und Industrie – zu viel Kungeln und viel zu wenig Transparenz.

Die Anfänge des Vorhabens gehen zurück bis in die Zeiten von Kanzler Helmut Kohl. Am 31. März 1998 reisen vier Vertreter der EADS-Vorgängerfirma DASA aus München, Ulm und Immenstaad am Bodensee zum Beschaffungsamt der Bundeswehr nach Koblenz. Sie haben Vorschläge für künftige deutsche Aufklärungsflugzeuge mitgebracht. Im offiziellen Protokoll des Beschaffungsamtes heißt es: »Die Ausführungen der Firma wurden sehr positiv aufgenommen.«

Die Initiative geht also von den Rüstungsherstellern aus. In den folgenden Monaten und Jahren schicken sie immer wieder weitere Vorschläge. Anfangs geht es noch um die Option, bemannte Flugzeuge mit Spionagetechnik auszurüsten. Bald jedoch machen die Industrievertreter den Vorschlag, unbemannte Fluggeräte, also Drohnen, einzusetzen. Im Jahr 2000 schließt EADS einen ersten Vertrag mit dem amerikanischen Hersteller Northrop Grumman Corporation (NGC), unter dessen Ägide zwei Jahre zuvor ein erster Prototyp der Drohne Global Hawk zum Jungfernflug aufgestiegen war. Er soll zur Basis des Euro Hawk werden. Bald darauf – unter dem Verteidigungsminister Rudolf Scharping (SPD) – ist nun auch im Verteidigungsministerium davon die Rede, in Deutschland hergestellte EADS-Aufklärungssensoren in US-Drohnen der Baureihe Global Hawk einzubauen.

Zeitweise prüft das Verteidigungsministerium eine Alternative, die rückblickend mehr Aufmerksamkeit verdient hätte: den Einsatz eines bemannten Business-Jets vom Typ Bombardier Global Express BD 700, den die britische Luftwaffe als Radaraufklärer einführte. Ausgerechnet EADS legt der Bundeswehr jedoch im Juli 2003 eine Studie vor, die von der Nutzung des Bombardier-Jets abrät. »Die Kosten für die Beschaffung eines für den zivilen Personentransport konzipierten Flugzeugs« lägen »erheblich höher« als »bei einer unbemannten Plattform«, behaupten die EADS-Experten. Im März 2004 bekommen sie Schützenhilfe von der Gutachterfirma IABG. Die »von EADS favorisierte Euro Hawk Integrationslösung« verspreche »die höchsten Systemleistungen bei günstigem Preis/Leistungsverhältnis«, schreiben sie. Die Experten von IABG erwähnen auch »ein deutlich höheres Risiko« des Scheiterns. Immerhin steckt die Drohnentechnik noch in den Anfängen.

Dieses Risiko scheint damals jedoch keiner recht ernst zu nehmen – schon gar nicht die Herstellerfirma EADS, auf deren Expertise sich das Verteidigungsministerium immer wieder stützt. Insgesamt rund 13 Millionen Euro zahlt das Verteidigungsministerium laut interner Listen an EADS allein von 2001 bis 2003 für Studien, die im Zusammenhang mit dem Drohnenprojekt stehen. Als sich die Linken-Abgeordnete Inge Höger im Jahr 2013 im Untersuchungsausschuss wundert, dass das Unternehmen einen Auftrag vorbereiten durfte, den die Firma dann hinterher selbst bekam, reagieren Beamte und Militärs mit Schulterzucken. »In gewissen Monopolsituationen gibt es kaum Alternativen«, entgegnet der Chef des Beschaffungsamts der Bundeswehr, Harald Stein, der Abgeordneten.

Wenn Stein recht hat und wenn den Verantwortlichen diese Problemlage bekannt war, dann hätte man erwartet, dass sie sich umso mehr Mühe geben, die Monopolanbieter EADS und Northrop Grumman zu kontrollieren und die Risiken im Blick zu behalten. Wie kann vor allem verhindert werden, dass die unbemannten Fluggeräte mit anderen Flugzeugen kollidieren – falls etwa die Verbindung mit der Bodenstation abreißt? Noch im Mai 2004 verlangt EADS selbst für den Euro Hawk ein sogenanntes Sense & Avoid-Antikollisionssystem, das es der Drohne erlaubt, im Notfall selbsttätig mögliche Zusammenstöße vorherzusehen und ein Ausweichmanöver einzuleiten. Den Industrievertretern ist damals bereits bewusst, dass von den Genehmigungsbehörden »für eine deutsche Zulassung« der Drohne ein solches System »gefordert werden« würde.

Doch ebenso klar ist: Ein solches System gab und gibt es nicht. Also verlegt man sich im Verteidigungsministerium auf die Hoffnung, man komme auch mit einer abgespeckten Musterzulassung durch, mit der das Fluggerät – wie gesagt, so groß wie eine Boeing 737 – zumindest im gesperrten Luftraum starten und landen könne. Aus Sicht der Militärs genügt das, weil die Drohne nur beim Start und der Landung den zivil genutzten Luftraum durchqueren sollte. Für ihre eigentliche Spionagemission soll sie auf fast 20000 Meter Höhe unterwegs sein. Dort fliegen keine anderen Flugzeuge. Doch was ist, wenn die Drohne außerplanmäßig diese Höhe verlässt?

Diese Frage wird ignoriert. Im März 2004 gibt der damalige Verteidigungsminister Peter Struck (SPD) grünes Licht für die Entwicklung des Euro Hawk. Die Rüstungslobby gibt mit euphorischen Ankündigungen Begleitschutz. »Der neue Euro Hawk ist ein echter Hoffnungsträger – nicht nur für den Transformationsprozess in Europa, sondern als Beispiel für eine europäisch-amerikanische Kooperation auf gleicher Augenhöhe«, verspricht Rainer Hertrich, damals Präsident des Luftfahrtindustrieverbands BDLI. Hertrich spricht zugleich in eigener Sache: Er ist zu dem Zeitpunkt einer der zwei Chefs der Rüstungssparte von EADS.

Warnungen schlägt man gemeinsam in den Wind. Bereits im Juni 2006 mahnt das dem Bundesrechnungshof unterstehende Prüfungsamt des Bundes, »offene Rechtsfragen« bei der Zulassung des Euro Hawk »rechtzeitig zu klären«. Aus Sicht des Luftfahrtbundesamts ist es nämlich »fraglich«, ob für eine Drohne ohne Antikollisionssystem »eine Musterzulassung erteilt werden darf«. Das Beschaffungsamt wischt das zum damaligen Zeitpunkt vom Tisch: Die Auffassung des Prüfungsamts »sowie die des Luftfahrtbundesamtes« würden nicht geteilt. »Leichtgläubig« sei man im Verteidigungsministerium gewesen, resümiert später eine Prüferin des Bundesrechnungshofs im Untersuchungsausschuss.

Unter dem damaligen Verteidigungsminister Franz-Josef Jung stimmen am 31. Januar 2007 im Haushaltsausschuss des Bundestags die Abgeordneten aller Fraktionen dem Vorhaben zu, mit Ausnahme der Linken. Selbst die Grünen sind für das Projekt. Die Bundeswehr brauche die Aufklärungstechnik, das glauben auch sie. Noch am selben Tag bestellt das Verteidigungsministerium bei der Projektgesellschaft Euro Hawk GmbH für 420 Millionen Euro eine voll funktionstüchtige Vorführdrohne (»Full Scale Demonstrator«). Der geplante Liefertermin ist Dezember 2010. Später sollen vier Serienmaschinen zum Preis von weiteren 396 Millionen Euro beschafft werden. Erst Jahre später wird ans Licht kommen, dass das Verteidigungsministerium den Parlamentariern nicht nur die intern bekannten Zulassungsrisiken verschwiegen hat, sondern auch einen entscheidenden juristischen Mangel des Vertrags.

### Wie sich die Hersteller aus der Haftung stehlen

Die beiden Herstellerfirmen hatten Klauseln durchgesetzt, die ihre Haftung im Fall von Mängeln deutlich begrenzen – womöglich auf magere 25 000 Euro. Der Hintergrund ist die Firmenkonstruktion, die die Hersteller wählen. Das Verteidigungsministerium ist im Jahr 2007 bereit, auf direkte Verträge mit den beiden Unternehmen zu verzichten. Auftragnehmer ist stattdessen die eigens von ihnen gegründete Euro Hawk GmbH in Immenstaad am Bodensee. Der Grund: Weder Northrop Grumman noch EADS wollten als Auftragnehmer allein die »Projektverantwortung für den Euro Hawk übernehmen«, erläutert ein Ministerialer aus der Rüstungsabteilung seinen Kollegen in einer internen Mail vom 31. August 2011.

Welche Probleme das mit sich bringt, fällt im Sommer 2011 mehreren Juristen im Bundeswehrbeschaffungsamt in Koblenz wie auch im Verteidigungsministerium auf. Zu dem Zeitpunkt sind Bundeswehr und Industrie dabei, einen Zusatzvertrag für die Lieferung von Ersatzteilen zu schließen. Die hierfür vorgesehenen Haftungsregelungen kommen mehreren Hausjuristen zu lasch vor, basieren offenkundig aber auf eben den Verträgen, die bereits 2007 geschlossen wurden.

Am 24. August 2011 fasst ein Ministerialer den entscheidenden Schwachpunkt so zusammen: Als Gesellschaft mit beschränkter Haftung stehe eine GmbH »grundsätzlich nur mit ihren Einlagen« von 25 000 Euro gerade, ja »im schlimmsten Fall« sogar nur mit ihrer Mindesteinlage, die nur halb so groß sein muss. Um die Schwächen der GmbH-Konstruktion auszugleichen, hatten die Mütter EADS und NGC zwar eine sogenannte Patronatserklärung abgegeben und damit Verantwortung für das Drohnen-Projekt übernommen. Doch diese Erklärung garantierte dem Ministerium nun lediglich, dass die kleine Gesellschaft am Bodensee ihre »Managementfunktionen« erfülle, wie es schon im April 2009 in einem Schreiben des Beschaffungsamts der Bundeswehr an das Verteidigungsministerium hieß. »Eine gesamtschuldnerische Haftung der Hauptauftragnehmer für den gesamten Leistungsumfang« oder für Ansprüche der Bundesregierung sei hingegen »trotz aller Bemühungen in den Vertragsverhandlungen« einfach »nicht erreichbar« gewesen.

»Grundsätzlich sollte bei einer solchen Vertragsgestaltung von den Gesellschaftern eine Sicherheit (z. B. Konzernbürgschaft) gefordert werden, die ausreichend ist, um bei Insolvenz des Vertragspartners die möglichen Schadensersatzansprüche abzufedern«, mahnt im Sommer 2011 ein Experte der Rüstungsabteilung des Ministeriums. Eine Juristin des Beschaffungsamts weigert sich damals sogar zunächst, den anstehenden Zusatzvertrag über die Ersatzteile abzuzeichnen, auch weil die Patronatserklärung »ziemlich ins Leere« gehe. Am Ende gibt sie dann aber doch grünes Licht. »Wenn das so gewollt ist, ok«, schreibt sie. Die eigene Luftfahrtabteilung argumentiere nun einmal, »da sie einem Monopolisten gegenübersteht«, könne man »nicht mehr rausholen«.

Tatsächlich war es keine Frage des Könnens, sondern des Wollens: Die Bundeswehr hatte offenbar freiwillig darauf verzichtet, EADS in die Pflicht zu nehmen. Die bereits zitierte Mail aus der Rüstungsabteilung vom 31. August 2011 legt diese Deutung jedenfalls nahe. In ihr bekennt der Verfasser, dass die »Amtsseite« die lasche Haftung gewollt habe. Das aus den USA gelieferte Fluggerät und die in Deutschland hergestellten Aufklärungssensoren der EADS seien nun einmal »völlig verschieden«. Darum habe man die deutsch-französische EADS nicht für eventuelle von den Amerikanern »zu vertretene Mängel« an dem Flugkörper der Drohne »in Verantwortung nehmen« wollen.

### »Auf Vorschlag der Industrie«

Von solchen Mängeln war zu dem Zeitpunkt hausintern bereits einiges bekannt. Schon am 21. August 2009 kam ein Warnschuss aus Kalifornien. Ein ins dortige Palmdale nördlich von Los Angeles entsandter Prüfer der Bundeswehr schlug Alarm. Seine »Tätigkeit hier vor Ort« könne »auf keinen Fall als eine qualifizierte und rechtlich belastbare Aussage zur Verkehrssicherheit« des Euro Hawk »herangezogen werden«, hielt er in einem Vermerk für seine Vorgesetzten fest. Es fehlten die nötigen Bauunterlagen.

Auch diese Warnung verhallte. Dabei rücken die Hersteller ein Jahr darauf selbst nun von Zusagen ab, die sie zuvor gegeben hatten. Im Februar 2010 schlägt der Drohnenbauer Northrop Grumman vor, für den Prototyp ganz auf die Musterzulassung zu verzichten, obwohl diese per Vertrag vereinbart war. Die Amerikaner schaffen es nämlich in der Tat nicht, die nötige Dokumentation für das Genehmigungsverfahren zu beschaffen. Das Beibringen der nötigen Papiere sei einfach zu kompliziert. Auf einer Sitzung am 6. Februar 2010 schlucken die deutschen Beamten und Militärs erstaunlicherweise trotzdem diesen Vorschlag der Hersteller – und informieren darüber nicht einmal die Spitze des Ministeriums. Die Zulassungsfrage soll also auf den Zeitpunkt verschoben werden, zu dem die Drohne irgendwann in Serie gefertigt wird. Das heißt aber auch: Es bleibt vollkommen ungeklärt, ob es eine solche Genehmigung überhaupt jemals geben wird.

Der Verzicht auf die Musterzulassung sei damals – noch unter seinem Vorgänger Karl-Theodor zu Guttenberg (CSU) – durch untergeordnete Beamte entschieden worden, und zwar »auf Vorschlag der Industrie«, bestätigt Minister de Maizière im Sommer 2013 im Untersuchungsausschuss: »Das Problem wurde schlicht auf später verschoben.«

Tatsächlich nimmt die Bundeswehrbürokratie das Zugeständnis an die Industrie nicht einmal zu den Akten. Die Entscheidung sei nicht »dokumentiert« worden, gibt später ein Abteilungsleiter im Untersuchungsausschuss zu. Und der Chefbeschaffer Stein räumt dort ein, dass man mögliche Ersatzansprüche an die Hersteller seinerzeit »nicht artikuliert« habe. Bereits 2009, aber auch dann unter Minister de Maizière in den Jahren 2011 und 2012 hätte man das Projekt auf den Prüfstand stellen müssen, folgert eine Prüferin des Bundesrechnungshofs im Untersuchungsausschuss. Sowohl das Projektcontrolling wie die Fachaufsicht hätten »nicht funktioniert«.

Am 21. Juli 2011 überquert der Prototyp des Euro Hawk den Atlantik. Unterwegs verliert der in den USA sitzende Pilot wiederholt für Minuten den Kontakt zu der Drohne. Sie kommt überdies zeitweise vom Kurs ab. Doch das wird dem Parlament und der Öffentlichkeit zunächst verschwiegen. Nachdem der Euro Hawk am Ende dann doch im bayerischen Manching gelandet ist, spricht die deutsche Luftwaffe euphorisch von einem

»Meilenstein der Luftaufklärung«. Im Oktober 2011 wird die angebliche Wundermaschine offiziell in Manching präsentiert. Für EADS-Manager Stefan Zoller gleicht sie da einem »ausgezeichneten Beispiel für transatlantische Kooperation im Verteidigungsbereich«. Kurz darauf, am 30. November 2011, genehmigt der Haushaltsausschuss auf Antrag der Bundesregierung einen weiteren finanzwirksamen Vertrag mit der Euro Hawk GmbH »über die industrielle Unterstützung« des Vorhabens.

Dabei schwant den Beamten des Verteidigungsministeriums längst, dass sie ein Problem haben – nur will das keiner richtig zugeben. Nicht nur die Zulassung für den Prototyp der Drohne hakt, sondern auch für die gewünschten Serienflugzeuge des Typs Euro Hawk. Hausintern sei Ende 2011 klargeworden, »dass eine reguläre Musterzulassung für die Euro Hawk Serienflugzeuge nur mit erheblichem Mehraufwand zu erreichen« sein werde, wird das Ministerium im Mai 2013 einräumen. Bereits um den Jahreswechsel von 2011 auf 2012 kalkuliert man offenbar mit zusätzlich 600 Millionen Euro. Später wird man sich im Ministerium auch eingestehen, dass die »US-Zulassungsphilosophie« mit den »deutschen Regularien nur sehr bedingt vergleichbar« sei. Damit ist klar: Das Projekt steht eigentlich vor dem Aus. Doch der Bundestag wird über diese Erkenntnis nicht informiert.

Unverdrossen lässt das Verteidigungsministerium immer weitere Tranchen für die Entwicklung des Euro Hawk freigeben. Im Lauf des Jahres 2012 und Anfang 2013 werden weitere rund 100 Millionen Euro in das Projekt fließen. Der Bundesrechnungshof wird der Behörde darum später »folgenschweres Organisationsversagen« vorwerfen. Doch was sich aus Sicht der Steuerzahler als ein hoher dreistelliger Millionenschaden erweisen wird, bedient zugleich die Lobbyinteressen von EADS. Denn auf diese Weise kann das Unternehmen die Arbeiten an dem Aufklärungssystem ISIS fortsetzen. Die Testflüge der Drohne, die nun in Deutschland beginnen, dienen ja nicht zuletzt der Erprobung der Sensorik. Und die sei »ein Produkt der schützenswerten wehrtechnischen Kernfähigkeiten der EADS«, heißt es noch im Dezember 2012 in einem Vermerk der Rüstungsabteilung des Verteidigungsministeriums an den damaligen Staatssekretär Stéphane Beemelmans.

Ganz ähnlich der Ton in einer Vorlage für den Minister de Maizière aus Anlass eines Besuches, den dieser Anfang 2012 dem EADS-Fertigungsstandort Manching abstattet. Der Euro Hawk sei wichtig für dieses Werk des Herstellers. Dort würden ab 2018 »Produktionskapazitäten frei«, heißt es in der Vorlage. Doch Anschlussaufträge seien »derzeit und mittelfristig nicht absehbar«. Dadurch werde »der militärische Luftfahrtstandort Manching entscheidend beeinträchtigt«. Das Aufklärungssystem für die Drohne trage überdies »an den EADS-Standorten Ulm und Friedrichshafen zur Sicherung von Arbeitsplätzen« bei. 125 Arbeitsplätze hingen in Deutschland direkt an dem Projekt und circa 350 indirekt. Es klingt wie ein Fall von Planwirtschaft: Das Verteidigungsministerium soll mit Steuergeldern sicherstellen, dass Produktionsstandorte der Firma EADS ausgelastet und ein paar hundert Arbeitsplätze gesichert werden.

Natürlich spielen auch andere Überlegungen eine Rolle. Wer sensible Technologien wie Aufklärungssysteme im eigenen Land herstellen lässt, kann leichter gewährleisten, dass die Kontrolle über die gewonnenen Daten nicht verlorengeht. Dennoch wirken die Proportionen schief: Über 600 Millionen Euro für weniger als 500 Arbeitsplätze? »Warum wird andauernd EADS in Schutz genommen, wo es um die Interessen des Steuerzahlers geht?«, wird später der Grünen-Abgeordnete Omid Nouripour fragen.

### »Sehr intensiv bei mir lobbyiert«

Im Januar 2012 informiert der zuständige Abteilungsleiter Detlef Selhausen die Büroleiterin des damaligen Staatssekretärs Stéphane Beemelmans über Probleme. Thomas de Maizière (CDU), der inzwischen zum Verteidigungsminister avanciert ist, soll den

EADS-Manager Bernhard Gerwert treffen. Aus diesem Anlass meldet der Abteilungsleiter die Information nach oben, dass sich beim Euro Hawk »eine dramatische Kostenexplosion« abzeichne, statt geplanter 610 Millionen nun 1,061 Milliarden Euro. Doch im selben Schreiben macht sich Selhausen auffällig für ein anderes Drohnenprojekt von EADS stark – das Modell Talarion, das bis heute nur als Modell existiert. Als die Grünen-Abgeordnete Katja Keul im Jahr 2013 den Rüstungsbeamten im Untersuchungsausschuss nach diesem Vermerk fragt, kann sich Selhausen zunächst an nichts Genaues erinnern. Nach einigem Nachdenken fällt ihm ein, dass die Talarion-Idee damals von »Lobbyisten« der EADS angepriesen worden sei. Er selbst, so der Spitzenbeamte, habe aber an ihrer Realisierbarkeit gezweifelt.

In Wahrheit klingt es in Selhausens Schreiben vom Januar 2012 noch ganz anders. Dort hebt er die »Plus-Seite« des Talarion-Projekts hervor und findet lobende Worte für den EADS-Manager Gerwert. Dieser habe »alle Anstrengungen unternommen«, um das »Risiko zu minimieren«. Selhausen verweist auf ein Angebot, das EADS im November 2011 »unaufgefordert« eingereicht habe. Aus seiner Sicht habe diese Offerte noch nicht genügend Beachtung gefunden.

Selhausen macht also hausintern Druck für ein Projekt, das ihm nach eigenem späteren Bekunden die »Lobbyisten« der Herstellerfirma ans Herz gelegt haben. Aber warum tut er das? Zugleich lassen seine damaligen Formulierungen erkennen, dass ihm sehr wohl klar ist, dass größere Drohnen aller Art – auf Englisch Unmanned Aerial Vehicle (UAV) – ein Problem mit ihrer Zulassungsreife haben. »Auf der Plus-Seite von Talarion steht zweifellos, dass hier erstmals bei Entwicklungsbeginn ein UAV konstruiert wird mit der Zielsetzung einer Zulassung zum Flug im zivilen Luftraum!«, schreibt der Abteilungsleiter. Das Projekt brauche nun »eine Grundsatzentscheidung« der Spitze des Ministeriums »bis Ende 2011«, die – so Selhausen – auch der Hersteller »zu erhalten hofft«.

Der damalige Staatssekretär Beemelmans wird sich später im Untersuchungsausschuss ebenfalls erinnern, dass die Industrie in Sachen Talarion »sehr intensiv bei mir lobbyiert oder geworben« habe. Doch in diesem Fall werden die Hoffnungen der Industrie enttäuscht. In einer weiteren Vorlage für den Minister vom 1. März 2012 wird dieser betreffend den Talarion vor dem »großen finanziellen, technologischen und zeitlichen Risiko« gewarnt. Allein ein erster Prototyp würde »mittelfristig Investitionen jenseits« einer Milliarde Euro verschlingen, warnen die Beamten nun.

Derweil lassen sie den Minister über die Probleme mit dem bereits in Entwicklung befindlichen Euro Hawk weiter im Unklaren. Später wird de Maizière jedenfalls beteuern, dass er im März 2012 zwar in allgemeiner Form von Zulassungsproblemen erfahren habe. Doch zugleich hätten ihm die Bediensteten versichert: »Das lösen wir schon.«

Aufgeschreckt durch Anfragen von Parlamentariern, schaut man an der Spitze des Verteidigungsministeriums erst im Mai 2013 genauer hin – und zieht erst jetzt die Reißleine. Man müsse generell bei solchen Projekten künftig »sehr viel genauer hinschauen«, räumt ein zerknirschter Staatssekretär Beemelmans ein. Thomas de Maizière kommt wegen des Euro Hawk im Frühjahr und Sommer 2013 unter heftigen politischen Druck. Er muss zwar nicht zurücktreten. Doch nach der Bundestagswahl wird er von Kanzlerin Merkel zurück ins Innenministerium beordert – also in das Amt, das er vorher schon einmal innehatte. Die Führung des Verteidigungsministeriums verliert er an die ehrgeizige Ursula von der Leyen.

### Lobbyisten? Hat angeblich keiner gesehen

Sie ist ein halbes Jahr im Amt, als sie versucht, einen Kontakt mit Rüstungslobbyisten zu bemänteln. Als die *Welt* Ende Juni 2014 über ein Treffen der Ministerin mit dem Airbus-Defence-Chef Bernhard Gerwert berichtet, nutzt die Politikerin einen kleinen

Fehler des Journalisten, um die Sache zu vernebeln: »Es hat ja heute Presseberichte gegeben über ein angebliches Gespräch am letzten Donnerstag, wo mir die Industrie angeblich ein Angebot über die Entwicklung einer Aufklärungsdrohne gemacht hat«, empört sie sich. »Dieses Gespräch hat so nicht stattgefunden, denn am Donnerstag habe ich mich nachweislich im Kosovo befunden und nicht in Berlin«, beteuert die Ministerin. In Wahrheit hatte sie Gerwert sehr wohl getroffen, allerdings einen Tag früher und im Rahmen eines Termins mit Vertretern des Rüstungsverbands BDSV. Zwei Tage darauf trudelte dann das Drohnen-Angebot eines europäischen Konsortiums unter Airbus-Beteiligung schriftlich in von der Leyens Behörde ein.

Auch unter ihrer Führung macht das Verteidigungsministerium nun längere Zeit übertrieben optimistische Ankündigungen über das von EADS beziehungsweise Airbus entwickelte Aufklärungssystem ISIS. Über das ließ bereits ihr Vorgänger de Maizière den Eindruck verbreiten, es sei praktisch ausentwickelt. Im Januar 2014 versichert das Ministerium auch unter von der Leyen dem Grünen-Abgeordneten Tobias Lindner, dass »die bisher gewonnenen Erkenntnisse den Schluss« zuließen, »dass ISIS auch im Aufklärungsbetrieb die Anforderungen« erfüllen werde. Erst acht Monate später räumt das Verteidigungsministerium in der Antwort auf eine erneute Anfrage der Grünen ein, dass das so hochgelobte System der »Weiterentwicklung« bedürfe. Bisher habe man dafür 270 Millionen Euro ausgegeben. »Für die Entwicklung eines serienreifen ISIS, das auf dem derzeitigen technischen Stand aufbaut«, würden nun aber »weitere Kosten« in Höhe von 255 Millionen »abgeschätzt«.

Und auch unter von der Leyen geht das Versteckspiel um eine mögliche Haftung der Hersteller für das Euro-Hawk-Debakel weiter. Seit Oktober 2013 liegt dem Ministerium dazu das Gutachten einer Anwaltskanzlei vor. Doch erst fast ein Jahr später rückt die Behörde mit den – angeblichen – Ergebnissen heraus: »Eine gerichtliche Geltendmachung von Schadensersatzansprüchen gegenüber der Euro Hawk GmbH« oder deren beiden Eigentümerfirmen sei »aufgrund ganz erheblicher Prozessrisiken nicht zu empfehlen«, heißt es in einer Antwort des Ministeriums an den Bundestag.

Etwas später wird sich herausstellen, dass die externen Anwälte dem Verteidigungsministerium sehr wohl dazu geraten hatten, rechtliche Schritte zu erwägen – auch weil die Hersteller des Euro Hawk »objektiv falsche« Angaben über die Verkehrszulassung der Drohne gemacht hätten. Bis Ende 2013 hätte das Ministerium die Chance gehabt, Klage einzureichen oder zu versuchen, eine Fristverlängerung zu erreichen. Doch die Behörde – nun bereits unter von der Leyens Führung – ließ ihre Ansprüche verjähren.

Die ganze Dimension des Debakels begreift aber nur derjenige, der sich in die vertrauliche Langfassung des KPMG-Gutachtens vertieft, dessen Kernergebnisse die Ministerin im Oktober 2014 präsentiert. In diesem Papier steht Erstaunliches: Die Bundeswehr habe es versäumt, sich im Entwicklungsvertrag für die Drohne die vollen Rechte an dem ISIS-System zu sichern. 270 Millionen Euro hat die Bundesregierung dafür bezahlt, dass die Aufklärungstechnik geschaffen wird – aber das Ergebnis gehört immer noch dem Hersteller? Ja, selbst im Verteidigungsministerium räumt man im Dezember 2014 die Existenz eines »Restrisikos« ein, dass man nicht vollständig auf die Rechte der Unterauftragnehmer der Euro Hawk GmbH zugreifen könne. Letztere wiederum scheut sich im Jahr 2014 nicht, ihrerseits – so vermerkt das KPMG-Gutachten – »Schadensersatzansprüche sowie Nebenforderungen« gegenüber der Bundesregierung zu erheben. Der Vorwurf der Hersteller: Das Verteidigungsministerium verweigere die »Abnahme der vertragsmäßig angebotenen Entwicklungsleistungen«.

So schließt sich der Kreis. Die Drohnenproduzenten drohen mit zusätzlichen Forderungen – und ausgerechnet das könnte mit erklären, warum die Ministerin ihnen entgegenkommen will, indem sie den Euro Hawk durch den fast baugleichen Triton ersetzt. Sucht sie also eine gütliche Einigung mit der Industrie, um das Eingeständnis zu vermeiden, dass sich das Verteidigungsministerium zuvor über den Tisch ziehen ließ? Ihr Ministerium bestreitet das.

Bestimmte Formulierungen der KPMG-Prüfer legen diesen Verdacht dennoch nahe. Eine »harte Verhandlungsposition« der Hersteller ließe sich wohl »nur aufweichen«, wenn Airbus Defence and Space, also der umgetauften EADS-Verteidigungstochter, »die zukünftige Beauftragung mit der Weiterentwicklung des Missionssystems ISIS belastbar in Aussicht gestellt werden kann«. Und das passt nun mal am besten in die Drohne vom Typ Triton – obwohl bei ihr genauso wie beim Euro Hawk unklar ist, ob sie eine Fluggenehmigung erlangen kann.

### Gefangen im roten Netz

Ein Lobbysieg zieht so den nächsten irgendwann nach sich – kein Einzelfall bei Rüstungsprojekten. Am Beispiel der Drohne lässt sich überdies ein grundsätzliches Problem bei Beschaffungsvorhaben der Bundeswehr demonstrieren: Mehr noch als in anderen Fällen, in denen Behörden mit privaten Unternehmen zusammenarbeiten, vermag sich die Ministerialbürokratie hier besonders gegen Kontrolle und Kritik abzuschotten. Teils aus sicher nachvollziehbaren Gründen, womöglich auch missbräuchlich kann die Bundeswehr unangenehme Vorgänge als geheim einstufen. Was einerseits dem Schutz sensibler militärischer Informationen dienen soll, hilft in anderen Fällen, Missstände unter der Decke zu halten.

Das erlebte der Bundesrechnungshof. Als er im Jahr 2012 das Projekt Euro Hawk prüfen will, verweigert das Verteidigungsministerium zunächst den Zugang zu Unterlagen. Die Behörde begründet das mit Geheimhaltungsinteressen der Amerikaner. Selbst nachdem sich der Rechnungshof ab Juni 2012 wiederholt beim Haushaltsausschuss des Bundestags über »Probleme bei der Wahrnehmung unserer verfassungsmäßig und gesetzlich eingeräumten Prüfungs- und Erhebungsrechte« beschwert, bleibt das Ministerium fast ein Jahr lang hart. Diese Haltung, so der Hof in einem Protestschreiben, würde »dazu führen, dass Prüfungen des Bundesrechnungshofes vom Wohlwollen der geprüften Stelle abhängig wären«.

Erst im Mai 2013 gibt das Verteidigungsministerium nach und gewährt dem Rechnungshof vollen Einblick in die Drohnen-Dokumente. Doch in ähnlicher Form taucht das Problem etwas später erneut auf. Ende 2013 deklariert der für Rüstung zuständige Abteilungsleiter der Behörde nun die interne Diskussion über mögliche Ersatzlösungen für die Drohne zur Geheimsache. Im Herbst 2014 beschreiben die Prüfer von KPMG die teils grotesken Konsequenzen der neuen Einstufung. So seien telefonische Absprachen »nur noch mit großen Aufwänden umsetzbar« gewesen, weil bei der Bundeswehr nur über ein speziell gesichertes sogenanntes rotes Telekommunikationsnetz über Themen gesprochen werden dürfe, die der Geheimhaltung unterliegen. Eine ganze Abteilung des Ministeriums, die »nicht über ein rotes Netz« verfügte, habe die Unterlagen nun bloß noch in Papierform und »auf Kurierweg« erhalten. »Bereits existierende Unterlagen« mussten, so das KPMG-Gutachten, »ebenfalls in den gesicherten Zustand versetzt werden«. Teilweise erwies sich das als nicht machbar. Daher »wurde ein erheblicher Teil der bereits erstellten und archivierten Unterlagen vernichtet«.

Aus Sicht der Prüfer war diese Geheimniskrämerei »nicht nachvollziehbar«, zumal sie lediglich auf einer mündlichen Weisung basierte: »Es liegt weder eine schriftlich dokumentierte Anweisung noch eine Definition der vorliegend schutzbedürftigen Informationen vor.« Beteiligte Bedienstete des Ministeriums hätten »die Vermeidung (der) unkontrollierten Verbreitung bzw. einer Weitergabe der Informationen an die Presse und/oder Öffentlichkeit als Grund angeführt«. Dafür hätte allerdings eine niedrigschwellige Einstufung genügt, als »VS – Nur für den Dienstgebrauch«, kritisierten die Gutachter.

Auch in anderen Fällen versteckt sich die Rüstungsbürokratie hinter angeblichen Geheimhaltungsnotwendigkeiten, wo es womöglich nur darum geht, Kritik und Kontrolle auszuschalten. Der grüne Bundestagsabgeordnete Tobias Lindner bittet im Jahr 2013 um Informationen zum umstrittenen neuen Marinehubschrauber. Darauf stuft die Behörde den Bericht von »VS – Nur für den Dienstgebrauch« auf »VS – Vertraulich« herauf. Noch gravierender schien der Abschottungsversuch im Fall des Gewehrs G 36. Es ist einerseits die Standardwaffe der Bundeswehr. Wegen seines mit Stahl und Glasfasern verstärkten Gehäuses aus Kunststoff-Komposit hat es den Vorteil, relativ leicht zu sein. Andererseits gibt es seit seiner Einführung im Jahr 1995 immer wieder Klagen über eine womöglich mangelnde Treffsicherheit, sobald die Waffe heißgeschossen ist. Weil sich ihr Plastikgehäuse verziehe, könne es in der Tat zu diesem Mangel kommen, bestätigte die zuständige Bundeswehr-Prüfstelle im Sommer 2012. Kaum lagen diese Befunde vor, wurden sie laut einem Bericht des Bundesrechnungshofs als »VS – Vertraulich« klassifiziert. »Damit waren die Erkenntnisse der Bundeswehr für einen großen Teil der Beteiligten nicht mehr zugänglich«, schrieb der Rechnungshof in einem Report vom Juni 2014. Auch dieser wurde als geheim eingestuft. Für die verantwortlichen Beamten im Ministerium und für die Herstellerfirma Heckler & Koch war das eine schöne Sache. Sie konnten nun weiter öffentlich beteuern, dass das Gewehr tadellos funktioniere.

Selbst in den USA, einem Land mit einem zweifellos ungleich mächtigeren militärisch-industriellen Komplex, herrsche in der Rüstungspolitik eine größere Transparenz, glaubt Michael Brzoska, der Wissenschaftliche Direktor des Instituts für Friedensforschung und Sicherheitspolitik an der Universität Hamburg. Dort seien »viele Berichte des Government Accountability Office, des US-amerikanischen Rechnungshofs, öffentlich«, schreibt Brzoska im August 2013 in der *tageszeitung (taz)*. Auch in den USA gebe es »mit den meisten Rüstungsvorhaben massive Probleme«, auch dort werde »die nationale Rüstungsindustrie stark subventioniert«. Doch ein größerer Grad an Öffentlichkeit setze die Akteure dort zumindest einer stärkeren Begründungspflicht aus.

Das passt zu der Empfehlung, die die Prüfer von KPMG an die deutsche Verteidigungsministerin aussprechen: Sie sollte »umfassende Information und Transparenz herstellen« und eine »maximal verantwortbare Berichterstattung an das Parlament« praktizieren. Die Umsetzung dieser Forderung lässt zumindest am Jahresende 2014 noch auf sich warten. Die Lobbyisten der Branche wird es freuen.

## 10 Die Wird-schon-klappen-Währung

*»Banker sehen wir nicht mehr gerne im Kanzleramt, seit der Finanzkrise. Doch wenn die Autoindustrie die Stimme erhebt, dann erschauern wir.«*
(Jürgen Trittin, Grünen-Politiker)

Ein Lehrstück über die stärkste Lobby im Land: Wie die deutsche Exportindustrie für die Einführung des Euro trommelte. Wie die Autobauer BMW, Daimler und VW die Tatsache ausspielen können, dass das Land sich von ihnen zunehmend abhängig macht.

Im Juli 1993 steht es nicht gut um den damaligen Kanzler Helmut Kohl und sein wichtigstes Projekt, die europäische Währungsunion. In den Umfragen, die ihm die Meinungsforscherin Elisabeth Noelle-Neumann vorlegt, führt der damals gerade zum Kanzlerkandidaten gekürte SPD-Mann Rudolf Scharping mit deutlichem Abstand. Die Abschaffung der D-Mark, wie Kohl sie Ende 1991 auf dem europäischen Gipfel in Maastricht mitbeschlossen hat, wird von den Deutschen mit klarer Mehrheit abgelehnt. Und eben erst, im Herbst 1992, wäre der Euro-Vorläufer, das Europäische Währungssystem, fast auseinandergebrochen – wegen zu starker interner Spannungen.

Helmut Kohl hat also viele Gründe zur Sorge. Aber im Sommer 1993 meldet sich auch ein mächtiger Unterstützer bei dem Kanzler der deutschen Einheit. Es ist Hilmar Kopper, der damalige Vorstandschef der Deutschen Bank. »Wir sind heute in Europa mit schweren Wirtschaftsproblemen, hoher Arbeitslosigkeit und verbreiteter monetärer Unsicherheit konfrontiert«, schreibt Kopper am 2. Juli 1993 an Helmut Kohl. Die Lösung sei nun nicht etwa weniger Europa, sondern mehr davon, verlangt der Bankier: »Ein isoliertes Vorgehen der Mitgliedsländer der Gemeinschaft angesichts dieser Situation würde die Probleme verschärfen.« Als Anlage übermittelt er das Manifest einer Lobbyvereinigung – der Association for the Monetary Union of Europe (AMUE). In diesem Aufruf, so der Vorstandschef, würden »die im Maastrichter Vertrag vereinbarten Ziele der Wirtschafts- und Währungsunion bekräftigt und gemeinsame Schritte zur Überwindung der derzeitigen Krise empfohlen«.

In der Tat. »Die Vorbereitungen für die Übergangsphase zur gemeinsamen Währung« müssten »so bald wie möglich anlaufen«, verlangt das AMUE-Manifest. Das Gemeinschaftsgeld werde zur »Sicherung des Wirtschaftswachstums« beitragen und der Europäischen Gemeinschaft »weltweit« helfen. Allerdings, so warnen die Verfasser, bedürfe die Verwirklichung der Währungsunion »eines größeren politischen Mutes«.

Kohl freut sich über Koppers Brief und das Manifest. In seiner Antwort lobt er dessen »verdienstvolles Engagement«. Die gemeinsame Währung bleibe sein Ziel, versichert der CDU-Politiker: »Für Ihre Unterstützung auf diesem Wege bin ich Ihnen und Ihrer Vereinigung dankbar.«

Die von Kohl so gelobte AMUE und ihre Aktivitäten sind bis heute in Deutschland kaum bekannt. Ebenso wie es bis heute zu den eher unterschätzten Aspekten der Euro-Einführung gehört, dass sie auch ein Erfolg mächtiger wirtschaftlicher Interessengruppen war, in Deutschland wie in anderen Ländern der Gemeinschaft. Vielleicht war es sogar der weitreichendste Lobbyerfolg überhaupt in der Geschichte der Bundesrepublik. Sicher ist eines: Kohl musste den Euro gegen den Willen der Mehrheit der Bürger und gegen einen großen Teil der volkswirtschaftlichen Fachwelt des Landes durchsetzen. Hätte er auf dem Weg zur Gemeinschaftswährung außerdem größere Teile der deutschen Wirtschaft gegen sich gehabt, wäre das Unterfangen kaum geglückt. Doch die wohl mächtigste Lobby des Landes stand hinter Kohls Plan – die hiesigen Exportunternehmen und unter ihnen die großen Autohersteller.

Als es noch die Deutsche Mark gab, litten Firmen wie der
VW-Konzern schwer unter häufigen Wechselkursschwankungen. Besonders zu schaffen machte es ihnen, wenn südeuropäische Länder wie Italien zum Ausgleich ihrer sinkenden Wettbewerbsfähigkeit die Währung abwerteten. Mit einem Schlag
waren nun deren Exportgüter im Ausland billiger – und deutsche
Einfuhren in Südeuropa teurer. Ein Autobauer wie VW konnte nun entweder die Preiserhöhungen an die dortigen Kunden
weitergeben – oder er musste bei Exporten Verluste hinnehmen.
Eine Währungsunion, darauf setzte man bei den deutschen Exportunternehmen, würde Italienern, Spaniern und Portugiesen
diesen Weg versperren.

Aber auch italienische Unternehmen wie Fiat oder Pirelli sahen Vorteile in der Währungsunion. Weil sie in Weichwährungsländern produzierten, wurden sie mit höheren Zinsen auf Kredite bestraft. In einer einheitlichen Währungszone konnten sie
auf günstigere Kredite auf einem Niveau hoffen, das damals nur
die traditionellen Hartwährungsländer bieten konnten. Der damalige Fiat-Chef Giovanni Agnelli hob jedenfalls früh die Bedeutung »gleicher Kreditbedingungen« in der ganzen Gemeinschaft hervor. In den ersten Jahren nach der Euro-Einführung
sollte sich seine Hoffnung erfüllen. Wenn auch – wie wir heute
wissen – nur zeitweilig und zu einem Preis.

### »Aktivste und bestfinanzierte Vereinigung«

Die Geschichte der Pro-Euro-Lobby und ihrer Speerspitze, der
AMUE, lässt sich heute relativ gut rekonstruieren – nicht zuletzt
anhand interner Papiere, die das Kanzleramt und die EU-Kommission gegenüber dem Autor dieses Buches freigegeben haben.
Mit der Brüsseler Exekutive, die den Verein auch finanziell unterstützte, arbeiteten die bis zu fünfzehn festangestellten Mitarbeiter der AMUE eng zusammen. Auf ihrem Höhepunkt waren 400 große Unternehmen und Banken Mitglied, die weltweit

insgesamt acht Millionen Menschen beschäftigten. Die AMUE, so notierte es im Juli 1993 der damals zuständige Abteilungsleiter im Kanzleramt, Johannes Ludewig, sei »die aktivste und bestfinanzierte Vereinigung von Banken und Firmen«, die sich »unter anderem durch internationale Öffentlichkeitsarbeit« für die Verwirklichung der Währungsunion starkmache.

Im Jahr 2003 veröffentlichen zwei ehemalige deutsche Mitarbeiter des AMUE-Sekretariats, Stefan Collignon und Daniela Schwarzer, ein Buch über die Geschichte des Vereins. Beide sind natürlich nicht neutral, sondern Partei. Kritik an der Gemeinschaftswährung ist für sie Ausfluss von »Populismus« und von »nationalistischen« Einstellungen. An einer Stelle ihres Buches setzen sie die Teilnahme an der Währungsunion allen Ernstes gleich mit dem Einzug in »das gelobte Land« (»the promised city«). Für Collignon und Schwarzer war die AMUE eigentlich gar keine echte Lobbyvereinigung, sondern eine »transeuropäische Organisation«, die »für das Allgemeinwohl kämpfte« und »die Reduzierung von Spannungen zwischen den Nationalstaaten« anstrebte – ein Ziel, das der Euro bekanntlich deutlich verfehlt hat. Weil die beiden Buchautoren keinen Zweifel daran lassen, wie groß die Rolle der Wirtschaft bei der Abschaffung der nationalen Zahlungsmittel im heutigen Euroland war, ist ihre Veröffentlichung dennoch hochinteressant zu lesen.

Ein bekannter deutscher Politiker steht im Jahr 1987 Pate bei der Gründung der AMUE: der ehemalige Kanzler Helmut Schmidt. Gemeinsam mit dem früheren französischen Staatspräsidenten Valéry Giscard d'Estaing hatte der Sozialdemokrat bereits 1986 das Committee for the Monetary Union of Europe (CMUE) ins Leben gerufen. Unter dessen Mitgliedern sind ehemalige Minister, Bankpräsidenten und Wirtschaftsgrößen.

Ein Jahr später, im Mai 1987, lädt Giscard d'Estaing zum Mittagessen in seine private Wohnung im vornehmen 16. Arrondissement von Paris, nahe dem Bois de Boulogne. Hier, in einem »aristokratischen Ambiente, voller Gemälde und historischer

Erinnerungsstücke«, so Collignon und Schwarzer, versammeln sich unter anderem der damalige Fiat-Chef Giovanni Agnelli, die Bosse des niederländischen Elektronikkonzerns Philips und des französischen Pharmariesen Rhône-Poulenc. Hier präsentiert der Gastgeber seine Idee: Eine Gruppe europäischer Unternehmer sollte sich zusammentun, »die Druck auf die Politiker ausüben könnten, die Währungsunion zu vollenden«.

### Autoindustrie und Banken machen Druck

Die offizielle Gründungsversammlung des Vereins findet Anfang Oktober 1987 in Agnellis Büro in Turin statt. In Paris eröffnet kurz darauf das Hauptquartier der AMUE. In ihrem Vorstand sitzen bald auch Emissäre aus Deutschland. Darunter sind Helmut Schmidts Privatsekretär Uwe Plachetka, Hans Merkle von der Robert Bosch AG – einem Autozulieferer – sowie Wilfried Guth aus dem Aufsichtsrat der Deutschen Bank.

Anfangs dominieren zwar Firmen aus Italien, Frankreich, den Niederlanden, Griechenland und Belgien den Verein. Bald kommen aber auch die drei damaligen deutschen Großbanken – Commerzbank, Deutsche, Dresdner – hinzu sowie die Autobauer Daimler und Volkswagen. Für den Wolfsburger Konzern nimmt regelmäßig dessen langjähriger Vorstandschef und dann Aufsichtsrat Carl Hahn an Sitzungen des Verbands teil. Merkle wiederum lädt im Mai 1992 im Namen der AMUE zu einer geschlossenen Gesellschaft im Schloss Kronberg im Taunus. Helmut Kohl persönlich spricht zu den Unternehmern; auch Giscard d'Estaing ist dabei. Der Kanzler wettert gegen die »Prognosen von Bedenkenträgern und Schwarzmalern«, die an der Stabilität der geplanten Währungsunion zweifeln. »Die Bürger Europas wie auch die Unternehmen«, sie alle »werden von der gemeinsamen Währung profitieren«, verspricht Kohl.

Nach seinem Auftritt gehen die Mitgliederzahlen der AMUE in Deutschland weiter nach oben. Früher oder später werden auch BMW, Continental, Karstadt, Quelle, Siemens, SAP und Thyssen-Krupp zu den Mitgliedern zählen.

Vor allem aber arbeitet die AMUE im Schulterschluss mit der EU-Kommission. Sie ist – auch aus naheliegendem Eigeninteresse – die Haupttreiberin des Projekts Währungsunion und dankbar für jede Rückendeckung. Bei der AMUE fühle er sich »wirklich zu Hause bei Freunden«, wird der damalige EU-Kommissionspräsident Jacques Santer im Februar 1998 vor Vorstandsmitgliedern der Organisation bekennen. Sie seien Mitte der 1990er Jahre »fast die Einzigen« gewesen, die die Kommission in dem »festen Glauben« bestärkt hätten, dass die Einheitswährung »wahr werden würde«.

Von Anfang an kooperiert die AMUE in fast symbiotischer Weise mit der für Wirtschaft und Währungsfragen zuständigen Generaldirektion II der Brüsseler Behörde. Weil AMUE mit der Kommission einen »sehr engen Austausch« pflegte, so Collignon und Schwarzer, konnte die Organisation »ihre Vorschläge genau auf den aktuellen Stand der Diskussion ausrichten und sie strategisch in ausgewählten nationalen Kontexten platzieren«. Regelmäßig schickt die Brüsseler Behörde Beamte als Teilnehmer zu Mitgliederversammlungen des Vereins. Und sie bezuschusst eine erste Meinungsumfrage unter Firmenvertretern, was diese sich von einer Währungsunion erhoffen würden.

Das CMUE von Giscard d'Estaing und Schmidt hatte bis dahin lediglich für die Einführung einer parallelen europäischen Währung geworben, neben den weiter existierenden nationalen Zahlungsmitteln. Die AMUE plädiert nun für einen deutlich radikaleren Kurs und die »vollständige Ablösung« der nationalen Währungen der teilnehmenden Länder. Nur so seien »die Vorteile und Dauerhaftigkeit der Währungsunion zu garantieren«, das habe die Umfrage unter den Mitgliedsunternehmen ergeben.

Diese Variante, die der Wirtschaft gefällt, würde einer Währungsunion zugleich freilich eine weit größere Unumkehrbarkeit verleihen. Die Idee einer Abschaffung der nationalen Währungen – das sei von vielen Bürgern »zunächst als schockierend« empfunden worden, räumen Collignon und Schwarzer ein. Weil aber diese Forderung auch aus der Wirtschaft gekommen sei, »war es möglich, den gesellschaftlichen Konsens zu Gunsten der europäischen Währung zu verschieben«. Eine AMUE-Studie über die Machbarkeit und Notwendigkeit der Gemeinschaftswährung wird Ende der 1980er Jahre zur Blaupause für ein kurz darauf entstehendes Grundsatzpapier der Kommission. Gemeinsam sei es Kommission und AMUE damals gelungen, »eine machtvolle Dynamik« in Gang zu setzen, schreiben die beiden ehemaligen Mitarbeiter des Lobbyvereins.

Natürlich hatte diese Dynamik auch weitere Ursachen. Am 9. November 1989 fällt in Berlin die Mauer – und bis Ende 1989 opponiert der französische Staatspräsident François Mitterand kaum verhüllt gegen eine deutsche Wiedervereinigung. Zugleich verlangt er von Kohl mehr Engagement für eine rasche Währungsunion. Der besänftigt die europäischen Partner, indem er auf dem Straßburger Gipfel im Dezember 1989 der Einsetzung einer Regierungskonferenz zustimmt, die das vorbereiten soll, was später als der Maastricht-Vertrag bekannt wird. Deutschland darf sich vereinigen, lässt sich aber zugleich enger in Europa einbinden – das ist der Kompromiss.

### »Konzertierte Aktion« vor Maastricht

Im Vorfeld des Gipfels in Maastricht im Dezember 1991 treten jedoch wieder die Repräsentanten der AMUE auf den Plan. Sie sind besorgt. Denn die niederländische Regierung, die die Ratspräsidentschaft innehat, hat in ihren Vertragsentwurf kein verbindliches Zieldatum für den Start der Gemeinschaftswährung aufgenommen. Also beschließt die Spitze des Pariser Vereins, verantwortliche Politiker in verschiedenen Mitgliedsstaaten anzusprechen. Collignon und Schwarzer nennen es später eine »konzertierte Aktion«.

Der damalige AMUE-Chef Etienne Davignon, ein belgischer Banker, spricht mit Helmut Kohl. Hilmar Kopper nimmt Kontakt zu Finanzminister Theo Waigel (CSU) auf sowie zu dessen Staatssekretär Horst Köhler, dem späteren Bundespräsidenten. Bundesbank und Finanzministerium sind damals gegen ein fixes Startdatum für die Währungsumstellung. Sie fürchten, dass dann der Zeitplan mehr zählt als die nachhaltige Einhaltung der Beitrittskriterien. Aber der Vorstoß der AMUE-Leute, der auch von Frankreichs Präsident Mitterand unterstützt wird, hat Erfolg. In Maastricht bestimmen die Staats- und Regierungschefs 1999 als das Jahr, in dem das Großexperiment Währungsunion spätestens beginnen soll. Dieses feste Datum sei für den Erfolg der Sache »entscheidend« gewesen, resümieren Collignon und Schwarzer.

Maastricht ist freilich auch aus Sicht der AMUE nur ein Etappensieg. Erst stimmen die Dänen in einem Referendum gegen den Vertrag, dann die Franzosen nur knapp dafür. Hätte es vor der Euro-Einführung ein Plebiszit in Deutschland gegeben, wäre es gescheitert; das räumt Kohl selbst im Jahr 2002 in einem Gespräch mit dem Journalisten Jens Peter Paul ein: »Eine Volksabstimmung über die Einführung des Euro hätten wir verloren. Das ist ganz klar. Ich hätte sie verloren. Eine Volksabstimmung hätte ich natürlich verloren, und zwar im Verhältnis 7 zu 3.«

Umso wichtiger ist für Kohl die Rückendeckung der deutschen Export- und Finanzwirtschaft. Die bekommt er zum Beispiel im Oktober 1993. »Es bleibt – ohne Schaden für Europa, also für uns alle – keine Alternative zu einer Währungsunion«, erklärt Ulrich Cartellieri vom Vorstand der Deutschen Bank in der Zeit. Sieben Monate später, im Mai 1994, übersenden die damaligen Chefs des BDI und des Arbeitgeberverbands BDA, Tyll Necker und Klaus Murmann, ein Memorandum an Kanzler Kohl, das sie zusammen mit dem französischen Arbeitgeberverband beschlossen haben. »Das Ziel einer gemeinsamen europäischen Währung« werde »von der Wirtschaft in Frankreich und Deutschland unterstützt«, heißt es dort. Es könne aber nur »über eine konsequente Stabilitätspolitik unter Beachtung der Kriterien des Vertrages von Maastricht verwirklicht werden«.

Das klingt noch eher vorsichtig. Deutlicher formuliert es im Juni 1995 Zygmunt Tyszkiewicz, der damalige Generalsekretär des EU-weiten Arbeitgeberverbands Unice, der heute unter dem Namen Business Europe firmiert. Die Währungsunion sei »vollkommen unverzichtbar«, schreibt Tyszkiewicz an den damaligen Kommissionspräsidenten Jacques Santer – im Namen des Verbands, dessen deutsche Mitglieder niemand anders sind als der BDI und der BDA. Die gemeinsame Währung werde »es erlauben, ein stabiles, gesundes und vorhersehbares makroökonomisches Umfeld zu schaffen«, glaubt man bei der Unice. Sie sei ein zentraler Faktor »für ein stärkeres Wachstum« und mehr Beschäftigung.

### »Möglichst viele Länder in den Euro«

Die deutsche Wirtschaft ist damals gespalten. Der BDI, der sich stark an den Interessen der Exportindustrie orientiert, fürchtete eine Aufwertung der D-Mark mehr als eine möglicherweise größere Inflation, rekapitulieren Collignon und Schwarzer. Kleinere und auf den deutschen Binnenmarkt ausgerichtete Unternehmen sahen Mitte der 1990er Jahre mit mehr Skepsis auf die kommende Währungsunion.

»Sie muss unbedingt kommen«, sagt dagegen auch der damalige Siemens-Chef Heinrich von Pierer im Jahr 1995 über die Währungsunion. Und im Januar 1996 legt sich der eben frischgewählte Präsident des einflussreichen Verbands Deutscher Maschinen- und Anlagenbau (VDMA), Michael Rogowski, bei Helmut Kohl ins Zeug. »Sehr verehrter Herr Bundeskanzler«, schreibt Rogowski, »mit großem Respekt verfolgt der VDMA Ihr klares und unmissverständliches Eintreten für die Europäische Währungsunion, das wir sowohl aus politischen als auch wirtschaftlichen Gründen als Verband voll unterstützen, auch wenn es im Kreis unserer Mitglieder unüberhörbare Bedenken und Befürchtungen gibt.«

Für die stark exportorientierten Maschinenbauer, so formuliert Rogowski, sei »vielleicht am allerwichtigsten«, dass mittels der Währungsunion die Wechselkurse innerhalb Europas stabilisiert würden. Gerade erst Anfang 1995 hätten »die Abwertungen wichtiger europäischer Konkurrenzländer« – nicht nur der Italiener, sondern auch der Franzosen und Spanier – »mühsam erwirtschaftete Rationalisierungsgewinne unserer Unternehmen sozusagen über Nacht zunichte gemacht«. So etwas sei »innerhalb einer Währungsunion nicht mehr möglich«. Darum müsse man jetzt »alle Energien auf die Erfüllung der Kriterien durch möglichst viele Länder lenken«.

»Möglichst viele Länder«: In der Tat wächst in den 1990er Jahren in der deutschen Exportwirtschaft der Chor derjenigen, die eine größere Zahl auch südeuropäischer Staaten in die Euro-Zone aufnehmen wollen – eben um ihnen ein für alle Mal die Chance zu nehmen, verlorengegangene Wettbewerbsfähigkeit durch Abwertungen zu kompensieren. »Je größer die Basis der Währungsunion sein wird, umso kleiner wird die potentielle Instabilität«, postuliert im Juni 1995 der von BDI und BDA mitgetragene Verband Unice in Brüssel.

Ähnlich sieht es seinerzeit der spätere Euro-Kritiker Hans-Olaf Henkel, der von 1995 bis 2000 als BDI-Präsident amtiert – bis ihn in dieser Funktion der Maschinenbaumann Rogowski ablöst. Auch Henkel plädiert damals für eine Aufnahme von Südländern wie Italien und Spanien. Nur bei Griechenland ist er skeptischer. Der damalige bayerische Ministerpräsident Edmund Stoiber (CSU) wird von der Industrie und den Bauernverbänden im eigenen Land bedrängt, dass mit Italien der wichtige Handelspartner des Freistaats im Süden unbedingt dabei sein müsse. Stoiber weiß schon 1995: »Aus bayerischer Sicht entfaltet die Währungsunion ihre volle Wirkung nur, wenn Italien dabei ist.«

Glaubt man dem, was Collignon und Schwarzer von dem

damaligen Finanzminister Theo Waigel gehört haben wollen, dann spielten er und Helmut Kohl mit verteilten Rollen. Während Waigel darauf beharrte, dass vor einer Teilnahme am Euro auch in Italien das jährliche Staatsdefizit nicht über drei Prozent des Bruttoinlandsproduktes liegen dürfe, habe Kohl über vertrauliche Kanäle die Italiener beruhigt. Sie würden in den Euro-Raum eingelassen, obwohl ihre Gesamtverschuldung bereits damals weit über den ebenfalls geforderten 60 Prozent lag.

Sogar als im Jahr 2001 mit zwei Jahren Verspätung auch Griechenland trotz bekannt schlechter Wirtschaftsdaten der Euro-Zone beitreten darf, hat das womöglich etwas mit der Sicherung ganz spezieller Absatzmärkte zu tun. Kurz nachdem Griechenland mit Kanzler Schröders Segen die Aufnahme in die Euro-Zone geschafft hat, bestellt Athen jedenfalls 170 Leopard-2-Panzer des Münchner Herstellers Krauss-Maffei Wegmann sowie für rund 2,3 Milliarden Euro U-Boote bei der Howaldtswerke Deutsche Werft (HDW) in Kiel, die heute zu Thyssen-Krupp gehört. Griechenland habe die U-Boote gekauft, »damit wir in den Euro kommen«, behauptete der griechische Berater Alexandros Avatangelos Jahre später gegenüber der *Süddeutschen Zeitung*. »Der U-Boot-Auftrag war wichtig für HDW und damit für die Wahlkampfbasis der SPD im Norden.« Gerhard Schröder lässt Anfragen zu diesem Vorwurf unbeantwortet.

### Grenzenloser Optimismus

Bei Kohl und seinen Förderern in der Wirtschaft scheint der Optimismus fast grenzenlos, als in der zweiten Hälfte der 1990er Jahre der Start der Währungsunion unmittelbar bevorsteht. Befürchtungen, dass einige Mitgliedsländer mit dem neuen Währungsregime nicht zurechtkommen und über ihre Verhältnisse leben könnten, wischen sie beiseite. In dem gemeinsamen Währungsgebiet würden »Länder mit höheren Preis- und Kostensteigerungsraten« ja »diszipliniert«, weil sie sonst Marktanteile abgeben müssten, glaubt der damalige VDMA-Präsident Rogowski im Januar 1996. Darum sei er gegen eine »zeitliche Verschiebung«, schreibt er in seinem Aufruf, den er auch dem Kanzler übermittelt: »Es gibt Momente im Leben, in denen man wagen muss, auch wenn nicht alle Risiken überschaubar sind. Europa ist dieses Wagnis wert, und dies ohne Aufschub!«

Kohl macht in seiner Antwort deutlich, dass er das Argument des späteren BDI-Präsidenten verstanden hat: »Sie weisen zu Recht darauf hin, dass gerade die deutsche Volkswirtschaft von der Einführung des Euro profitieren wird, da wir gegenüber vielen unserer europäischen Handelspartner nicht mehr mit schwer kalkulierbaren Wechselkursveränderungen rechnen müssen. Dies ist gerade für den von Ihnen vertretenen Maschinenbau mit seinem beträchtlichen Exportanteil von großer Bedeutung.«

Aber wie soll das funktionieren? Wie sollen die deutschen Unternehmen auf Kosten ihrer südeuropäischen Konkurrenten überproportional profitieren, ohne dass diese dabei verlieren? Die Frage, wie die Südeuropäer dem größeren Wettbewerbsdruck in einer gemeinsamen Währungszone werden standhalten können und welche Ausgleichszahlungen sie im Notfall verlangen werden, stellen sich damals viele Ökonomen – aber nicht Helmut Kohl und seine Antreiber aus der Wirtschaft. Kohls engster Vertrauter im Europäischen Rat, der damalige luxemburgische Premierminister und heutige EU-Kommissionspräsident Jean-Claude Juncker, treibt die Verniedlichung der Risiken Anfang 1998 auf die Spitze, als er bei einem Besuch in Deutschland versichert: »Einen Transfer in Europa wird es so sicher geben wie eine Hungersnot in Bayern.«

Auch im AMUE-Hauptquartier in Paris blickt man Mitte der 1990er Jahre unverdrossen nach vorn. Dort will man das Euro-Thema angesichts einer wachsenden Euro-Skepsis unter den Bürgern entpolitisieren. Darum bereitet die Organisation eine Studie vor, die die technischen Details der Währungsumstellung untersucht. Die AMUE habe sich in dieser Phase auf die

Frage der praktischen Umsetzung der Währungsunion konzentriert und so die Glaubwürdigkeit des Plans »wiederherstellen« können, schreiben Collignon und Schwarzer. In einer Expertengruppe der Kommission, die die Bedingungen des »change over« analysiert, sitzen vier AMUE-Vertreter – darunter auch der Siemens-Manager Hans-Joachim Neubürger.

Nachdem ab 1995 zentrale politische Entscheidungen – etwa über den künftigen Namen der Währung – gefallen sind, macht sich die Pariser Organisation verstärkt daran, die Öffentlichkeit zu bearbeiten. Vor allem in Deutschland habe man versucht, so die Formulierung von Collignon und Schwarzer, den »Populismus« der Euro-Kritiker mit »rationalen Argumenten« zu bekämpfen. »Höheres Wirtschaftswachstum als Folge der Währungsunion und niedrigere Euro-Zinsen erlauben den Ausbruch aus dem Teufelskreis der Schuldenfalle«, verspricht ein AMUE-Manifest von Dezember 1996 – also dann doch eher das Blaue vom Himmel als rationale Argumente. Für diese PR-Sprüche findet die Pariser Organisation trotzdem dankbare Abnehmer.

In Deutschland konzentrieren sich die Werber Mitte der 1990er Jahre stark auf die SPD, in der die zumindest unterschwellige Skepsis gegenüber der Gemeinschaftswährung verbreiteter ist als in der CDU. 1996 organisiert die AMUE in Karlsruhe sogar einen speziellen Workshop für SPD-Europaabgeordnete. Es sei darum gegangen, so Collignon und Schwarzer, die EU-Parlamentarier »weiterzubilden«, ihnen das Euro-Projekt zu erklären »und die Einwände gegen die Währungsunion zu behandeln«.

Auf Bitten der damaligen SPD-Europaabgeordneten Christa Randzio-Plath verfassen AMUE-Leute ein eigenes Handbuch voller Pro-Euro-Argumente. Auf 200 Seiten, so Collignon und Schwarzer, lieferte es Fakten und Argumente, die es den Politikern ermöglichen sollten, »öffentliche Debatten zu überleben«. Besonders betonte die Broschüre eine angeblich positive Wirkung der gemeinsamen Währung für die Schaffung von Arbeitsplätzen.

Mit finanzieller Unterstützung von EU-Kommission und Bundespresseamt organisiert die AMUE schließlich ab Anfang 1997 zusammen mit interessierten Abgeordneten öffentliche Veranstaltungen in deren Wahlkreisen. Nur die Grünen bleiben skeptisch. Als Stefan Collignon damals in Bonn Joschka Fischer trifft, soll der geantwortet haben: »Wie, das Big Business interessiert sich jetzt für uns?«

Am 19. Februar 1998 meldet AMUE-Generalsekretär Bertrand de Maigret in einem Schreiben an den – französischen – EU-Währungskommissar Yves-Thibault de Silguy (»Monsieur le Commissaire, cher ami«) Vollzug: Wie erbeten, informiere er ihn über die AMUE-Veranstaltungen in Deutschland. Insgesamt 85 Veranstaltungen habe die Organisation im Jahr 1997 in der Bundesrepublik mitorganisiert, darunter 41 mit aktiver Beteiligung deutscher Abgeordneter.

Am Ende nimmt fast jeder vierte Bundestagsabgeordnete das Angebot an – darunter sind auch die heutige Umweltministerin Barbara Hendricks (SPD), der CDU-Politiker Ronald Pofalla und der damalige Verkehrsminister und heutige Autolobbyist Matthias Wissmann. Die AMUE-Leute kommen bis nach Zwickau, Dresden und Görlitz, nach Krefeld, Wiesbaden, Ravensburg und Nordhorn.

Man habe damals »fremdenfeindliche« Auffassungen kontern wollen, wonach es verlässliche und nicht verlässliche EU-Staaten gebe, »besonders mit Blick auf Italien und Frankreich«, schreiben Collignon und Schwarzer im Jahr 2003. Zehn Jahre später hätten sie diesen Satz kaum so wiederholt.

### Von der Realität eingeholt

2002 löst sich die AMUE auf; sie hat ja ihr Ziel erreicht. Es dauert weitere sieben Jahre, dann hat die Realität ihre PR-Slogans eingeholt. Nun führt der Euro die Europäer in »die schlimmste wirtschaftliche und politische Krise seit dem Zweiten Weltkrieg«, wie zwei Journalisten des *Economist*, John Peet und Anton La Guardia, Anfang 2014 bilanzieren.

Die Geschichte ist nur allzu bekannt: Im Jahr 2009 stellt sich heraus, dass Griechenland weitaus höher verschuldet ist, als bisher gedacht – weil Athen wiederholt die Statistiken manipuliert hat. Die Kreditgeber, die den Südeuropäern jahrelang ihre wachsenden – teils staatlichen, teils privaten – Schulden finanziert haben, bekommen kalte Füße. Erst für Griechenland, dann auch für Portugal und Irland müssen die anderen Euro-Staaten Rettungsschirme aufspannen. Als es im März 2012 zum Schuldenschnitt für Griechenland kommt, werden zum ersten Mal indirekt auch die deutschen Steuerzahler zur Kasse gebeten – denn eine Reihe staatlicher und teilstaatlicher deutscher Banken müssen nun rund 14 Milliarden Euro abschreiben. Steuerzahler in ganz Europa haften bis heute für Rettungskredite in dreistelliger Milliardenhöhe – und für Papiere zweifelhafter Qualität, die die Europäische Zentralbank (EZB) im Lauf der Krise aufgekauft hat.

In den Jahren seit der Euro-Einführung im Jahr 1999 war das geschehen, was sich die Südeuropäer erhofft hatten: Die Banken gewährten den dortigen Staaten, Unternehmen und Privathaushalten in der Tat Kredite zu Konditionen, wie sie zuvor in der Bundesrepublik üblich waren. Die EZB ermutigte die Kreditgeber sogar dazu, alle Länder der Euro-Zone gleich zu behandeln – als gäbe es ein implizites Versprechen, notleidenden Mitgliedsstaaten auszuhelfen. Die billigen Kredite verführten Staaten wie Private in Südeuropa dazu, über ihre Verhältnisse zu leben. Die Löhne und die Inflation in den Mittelmeerländern zogen an, sukzessive sank ihre Wettbewerbsfähigkeit – ohne dass sie noch die Möglichkeit gehabt hätten, dies durch die Abwertung ihrer Währungen auszugleichen.

Nun zeigte sich für jeden, was Kritiker lange vorausgesagt hatten: Dass massive »Konstruktionsfehler« (Angela Merkel) das Euro-Gebäude belasten. »Die Währungsunion ist gemacht worden in dem guten Glauben, das wird schon klappen«, bekannte die Kanzlerin in ungewöhnlicher Offenheit im September 2011 in der ARD-Talkshow von Günther Jauch.

Zu den Konstruktionsfehlern gehört, dass die Gemeinschaft der Euro-Länder zwar nur wenig Einfluss hat auf das, was in den Mitgliedsländern geschieht – dass sie aber am Ende dafür haftet. Es gibt keine starke Zentralinstanz mit einem ausreichenden Budget, die eingreifen kann – sondern nur die EU-Kommission, welche die seit 2005 auch öffentlich diskutierte Auseinanderentwicklung der Wettbewerbsfähigkeit in Nord- und Südeuropa zwar registrierte, sie aber als Problem ignorierte. Als es zu spät war, führte an den Rettungsschirmen kein Weg vorbei, weil alles andere die Banken auch in Nordeuropa bedroht und die Welt womöglich in eine neue Finanzkrise gerissen hätte.

Kurz: Statt wie versprochen Währungsturbulenzen zu verhindern, wurden neue Risiken geschaffen. Die Gemeinschaftswährung, die als Schutzschild gegen die Macht der Finanzmärkte angepriesen wurde, hat die Europäer kollektiv nicht gestärkt, sondern ihren Einfluss auf der Weltbühne geschwächt. Das einstige Versprechen der Euro-Lobby – mehr Wachstum und Beschäftigung – muss in den Ohren der Millionen Arbeitslosen in Südeuropa wie Hohn klingen. Und anstatt die Menschen von Portugal bis Finnland zu einen, hat der Euro tiefe Gräben aufgerissen zwischen Geberländern im Norden und Nehmerländern im Süden. Auch in Deutschland gilt: Nie war die europäische Einigung so unpopulär wie heute. Ein »gelobtes Land«, wie das die ehemaligen AMUE-Mitarbeiter Collignon und Schwarzer versprachen? Es klingt heute wie ein zynischer Witz.

Nicht einmal das Risiko des Auseinanderbrechens der Euro-Zone ist heute gebannt. Zu real ist die Gefahr einer dauerhaften wirtschaftlichen Stagnation in Frankreich und den südeuropäischen Staaten. Zu groß ist die Frustration vieler Bürger dieser Länder, denen der Euro zunehmend wie eine monetäre Zwangsjacke erscheint. Zu offensichtlich scheint es, dass ein Land wie Griechenland nur dann wieder eine Chance hat, auf die Beine zu kommen, wenn ihm ein großer Teil seiner drückenden Schuldenlast erlassen wird. Und die Deutschen werden dann ihre Regierenden erneut fragen, was aus den vollmundigen Ankündigungen wurde, eine Transferunion werde es nicht geben.

### Gewinner und Verlierer

Aber halt: Beteuert nicht Angela Merkel unverdrossen, dass Deutschland vom Euro profitiert »wie kaum ein anderes Land in der Europäischen Union«? Ja, das behauptet sie. Allerdings lässt sich diese pauschale Aussage mit den Fakten nicht so leicht in Einklang bringen. Genauer: Auch in Deutschland gibt es Gewinner und Verlierer.

Hätten Merkel und Schäuble pauschal recht, würde man erwarten, dass zum Beispiel Nicht-Euro-Länder wie Dänemark, Schweden, Großbritannien oder gar die Schweiz im Wohlstandsvergleich zurückgefallen wären. Das ist nicht passiert. Natürlich macht der Euro den grenzüberschreitenden Handel in Europa leichter. Doch davon können kleinere Länder der Euro-Zone stärker profitieren – weil sie einen deutlich größeren Anteil ihrer Wirtschaftsleistung exportieren. Die langjährige Euro-Kritikerin und Volkswirtin Renate Ohr wies überdies bereits im September 2011 darauf hin, »dass in fast allen Mitgliedsländern der Anteil des Handels, der mit den Partnerstaaten der Euro-Zone stattfindet, abgenommen hat«. In absoluten Zahlen nahm zwar auch der Austausch von Waren und Dienstleistungen innerhalb der Euro-Zone zu. Aber der Handel mit Staaten außerhalb der Euro-Zone sei eben, so Ohr, »überproportional gewachsen«. Auch für die deutsche Wirtschaft hat die Euro-Zone als Absatzmarkt in relativen Zahlen sukzessive an Bedeutung verloren.

In den ersten Jahren nach dem Start der Gemeinschaftswährung war sie in Deutschland sogar eine regelrechte Wachstumsbremse. Das sagten jedenfalls Berechnungen des Finanzministeriums, über die der *stern* 2005 berichtete. Deutschland hatte den

Vorsprung günstigerer Zinsen auch bei der Unternehmensfinanzierung verloren. Das war ein Grund, weshalb nun viel Kapital in den Süden Europas floss.

Natürlich gibt es auch eine andere Seite der Medaille. Die sinkende Wettbewerbsfähigkeit der Südeuropäer machte es deutschen Exporteuren nach und nach leichter, die dortigen Märkte zu überschwemmen – so wie sie es erhofft hatten. Und für die hiesigen multinationalen Konzerne ist das erweiterte Währungsgebiet als großer Heimatmarkt zweifellos von enormer Bedeutung.

Deutschland als Hauptprofiteur des Euro – dieses Argument hat also aus Sicht der hiesigen Exportindustrie eine hohe Triftigkeit. Weniger uneingeschränkt gilt es für die abhängig Beschäftigten in Deutschland. Sie haben die deutsche Exportmaschine am Laufen gehalten, indem sie auf Lohnerhöhungen verzichtet haben. Gewiss: Das hat geholfen, ihre Arbeitsplätze zu sichern. Doch die Realeinkommen der deutschen Arbeitnehmer stagnieren seit rund 20 Jahren. Dieselben abhängig Beschäftigten sind es aber auch, die als Steuerzahler die Rettungsschirme finanzieren.

Um nicht falsch verstanden zu werden: All das sind keine Argumente für eine Abschaffung des Euro oder gar einen einseitigen Ausstieg Deutschlands aus der Euro-Zone. Beides wäre ein unkalkulierbares Abenteuer. Gerade das große Deutschland in der Mitte des Kontinents kann es sich aus politischen Gründen am wenigsten leisten, den Partnern den Rücken zu kehren. Einmal eingeführt, müssen wir mit dem Euro leben – falls er denn überlebt.

Aber auch von der Rettung der Gemeinschaftswährung profitieren eben einige weniger und andere mehr. Die Niedrigzinspolitik der EZB soll den Südeuropäern auf die Beine helfen, erleichtert durch die Abwertung des Euros auch Exporte deutscher Unternehmen – macht aber Importe für die Konsumenten tendenziell teurer und entwertet ihre Ersparnisse. Und natürlich waren diejenigen Banken Nutznießer der Euro-Rettung, deren Kredite an südeuropäische Gläubiger in der Euro-Krise in Gefahr geraten waren. »Alle Steuerzahler haften für die Hilfskredite – aber davon profitieren vor allem die reichsten Deutschen«, resümiert die *taz*-Journalistin Ulrike Hermann.

In der Debatte um die Rettungsschirme zeigt sich das gleiche Phänomen wie schon vor der Einführung des neuen Geldes: Die Wirtschaftslobby ist gespalten. Der BDI als Stimme der Exportindustrie unterstützt Angela Merkels Kurs deutlich enthusiastischer als zum Beispiel der Verband der Familienunternehmer. Dessen Vorsitzender Lutz Goebel attackiert immer wieder die »unrealistischen Positionen« des BDI in der Euro-Krise. »Anstatt die Kanzlerin zu einer bedingungslosen Euro-Rettung zu drängen, sollte sich die deutsche Wirtschaft gegen ein Auseinanderfallen von Risiko und Haftung wehren«, zitiert ihn der *Spiegel* im Januar 2013.

Gewiss, in Deutschland hat der Euro auch Arbeitsplätze gesichert. Die Frage ist nur: Um welchen Preis? In den Jahren von 2006 bis 2012 verloren deutsche Anleger im Ausland laut Zahlen des Deutschen Instituts für Wirtschaftsforschung rund 600 Milliarden Euro. »Man könnte auch sagen: ein Teil der Erträge für unsere exportierten Maschinen und Autos ist weg«, urteilt der Grünen-Finanzexperte Gerhard Schick. »Deutschland hat lange agiert wie ein Krämerladen, der anschreiben ließ, ohne sich zu überlegen, ob die Kundinnen und Kunden eigentlich irgendwann die Schulden zurückzahlen können«, schlussfolgert er.

Der ehemalige Greenpeace-Manager und Foodwatch-Gründer Thilo Bode fasst seine Kritik an der Euro-Rettungspolitik im September 2012 in einem Gastbeitrag für die *FAZ* in noch drastischere Worte: »Die Merkel-Strategie hat den entscheidenden Vorteil, dass sie die Banken und die Interessen der Großindustrie bedient und damit die mächtigsten wirtschaftlichen Interessengruppen im Land ruhigstellt.« Die fixen Wechselkurse »bei deutscher Lohnzurückhaltung« hätten der deutschen Industrie »einen Wettbewerbsvorteil in der Währungsunion und permanente Exportüberschüsse beschert«, resümiert Bode. Euro-Länder mit hohen Importdefiziten hätten – wie das ja gewollt war – keine Möglichkeit mehr, sich mit einer Abwertung ihrer Währung zur Wehr zu setzen. Und zudem hafte »die Deutsche Bundesbank mit völlig unzureichend besicherten Krediten, so dass letztlich der Steuerzahler die deutsche Exportindustrie subventioniert«.

Anders gesagt: Die Lobbyschlacht um den Euro war für die deutsche Exportwirtschaft ein Gewinn.

### Deutschland einig Autoland

Die Deutschen sind stolz auf ihre Erfolge als Exporteure. Das mag ein Grund sein, warum wir so selten über die Frage diskutieren, was wir für unsere Verkaufsrekorde aufgeben mussten – und wer die Nutznießer sind.

Zum Beispiel die Pharmabranche. Der »Mythos« von Deutschland als »Apotheke der Welt« habe es den Arzneimittelherstellern über viele Jahre ermöglicht, im Inland restriktivere Preise für ihre Erzeugnisse abzuwehren, schrieb die *Zeit*-Journalistin Elisabeth Niejahr im Oktober 2010. Ernsthafte Kontrollen – auch was den Nutzen vieler Pharmaprodukte betrifft – waren nicht erwünscht, weil dies angeblich den Forschungsstandort schwächte. Die Republik wurde nach den Worten des SPD-Gesundheitspolitikers Karl Lauterbach zum »Pharmamülleimer Europas«, weil hierzulande »viele Medikamente verschrieben und erstattet« würden, die »so umstritten oder überteuert sind, dass sie in anderen Ländern längst vom Markt verschwunden oder nie dorthin gelangt sind«. Und das bei gerade mal 115 000 Arbeitsplätzen, die die Branche in Deutschland unterhält.

Die Interessen der Exportindustrie sind Chefsache in Deutschland. »Dass der deutsche Bundeskanzler sich um die Förderung der deutschen Wirtschaft im Ausland kümmert«, fand Ex-Kanzler Gerhard Schröder »wichtig und richtig«. Es ist auch die Maxime seiner Nachfolgerin Angela Merkel. Und das gilt für keinen Wirtschaftszweig so sehr wie für die Autohersteller.

Nicht nur mit VW-Chef Martin Winterkorn steht Merkel im vertrauten Kontakt. Auch die Bosse von BMW und Daimler, Norbert Reithofer und Dieter Zetsche, sieht sie alle paar Monate und manchmal sogar nur im Abstand weniger Wochen. Sie trifft sie zu Einzelgesprächen, bei Runden mit mehreren Unternehmensführern, beim regelmäßigen Spitzengespräch Elektromobilität oder zu Mittags- und Abendeinladungen aus Anlass von Staatsbesuchen oder Regierungskonsultationen zwischen Deutschland und Ländern wie Italien, China oder den USA.

Eine Aufstellung der Termine, die die Bundesregierung im September 2013 auf Anfrage der Linken-Abgeordneten Sabine Leidig herausgab, zeigte auch noch etwas anderes: Die Chefs der großen drei Autokonzerne wenden sich kaum je an die Minister für Wirtschaft und Verkehr, sondern fast immer direkt an die Kanzlerin.

Dafür gibt es einige gute Gründe. Mehr denn je ist die Automobilherstellung die umsatzstärkste deutsche Industriebranche. Im Juli 2014 waren laut Statistischem Bundesamt fast 800 000 Menschen hier beschäftigt; nur der Maschinenbau bietet noch mehr Arbeitsplätze. Zwar sind die gerne zitierten Zahlen irreführend, wonach jeder siebte Job im Land am Auto hängt – hier werden nämlich Arbeitsplätze beim Straßenbau und der Autoreparatur bis zu den Taxifahrern mitgezählt, die es auch ohne heimische Autoproduktion gäbe. Doch keiner kann daran zweifeln, dass Daimler, BMW und VW die Aushängeschilder der deutschen Wirtschaft sind – als Exporteure und als Weltmarktführer im sogenannten Premiumsektor.

Es kommt also nicht ganz überraschend, dass die großen Autokonzerne häufig deutsche Regierungschefs für ihre Interessen einspannen können. Schon Gerhard Schröder gab den Autokanzler und düpierte im Streit um Altautorecyclingpläne der EU sogar den eigenen grünen Umweltminister Jürgen Trittin – weil es der damalige VW-Chef Ferdinand Piëch so wollte. Schröder verschleppte die Einführung von Rußfiltern für Dieselfahrzeuge.

Und obwohl er mit den Grünen regierte, war in seiner Amtszeit ein Tempolimit auf deutschen Autobahnen nie ein Thema. Kein Wunder – es ist nicht nur ein sicherer Aufreger für die Boulevardpresse, sondern auch ein rotes Tuch für die Pkw-Hersteller, weil es die Hochgeschwindigkeitstauglichkeit ihrer Geschosse in Frage stellen könnte.

Schröder kippte im Jahr 2003 auch Pläne seines Finanzministers Hans Eichel (SPD), die Steuervorteile für Dienstwagen zu kürzen. Sie stellen eine teure Subvention der Autoindustrie dar, wie im Jahr 2011 ein Gutachten belegte, das das Finanzwirtschaftliche Forschungsinstitut (FiFo) an der Uni Köln, das Forum Ökologisch-Soziale Marktwirtschaft und der Berliner Jura-Professor Stefan Klinski vorlegten. Mit Hilfe einer Reform, so errechneten sie im Auftrag des Bundesumweltministeriums, könnte der Staat jedes Jahr zusätzliche Steuern zwischen 2,9 bis 4,6 Milliarden Euro einnehmen. Für die Sozialversicherungen kämen Mehreinnahmen in Höhe von 400 bis 900 Millionen Euro hinzu. Als »Folge der faktischen Subventionierung« von Dienstwagen, so die Gutachter, werden mehr als 50 Prozent aller neuen Pkw als Firmenwagen zugelassen – und zu Lasten des Klimas entstehe ein Anreiz »zur Verlagerung des Mobilitätsverhaltens auf die Straße«.

Die Befunde dieser Studie fanden aber auch unter Schröders Nachfolgerin Angela Merkel keinerlei Widerhall in der Regierung. Auch sie wurde bereits als »Autokanzlerin« betitelt, nachdem sie sich im Herbst 2013 brachial gegen einen in Brüssel bereits verabredeten Kompromiss zu neuen $CO_2$-Grenzwerten in die Bresche warf, vor allem im Interesse von BMW und in zweiter Linie der Daimler AG. »Mit der Blutgrätsche« sei Merkel da vorgegangen, räumt ein Autolobbyist hinter vorgehaltener Hand ein.

VW hätte mit den schärferen Grenzwerten leben können. Aber im Interesse des Wolfsburger Konzerns schuf die Bundesregierung in der Finanzkrise die mit insgesamt fünf Milliarden Euro dotierte Abwrackprämie. VW war jedenfalls einer der größten Profiteure dieser Regelung, die Käufern von Neuwagen 2500 Euro einbrachte, wenn sie zugleich ihre mindestens neun Jahre zuvor zugelassenen Altkarossen verschrotteten. Für VW-Modelle wie den Polo, den Fox und den Golf führte das zu einem respektablen Kundenansturm. Insider beteuern, die ganze Idee sei sogar ursprünglich in der Wolfsburger Konzernzentrale geboren worden – bevor sie dann mit dem Geld der Steuerzahler umgesetzt wurde.

Ein deutscher Politiker kann scheinbar wenig falsch machen, wenn er die Wünsche der Autoindustrie erfüllt. Außer von einigen Umweltbewegten ist wenig Kritik zu erwarten. Dass sich Angela Merkel am einen Tag als Klimakanzlerin in Szene setzt, um dann wenig später doch die Abgase über die Umwelt zu stellen – das lassen die Menschen ihr durchgehen. »Banker sehen wir nicht mehr gerne im Kanzleramt, seit der Finanzkrise«, schreibt der Grünen-Politiker Jürgen Trittin in einem jüngst erschienenen Buch: »Doch wenn die Autoindustrie die Stimme erhebt, dann erschauern wir.«

Aber natürlich sind die Lobbyerfolge von BMW, Daimler und VW mit Kosten für die Allgemeinheit verbunden. Die Steuermilliarden, mit denen der Autoabsatz von VW gefördert wurde, fehlten an anderer Stelle – genauso wie die Kaufkraft, die mit dieser Prämie nach Wolfsburg abfloss. Gäbe es ein Tempolimit auf den Autobahnen, würde das nicht nur entspannteres Fahren erlauben und mutmaßlich zu weniger Unfällen führen – auch der Bau von Autobahnen wäre billiger, zum Beispiel wegen anderer Kurvenradien.

### »Größter Lobbyist aller Zeiten«

Die großen Autokonzerne beschäftigen ganze Geschwader von Lobbyisten, um ihren Einfluss auf die Politik zu sichern. Die VW-Lobbyabteilung hat nach Angaben ihres Chefs Thomas Steg 35 Mitarbeiter, davon vier in der Berliner Konzernrepräsentanz. Zusätzlich vertreten 37 weitere Angestellte die verschiedenen Marken des Unternehmens und seine Auslandstöchter. Der Cheflobbyist in der Münchner BMW-Zentrale, Maximilian Schöberl, war wie Steg früher mal als Sprecher in der Politik tätig – in Schöberls Fall bei der CSU. Unter ihm wirken laut *Zeit* 26 Beschäftigte. Bei Daimler arbeiten nach Angaben aus der Stuttgarter Konzernzentrale vom Oktober 2014 insgesamt 60 Menschen in der Lobbyabteilung, plus weitere 7 in der Berliner Konzernrepräsentanz.

Und dann gibt es da den wichtigen Verband der Automobilindustrie, abgekürzt VDA. Als er noch von dem früheren Daimler-Manager Bernd Gottschalk geführt wurde, verspottete ihn der damalige Porsche-Chef Wendelin Wiedeking als »Verband ohne Geld und Ahnung«. Der Lkw-Experte Gottschalk agierte einigen in den Konzernzentralen zu defensiv in der Klimaschutzdebatte. Dass er sich in der Talkrunde von Sabine Christiansen lieber durch einen subalternen Verbandsmann vertreten ließ, sorgte für Spott in der Branche.

Im Mai 2007 trat Gottschalk zurück. Es waren Reithofer, Winterkorn und Zetsche, die den Job daraufhin dem ehemaligen Verkehrsminister Matthias Wissmann anboten. Unter ihm hat sich die Schlagkraft des Verbands deutlich gesteigert, das bestätigen Freund wie Feind. Wissmann scheut nicht den Kontakt mit den Medien, höchstens mit allzu kritisch wirkenden Journalisten. Er gab den alten Verbandssitz im Berliner Stadtviertel Schmargendorf fern des Regierungsviertels auf. Jetzt residiert der VDA, wie es sich gehört, im Zustellbezirk 10117. Der wuchtige Neorenaissancebau aus der Gründerzeit, in dem Wissmann sich nun einquartiert hat, nimmt sich von außen fast wie eine Festung aus.

»Es lohnt sich, wenn man einen guten Draht zur Kanzlerin hat«, schreibt die *FAZ* im Januar 2009 über den VDA-Chef. »Matthias Wissmann hat einen besonders engen Kontakt zu ihr, mit der er einst als Verkehrsminister im Kabinett Kohl saß. Diese guten Kanäle verschweigt er auch gar nicht, denn er ist ähnlich eitel wie die meisten Berliner Lobbyisten und lässt gern durchblicken, dass er die Handynummer Angela Merkels hat, somit regelmäßigen SMS-Kontakt.«

»Am liebsten spreche ich mit der Bundeskanzlerin direkt, und das hat sich auch bewährt«, sagt Wissmann über sich selbst. Einige in der Branche spotten schon mal über die Selbstinszenierung des Verbandspräsidenten, der sich als »größter Lobbyist aller Zeiten« geriere. Doch als »vertraulich« markierte Vorstandsprotokolle des VDA belegen Wissmanns engen Draht zur Kanzlerin.

Es ist der 26. März 2007, als sich Gottschalk, Reithofer, Winterkorn, Wissmann und Zetsche zu einer außerordentlichen Sitzung des VDA-Vorstands in Berlin-Schmargendorf einfinden. Zwei Wochen zuvor war Gottschalk zurückgetreten. Die Anfrage zur Gottschalk-Nachfolge habe ihn »in Singapur erreicht«, berichtet Wissmann. Doch erst »nach einem eineinhalbwöchigen Entscheidungsprozess« sei für ihn klar gewesen, das Angebot anzunehmen und zugleich sein Bundestagsmandat aufzugeben. Wissmann nennt das »eine schmerzhafte Entscheidung«, »die aber gleichwohl notwendig sei, um seine neue Aufgabe nicht in Misskredit zu bringen«. Darüber habe er eben in einer CDU-Bundesvorstandssitzung auch die Bundeskanzlerin informiert.

### »Die Kanzlerin bittet um Vorschläge«

Der Draht zu Angela Merkel bleibt für ihn im neuen Amt wichtig. Wie wichtig, das zeigt sich schon ein halbes Jahr später auf einer weiteren VDA-Vorstandssitzung, die dieses Mal anlässlich der Internationalen Automobilausstellung IAA im Congress-Center in Frankfurt stattfindet.

Wissmann rapportiert laut Protokoll über den Neubeginn in der Verbandsarbeit und seinen »Weg zu einer offensiveren Kommunikationsstrategie«. In den Medien werde die Autoindustrie »zunehmend fairer behandelt«, verkündet er vor den Vorstandschefs Reithofer, Winterkorn und Rupert Stadler von der VW-

Tochter Audi. Das Bekenntnis der Autoindustrie, künftig umweltfreundlichere Kühlmittel in Klimaanlagen zu verwenden, habe »der Offensivstrategie die erforderliche Glaubwürdigkeit gegeben«. Später wird die Industrie diese Zusage wieder zurückziehen, aber das ahnt im Jahr 2007 ja keiner. Weitere gute Nachrichten für die Anwesenden hat Wissmann aus einem Gespräch mit der Bundeskanzlerin zu berichten. »Erfreulicherweise sei es gelungen, das äußerst konfliktträchtige Thema der Dienstwagenbesteuerung einstweilen zu entschärfen.« Er soll recht behalten. Aus Planspielen für eine Reform der industriefreundlichen Regelungen aus dem Haus des damaligen Umweltministers Sigmar Gabriel wird auch diesmal nichts.

Wissmann lobt Merkels »Aufgeschlossenheit für die Belange der Automobilindustrie«. Diese Aufgeschlossenheit habe sich erst kurz zuvor bei einer Klausurtagung des Bundeskabinetts im brandenburgischen Meseberg gezeigt. Nun werde man der »Bitte der Kanzlerin um Vorschläge der Automobilindustrie zu den konkreten Gesetzesvorhaben« von Seiten des VDA »zügig nachkommen«.

Die Regierungschefin hatte den VDA gebeten, selbst mit eigenen Vorschlägen zur Formulierung von Gesetzen beizutragen? Fragt man bei Merkels Presseamt dazu an, bekommt man keine klare Antwort, weder eine Bestätigung noch ein Dementi.

Im September 2007 vermerkt das VDA-Vorstandsprotokoll »Zustimmung zur aktuellen Zusammenstellung der Vorschläge der Automobilindustrie in Sachen EU-Regulierung, Labelling und Kfz-Steuer«. Damals geht es unter anderem um EU-Vorgaben, wonach die Steuern für neu zugelassene Pkw nach ihrem $CO_2$-Ausstoß bemessen werden sollen. Bis zuletzt wird die CDU in der damaligen Großen Koalition versuchen, ausgerechnet für schwere Geländewagen Ausnahmen von diesem Grundsatz durchzusetzen.

Dasselbe VDA-Vorstandsprotokoll vermerkt jedenfalls »Zustimmung zu dem Vorschlag, der Bundesregierung Eckpunkte für die Ausgestaltung einer solchen Kfz-Steuerreform an die Hand zu geben, ohne dabei allerdings einen bereits im Detail ausformulierten Vorschlag vorzulegen«. Aus der Formulierung lässt sich zwanglos schließen, dass es für die Autoindustrie eine durchaus geläufige Vorgehensweise ist, bereits »ausformulierte« Vorschläge für neue Gesetze vorzulegen. Das wird zweieinhalb Jahre später in der Tat bei dem in dem VDA-Protokoll ebenfalls erwähnten Thema Labelling geschehen. Gemeint ist die Verbrauchskennzeichnung für Pkw.

### Regulierung im Interesse der Produktpolitik

Heute lässt sich belegen, dass der VDA hier in der Tat detaillierte Vorgaben machte, die die Regierung in weiten Teilen übernahm. Im Oktober 2013 erzwang die Deutsche Umwelthilfe (DUH), einer der rührigsten Umweltverbände hierzulande, nach dreieinhalbjährigen juristischen Auseinandersetzungen Einsicht in interne Unterlagen des Wirtschaftsministeriums. Sie erlauben, das Entstehen der einschlägigen Rechtsverordnung nachzuzeichnen.

Jürgen Resch, der Bundesgeschäftsführer der DUH, wollte es nach eigenen Worten zunächst selbst nicht glauben – denn die Aktenchronologie beginnt mit einem detaillierten Positionspapier des VDA vom Januar 2010. Die Autoindustrie schlägt darin gegenüber dem Wirtschaftsministerium »verständliche Farbplaketten« zur Kennzeichnung der Fahrzeuge vor, besteht aber kategorisch darauf, dass damit nicht einfach der Verbrauch hervorgehoben werden dürfe, sondern die relative Energieeffizienz – gemessen am Gewicht des Vehikels. Ein schweres SUV soll also an anderen Kriterien gemessen werden als ein Kleinwagen.

»Konzeptvorschläge, welche Kleinfahrzeuge pauschal grün und große Fahrzeuge pauschal rot einstufen, sind klar abzulehnen«, schreiben die Leute vom VDA. »Dass ein großes Auto mehr verbraucht als ein kleines, ist für jeden klar, auch für den, der sich ein größeres Fahrzeug kaufen will«, argumentieren sie.

Dabei gehe es doch bei der Reform darum, »die hohe Effizienz deutscher Fahrzeuge auch nach außen dokumentieren zu können«.

Dem VDA geht es also weniger um das Erreichen umweltpolitischer Ziele oder um Klarheit für den Verbraucher, sondern um ein System, bei dem »die Premiumprodukte der deutschen Hersteller« gut abschneiden, wie die Verbandsvertreter selbst unterstreichen. Das zu fordern ist ihr gutes Recht. Aber hätte man nicht erwartet, dass sich die Bundesregierung zumindest bemüht, etwas Distanz zu den Partikularinteressen der Autokonzerne zu wahren? Doch tatsächlich wollte auch sie, so später die Kritik der Umwelthilfe, »eine von der EU als Regelung zur Beförderung spritsparender Pkw« gedachte Verordnung »in eine Regelung zur Erhöhung der Wettbewerbsfähigkeit spritdurstiger deutscher Premiumlimousinen umwandeln«.

In der Tat hatte Angela Merkels Kabinett das vom VDA gewünschte »relative Label« bereits bei der Meseberger Klausur im August 2007 im Grundsatz beschlossen. Darauf berufen sich jedenfalls im April 2010 zwei Manager von Daimler und VW in einem Brief an den damaligen Umweltminister Norbert Röttgen (CDU). Am 19. Februar 2010 schickt Verbandspräsident Wissmann das VDA-Konzept auch an das Verkehrsministerium und erinnert den dortigen Staatssekretär Rainer Bomba daran, dass im Grundsatz »seit ›Meseberg‹ auch beschlossen« sei, dass man mit der deutschen Verordnung ein »Vorbild« für ganz Europa schaffen wollte. Das sei wichtig, weil die für Umwelt zuständige Generaldirektion der EU-Kommission »nur ein geringes Interesse haben dürfte, auf die deutsche Produktstruktur – die sich durch Wettbewerbsstärke in allen Pkw-Segmenten auszeichnet – besondere Rücksicht zu nehmen«. Mit dem Wirtschaftsministerium, so Wissmann weiter, sei man sich »über einen konkreten Vorschlag einig« – gemeint ist das Modell des VDA. Nun sei der nächste Schritt, auch das Umweltministerium »für diesen Vorschlag zu gewinnen«. Er wäre »sehr dankbar«, so Wissmann an den Staatssekretär, wenn das Verkehrsministerium das VDA-Konzept nicht nur »aktiv unterstützen«, sondern auch »innerhalb der Ressortabstimmung auf eine diesbezügliche Einigung drängen könnte.« Anders gesagt: Der Lobbyverband VDA versucht, die beteiligten Ministerien zu koordinieren – ganz so, als sei er in Sachen Autopolitik die zentrale Instanz in Deutschland.

Das Umweltressort stellt das Prinzip des »relativen Labels« damals zwar nicht in Frage, will aber die Kriterien für grüne Plaketten sachte verschärfen. Am 20. April 2010 beschweren sich darum die beiden Automanager Ulrich Hackenberg (VW) und Thomas Weber (Daimler) per Brief bei dem Umweltminister. Dessen jüngster Vorschlag leide daran, so die Manager in ihrem Schreiben, dass er »die inzwischen erfolgte Neuausrichtung der Produktpolitik unserer Häuser noch nicht ausreichend widerspiegelt«. So erreichten »wichtige Energiesparkonzepte der Marke Volkswagen und der Marken des Daimler-Konzerns nicht die Effizienzklasse A«.

Nicht die Produkte sollen sich also den Regeln anpassen, sondern die Regeln den Produkten. Für diese habe man viel investiert, und sie leisteten bereits »einen steigenden Beitrag zur Reduzierung der $CO_2$-Flottenemissionen der Konzerne«. Den Kunden, so schlussfolgern Hackenberg und Weber, »wäre es nicht verständlich zu machen, wenn gerade diese Produkte nicht an der Spitze der energieeffizienten Fahrzeuge stünden«. Daher bitten sie Röttgen nun darum, »durch eine entsprechende Veränderung der Effizienzklassen« dafür zu sorgen, »dass die als Energiesparkonzepte entwickelten Modelle möglichst durchgehend in Klasse A fallen«. Alles andere, warnen sie, könne zu »einer zusätzlichen Kunden-Verunsicherung in der derzeit noch sehr labilen konjunkturellen Lage« führen.

»Besonders zu Beginn eines neuen farbcodierten Kennzeichnungssystems sollte sichergestellt werden, dass alle Hersteller ihre Top-Produkte auch in den vordersten Rängen wiederfinden«, hatten bereits neunzehn Tage zuvor zwei VDA-Funktionäre in einem Schreiben an alle drei beteiligten Ministerien verlangt, mit Kopie an das Kanzleramt. »Eine spürbare Reduzierung der aktuell vorgesehenen Vorgaben für die Effizienzklasse A« erscheine daher »sinnvoll«.

Am Ende bekommen die Autolobbyisten nicht in allen Details das, was sie wollen. Aber der damalige Wirtschaftsstaatssekretär Jochen Homann versichert Hackenberg und Weber in einem Brief vom 12. Mai 2010, dass »der Anteil deutscher Fahrzeuge«, die künftig »im so genannten ›grünen Bereich‹ gelabelt und dem Verbraucher kenntlich gemacht werden, deutlich größer« ausfalle, als sich das zuletzt abgezeichnet habe.

Vor allem aber steht das Prinzip: Ein 2,5 Tonnen schwerer Porsche Cayenne ist jetzt »grüner« als ein Toyota Aygo, trotz größeren $CO_2$-Ausstoßes. Ein Audi Q7 übertrifft den Citroën C1. Bereits am 27. April 2010 hatte der VDA dem Wirtschaftsministerium »das ausdrückliche ›O.K.‹ auch seitens VW und Daimler« mitgeteilt, wie ein Beamter vermerkte. Ohne Genehmigung der Autoindustrie wollte die damals von Rainer Brüderle (FDP) geführte Behörde also offenkundig ungern eine Verordnung vorlegen.

### Run auf das Roboterauto

Automobilpolitik wird in Deutschland von der Automobilwirtschaft gemacht. Die Geschichte der Verbrauchskennzeichnung ist da kein Einzelfall. Im Sommer 2013 braucht der VDA erneut die Hilfe der Regierung. Dieses Mal geht es um das automatisierte Fahren – also um ein Auto der Zukunft, das keinen Fahrer mehr braucht, weil es selbsttätig fährt. Nicht nur Google arbeitet an solchen futuristisch wirkenden Systemen. Auch die deutschen Autokonzerne sind seit einiger Zeit mit Hochdruck daran, bis zum Jahr 2020 Wagen auf den Markt zu bringen, die es dem Fahrer erlauben, zum Beispiel auf langen Autobahnstrecken das Lenkrad einzuklappen und stattdessen im Internet zu surfen oder einen Film anzuschauen.

Es gehe um »die Vision des unfallfreien Fahrens« – das ist die Sprachregelung, an die sich Automanager wie Dieter Zetsche und auch Wissmanns VDA halten. Tatsächlich geht es vor allem um viel Geld und um die Frage, wer die Automärkte der Zukunft beherrscht. Werden Google und die anderen amerikanischen Internetgiganten künftig in dieses Geschäftsfeld eindringen? Die deutschen Autohersteller, die schon den Trend zu Hybrid- und Elektroautos lange verschlafen hatten, sehen sich hier erneut auf ihrem ureigenen Territorium bedroht: der technologischen Führung beim Autobau.

Und es geht um neue Geschäfte mit riesigen Datenmengen. Von vielen unbemerkt, haben sich moderne Autos längst in gewaltige Datensammelsysteme verwandelt. Sie registrieren den Zustand des Autos, das Fahrverhalten des Besitzers wie seine Fahrtrouten. Surft der Fahrer künftig unterwegs am Bordcomputer, speichert das Auto auch diese Daten. Das ist für datenhungrige Konzerne wie Google hochinteressant, aber auch für die deutschen Traditionshersteller. Die amerikanische Konkurrenz hat allerdings einen Vorteil: Im US-Bundesstaat Kalifornien dürfen Roboterautos seit Januar 2015 legal verkauft und betrieben werden.

In seinem Geschäftsbericht vom Juli 2013 macht der VDA Druck: Auf der einen Seite mache die Technik beim automatisierten Fahren »enorme Fortschritte«. Auf der anderen Seite stammten »die gesetzlichen und haftungsrechtlichen Regelungen aus einer Zeit, in der diese Technologien nicht absehbar waren«. Eine »Weiterentwicklung der gesetzlichen Bestimmungen« sei darum unabdingbar und müsse »bereits heute begonnen werden«.

Kurz nach der Bundestagswahl – Union und SPD verhandeln noch über ihren Koalitionsvertrag – erhört die Bundesregierung den Ruf. Unter dem damaligen Ressortchef Peter Ramsauer (CSU) setzt das Verkehrsministerium im November 2013 einen Runden Tisch zum »automatisierten Fahren« ein. Hinter verschlossenen Türen und unter starker Vertretung der Autolobby beginnt diese Runde zu identifizieren, welche Gesetze geändert werden müssen, um eine rechtliche Grundlage für den Autopiloten zu schaffen. Die Einsetzung dieses Runden Tisches findet in aller Stille statt. Auch von Ramsauers Nachfolger Alexander Dobrindt (CSU), der im Dezember 2013 vereidigt wird, ist dazu monatelang nichts öffentlich zu hören.

In den regelmäßigen Sitzungen der Runde, so erzählen es mehrere Teilnehmer im Frühjahr 2014 dem *stern*, geben die Vertreter von BMW, Daimler, VW und dem VDA den Ton an. Sie sind auf das Thema bereits exzellent vorbereitet und haben alleine darum einen Vorsprung gegenüber den Repräsentanten des ADAC, des TÜV oder des Versicherungsverbands GDV. Der Bundesverband der Verbraucherzentralen wird zu den ersten Sitzungen gar nicht erst eingeladen; er ist dann ab Anfang 2014 mit einigen Monaten Verspätung dabei.

Wie sehr die VDA-Vertreter die Debatte prägen dürfen, zeigt eine Vorlage für den Runden Tisch vom 28. April 2014. »Automatisiertes Fahren ist geeignet, eine Reihe von Vorteilen für alle zu generieren«, heißt es dort optimistisch. Der Verkehr könne besser fließen, die Zahl der Unfälle sinken, »Sozialsysteme und Versicherungen« würden »durch weniger Schadensfälle« entlastet – und natürlich würde der »Automobilstandort Deutschland« gestärkt. Tenor: Wer wollte dagegen sein?

Tatsächlich wurde die erwähnte Vorlage – wie das Verkehrsministerium später bestätigte – vom VDA mitverantwortet. Dem Papier selbst – betitelt »BMVI-Runder Tisch zum automatisierten Fahren« – konnte man das nicht direkt entnehmen. Die Abkürzung BMVI steht für das Bundesministerium für Verkehr und digitale Infrastruktur; doch die Vorlage transportierte die PR-Sprachregelungen der Autoindustrie. Deren Vertreter lassen in den Sitzungen des Runden Tisches keinen Zweifel an ihrer Grundhaltung: Beim automatisierten Fahren gehe es nicht mehr um das Ob, sondern nur noch um das Wie.

In einem weiteren Dokument mit Datum vom 9. Mai 2014, diesmal mit eindeutiger Autorenschaft, schildern VDA-Experten, wie die schöne neue Autowelt bis zum Ende des Jahrzehnts aussehen könnte. Autos sollen bei bis zu 60 Stundenkilometern im Stop-and-go-Verkehr selbsttätig anhalten und wieder starten – während der Fahrer sich derweil entspannen und »Infotainment-Angebote« am Bord-Monitor genießen könne. Bald, so verspricht die Präsentation, werde der Autopilot sogar bei Geschwindigkeiten bis 130 Stundenkilometer auf der Autobahn zum Einsatz kommen – »von der Auffahrt bis zur Abfahrt, auf allen Fahrstreifen« und sogar bei Überholmanövern. Bei der ebenfalls geschilderten Option »Parkhaus Pilot« wiederum steigt der Fahrer aus dem Auto – und das kurvt dann fahrerlos in die Parkgarage, sucht sich selbst einen Stellplatz und kommt später auch automatisch zurück.

Tatsächlich gibt es selbst in der Automobilwirtschaft Zweifel an den Verheißungen der schönen neuen Autowelt. Jemand, der »größte Vorsicht« anmahnt, ist zum Beispiel Günter Reichart. Er war bei BMW als Hauptabteilungsleiter für Fragen der »Fahrerassistenz« zuständig – also für genau die elektronischen Systeme, die sich nun zum Autopiloten weiterentwickeln sollen. Reichart bezweifelt, dass sich mit dem automatisierten Fahren wirklich die Zahl der Unfälle senken lässt. »Das Lied vom angeblich so unzuverlässigen Menschen« sei fragwürdig, schreibt er in dem Beitrag für einen VDA-Kongress. Aber natürlich gebe es »erhebliche ökonomische Interessen der entwickelnden Unternehmen« hinter dem Fun auf die Robotik. Reichart wundert sich auch, dass das »angebliche Sicherheitsrisiko Mensch« nach den Plänen der deutschen Industrie im Notfall »kurioserweise« doch wieder das Lenkrad übernehmen soll, das zwischendurch im Armaturenbrett versenkt wurde. Ob der Mensch es in diesen Sekunden aber wirklich schaffe, plötzlich wieder alle Konzentration auf die Straße zu lenken, sei höchst ungewiss.

Bei der Autoindustrie hat man darauf eine Antwort: Man will

den menschlichen Faktor kontrollieren, indem man den Fahrer beim automatisierten Fahren unter Dauerbeobachtung stellt. In dem Resümee einer Sitzung des Runden Tisches im Frühjahr 2014 wird unverblümt eine »Fahreraktivitätserkennung« gefordert. In der ersten Fassung des Papiers ist sogar von »Fahrerzustandsbeobachtung« die Rede. Teilnehmer der Runde diskutieren die Frage, ob man für diese Zwecke eine Innenraumkamera einsetzen solle. Man muss ja sicherstellen, dass der Mensch hinter dem Steuer nicht im Handschuhfach kramt, mit dem Sitznachbarn knutscht oder einfach schnöde einschläft.

Eine Dauerüberwachung, womöglich gar per Kamera? Das klinge nach »Big Brother«, ruft – wie dann der *stern* berichtet – ein Teilnehmer der Runde. Doch im Protokoll der Sitzung wird festgehalten: »Eine Fahreraktivitätserkennung sollte zur Abwendung von vorhersehbarem Fehlgebrauch (z. B. Schlaf) integraler Bestandteil des Gesamtsystems sein.«

Fragt man im Frühjahr 2014 beim VDA an, inwiefern solche Überwachungsdaten gespeichert und ausgelesen werden sollen, bekommt man keine Antwort. Natürlich falle »durch die zunehmende Vernetzung« eine »große Menge an Daten« an, heißt es in einem von dem Verband mitverantworteten Papier für den Runden Tisch. Doch beim Umgang mit den Informationen würden »die Hersteller von den Werten Transparenz, Selbstbestimmung und Datensicherheit geleitet«. Man habe ja »ein berechtigtes Interesse«, die gesammelten Informationen »für die Fahrzeugentwicklung und Optimierung der Serviceleistung zu nutzen«. Neue Gesetze seien darum nicht nötig.

Wer bekommt den Zugriff auf all die Daten, die moderne Autos schon heute und erst recht in Zukunft speichern? Diese Frage muss aus Sicht von Experten eigentlich dringend geklärt werden. Der Autopilot dürfe nicht zum »Autospion« werden, warnt der Dresdner Fahrzeugdatenexperte Jürgen Bönninger. Es müsse »verhindert werden, dass digitale Abdrücke aller zukünftigen Autos und damit der Fahrdaten sowie der Fahrzeugzustandsdaten als Bewegungs- und Handlungsprofile hinterlassen oder abgerufen werden«.

Ende 2014 beginnen auch die Chefs der großen Autokonzerne die Brisanz des Themas zu erkennen. »Der Kunde entscheidet aktiv, in welchem Bereich er uns Daten übergeben will«, beteuert Daimler-Chef Zetsche im Dezember im *stern*. Noch einige Monate zuvor war die Sensibilität für dieses Thema im Verkehrsministerium offenkundig nur sehr schwach ausgeprägt. Auch das Protokoll, in dem die »Fahreraktivitätserkennung« gefordert wurde, war dem Ressort nach eigenen Angaben nicht bekannt. Dabei war es im Auftrag der Behörde vom Deutschen Verkehrssicherheitsrat erstellt worden, der ebenfalls mit einer Teilnehmerin vertreten war. Es wirkte, als lasse Alexander Dobrindts Ressort die Interessenvertreter die Debatte unter sich ausmachen.

### Abhängig von der Autobranche

Aus Sicht der Bundesregierung muss der Pakt mit BMW, Daimler und VW zunehmend »alternativlos« erscheinen, um ein berühmtes Wort von Angela Merkel zu zitieren. Deutschland und seine Autoindustrie – das ist ja einerseits eine Erfolgsgeschichte. Andererseits hat sich das Land in eine gefährliche Abhängigkeit begeben. Der Anteil der Autoindustrie am Produktionswert der deutschen Industrie stieg von 1991 bis 2011 von gut 12 Prozent auf fast 19 Prozent, rechnet der Journalist Olaf Gersemann in seinem Buch *Die Deutschland-Blase* vor. Im Jahr 2013 hat die Kfz-Branche mehr als die Hälfte des deutschen Leistungsbilanzüberschusses erzielt – nämlich 110 von 208 Milliarden Euro. Im selben Jahr trugen BMW, Daimler und VW unter den 30 Dax-Konzernen gut ein Drittel zu den Gewinnen und ein Drittel zu den Umsätzen bei. Fast die Hälfte der Ausgaben für Forschung und Entwicklung der Dax 30 kam von ihnen. »Dass die deutsche Wirtschaft immer autolastiger wird«, sei ein Problem, urteilt Gersemann. Was, wenn diese Branche irgendwann doch einmal in ernste Schwierigkeiten kommt? Kein Wunder, schreibt er, dass aus Sicht der Bundesregierung »eine EU-Politik, die sich gezielt gegen große, schwere PS-starke Autos richtet«, als »eine ständige Gefahr« wahrgenommen werde.

Wenn die Regierung die Autoindustrie päppelt, hilft das einerseits Deutschlands Vorzeigeunternehmen BMW, Daimler und VW. Doch es geht zugleich leicht zu Lasten anderer Branchen und verschärft damit eine Situation, in der ein ganzes Land auf Gedeih und Verderb mit dem Erfolg von drei Konzernen verbunden erscheint.

Aus Sicht des VDA sind seine Interessen heute schon identisch mit denen der Republik. Ende Januar 2014 lädt der Verband zu seinem traditionellen Neujahrsempfang ein. 600 Gäste aus Industrie und Politik tummeln sich in der Classic Remise, einem ehemaligen Straßenbahndepot in Berlin-Tiergarten, in dem heute ein privater Betreiber Oldtimer-Fahrzeuge warten und ausstellen lässt. Kanzleramtsminister Peter Altmaier (CDU) spricht ein Grußwort. Verbandspräsident Matthias Wissmann mahnt, Politik, Wirtschaft und Gewerkschaften müssten auch zukünftig an einem Strang ziehen: »Das hat Deutschland in den letzten Jahren stark gemacht.« Fragen der EU-Kommission zu möglichen wirtschaftlichen Ungleichgewichten in der Euro-Zone weist er zurück: »Der Vorwurf, Deutschland würde mit seinen Exportüberschüssen die Stabilität des Euro gefährden, geht an der Realität vorbei.« Es klingt wie: Was nicht sein darf, das nicht sein kann. Aber wer die stärkste Lobby im Land vertritt, kann sich solch ein Motto leisten.

## 11 Was sich ändern muss

*»Nur einige Dumme müssen eine Verurteilung befürchten.«*
(Thomas Fischer, Richter am Bundesgerichtshof,
über die Neuregelung der Abgeordnetenbestechung)

Was wir tun können, um den Einfluss der Lobby
zu begrenzen: Sechs Reformen, die überfällig sind.

Alles begann in der Lobby des Hotels Willard in der US-Hauptstadt Washington, nahe dem Weißen Haus und dem Kapitol. Hier hielt sich in den 1870er Jahren der damalige Präsident Ulysses S. Grant angeblich öfter auf. Irgendwann soll er sich abfällig über all die »Lobbyisten« geäußert haben, die ihm beim Betreten des Hotels auflauerten.

Auch in Deutschland hat der Lobbyismus eine durchaus weit zurückreichende Tradition. Bereits vor 139 Jahren, anno 1876, gründete sich der Centralverband Deutscher Industrieller, 1895 folgte der Bund der Industriellen (BdI), und auch ein Bund deutscher Landwirte wurde aktiv. Schon im März 1955 zitierte der *Spiegel* den damaligen Kanzler Konrad Adenauer mit einer lebhaften Klage über den Einfluss der »Lobbyisten«. Der Begriff war den Deutschen schon damals geläufig. Es bedeute »den Tod der Demokratie«, beschwerte sich Adenauer, wenn »starke Geldmänner aufstehen und die ordentliche Gesetzgebung mit solchen Mitteln bekämpfen«.

Das Problem ist also auch hierzulande seit Jahrzehnten bekannt. Doch anders als ihre Kollegen in den Vereinigten Staaten von Amerika haben es die deutschen Politiker bisher versäumt, Strategien für den Umgang mit Interessenvertretern zu entwickeln. Die USA gelten zwar als Mutterland des Lobbying. Doch zugleich haben die Politiker in Washington früh gesetzliche Regeln eingeführt, die den Lobbyeinfluss kanalisieren und begrenzen sollen. In Deutschland dagegen steckt die Debatte über eine gesetzliche Regulierung des Lobbyismus immer noch in den Kinderschuhen. Hier sechs Vorschläge, welche Reformen weiterhelfen könnten:

### 1. Warum uns ein Lobbyregister fehlt

In den USA müssen Firmen vierteljährlich anmelden und veröffentlichen lassen, welche Summen sie aufgewendet haben, um auf die Politik in Washington Einfluss zu nehmen. Melden muss jedes Unternehmen, das in drei Monaten mehr als 12 500 Dollar für Lobbyaktivitäten gezahlt hat. Jeder Bürger kann diese Daten im Internet abrufen.

Dahinter steckt die vernünftige Annahme, dass die Ausgaben, die sich Unternehmen für Lobbyingaktivitäten leisten, in einem Zusammenhang mit dem zu erwartenden finanziellen Nutzen dieser Anstrengungen stehen. Überdies lässt sich anhand des US-Lobbyregisters nachvollziehen, welche ehemaligen Regierungsbediensteten, Kongressmitarbeiter oder Kongressmitglieder inzwischen in der Public-Affairs-Branche arbeiten.

Andere Länder sind dem Vorbild der USA gefolgt. Selbst unser oft als angeblich intransparent verschrienes Nachbarland Frankreich hat inzwischen für sein Parlament ein solches Register eingeführt – allerdings ähnlich wie die EU in Brüssel bisher nur auf freiwilliger Basis. Aus dem Pariser Register lässt sich zumindest in groben Zügen ersehen, was einzelne Unternehmen oder Verbände für die Interessenvertretung gegenüber der Nationalversammlung ausgeben. Bei der deutsch-französischen Airbus Group zum Beispiel waren es im Jahr 2012 zwischen 250 000 und 300 000 Euro.

Zwar führt der Bundestag bereits heute ein Lobbyregister, doch darin sind nur die Namen und Anschriften von Verbänden aufgelistet einschließlich der Namen ihrer Geschäftsführer und Vorstände – mehr nicht. Selbst diese dürren Angaben machen die Verbände freiwillig. Namen der Lobbyisten von Unternehmen, bei Agenturen oder Rechtsanwaltskanzleien fehlen ebenso wie Angaben zu den von ihnen umgesetzten Summen. Und anders als selbst das nicht eben für Transparenz bekannte EU-Parlament hält der Bundestag die Namen der gut 2000 akkreditierten Lobbyisten unter Verschluss, an die ein Hausausweis für die Parlamentsgebäude vergeben wurde. Nur die Liste der Verbände, deren Vertreter die grünen Plastikkarten erhalten haben, gibt das Parlament heraus. CDU/CSU und SPD im Bundestag, die wie alle Fraktionen neben der Bundestagsverwaltung ebenfalls die Ausgabe von Hausausweisen autorisieren dürfen, nennen nicht einmal das, wie die Organisation Abgeordnetenwatch im Juni 2014 herausfand.

Die Verbändeliste des Bundestags spiegelt die gesellschaftliche Realität des bundesrepublikanischen Verbändestaats der 1970er und 1980er Jahre wider. Doch die vielfach in sich verflochtene Deutschland AG gibt es nicht mehr. Die Wirtschaft und das Lobbying sind angelsächsischer geworden. Nur die Gesetze sind immer noch die der alten Bonner Republik. Das muss sich ändern. Deutschland braucht ein Lobbyregister, das seinen Namen verdient.

Diese Forderung unterstützt seit einigen Jahren übrigens sogar der Lobbyistenverband DeGePol – auch in der Hoffnung, dass verpflichtende Regeln schwarze Schafe in der eigenen Branche disziplinieren könnten, die sonst den Ruf des ganzen Berufsstandes schädigen. Noch ist die Lobby für mehr Transparenz im Lobbying nicht stark genug. Spätestens nach dem nächsten großen Lobbyskandal könnte sich das ändern.

## 2. Warum wir mehr gegen den Drehtür-Effekt tun müssen

Staaten wie die USA, Kanada und Großbritannien beschränken für ehemalige Regierungsmitglieder, Beamte oder auch Parlamentarier die Möglichkeit, nach dem Ausscheiden aus dem Amt für Unternehmen zu arbeiten, mit denen sie zuvor dienstlich zu tun hatten. Oder es wird ihnen für eine bestimmte Frist verboten, gegenüber der Regierung als Lobbyist aufzutreten. In Kanada beträgt die Abkühlperiode für Minister und höhere Beamte fünf Jahre. In den USA läuft diese Frist für bestimmte Beamte und Ex-Senatoren immerhin zwei Jahre.

Vergleichbare Regeln gibt es seit Jahren auch in Deutschland. Doch kurioserweise bis in die jüngste Zeit nicht für Kanzler und Minister, sondern ausschließlich für Beamte bis hinauf zum beamteten Staatssekretär, obwohl die niederer im Rang sind und – zumindest in der Theorie – weniger Einfluss auf das Regierungshandeln haben. Paragraph 105 des Bundesbeamtengesetzes besagt: »Ruhestandsbeamtinnen, Ruhestandsbeamte, frühere Beamtinnen mit Versorgungsbezügen und frühere Beamte mit Versorgungsbezügen haben eine Erwerbstätigkeit oder sonstige Beschäftigung außerhalb des öffentlichen Dienstes, die mit ihrer dienstlichen Tätigkeit in den letzten fünf Jahren vor Beendigung des Beamtenverhältnisses im Zusammenhang steht und durch die dienstliche Interessen beeinträchtigt werden können, vor ihrer Aufnahme schriftlich anzuzeigen.«

Diese Genehmigungspflicht gilt bis zu fünf Jahre nach dem Ausscheiden aus dem öffentlichen Dienst. Ein Bundesministerium hat vor einigen Jahren in einer internen rechtlichen Ausarbeitung die Gründe für diese Regelung benannt: Sie schützt »das öffentliche Vertrauen in die Integrität des öffentlichen Dienstes, insbesondere das Vertrauen in die Unparteilichkeit und Unbefangenheit« der Beamten. Es müsse verhütet werden, dass der ehemalige Bedienstete »kollegiale Kontakte oder gar seine Autorität als früherer Vorgesetzter nutzen« könnte, »um die Interessen seines neuen bzw. künftigen Arbeitgebers zu fördern« und damit die »noch aktiven Mitarbeiter in Loyalitätskonflikte« zu bringen. Und es gehe um »die Besorgnis«, der ausgeschiedene Beamte habe »möglicherweise während seiner aktiven Dienstzeit Entscheidungsspielräume zu Gunsten des Unternehmens genutzt«, um sich die »Chance einer künftigen Tätigkeit für das Unternehmen« offenzuhalten.

Nach der Rechtsprechung muss der Beamte nicht einmal selbst daran beteiligt gewesen sein, »abschließende Entscheidungen in Angelegenheiten des Unternehmens von nicht unerheblicher Bedeutung« getroffen zu haben. Es genügt, so das Ministeriumspapier, wenn dem Ex-Beamten etwa »als Vorgesetztem der eigentlichen Entscheidungsträger die konkrete Möglichkeit der Einflussnahme auf Entscheidungen in Unternehmensangelegenheiten von nicht unerheblicher Bedeutung gegeben war«.

Allein die theoretische Möglichkeit, dass der Beamte eine Begünstigung hätte veranlassen oder tolerieren können, reicht also aus, den Jobwechsel zu untersagen. Für Bundesminister ist die Gesetzeslage bis heute ungleich komfortabler. Selbst wenn sie – wie zum Beispiel der ehemalige Kanzleramtschef Ronald Pofalla im Fall der Deutschen Bahn AG – nachweisbar Entscheidungen zu Gunsten eines Unternehmens getroffen haben, dürfen sie in dessen Dienste wechseln.

Die Große Koalition hat eine mit der für Beamte geltenden Genehmigungspflicht vergleichbare Regelung auch für Regierungsmitglieder angekündigt. Doch im Gespräch ist lediglich eine Frist von 18 Monaten nach dem Ausscheiden, innerhalb deren ehemalige Regierungsmitglieder neue Tätigkeiten in der Wirtschaft anmelden sollen. Gemessen an den Maßstäben des Bundesbeamtengesetzes ist das eine erstaunlich großzügige Lösung.

### 3. Warum die Bundesministerien mehr Transparenz brauchen

Lobbyisten gehen in den Bundesministerien und im Kanzleramt ein und aus; sie werden ganz offiziell zu einem frühen Zeitpunkt in die Erarbeitung neuer Gesetze eingebunden. Dafür mag es durchaus gute Gründe geben. Aber warum geschieht diese Einflussnahme im Verborgenen?

Während die Ministerialbürokratie für Lobbyisten ein offenes Haus ist, zeigt sie sich gegenüber gewöhnlichen Sterblichen jedenfalls ungleich verschlossener. Zwar gilt seit 2006 – endlich – auch in Deutschland auf Bundesebene ein Informationsfreiheitsgesetz (IFG). Es gewährt in der Theorie jedem Bürger das Recht auf Akteneinsicht. Doch die Liste der Ausnahmeregeln ist viel zu lang. Sobald zum Beispiel Betriebs- und Geschäftsgeheimnisse von Unternehmen betroffen sind, dürfen die Bundesbehörden die Einsicht nicht gewähren. Es ist nicht einmal vorgeschrieben, das Firmeninteresse mit dem Interesse der Öffentlichkeit abzuwägen. Unternehmensinformationen sind nach dem Gesetz damit sogar besser geschützt als personenbezogene Daten. Diese müssen herausgegeben werden, »soweit das Informationsinteresse des Antragstellers das schutzwürdige Interesse des Dritten am Ausschluss des Informationszugangs überwiegt oder der Dritte eingewilligt hat«. Weil die Bundesministerien die Schutzwürdigkeit von Geschäftsgeheimnissen immer wieder sehr weitläufig definieren, bleiben viele Informationen unter Verschluss, die helfen könnten, den Lobbyeinfluss abzuschätzen. So verweigerte das Kanzleramt unter Angela Merkel vor einigen Jahren Angaben über die Kaufpreise beziehungsweise Leasingraten, die die Behörde für ihre Dienstkarossen an BMW, Daimler oder VW bezahlt. Die Hersteller gewähren den Bundesbehörden für diese Fahrzeuge hohe Rabatte. Die Kanzlerin und ihre Minister fungieren für sie in gewissem Sinn als Werbeträger. Doch wie hoch diese Preisnachlässe sind, behandelt die Bundesregierung als Geschäftsgeheimnis.

Wohl auch weil die Bestimmungen in Deutschland so restriktiv sind, nutzen die Bürger das Informationsfreiheitsgesetz kaum. Das zeigt ein Vergleich mit den USA, wo bereits seit 1966 ein – seitdem mehrfach novelliertes – vergleichbares Gesetz in Kraft ist. Während Bürger in Deutschland im Jahr 2013 auf der Bundesebene insgesamt nur 4736 Anträge auf Basis des IFG einreichten, waren es in den USA im selben Jahr auf der nationalen Ebene sage und schreibe 704 394. Rechnet man das auf die Einwohnerzahl um, gab es in den USA grob gerechnet eine Anfrage pro 450 Einwohner – in Deutschland hingegen nur eine pro 17 000 Einwohner.

Im Jahr 2012 organisierte Kanzlerin Merkel öffentlichkeitswirksam einen sogenannten Bürgerdialog. In dessen Rahmen hatte die Regierungschefin auch Experten eingeladen und um Reformvorschläge gebeten. Eine der Forderungen der beteiligten Fachleute war die nach mehr Offenheit der Regierungsbürokratie. »Transparenz des Regierungs- und Verwaltungshandelns ist eine fundamentale Voraussetzung für die freie Meinungsbildung in der Demokratie«, ließen die Experten die Kanzlerin wissen. Sie versprach das zu prüfen. Doch anstatt das IFG im Sinn der Bürger zu liberalisieren, hat eine Allparteienkoalition im Juni 2013 die Transparenz sogar eingeschränkt und den Bundesrechnungshof von der Pflicht zur Offenlegung pauschal ausgenommen. Das war ein Schritt in die falsche Richtung. Statt die Informationsfreiheit zurückzuschrauben, sollte sie vergrößert werden.

### 4. Was sich im Bundestag ändern sollte

Der Bundestag ist dasjenige politische Organ, das die Interessen des Volkes vertreten soll – und zwar des ganzen Volkes, nicht das von einzelnen Interessengruppen. Misst man das Parlament an diesem Anspruch, lässt es einiges zu wünschen übrig. Die Abgeordneten tun deutlich zu wenig, um es Lobbyisten zu erschweren, das Parlament für sich zu vereinnahmen.

Stichwort Transparenz: Laut Grundgesetz tagt der Bundestag öffentlich. Doch das gilt nicht für die meisten Sitzungen der Ausschüsse des Parlaments. Obwohl hier die eigentliche Gesetzgebungs- und Kontrolltätigkeit der Volksvertretung stattfindet, tagen die Ausschüsse grundsätzlich hinter verschlossenen Türen. In vielen anderen Volksvertretungen – vom EU-Parlament bis zum Berliner Abgeordnetenhaus – tagen die Ausschüsse hingegen ganz selbstverständlich vor Publikum. Bundestagspräsident Norbert Lammert verteidigt die Geheimniskrämerei mit dem Argument, dass bei öffentlichen Ausschusssitzungen die »Urteilsbildung« in »gar nicht nachvollziehbare informelle Gremien verlagert« würde. Doch das geschieht heute schon. Ein Großteil der Ausschussarbeit wird bereits jetzt in nichtöffentlichen Vorgesprächen der Abgeordneten der Koalitionsfraktionen vorweggenommen. In den Fraktionen wird sogar vorab entschieden, wie ihre Mitglieder in den Ausschüssen abstimmen.

Warum veröffentlicht der Bundestag nicht einmal Protokolle der Ausschusssitzungen und die Ausschussdrucksachen? Warum ist nirgendwo im Internet zusammengeführt, welchen Weg ein Gesetzentwurf genommen hat und was an einzelnen Stationen dieses Weges geändert wurde? Die Autoren einer Lobbystudie der gewerkschaftsnahen Otto-Brenner-Stiftung schlagen vor, auf der Website des Bundestags »eine Sammlung und komplette Dokumentation aller auf Gesetzgebungsverfahren beim Parlament und den Ministerien bezogenen relevanten Materialien« zu veröffentlichen. So könnte jeder nachvollziehen, wann welche Stellungnahmen eintrafen und wie sich der Gesetzestext verändert hat. Lobbyisten könnte man dazu verpflichten, alle an die Regierung gerichteten Unterlagen auch dem Bundestag zugänglich zu machen. Gäbe es das, ließe sich der Einfluss von Interessenvertretern deutlich besser nachvollziehen. Das hätte auch eine abschreckende Wirkung gegenüber dubiosen Interventionsversuchen.

Dann das Thema Kompetenz: Nicht ganz zu Unrecht argumentieren manche Abgeordnete, dass es ihnen an Mitarbeitern fehle, um in der Tagesarbeit den Heerscharen gut vorbereiteter Lobbyisten etwas entgegensetzen zu können. Doch die Forderung nach noch mehr Geld für Mitarbeiter – bereits jetzt sind es 20 000 Euro pro Abgeordneter und Monat – können die Parlamentarier nur dann rechtfertigen, wenn sie endlich einen gravierenden Missstand beseitigen: Sie müssen es dem Bundesrechnungshof erlauben, wie von diesem seit langem gefordert, die Ausgaben für die Assistenten zu überprüfen. Bisher verweigert das der Bundestag und macht damit auch illegale Praktiken möglich, wie den Einsatz der mit Steuergeld bezahlten Mitarbeiter im Wahlkampf. Erst wenn das Parlament hier effektive Kontrollen zulässt, ist es begründbar, die Volksvertreter mit mehr Personal zu versorgen.

Kurz nach ihrer Regierungsübernahme im Herbst 2013 hat die Große Koalition zumindest eine große Lücke geschlossen und endlich die Abgeordnetenbestechung in umfassenderer Weise unter Strafe gestellt. Die Neuregelung erlaubte es Deutschland im November 2014 immerhin endlich, die bereits elf Jahre zuvor von der Bundesregierung unterzeichnete UN-Konvention gegen Korruption zu ratifizieren. Zugleich hat das Gesetz weiterhin sehr viele Lücken – und die Abgeordneten haben sich eine ganze Reihe von Privilegien gesichert. Zum Beispiel sind sogenannte Dankeschön-Spenden nur dann strafbar, wenn sich beweisen lässt, dass sie bereits vereinbart waren, bevor der Abgeordnete im Sinne des Spenders aktiv wurde. Thomas Fischer, einer der renommiertesten deutschen Strafrechtler und Vorsitzender Richter am Bundesgerichtshof, reagierte im Juni 2014 in einem Beitrag für die *Zeit* mit Hohn und Spott auf die Novellierung. Sei die Regelung zuvor nur »eine Art gesetzlicher Scherzartikel« gewesen, habe man es nun weiterhin mit Formulierungen zu tun, nach denen »allenfalls einige Dumme« eine Verurteilung zu befürchten hätten.

Würde der Bundestag konsequent gegen Korruption vorgehen, müsste er auch Direktspenden an Abgeordnete verbieten – also Zahlungen, die nicht über die Bücher der Parteien laufen. Der Europarat empfiehlt ein solches Verbot schon seit längerem. Abgeordnete sollten außerdem verpflichtet werden, die Herkunft der bisher anonym fließenden Nebeneinkünfte offenzulegen, die einige von ihnen als Berater erzielen. In Großbritannien ist es Parlamentsmitgliedern übrigens ganz verboten, als Lobbyisten zu arbeiten. Warum nicht auch in Deutschland?

Die Liste ist hier noch nicht zu Ende. Anders als in den USA gibt es im Bundestag nach wie vor keine klaren Regeln, welche Geschenke und Reiseeinladungen die Abgeordneten annehmen können und welche nicht. Sie dürfen sich bis heute in luxuriöser Weise bewirten lassen, was viele Lobbyisten gerne übernehmen. Jeder, der die berühmte TV-Serie *House of Cards* gesehen hat, weiß, dass das in Washington anders ist. In einer Folge der zweiten Staffel trifft sich die Kongressabgeordnete Jackie Sharp abends in einer Bar mit einem Lobbyisten. Nachdem er sie zu einer Runde Getränke eingeladen hat, besteht sie darauf, sich bei der nächsten Bestellung zu revanchieren – das verlangten die Regeln von ihr. Am Ende des Abends landen beide zusammen im Bett, was nicht verboten ist, aber womöglich weniger Vorbildcharakter hat. Warum gilt es in Berlin als völlig ausgeschlossen, dass man von den finanziell nicht schlecht gestellten Abgeordneten verlangt, teure Speisen und Getränke selbst zu bezahlen?

Die Anti-Korruptions-Organisation Transparency International hat für den Wert solcher Einladungen eine Obergrenze von 150 Euro vorgeschlagen, wie sie auch im Europäischen Parlament gilt. Einige Abgeordnete gehen inzwischen noch weiter: Im September 2014 waren es bereits 42 Parlamentarier, angeführt von Marco Bülow (SPD) und Gerhard Schick (Grüne), die sich in einem freiwilligen Kodex darauf verpflichtet haben, nur noch Einladungen anzunehmen, die nicht mehr als 100 Euro wert sind. »Wir verdienen so viel, das wir nicht darauf angewiesen sind, dass uns jemand das Essen oder den Rotwein bezahlt«, begründet der Mitinitiator Marco Bülow diese Regelung.

Manche meinen, dass die Parlamentarier überdies besser bezahlt werden müssten, um sie gegen Korruption zu immunisieren und qualifizierte Leute für das Parlament zu gewinnen. Dieser Gedanke ist nicht sehr überzeugend. Heute schon gehören die Bundestagsabgeordneten eindeutig zu den bestbezahlten Parlamentariern in Europa. Mit ab Juli 2015 monatlich 9082 Euro sind sie gut versorgt, gemessen an den Bürgern, die sie vertreten. Hinzu kommt eine überaus großzügige Altersversorgung, die Bundestagspräsident Norbert Lammert angeblich immer mal wieder reformieren wollte, bis es dann doch stets irgendwie anders kam. Deutlich mehr als die deutschen Volksvertreter bekommen – das ist wahr – ihre Kollegen in Italien. Ist die Politik dort deswegen qualitätsvoller und weniger korrupt?

### 5. Warum unser Parteiengesetz reformiert werden muss

Bereits in Kapitel 7 kam der Befund des Politikwissenschaftlers Martin Höpner zur Sprache, wonach das deutsche Parteienrecht »im internationalen Vergleich« herausstehe, weil es so »auffällig parteienfreundlich« sei. Höpner hat recht – das deutsche Parteiengesetz muss rundum reformiert werden. Die Schwelle, ab der Spenden veröffentlicht werden müssen, lässt sich deutlich absenken. Heute müssen lediglich Überweisungen von mehr als 10 000 Euro publik gemacht werden. Diesen Betrag sollte man zumindest auf 2000 Euro absenken, wie das Transparency Deutschland vorschlägt. Aus Sicht eines einzelnen Abgeordneten, der seinen lokalen Wahlkampf finanzieren muss, sind übrigens selbst 2000 Euro noch eine Menge Geld. Für Abgeordnete, Wahlkreiskandidaten und die Kreisverbände der Parteien könnte man die Veröffentlichungsschwelle deshalb auf 1000 Euro absenken.

Die Parteien sollten außerdem verpflichtet werden, die Namen ihrer Gönner rascher zu publizieren. Außer bei Summen über 50 000 Euro geschieht das heute mit bis zu zweijähriger Verspätung. In Großbritannien müssen die Parteien alle drei Monate neu eingegangene Spenden bei der zuständigen Wahlkommission melden. Im selben Rhythmus wird auch die im Internet veröffentlichte Liste der Geber aktualisiert. In dem Königreich müssen Abgeordnete außerdem bereits Spenden ab einem Wert von 1000 Pfund offenlegen; für die nationalen Parteiverbände liegt die Grenze bei 5000 Pfund.

Für das »hohe Niveau« seiner Transparenzregeln bekam Großbritannien viel Lob vom Europarat, anders als Deutschland. Zu den Mängeln in der Bundesrepublik zählt auch die Grauzone beim Sponsoring von Parteien. Es geht die Öffentlichkeit etwas an, wie viel Geld Unternehmen als Aussteller auf Parteitagen oder als Anzeigenkunde bei Parteizeitungen aufbringen. Darum sollten solche Zahlungen ebenfalls publik gemacht werden.

Es verdient überdies diskutiert zu werden, ob wir nicht eine Obergrenze für Spenden brauchen, die eine Partei innerhalb eines Jahres von einem Geber annehmen darf. Und es stellt sich die Frage, ob man es nicht Unternehmen und Verbänden ganz verbieten sollte, die Parteien zu finanzieren. Sie können ja – anders als natürliche Personen – auch nicht wählen gehen. Weil eine solche Regelung die bei den Großspendern beliebteren Parteien rechts der Mitte stärker treffen würde als andere, könnte man zum Ausgleich eine Regelung kritisch unter die Lupe nehmen, von der eher die SPD profitiert: Das Recht der Parteien, Unternehmensbeteiligungen zu führen, gehört auf den Prüfstand. Am Beispiel der FDP und der Geschäfte ihrer Töchter mit dem Spielautomatenunternehmen Gauselmann kann man sehen, welche undurchsichtigen Verflechtungen hier drohen können.

Und zu guter Letzt noch ein weiterer Gedanke: Um den Geldhunger der Parteien und damit ihre Abhängigkeit von privaten Financiers zu reduzieren, könnte man eine Obergrenze für die Wahlkampfbudgets vorgeben. Franzosen und Österreicher machen das bereits so.

### 6. Warum wir über mehr partizipative Demokratie sprechen müssen

Auf der Ebene der Bundesländer sind Volksabstimmungen inzwischen eine übliche Praxis, sei es zum Bahnhofsprojekt Stuttgart 21 in Baden-Württemberg, der Schulpolitik in Hamburg oder der Zukunft des Tempelhofer Flughafens in Berlin. Auf Bundesebene fehlt den Bürgern diese Möglichkeit mitzubestimmen. Dabei gilt sie seit langem als mögliches Gegengift gegen zu viel Lobbyeinfluss. In der Schweiz durften die Bürger im Mai 2014 sogar über die Beschaffung eines neuen Kampfflugzeuges abstimmen – und lehnten es ab. Wissenschaftliche Studien haben übrigens gezeigt, dass in denjenigen Schweizer Kantonen, die regelmäßig Finanzreferenden über wichtige Haushaltsentscheidungen abhalten, die Kassenlage besser ist als dort, wo die repräsentativ gewählten Volksvertreter allein entscheiden. Die wenigsten Bürger drängen auf die Verwirklichung teurer Prestigeprojekte. Diese dienen eher den Interessen mancher Politiker – und der Unternehmen, die an den Projekten verdienen.

Und wäre es wirklich ein Schaden gewesen, wenn die Bundesbürger das Recht gehabt hätten, so wie viele unserer Nachbarn, über Änderungen der EU-Verträge abzustimmen? Nein, natürlich nicht. Es ist höchste Zeit, dass auch auf Bundesebene Volksabstimmungen möglich werden.

## Nachwort
## Skandal, Skandal

*»Wie verrückt sind die Medien eigentlich geworden?«*
(Der SPD-Politiker und Publizist Michael Naumann im Januar 2013)

Wie Politiker versuchen, journalistische Recherchen über das Verhältnis von Politikern und Wirtschaftsvertretern als Voyeurismus abzutun. Warum die Medien diesem Druck nicht nachgeben dürfen.

Der 17. Februar 2012 schien einen Wendepunkt im Verhältnis der Deutschen zu ihren höchsten Repräsentanten zu markieren. An diesem Tag, einem Freitag, trat Christian Wulff als Bundespräsident zurück. Ein deutsches Staatsoberhaupt, das sein Amt nach Korruptionsvorwürfen abgeben musste – das hatte es in der Geschichte des Landes noch nicht gegeben.

Für den Rücktritt gab es einen äußeren Anlass und einen tieferen Grund. Der äußere Anlass war der Antrag der Staatsanwaltschaft Hannover, zwecks Strafermittlungen Wulffs Immunität aufzuheben. Der Politiker begründete seine Demission damals jedoch nicht mit dem Antrag der Justizbehörde. Er verwies vielmehr ausdrücklich darauf, dass er das Vertrauen »einer breiten Mehrheit der Bürgerinnen und Bürger« verloren habe. Darum sei es ihm »nicht mehr möglich, das Amt des Bundespräsidenten nach innen und nach außen so wahrzunehmen, wie es notwendig ist«.

Wulff hatte recht. Er hatte dieses Vertrauen der breiten Mehrheit der Bürger verloren, nach allen Umfragen allerdings bereits mehrere Wochen zuvor. Zu groß war die Zahl der Enthüllungen über Fälle, in denen der Christdemokrat vor allem in seiner Zeit als Ministerpräsident von Niedersachsen geldwerte Vorteile von Männern aus der Wirtschaft angenommen hatte.

Beides, die Ermittlungen und der Rücktritt des höchsten Repräsentanten des Landes, waren tiefe Einschnitte. Sie lösten breite Debatten aus – anfangs über das Verhältnis von Wirtschaft und Politik, später über die Rolle der Presse.

Die Debatte über den richtigen Umgang zwischen Unternehmen und Politikern währte allerdings nur kurz. Mehrere Konzerne, darunter die Deutsche Bahn, Audi und Vattenfall, überprüften Anfang 2012 ihr Politsponsoring. Bahn-Chef Rüdiger Grube sprach öffentlich zunächst von einem Vorstandsbeschluss, diese Art der finanziellen Unterstützung der Parteien ganz zu beenden. Damit stand er nicht allein. In einer Umfrage, die die Handelsgruppe Metro Anfang 2012 unter 200 Vertretern von Politik, Wirtschaft und Medien abhielt, sagten 40 Prozent, es brauche als Konsequenz aus der Wulff-Affäre künftig »mehr Transparenz« und Offenheit beim »Dialog« zwischen Politik und Wirtschaft sowie eine »strikte Trennung« beider Sphären. 17 Prozent verlangten einen »Dialog ohne Korruption, Vorteilsnahme oder Geschenke«. Dass sich nichts ändern müsse, meinten nur 26 Prozent.

Und es gab Stimmen wie die der ehemaligen Gesundheitsministerin und damaligen Unternehmensberaterin Andrea Fischer von den Grünen, die von Politikern beim privaten Umgang mit Wirtschaftsvertretern verlangte, künftig »peinlich« darauf zu achten, »diese Freundschaften scharf von ihrer Arbeit zu trennen – auch wenn das im Einzelfall schmerzhaft sein kann«. Diese Forderung, so Fischer kurz nach Wulffs Rücktritt in einem Gastbeitrag für die *Financial Times Deutschland*, entspringe »nicht einem Übereifer der Medien, die sonst wieder Böses vermuten, sondern einem berechtigten Interesse der demokratischen Öffentlichkeit an unabhängigen Politikern«.

Doch die Phase der Zerknirschung währte nur kurz. Rasch meldeten sich diejenigen, die es beklagenswert fanden, wie »verunsichert« man wegen des »wuchernden Tugendterrors« neuerdings im Umgang zwischen Wirtschaft und Politik sei. Was sei noch erlaubt? Was verboten? Die Schatzmeister von CDU und SPD beschworen Unternehmen wie die Bahn öffentlich, mit dem Sponsoring weiterzumachen.

Der Druck aus der Politik wirkte. Nach einer Schamfrist von einigen Monaten war – wie in Kapitel 7 beschrieben – das Staatsunternehmen wieder mit Ständen auf den Parteitagen vertreten, ebenso Audi und Vattenfall. Und während die Bahn nun immerhin versprach, man werde künftig alle Sponsoringzahlungen auf Anfrage von Journalisten offenlegen, galt selbst dies im Jahr 2014 zeitweise nicht mehr. Man musste die Gesellschaft explizit an ihre früheren Vorstandsbeschlüsse für mehr Transparenz erinnern, ehe die Bahn-Sprecher zurückruderten und die Zahlen herausgaben.

Dass sich der Wind wieder drehte, hatte mehrere Gründe. Spätestens nachdem der gefallene Präsident auch noch das Scheitern seiner zweiten Ehe erdulden musste, machte sich bei einigen Mitleid breit. Einige Journalisten, vor allem bei der *Süddeutschen Zeitung*, bekamen früh Zugang zu den Ermittlungsakten in der Sache Wulff. Sie vertraten auf dieser Basis eine Linie, die den Anwälten des Politikers gut gefallen haben muss: Wulff sei erst einem »Skandalisierungsexzess« und dann einem »Ermittlungsexzess« zum Opfer gefallen.

Aus der Tatsache, dass nur das gemeinsame Oktoberfestwochenende mit dem Filmproduzenten David Groenewold zur Anklage kam, schlossen Wulffs Unterstützer in der Presse, alle anderen Vorwürfe hätten sich nun ebenfalls erledigt: der günstige Hauskredit, die Urlaube auf Kosten von Geschäftsleuten wie die Verstrickungen mit dem Eventmanager Manfred Schmidt. Nach Wulffs Freispruch schien einigen die Sache endgültig klar. Bei den Vorwürfen gegen den Niedersachsen sei es ausschließlich um »Belanglosigkeiten« gegangen, behauptete ein Feuilletonist der *Zeit* im Juli 2014 allen Ernstes. Ein weiterer Kommentator des Mediums verstieg sich gar zu der Aussage, die Skandalberichterstattung über Wulff habe sich »in zahllosen Einzelheiten als maßlos überzogen« entpuppt. Der *Zeit*-Autor führte keinen Beleg für die angeblich »zahllosen« Artikel an, die »maßlos« übertrieben gewesen seien. Auch Wulff selbst blieb den Beweis für seinen Vorwurf schuldig, die Medien hätten »Falschmeldungen« in Serie verbreitet. Dennoch verfingen solche Behauptungen bei einigen.

Wer das Opfer falscher Beschuldigungen in den Medien wird, kann sich dagegen wehren und – zum Beispiel – auf Gegendarstellung oder Unterlassung klagen. Wulff selbst wie auch die mit ihm verbandelten Wirtschaftsvertreter haben das so gut wie nie getan. Nach dem Urteil des Buchautors Michael Götschenberg war es »neben der *Bild*-Zeitung vor allem der *stern*«, der damals »die zentralen Vorwürfe gegen Wulff recherchiert« hatte. Von den Tausenden von Zeilen, die der *stern* zu diesem Thema veröffentlichte, wurde nichts je vor Gericht attackiert, weder von Wulff selbst noch von seinen Freunden aus der Wirtschaft.

Viele schienen vergessen zu haben, dass die Debatte um das damalige Staatsoberhaupt allein deshalb nicht zu enden schien, weil eben immer neue unbestreitbare Fakten ans Licht kamen, die den Christdemokraten in ein schlechtes Licht rückten – und weil er wiederholt mit Ausflüchten reagierte, die sich rasch ihrerseits als zweifelhaft entpuppten.

Anders als das manche glaubten, war auch ein Ermittlungsverfahren wegen eines geldwerten Vorteils von gut 700 Euro keine maßlose Übertreibung und keine echte Überraschung. Im Jahr 2008 hatte der Bundesgerichtshof im Fall des ehemaligen EnBW-Chefs Utz Claassen ein Grundsatzurteil gefällt, an dem sich die Richter und Staatsanwälte in Hannover orientieren mussten. Bei Claassen ging es um Fußballtickets im Wert von etwa 300 Euro, die er baden-württembergischen Landesministern und einem Staatssekretär im Bundesumweltministerium hatte anbieten lassen. Claassen wurde freigesprochen, aber das Gericht ließ keinen Zweifel daran, dass die Tickets einen handfesten Vorteil für die Amtsträger darstellten.

In der Klasse der uns Regierenden waren offenkundig einige der sie betreffenden Gesetze und Urteile zum Thema Korruptionsprävention bisher nicht wirklich angekommen. Zum Beispiel verpflichtet das Gesetz auch Mitglieder der Bundesregierung, »dieser über Geschenke Mitteilung zu machen, die sie in Bezug auf ihr Amt erhalten«. Nach einer internen Aufstellung aus dem Bundeskanzleramt hatte die damalige Gesundheitsministerin Ulla Schmidt es dennoch nicht angezeigt, dass sie im Juni 2009 – nach eigenem Bekunden zumindest teilweise – auf Kosten des Eventmanagers Schmidt ihren Geburtstag feiern konnte. Sicherheitshalber, so ein juristischer Kommentar zum Bundesministergesetz, sollten eigentlich »freundschaftliche Vergünstigungen vermieden werden, wenn auch nur der Anschein auftreten kann, dass der ›Freund‹ sich politische oder geschäftliche Vorteile versprechen könnte«. Ulla Schmidt, der heutigen Bundestagsvizepräsidentin, war das offenkundig unbekannt.

In Deutschland profitierten Top-Politiker von einer Art »faktischer Immunität«, urteilte der international renommierte Korruptionsforscher Michael Johnston noch im Jahr 2005. Dass Spitzenpolitiker der Öffentlichkeit gegenüber rechenschaftspflichtig seien, gelte in der Bundesrepublik als ein eher schwach entwickeltes Prinzip.

Daran hat sich in den Jahren darauf offenbar wenig geändert – weshalb einige in der Berliner Politik und ihre Unterstützer in der Presse schockiert darauf reagierten, dass ein geldwerter Vorteil von gut 700 Euro für einen Ministerpräsidenten problematisch sein könnte. Aber wie sollte das anders sein, wenn kleinere Beamte regelmäßig wegen sehr viel geringerer Summen der Korruption schuldig gesprochen werden – etwa ein niedersächsischer Polizist, der nach der Annahme einer Kiste Trauben eine Geldstrafe von 4200 Euro akzeptieren musste.

Dass dies im Gefolge der Wulf-Debatte viele nicht mehr richtig zu interessieren schien, hatte sicher etwas mit dem kurzfristigen Eigeninteresse mancher Politiker zu tun, die nun zu ihren Gunsten die Maßstäbe wieder zurechtrücken wollten. Aber es waren auch typische Mechanismen der Medienwelt am Werk – gerechtfertigte und weniger gerechtfertigte. Ein ehemaliger Präsident kann – einerseits – aus guten Gründen mit mehr Milde rechnen als ein amtierender. Weniger gut begründbar ist die Neigung von uns Journalisten, sich von wechselnden Erregungswellen mitreißen zu lassen – besonders dann, wenn die Fakten im Gewoge untergehen.

Das war in der Welle der Wulff verteidigenden Artikel in den Jahren 2013 und 2014 häufig der Fall. Selbst ein großes Magazin präsentierte Wulffs Behauptung als Fakt, die verfolgungssüchtigen Staatsanwälte hätten in seinem Fall Rechtshilfeersuchen an drei ausländische Staaten gestellt – was erfunden war. Eine große Tageszeitung schrieb, der Filmproduzent David Groenewold sei gar nicht mehr an der Filmgesellschaft beteiligt gewesen, für deren Filmprojekt sich Wulff nach einem gemeinsamen Wochenende in München einsetzte. Ebenfalls Unsinn, Groenewold war sehr wohl noch Kommanditist. Und so weiter.

In der Diskussion um die Rolle von Berichterstattungswellen oder gar Medienhysterien wird eines gerne vergessen: Es gibt neben den – durchaus eher selteneren – Fällen von Wellen kritischer Berichte das – gar nicht so seltene – Phänomen, dass Journalisten kollektiv zu freundlich oder gar verharmlosend berichten. Dafür gibt es mehrere Gründe. Verbreitet ein Blatt Vorwürfe gegen Prominente aus Politik und Wirtschaft, gehen diese gerne juristisch dagegen vor – gegen Falschbehauptungen sowieso und das durchaus zu Recht. Wer in freundlicher Absicht falsch berichtet, geht dagegen in der Regel kein Risiko ein.

Als Journalist mag man überdies gelegentlich der Versuchung erliegen, Politiker dann freundlich oder zumindest nicht übermäßig kritisch zu behandeln, wenn diese im Aufstieg oder fest im Sattel scheinen. Man braucht sie ja vielleicht noch einmal, möchte irgendwann einen Interviewtermin erhalten oder in die Delegation bei einer Auslandsreise aufgenommen werden.

Gewiss, das widerspricht dem Bild, das manche Politikkorrespondenten von unserem Metier zeichnen. Glaubt man etwa den Worten des *Spiegel*-Autors Dirk Kurbjuweit, dann gehen wir Journalisten keineswegs politischen Inszenierungen auf den Leim, im Gegenteil. »Die Journalisten kennen das Spiel und versuchen die Inszenierung zu entlarven«, beteuerte er in einem 2014 erschienenen Buch. Doch das ist oftmals wenig mehr als eine fromme Legende. Immer wieder helfen Journalisten Politikern bei deren Inszenierung, gerade solchen, die man im Aufwind wähnt. Besonders schön zu besichtigen war das im Fall des Karl-Theodor zu Guttenberg, den die Hauptstadtpresse kollektiv zum möglichen Merkel-Nachfolger hochschrieb – bis er über seine plagiierte Doktorarbeit stürzte. Der ehemalige Hamburger Bürgermeister Ole von Beust formulierte es gegenüber Studenten des Medienwissenschaftlers Bernhard Pörksen so: »Wenn die Journalisten einen mögen, wird man – oft auch unangemessen – gelobt. Aber wenn sie das Gefühl haben, jetzt sei ihre Zeit abgelaufen, werden sie für dieselben Dinge in die Pfanne gehauen« – so wird er in dem 2013 erschienenen Buch *Die gehetzte Politik* zitiert.

Ole von Beusts Aussage ist vielleicht ein bisschen zugespitzt. Aber wahr ist, dass auch in Berlin zumindest bis vor kurzem selbst ein relativ strenger Lobbygeruch den medialen Aufstieg eines Politikers nicht unbedingt zu behindern brauchte – bis sich das Problem irgendwann nicht mehr leugnen ließ.

In spektakulärer Weise zeigte sich dies am Beispiel von Peer Steinbrück. Solange er nur als einfacher Abgeordneter wirkte, war es fast nur das auf die Parlamentsbeobachtung spezialisierte Internetportal Abgeordnetenwatch, das den ausgeprägten Nebenerwerbssinn des Sozialdemokraten hartnäckig thematisierte. Die großen Blätter behandelten das Thema kaum – oder verteidigten den Sozialdemokraten sogar. »Politiker-Kritik sollte nicht zur übertrieben kleinlichen Beckmesserei werden«, schrieb Heribert Prantl frühzeitig in der *Süddeutschen Zeitung*. Vortragsmarathon hin oder her – die Kommentatoren auch anderer Blätter empfahlen den ehemaligen Finanzminister unverdrossen als fähigen Mann, kantigen Macher und Helmut-Schmidt-Protegé. »Er kann es«, zitierte der *Spiegel* das Urteil des Altkanzlers über Steinbrück im Oktober 2011 sogar auf der Titelseite. Von solchen Huldigungen ließen sich die Strategen in der SPD-Zentrale offenkundig blenden, als sie den vielfach Gepriesenen im Oktober 2012 als ihren Spitzenmann präsentierten.

Dass mit dieser neuen prominenten Rolle nun auch Steinbrücks exzessive Nebentätigkeiten als Vortragsreisender bei Banken, Anwaltskanzleien oder sogar Spielautomatenherstellern eine größere Rolle in der öffentlichen Debatte spielen würden, hatten offenkundig weder Steinbrück selbst noch Parteichef Sigmar Gabriel antizipiert – obwohl Gabriel mit feinem Gespür früher als andere das Thema Lobbyismus entdeckt und für ein Lobbyregister geworben hatte.

Die Diskussion um die Nebentätigkeiten des frisch gekürten Kandidaten traf dennoch auch ihn im Oktober 2012 unvorbereitet. An seinen ersten improvisierten Reaktionen war das überdeutlich zu erkennen. Peer Steinbrück wiederum verteidigte sich zunächst ausgerechnet unter Verweis auf den damaligen FDP-Chef. »Ich vermute mal, dass Herr Westerwelle nicht viel andere Vorträge gehalten hat in früheren Zeiten als ich auch«, verkündete der Sozialdemokrat. Erst nach einigen Tagen bequemte sich der Kanzlerkandidat, seine Vortragshonorare im Detail offenzulegen – und trat anschließend trotzdem mit der grotesken Bemerkung nach, »dass es Transparenz nur in Diktaturen gibt«.

Am Fall Steinbrück ließ sich ablesen, wie sehr die deutsche öffentliche Debatte über den Lobbyismus noch in den Anfängen steckt. In den USA thematisieren sogar populäre TV-Serien wie *House of Cards* den Einfluss der Lobby, die Rolle von Parteispenden und die Arbeit mächtiger Kommunikationsagenturen. In Deutschland springen gelegentlich nicht einmal die Zeitungen auf derartige Themen an – oder erst mit großer Verzögerung.

Nicht umsonst sehen viele Bürger die Journalisten – gerade uns Hauptstadtkorrespondenten – manchmal eher als Komplizen denn als Kontrolleure der Mächtigen. Das schürt Ohnmachtsgefühle und schadet dem Vertrauen in die Demokratie und in die Medien – etwas, das sich fanatisch zugespitzt auch in den Parolen über eine angebliche »Lügenpresse« äußert. Der Kommunikationswissenschaftler Matthias Kohring hat in einem Buchbeitrag einmal darauf hingewiesen, dass sich das »Vertrauen in Journalismus« genau darauf gründet, »dass er das Vertrauen in andere auch einmal erschüttert«. Ebenso setzt das Vertrauen in die Demokratie voraus, dass ihre Kontrollmechanismen funktionieren – darunter eine Presse, die im Zweifel von Vertrauen auf Misstrauen umschaltet. Dieses Umschalten war – zum Beispiel – im Fall Wulff dringend geboten, nachdem sich Ende 2011 herausstellte, dass er in der Frage seines Hauskredits gegenüber dem Landtag von Niedersachsen unvollständige Auskünfte gegeben und auf Anfragen des *stern* im Februar 2011 sogar offen irreführende Antworten verbreitet hatte.

Auch Reformen für eine transparentere Politik kamen in Berlin immer nur dann zustande, wenn der Druck der Öffentlichkeit größer war als das Interesse der politischen Klasse am Erhalt eigener Privilegien – sei es bei der Abgeordnetenbestechung, sei es bei der Offenlegung von Nebeneinkünften der Parlamentarier. Fehlt dieser Druck auf die Politik, geht bei der Korruptionsbekämpfung in der Regel wenig voran.

»Weder Presse noch Wissenschaft« brächten den regelmäßig veröffentlichten Angaben der Parteien über ihre Spender »ein ausgeprägtes Interesse entgegen«, kritisierte noch im Jahr 2006 der Politikwissenschaftler Martin Höpner vom Max-Planck-Institut für Gesellschaftsforschung in Köln in einem Aufsatz in der *Zeitschrift für Parlamentsfragen*. Inzwischen werten Portale wie Abgeordnetenwatch und Lobbycontrol die neuesten Spenderlisten gleich nach ihrer Publikation aus. Seitdem ist auch die Aufmerksamkeit der Medien gestiegen. Doch Peer Steinbrück beklagte sich noch nach der für ihn verlorenen Bundestagswahl in der *Zeit* über einen »Teil der Medien«, der bereit gewesen sei, »Nebensächlichkeiten hochzujazzen«. Das leiste, meinte er, der »Entpolitisierung« Vorschub. Anders gesagt: Die Journalisten hätten sich zu sehr für die handwerklichen Pannen seines Wahlkampfs und zu wenig für die programmatischen Vorschläge der SPD interessiert.

Dass Journalisten für Sachthemen ungefähr den gleichen Enthusiasmus aufbringen wie Kinder für den Verzehr von Gemüse, ist ein unter Politikern beliebter Vorwurf. Er lässt sich leicht kontern, hält man sich vor Augen, wie die Politik selbst oft mit dem Gemüse umgeht: wie mit einer leicht verderblichen Billigware. Wer heute Angela Merkel wählt, tut das im Wissen, dass ihr Programm zwei Jahre später im Zweifel womöglich nichts mehr wert ist. Erinnern wir uns: Vor der Bundestagswahl im Jahr 2009 gehörte zu ihren unumstößlichen Glaubenssätzen das Ja zur Wehrpflicht und die Verlängerung der Laufzeit der deutschen Atomkraftwerke.

Peer Steinbrück wiederum verkündete noch auf dem Höhepunkt der Finanzkrise im September 2008 im Brustton der Überzeugung, dass sich das europäische »Universalbankenmodell« derzeit »gegenüber dem amerikanischen Trennbankenmodell als sehr überlegen erwiesen« habe. Vier Jahre später, im Wahlkampf 2013, deklarierte er das ach so unterlegene Trennbankensystem und die Aufspaltung der Deutschen Bank zu einem Kernpunkt seines Programms. Sprach man ihn auf den abrupten Kurswechsel an, reagierte er verständnislos. 2013 spottete ein Twitterer über die Forderungen des SPD-Kandidaten nach zwei TV-Duellen mit Kanzlerin Merkel: »Ein TV-Duell ›Steinbrück heute‹ gegen ›Steinbrück vor fünf Jahren‹ fände ich ja viel interessanter. Endlich mal echte Gegenpositionen.« Das galt für den SPD-Kandidaten, aber ebenso traf es auf die am Ende siegreiche CDU-Chefin zu.

Solche programmatische Wendigkeit ist einer der Gründe, warum Medien öfter als früher nach der Integrität von Kandidaten für höchste Ämter fragen. Der britische Soziologe John B. Thompson wies bereits im Jahr 2000 darauf hin, dass die wachsende Bedeutung politischer Skandale in den westlichen Demokratien weniger mit einer vermeintlich zunehmenden Leichtfertigkeit der journalistischen Klasse zu tun hat als vielmehr mit grundsätzlichen Veränderungen der Gesellschaft. Weil sich die traditionellen ideologischen Barrieren zwischen den politischen Lagern seit dem Ende des Zweiten Weltkriegs abschleifen und die Programme austauschbarer werden, wächst die Bedeutung der Personen. Damit wächst auch die Rolle eines Phänomens, das Thompson die »politics of trust« nennt – die Politik des Vertrauens. Wenn immer unsicherer erscheint, wofür ein Politiker inhaltlich steht, liegt es für den Wähler nahe, sich den Charakter des Bewerbers für höchste Ämter genauer anzuschauen. Skandale haben in diesem Kontext, so Thompson, die Rolle eines »Glaubwürdigkeitstests«.

Um auf das zentrale Thema dieses Buches zurückzukommen: Wenn die Positionen der Politiker austauschbarer werden, dann ist das auch eine Chance für Lobbyisten, ihre Wunschvorstellungen unterzubringen. Umso aufmerksamer muss die Öffentlichkeit verfolgen, ob Interessenvertreter versuchen, Einfluss zu nehmen. Welche finanzstarken Freunde hinter Politikern wie Christian Wulff oder Peer Steinbrück stehen oder standen – diese Frage stellt das Publikum nicht aus Sensationslust, sondern weil sie politisch relevant ist.

Dass sich nicht wenige aus der politischen Klasse dennoch gerne gegen mehr öffentliche Kontrolle immunisieren würden, ist ein verständlicher Reflex. Überzeugend ist er nicht. Der ehemalige Kulturstaatsminister Julian Nida-Rümelin strengte sich gar an, im Fall von Christian Wulff gefährliche »Übergriffe« der Presse zu diagnostizieren, weil es hier doch einzig und allein um die »Aufdeckung privater Verfehlungen« gegangen sei. Als ob es also für die Öffentlichkeit irrelevant sei, wenn vermögende Geschäftsleute einem für sie wichtigen Amtsträger ihre Villa in der Toskana zur Verfügung stellen oder seine Hotelsuite bezuschussen.

Der SPD-Politiker und Publizist Michael Naumann (merkwürdiger Zufall: er war wie Nida-Rümelin zeitweilig Kulturstaatsminister unter Gerhard Schröder) hatte bereits Ende 2011 Wulff verteidigt. Er empfand es »anmaßend« und einen Ausdruck von »Populismus«, den Niedersachsen zu kritisieren, weil der heimlich von der Frau eines Unternehmerfreunds einen zinsgünstigen Kredit über eine halbe Million angenommen und dann Landesparlament und Öffentlichkeit in die Irre geführt hatte. »Wie verrückt sind die Medien eigentlich geworden?«, fragte Naumann schließlich Anfang 2013, nachdem auch Peer Steinbrück in die öffentliche Kritik geraten war. Naumann machte das an der – in der Tat nebensächlichen – Debatte um Steinbrücks Aussage fest, eine Flasche Pinot Grigio unter fünf Euro würde er nicht kaufen. Einige fanden Naumanns Intervention bedenkenswert, dabei hatte sie demagogische Züge. Tatsächlich bescherten ja andere Themen als der Weißwein dem SPD-Kanzlerkandidaten im Wahlkampf deutlich anhaltendere Debatten: eben die ausufernde Vortragstätigkeit bei Banken und Unternehmen wie auch – kurz nach Naumanns Medienschelte – der erwähnte »peerblog«, dessen finanzielle Hintermänner das Steinbrück-Team partout nicht nennen wollte. Darf man das Interesse der Öffentlichkeit an solchen Fragen wirklich abtun, als handele es sich um den Voyeurismus des Trash-TV?

Nein, wer so argumentiert, der beleidigt die Intelligenz des Publikums. In Wahrheit ist es nämlich eher der gebildetere Teil dieses Publikums, der sich für Fragen nach der Integrität unserer Amtsträger interessiert – und für den Einfluss der Lobby. Wiederholte Umfragen, die etwa Angela Merkels Bundespresseamt während der Skandaldebatte um den damals noch präsidierenden Christian Wulff in Auftrag gab, hatten ein Ergebnis gemeinsam: »Personen mit hoher formaler Bildung« – wie übrigens auch die Gutverdiener – stuften die Diskussion um das Staatsoberhaupt überdurchschnittlich häufig als besonders wichtiges Thema ein. Ende Dezember 2011 waren es in dieser Bevölkerungsgruppe 64 Prozent, gegenüber 55 Prozent in der Gesamtbevölkerung. Und im demoskopischen Wochenbericht für die Kanzlerin vom 19. Januar 2012 sahen 69 Prozent der »Personen mit hoher formaler Bildung« die Wulff-Debatte als »das wichtigste Thema der Woche« gegenüber 62 Prozent im Gesamtdurchschnitt. Es waren also ausgerechnet diejenigen Bevölkerungsgruppen, die sich gewöhnlich überdurchschnittlich stark für Politik interessieren, die an der Diskussion um Christian Wulff stärkeren Anteil nahmen als die eher Desinteressierten.

Eigentlich sollte das keinen überraschen. Diejenigen Bürger, denen die Politik am Herzen liegt, die sich nicht zynisch abwenden – gerade sie wollen von Politikern regiert werden, denen sie vertrauen können. Sie wollen wissen, mit wem sich die Mächtigen umgeben und wer ihre Einflüsterer sind. Wenn einige Politiker dies öffentlich als übergriffige Zudringlichkeit abtun, hinterlassen sie den Eindruck, ein Teil der politischen Klasse wolle sich abschotten von Kritik und Kontrolle. Wenn etwas dem Vertrauen der Bürger und damit der Demokratie schadet, dann dies – und nicht eine angeblich überkritische Presse.

## Danksagung

Bei den Recherchen, auf denen dieses Buch fußt, haben mir viele Menschen geholfen. Lobbyisten aus Unternehmen, Public-Affairs-Agenturen und Verbänden waren in erstaunlich großer Zahl bereit, mit mir über ihre Arbeit zu reden. Mitarbeiter von Behörden und Unternehmen haben über die Jahre immer wieder Hinweise gegeben, ohne die viele *stern*-Artikel nie erschienen wären und auch dieses Buch nicht möglich geworden wäre. Viele dieser Gesprächspartner baten um Informantenschutz und können deshalb hier nicht namentlich genannt werden. Ihnen allen sei gedankt.

Dank auch an meine Kollegen und Vorgesetzten beim *stern* – für die Erlaubnis, dieses Buch zu schreiben, und für die gute Zusammenarbeit bei einer ganzen Reihe von Recherchen, deren Ergebnisse auch in dieses Buch eingeflossen sind. Der *stern* gehört bis heute zu den Medien, die ihren Redakteuren die Freiheit und die Ressourcen bieten, die investigativen Journalismus erst möglich machen.

Das Kapitel über Energiepolitik in diesem Buch fußt zu Teilen auf Recherchen, die ich Ende 2013 mit meinen *stern*-Kollegen Lukas Heiny, Rolf-Herbert Peters und Jan Boris Wintzenburg unternommen hatte. Beim Zusammentragen von Informationen über den damaligen Bundespräsidenten Christian Wulff, den Filmproduzenten David Groenewold und den Eventmanager Manfred Schmidt, die nun auch in dieses Buch einflossen, waren Ende 2011 und Anfang 2012 die Kollegen und Kolleginnen Christina Elmer, Laura Himmelreich, Dirk Liedtke, Johannes Röhrig und Jan Rosenkranz beteiligt.

Viel verdankt dieses Buch auch der Zusammenarbeit mit dem freien Journalisten und Buchautor Mathew D. Rose. Das Kapitel über Parteienfinanzierung stützt sich teilweise auf eine Serie für die Website des *stern*, die ich im Frühjahr 2013 mit ihm zusammen recherchiert hatte.

Den Hinweis auf die Lobbyorganisation AMUE und ihre Rolle bei der Einführung des Euro verdanke ich Ulrich Müller von Lobbycontrol. Diese Organisation wie auch Martin Reyher von dem Portal Abgeordnetenwatch haben mir immer wieder mit Informationen über merkwürdige Lobbypraktiken geholfen.

Der Politikwissenschaftler Wolfgang Gründinger überließ mir vorab Auszüge aus dem Entwurf seiner noch unveröffentlichten Dissertation über die Rolle des Lobbying in der deutschen Energiepolitik. Er hat freundlicherweise auch mein Kapitel über Energiepolitik gegengelesen.

Meine Agentin Petra Eggers hat dieses Buchprojekt professionell begleitet. Ludger Ikas vom Verlag Hanser Berlin danke ich für die sorgfältige Bearbeitung des Manuskripts.

Für alle Fehler und Mängel auf den Seiten dieses Buches bin ich selbstverständlich allein verantwortlich.

Hier erreichen Sie mich:
hmtillack@posteo.de
berlin.investigativ@stern.de
Facebook: Die Lobby-Republik

# Verwendete Literatur

Arnim, Hans Herbert von: »Herrschaft der Lobby?«, in: Ritter, Rubin/Feldmann, David (Hrsg.): *Lobbying zwischen Eigeninteresse und Verantwortung*, Baden-Baden 2005.

Balanyá, Belén/Doherty, Ann/Hoedeman, Olivier/Ma'anit, Adam/Wesselius, Erik: *Europe Inc.*, London 2003.

Baumgartner, Frank R./Berry, Jeffrey M./Hojnacki, Marie/Kimball, David C./Leech, Beth L.: *Lobbying and Policy Change – Who Wins, Who Loses and Why*, Chicago 2009.

Bülow, Marco: *Wir Abnicker*, Berlin 2010.

Collignon, Stefan/Schwarzer, Daniela: *Private Sector Involvement in the Euro*, London 2003.

Collignon, Stefan/Schwarzer, Daniela: *Unternehmen und Banken auf dem Weg zur Währungsunion: Die »Association for the Monetary Union of Europe« als Motor eines transnationalen Konsenses*, in: Eising, Rainer/Kohler-Koch, Beate (Hrsg.): *Interessenpolitik in Europa*, Baden-Baden 2005.

Corbach, Matthias: *Die deutsche Stromwirtschaft und der Emissionshandel*, Stuttgart 2007.

Dagger, Stefan B.: *Energiepolitik & Lobbying*, Stuttgart 2009.

Gammelin, Cerstin/Hamann, Götz: *Die Strippenzieher*, Berlin 2006.

Gersemann, Olaf: *Die Deutschland-Blase*, München 2014.

Götschenberg, Michael: *Der böse Wulff?*, Kulmbach 2013.

Gründinger, Wolfgang: *Interests, Protests and Politics – The Genesis of the CCS Act in Germany*, unveröffentlichtes Manuskript.

Gründinger, Wolfgang: *Interests, Protests and Politics – The Nuclear Phase-Out in Germany*, unveröffentlichtes Manuskript.

Gründinger, Wolfgang: *Lobbyismus im Klimaschutz*, Wiesbaden 2012.

Höpner, Martin: »Der Beitrag der Unternehmen zur Parteienfinanzierung«, *Zeitschrift für Parlamentsfragen 2/2006*.

Höpner, Martin: *Parteigänger und Landschaftspfleger: Eine Analyse der Parteispenden großer deutscher Unternehmen, 1984–2005*, Working Paper des Max-Planck-Instituts für Gesellschaftsforschung, Köln 2009.

Holyoke, Thomas T.: *Interest Groups and Lobbying*, Boulder 2014.

Johnston, Michael: *Syndromes of Corruption*, Cambridge 2005.

Kitz, Volker: *Du machst, was ich will*, München 2013.

Kleinfeld, Ralf/Zimmer, Annette/Willems, Ulrich (Hrsg.): *Lobbying*, Wiesbaden 2007.

Kohring, Matthias: *Vertrauen durch Misstrauen*, in: Pörksen, Bernhard/Loosen, Wiebke/Scholl, Armin (Hrsg.): *Paradoxien des Journalismus*, Wiesbaden 2008.

Kolbe, Andreas/Hönigsberger, Herbert/Osterberg, Sven: *Marktordnung für Lobbyisten*, Frankfurt/Main 2011.

Kreutzfeldt, Malte: *Das Strompreiskomplott*, München 2014.

Krischke, Wolfgang/Pörksen, Bernhard (Hrsg.): *Die gehetzte Politik*, Köln 2013.

Kurbjuweit, Dirk: *Alternativlos – Merkel, die Deutschen und das Ende der Politik*, München 2014.

Leif, Thomas: *Souveränitätsverlust der Politik und Bedeutungsverlust der Parlamente*, in: Glaab, Manuela/Korte, Hans-Rudolf (Hrsg.): *Angewandte Politikforschung*, Wiesbaden 2012.

Leif, Thomas/Speth, Rudolf (Hrsg.): *Die fünfte Gewalt – Lobbyismus in Deutschland*, Wiesbaden 2006.

Löer, Wigbert/Schröm, Oliver: *Geld Macht Politik*, München 2014.

Müller-Vogg, Hugo: *Reinfried Pohl*, Hamburg 2013.

Oberreuter, Heinrich (Hrsg.): *Macht und Ohnmacht der Parlamente*, Baden-Baden 2013.

Olson, Mancur: *Die Logik des kollektiven Handelns*, Tübingen 1968.

Peet, John/La Guardia, Anton: *Unhappy Union*, London 2014.

Pohl, Ines (Hrsg.): *Schluss mit Lobbyismus!*, Frankfurt/Main 2012.

Rose, Mathew D.: *Korrupt? Wie unsere Politiker und Parteien sich bereichern – und uns verkaufen*, München 2011.

Schick, Gerhard: *Machtwirtschaft – Nein danke!*, Frankfurt/Main 2014.

Thompson, John B.: *Political Scandal – Power and Visibility in the Media Age*, Cambridge 2000.

Tillack, Hans-Martin: *Die korrupte Republik*, Hamburg 2009.

Trittin, Jürgen: *Stillstand made in Germany*, Gütersloh 2014.

Wallrabenstein, Axel: *Public Affairs Boomtown Berlin*. In: Althaus, Marco/Cecere, Vito (Hrsg.), *Kampagne! 2. Neue Strategien für Wahlkampf, PR und Lobbying*, Münster/Hamburg/London 2003.

Wehlau, Diana: *Lobbyismus und Rentenreform*, Wiesbaden 2009.

Wulff, Bettina: *Jenseits des Protokolls*, München 2012.

Wulff, Christian: *Ganz oben – ganz unten*, München 2014.

Zetter, Lionel: Lobbying: *The Art of Political Persuasion*, Petersfield 2011.